동아시아 민족주의의 장벽을 넘어

동아시아 민족주의의 장벽을 넘어
갈등의 시대로부터 화해의 시대로

1판 1쇄 발행 2005년 5월 5일
1판 2쇄 발행 2006년 10월 30일

지은이 | 김영하·서중석 외 14인
　　　　성균관대학교 동아시아 유교문화권 교육·연구단
편집인 | 임형택
펴낸이 | 서정돈
펴낸곳 | 성균관대학교 출판부
등　록 | 1975년 5월 21일 제 1-0217호
주　소 | 110-745 서울특별시 종로구 명륜동 3가 53
대표전화 | (02) 760-1252~4
팩시밀리 | (02) 762-7452
홈페이지 | www7.skku.ac.kr/skkupress

ⓒ 2005, 동아시아학술원

값 19,000원
ISBN 89-7986-616-X 93900

동아시아 민족주의의 장벽을 넘어

갈등의 시대로부터 화해의 시대로

성균관대학교 동아시아 유교문화권 교육·연구단 편
책임편집 임형택 · 김재관

성균관대학교
출 판 부

올 2005년은 광복·분단의 60주년, 6·25전쟁의 55주년이요, 가까이 남북 정상회담 5주년이 되는 해다. 식민지배로부터의 해방이 세계 냉전 구도 하에서 분단을 공고한 대립체제로 끌어왔는데 이 분단체제에 결정적 변화 가능성이 눈앞에 떠오른 것이다. 시간대를 위로 소급해가면 130년 전에 한국이 세계로 향해 문호를 개방한 계기가 된 강화도 사건, 110년 전에 동아시아가 중국중심질서에서 근대적 세계질서로 전환한 시모노세키馬關 조약이 있었으며, 한국이 근대세계에서 주권을 상실한 을사조약은 100년 전의 일이다. 근대 역사를 돌아볼 때 금년은 대단히 특별한 의미를 갖는 해로 생각되기도 한다.

사실 따지고 보면 연대상으로 겹친 이 주기 현상은 한갓 우연일 뿐이다. 또 더 근원적으로 말해서 시간 자체가 인간의 극히 자의적 개념이다. 그럼에도 시간의 틀에 틀어박혀서 살아가고 생각하는 인간으로서 어떤 연대기적 사실에 특별한 의미를 부여하는 인식 행위는 나름으로 현재에서 과거로 향한 반성이요, 미래로 향한 가다듬음의 자세로서 아주 갸륵하게 여겨질 수 있지 않은가.

위의 연대기적 사실들은 물론 한국인의 입장에서 손꼽은 것이지만, 맞물린 동아시아의 역사행보에서 중대한 길목이었다. 저 역사상의 길목들을 시순에 따라 통과하면서 그려진 동아시아상像은 안정·평화와 상반된 갈등·분쟁의 연속선이었다. 곧 20세기 동아시아의 근대 상황이다. 그런데 지난 세기의 끝자락에서 상황변화가 일어났다. 역시 세계 대국大局의 변화와 관련된 현상이지만 동아시아 국가들 간의 인적·물적 소통이 활발해지면서 상호 공존과 발전을 실현할 수 있는 여건이 조성된 것이다. 21세기로 들어선 오늘엔 '동아시아 시대'의 개막, 나아가서 '동아시아 공동체'를 모색하는 단계에 이르렀다. 이 책의 부제 '갈등의 시대로부터 화해의 시대로'는 바로 이런 상황변화를 의식해서 붙인 것이다.

우리가 겪어온 '갈등의 시대' − 동아시아 근대에서 이념적 문제점은 어쨌건 민족주의에 있었다. 때문에 '동아시아 민족주의의 장벽을 넘어'를 책 표제로 앞세운 것이다. 침략적 민족주의, 배타적 민족주의는 진작 땅속에 파묻었어야 마땅한데 지금도 망령처럼 종종 살아난다. 이런 민족주의라면 폐기해야 옳다. 하지만 민족주의는 당초에 민족적 통합, 국민국가의 수립이란 근대 과제를 달성하기 위한 정신적 토양이었다. 뿐 아니고 '왜곡의 근대', '미완의 근대'를 경과하면서 저항적 민족주의, 정당한 민족주의는 절실하게 요청되었거니와, 통일이란 민족적 과제를 해결하기까지는 그 유효성이 소멸되지 않고 있다고 보아야 할 것이다. 그럼에도 민족주의는 꼭 넘어서야만 하는 것인가?

최근에 지구화의 급속한 진전으로 생산의 탈중심화·탈영토화가 피할 수 없는 형세를 이루고 있다. 종래의 국민국가 개념으로 대응할 현실이 아니라는 점을 부인하기 어렵다. 민족주의에 매여 있을 수는 없다. 민족주의는 세계주의와 한편에서 긴장관계를, 다른 한편에서 상보관계를 견지해야 할 것으로 본다. 동아시아는 지금 온전한 형태의 국민국가 완성을 우선 과제로 한 역내의 평화체제 구축이 요망되고 있다. 이런 화해시대를 열어가자면 장애물로 역작용할 우려가 있는 민족주의라면 그것은 탈피하고 극복해야 한다고 판단하였다.

그러나 민족주의를 넘어서자 해서 비약하자는 뜻은 아니다. 오히려 '민족주의적 장벽'에 접근해서 탐구하고 슬기롭게 극복하는 방안을 강구해야 할 것이다. 다시 말하면 동아시아 근대에 대한 구체적 학지學知, 학지를 '화해의 시대'로 연계하는 논리의 개발이다. 학문하는 우리의 시야를 동아시아로 확장한 방법론 그것이다.

대략 이와 같은 취지로 엮은 이 책은 역사·문학·정치·사상분야의 연구자들이 참여해서 자연스럽게 전 4부로 구성되어 있다. 제1부에서는 동아시아 국가들의 자국의 역사인식과 그 속에서 빚어진 갈등을 다루었으며, 제2부에서는 문학인식의 논리를 일국사적 시각문제, 문학 개념문제, 민족주의 담론, 디아스포라 등 다양한 주제로 풀어냈다. 정치학적 접근의 제3부는 동북아의 공존공영의 관계모색을 주제로 토론하고 있으며, 동북아 통합의 정신적 기초를 모색한 제4부의 논지는 유학사상의 창조적 활용에 비중을 두고 있다.

성균관대학교 동아시아 유교문화권 교육·연구단은 작년에 '동아시아 정체성을 묻는 오늘의 시각'이란 이름으로 전4권의 총서를 편집, 간행한 바 있었다. 그것을 발간하면서 나는 "지금 선보이는 총서는 '방법론적 동아시아'의 시론이자 시발일 뿐이다"라고 썼다. 이 책은 그 후속편인 셈이다. 4권이 후속편에서 1권으로 줄어든 모양이지만 방법론적으로 현

8

실에 더욱 다가서 구체적으로 논한 내용이라고 자부한다. 전체가 일정한 문제의식으로 묶여지긴 했지만 일관된 논지와 체계를 갖춘 것으로 되지는 못했다. 여러 필자들의 각기 견해를 존중한 결과이다.

이 책에는 본 교육·연구단에 소속한 학자들만 아니고 국내외에 걸쳐 다양한 필진이 참여하였다. 필자분들에게 경의와 감사를 드린다. 그리고 편찬작업을 조윤영 교수와 김재관 박사가 총괄하였으며, 지준호 박사, 김종석 박사, 육민수 박사 등이 동참해서 노고하였음을 밝혀 고마운 마음을 표한다. 나는 2005년의 새 봄에 이 책이 간행되는 사실을 매우 뜻 깊게 생각하며 이와 같이 책머리에 붙이는 말을 쓴다.

2005년 2월
임 형 택

| 차례 |

1부 동아시아 민족국가들의 역사인식과 그 갈등

한말·일제시기의 신라·발해인식

김영하 金瑛河

1. 머리말

한 시대의 역사를 표현하는 표제어는 현재적 조건에서 과거의 사실을 탐구한 인식의 결정이다. 단위 시간의 역사를 체계화할 때, 그 표제어는 사실에 근거한 객관성은 물론 시대상을 함축할 수 있는 포괄성을 갖추어야 한다. 이러한 의미에서 7세기 말부터 10세기 초까지의 한국사는 다른 어느 시대보다 많은 논의의 여지가 있다. 신라의 삼국통일 여부에 대한 사실의 검증과 발해사의 서술에 나타난 인식의 강도에 따라 표제어가 달라질 수 있는 개연성을 내포하고 있기 때문이다.

잘 아는 바와 같이 7세기 후반 신라와 당의 연합이 백제와 고구려를 상대로 추진한 동아시아의 국제전은 신라의 백제 통합과 고구려 고지에서 발해 건국으로 귀결되었다. 이에 대해 후대의 다양한 인식이 있었는데, 이것은 사실의 중요성을 반증하는 것으로서 네 유형으로 나눌 수 있다. 신라의 삼국통일만을 인정하는 '일통삼한론—統三韓論' 및 '통일신라론統—新羅論', 여기에 더하여 발해의 존재에도 유의하는 '통일신라統—新羅와 발해론渤海論'과 신라의 삼국통일을 부정하고 신라와 발해에 같은 비중을 두는 '남북국론南北國論', 이보다 더 나아가 아예 발해 중심으로 파악하는 '발해渤海와 후기신라론後期新羅論' 등이다.

필자는 이 문제를 사학사적으로 고찰하여 사실 이해의 새로운 시각과 아울러 고대에서 중세사회로의 시기구분적 의미를 모색한 바 있었다.[1] 신채호申采浩는 신라의 삼국통일을 부정하면서 신라와 발해의 양국시대론兩國時代論을 개진하였으며, 북한 학계는 고구려와 발해 중심의 논리에 입각하여 신라보다 발해를 앞세우는 발해와 후기신라론을 주장하였다. 이와 같은 신라삼국통일에 관한 부정론의 검토와 사실 규명의 방향에 대하여 그 긍정적 의미를 다각도로 재인식하려는 견해도 제시되었다.[2] 결국 논의의 초점은 크게 보아 발해와의 관계 속에서 삼국통일의 의미를 인정하는 통일신라론과 그것을 부정하는 남북국론으로 집약되었다. 한국사의 입장에서 발해의 존재를 고려한 통일신라론도 의미가 없지 않지만, 삼국통일의 부정을 통한 남북국론이 보다 객관적인 인식틀일 수 있다. 이에 남북국론의 사학사적 맥락을 찾기 위해 한말과 일제시기의 신라와 발해에 대한 인식 경향을 검토해볼 필요성이 제기되었다.

한말·일제시기는 한국 근대사학이 성립되어 발전하던 시기로서, 중세사학의 전통과 근대사학으로의 지향이 맞물려 있었기 때문에 다양한 역사인식이 공존하고 있었다. 본고는 중세사학의 신라·발해인식이 한말·일제시기에 어떻게 선택적으로 수용되며, 또한 어떠한 방향으로 새롭게 전개되는가를 추적하기 위해 마련되었다. 더구나 한국 근대사가 국권 수호와 회복이라는 민족사적 과제를 안고 비정상적으로 진행된 것과 같이, 근대사학 역시 일본 근대사학의 침투와 그에 대한 대응이라는 시대적 조건으로 말미암아 상당한 굴절을 겪게 되었다. 신라와 발해에 대한 인식도 예외일 수 없었는데, 그것은 이른바 만선사관滿鮮史觀이 식

---

1) 金瑛河,「丹齋 申采浩의 新羅三國統一論 - 滄江 金澤榮의 서술논리와 비교하면서 -」『民族文化研究』17, 1983 ;「신라의 삼국통일을 보는 시각」『韓國古代史論』, 한길사, 1988 ;「후기신라와 발해의 성립」『북한의 한국사인식』I, 한길사, 1990.
2) 邊太燮,「三國統一의 民族史的 意味 -'一統三韓意識과 관련하여-」『新羅文化』2, 1985 ; 金相鉉,「三國統一의 精神的 基盤」『統一期의 新羅社會研究』, 東國大 新羅文化研究所, 1987 ; 申瀅植,「三國統一의 歷史的 性格」『韓國史研究』61·62, 1988.

민사학의 주요 논리 가운데 하나였기 때문이다.

　이와 같은 문제의식에서 분석할 자료는 당시에 출판된 역사교과서와 개설서 등이다. 이 자료는 일반 대중을 상대로 쓰여진 까닭에 저자 또는 편자의 목적의식과 인식 내용이 간명하게 드러나고 있으므로 신라와 발해사 서술의 위상 변화에 초점을 맞추어 경향성을 검출할 생각이다. 이러한 작업은 한국사에서 차지하는 신라와 발해의 비중이 적지 않은 만큼 사학사의 정리에 하나의 기준이 될 수 있으며, 오늘날의 인식 방향에도 일정한 시사를 제공할 것으로 여겨진다.

2. 한말의 신라 · 발해인식

1) 일통삼한론의 계승

　한말의 역사적 과제는 대내적으로 국민국가의 수립과 대외적으로 제국주의 열강, 특히 일본의 침략으로부터 국권 수호를 실현하는 일이었다. 이러한 과제의 달성을 위해 민족의식의 각성을 겨냥한 애국계몽운동이 여러 방면에서 일어났다. 역사교육은 애국계몽의 수단으로서 중요한 몫을 담당하고 있었으며, 그 내용은 국가에 충성하는 국민으로서의 지조와 책무를 강조하는 국가주의적 성향이 강하였다.[3]

　갑오개혁甲午改革 이후 정부기관인 학부學部를 비롯하여 개인 또는 사회 단체는 계몽성이 짙은 역사서를 편찬하였다. 당시 역사교과서는 독자의 학습 능력을 고려하여 한문체, 국한문혼용체, 국문체 등으로 저술되었는데, 역시 국한문혼용체가 많았다. 그리고 역사 서술의 체계를 세

---

3) 鄭昌烈, 「韓末의 歷史認識」『韓國史學史의 研究』, 乙酉文化社, 1985, 209쪽.

우기 위한 서술체제는 전통적인 편년체編年體와 근대적인 신사체新史體의 두 가지가 있었다. 서술체제는 신라와 발해에 대한 인식 내용을 담아내는 형식으로서 상당한 의미를 지니고 있었다. 다시 말하면 근대사학은 발생적 또는 발전적 역사로서의 내용이 중요함에도 불구하고, 교훈적 또는 실용적 역사를 위한 편년체의 형식[4]이 내용을 규정하는 경우도 있었던 것이다.

이 중에서 먼저 편년체의 역사서가 신라와 발해를 민족사의 차원에서 어떻게 인식하고 있었는가를 살펴보기로 한다. 『삼국사기』에서 신라의 삼국통일만을 인정하는 일통삼한론[5]이 제기된 이래 조선 전기까지의 역사서는 신라 중심의 서술이었으므로, 발해사가 제대로 위치할 자리가 없었다. 이러한 관행은 한말에도 여전히 남아 있었다. 학부가 중등용으로 편찬한 『조선역대사략』은 총목법례總目法例에서 다음과 같이 서술원칙을 명시하였다.

> 삼국은 건국에서 선후의 차이가 있었지만, 位均體敵하여 하나로 되지 못한 까닭에 綱目의 無正統例에 따라 서술한다. 그러나 新羅 文武王代에 이르러 統三爲一하였으므로 비로소 신라를 정통으로 삼아 기술한다.[6]

이 내용은 삼국과 이른바 통일신라의 역사에서 정통성 여부가 서술

---

4) 金容燮, 「우리나라 近代 歷史學의 成立」『韓國의 歷史認識』下, 創作과 批評社, 1976, 422~423쪽.
5) 『三國史記』卷8, 新羅本紀8, 神文王 12年.
   "唐中宗遣使口勅曰……然念先王春秋頗有賢德 況生前得良臣金庾信 同心爲政 一統三韓 其爲功業 不爲不多."
   『三國史記』卷43, 列傳3, 金庾信 下.
   "庾信對曰……故得攀附王明 成尺寸功 三韓爲一家 百姓無二心 雖未至太平亦可謂小康."
6) 學部 編, 『朝鮮歷代史略』, 韓國改化期敎科書叢書11, 亞細亞文化社, 1977, 272~273쪽. 이하 叢書로 약칭함.

의 기준인 점을 밝히고 있다. 서로 대등한 입장에 있던 삼국과 달리 문무왕이 삼국을 통일한 사실에 근거해서 신라의 정통을 표방하였다. 이것은 정통론의 선택적 속성을 고려할 때, 발해의 존재에 유의하지 않은 신라정통론新羅正統論의 입장으로서 그 명분은 일통삼한이었다. 한국 중세사학은 대부분 이 논리를 따르고 있었다. 이러한 현상은 유가적인 역사편찬 방법인 술이부작述而不作에서 연유하는 바이지만, 새로운 역사인식의 변화를 유발할 만한 사회구조의 변동이 선행되지 않은 상태에서 불가피한 것이었다. 따라서 한말의 편년체 역사교과서는 신라 정통의 입장에서 삼국통일만을 인정하는 일통삼한론을 계승하고 있었던 것이다.

더구나 1897년에 대한제국이 선포됨으로써 조선朝鮮의 국호가 대한大韓으로 바뀌었으며, 이로 인해 역사계승의식조차 조선朝鮮에서 한韓으로 바뀌는 변화가 정부에 의해 유도되었다.[7] 여기에 더하여 중국과의 대립의식 속에서 조선 후기의 삼한정통론三韓正統論을 수용하여 자주적인 고대사의 체계화가 시도되었으므로,[8] 그러한 논리의 연장선상에 있는 일통삼한론의 극복은 쉽지 않았다. 따라서 같은 일통삼한론에 입각하더라도 발해사의 서술형식이 다소 달랐던 김택영金澤榮의『동사집략』과『역사집략』, 정교鄭喬의『대동역사』를 제외한 나머지 역사교과서는 신라의 삼국통일을 강조할 수밖에 없었으며, 한국사의 무대도 한반도로 국한시켰던 것이다. 신라의 삼국통일이 강조되는 상황에서 발해사에 대한 적극적인 인식은 불가능하였다.

편년체 역사서의 발해인식을 검토하기 위해 서술형식과 종족계통을 기준으로 삼아〈표 1〉을 만들었다.[9] 이 표에서 보다시피 발해사에 대한

---

7) 박광용, 「우리나라 이름에 담긴 역사계승의식」『역사비평』21, 1993, 26~30쪽 참조.
8) 鄭昌烈, 앞의 논문, 217~220쪽 참조.
9) 학부가 편찬한『朝鮮略史』의 발행년도인 1895년은 趙東杰의 고증을 따랐다(「韓末史書와 그의 啓蒙主義的 虛實」上『韓國民族主義의 成立과 獨立運動史研究』, 지식산업사, 1989, 155쪽).

서술은 두 가지 경향을 보이고 있다. 그 하나는 신라사의 특정 시기에 발해사를 덧붙여 개략적으로 기술하는 경우이다. 『조선역대사략』이 조선 전기의 관찬사서인 『동국통감』의 서술형식을 기본적으로 계승하여 성덕왕 11년조에 발해 건국과 경애왕 2년조에 발해 멸망에 관한 사실을 언급한 것 이외에는 모두 성덕왕 31년조에 약술하고 있었다.

〈표 1〉 편년체 역사서의 발해사 서술

편저자	역사서명	발행년월	서술형식	종족계통
學部	朝鮮歷史	1895	없음	없음
〃	朝鮮略史	〃	〃	〃
〃	朝鮮歷代史略	〃	聖德王11年條 略述	本粟末靺鞨高句麗別種
〃	東國歷代史略	1899	聖德王31年條 略述	〃
玄采	普通敎科東國歷史	1899. 9	〃	〃
金澤榮	東史輯略	1902	新羅紀 附記	粟末靺鞨臣附高句麗
〃	歷史輯略	1905	〃	〃
鄭喬	大東歷史	〃	〃	高句麗粟末人
大韓國民敎育會	大東歷史略	1906	聖德王31年條 略述	本粟末靺鞨高句麗別種
元泳義·柳瑾	新訂東國歷史	1906. 2	〃	本高句麗屬邦
헐버트·오성근	대 한 력 스	1908	〃	本粟末靺鞨高句麗別種

그러한 서술의 대표적인 역사서가 학부에서 김택영이 중등용으로 편찬한 『동국역대사략』이다. 신라가 당의 요청으로 발해를 공격하였으나, 자연재해로 말미암아 성과를 거두지 못하고 돌아온 사실을 계기로 발해사를 개괄하여 놓았던 것이다.

渤海國은 본래 粟末靺鞨로서 高句麗의 別種이다. 大野勃의 4세손인 大

祚榮이 고구려의 유민을 거두어들이고, 扶餘·沃沮의 땅을 모두 차지
하여 건국함으로써 唐으로부터 渤海郡王의 책봉을 받았다. 발해는 건
국 이후 여러 차례 당에 유학생을 파견하여 古今制度를 학습하였으며,
地方制度는 5京 15府 62州가 있다. 그리고 신라와는 浿江과 鐵嶺으로
써 경계를 삼았으며, 海東盛國으로 불리었다.[10]

위 내용은 간추려 옮긴 것인데, 여기에서 문제가 되는 부분은 대조
영의 세계와 종족계통에 대한 인식이다. 대야발은 대조영의 동생임에도
불구하고, 그를 4세조로 서술한 것은『신당서』발해전에서 대야발의 4
세손인 선왕宣王 대인수大仁秀에 관한 사실[11]을 잘못 인용함으로써 야
기된 것이다. 이 오류는『보통교과 동국역사』에서 해당 부분을 걸걸중
상乞乞仲象과 그 아들 대조영이 진국震國을 건국한 사실로 고침으로써
시정되었다. 서술형식이 같았던 다른 역사교과서도 이 내용을 따름으로
써 하나의 정형을 이루었다.

또한 발해의 종족계통을 '本粟末靺鞨 而高句麗別種'으로 파악한 점
이 주목된다. 발해 건국의 주체에 대해서는 기본 사료에서 두 가지의 견
해가 있었다.『구당서』는 '渤海靺鞨 大祚榮者 本高麗別種'으로 파악하여
고구려와의 관계에 유의한 반면『신당서』는 '渤海 粟末靺鞨附高麗者 姓
大氏'로 이해하여 속말말갈에 상대적인 비중을 두었다. 양자의 차이는
발해의 종족계통 자체는 물론 고구려의 계승문제와도 관련되기 때문에
오늘날 학계에서 쟁점이 되고 있다.[12] 그 실제가 어떠하든 한국사의 입

---

10) 學部 編,『東國歷代史略』, 叢書12, 204~205쪽 참조.
11)『新唐書』卷219, 列傳144, 渤海.
　　"從父仁秀立 改年建興 其四世祖野勃 祚榮弟也 仁秀頗能討伐海北諸部 開大境宇有功 詔檢校司
　　空襲王."
12) 大祚榮의 출신을 비롯한 발해의 종족계통과 쟁점에 관해서는 다음 논문을 참조.
　　李龍範,「渤海王國의 社會構成과 高句麗遺裔」『中世東北亞細亞史研究』, 亞細亞文化社, 1976
　　; 盧泰敦,「渤海國의 住民構成과 渤海人의 族源」『韓國古代의 國家와 社會』, 一潮閣, 1985

장에서는 『구당서』의 고려별종설高麗別種說을 취할 때, 발해의 고구려 계승을 통한 한국사로서의 인식이 용이해질 수 있다.

이러한 전제에서 『동국역대사략』의 종족계통에 관한 인식은 두 종류의 사료를 '本粟末靺鞨 卽高句麗別種'으로 결합시킨 『동국통감』의 파악 방법을 답습한 『조선역대사략』과 같았던 것이다. 이와 같은 인식 내용은 동일한 형식의 다른 역사서에도 영향을 미쳤다. 다만 『신정동국역사』는 발해국을 '本高句麗屬邦'으로 이해함으로써 고구려의 계승을 암시하려고 했지만, 이것은 사실의 착오일 따름이다. 성덕왕대에 약술하는 서술형식과 더불어 종족계통을 속말말갈로서 고구려의 별종으로 파악하면, 발해사는 한국사의 일부로 인식되기 어렵다. 이것은 발해를 한국사로 보지 않고, 단지 신라와 관계있는 인접 국가로 취급한[13] 『동국통감』의 인식 수준을 넘지 못한 데에서 기인한 결과이다.

다른 하나는 발해사를 신라사에 편년체계 내에 종속시켜 병렬적으로 기술하는 경우이다. 이러한 서술형식의 전형은 한말의 대표적인 역사서인 동시에 합리주의적 역사인식의 집대성으로 평가되는[14] 『역사집략』이다. 저자인 김택영은 학부 명의의 이 책을 편찬하기 이전에 자신의 명의로 『동사집략』[15]도 저술하였는데, 발해사의 서술 방법은 거의 같았다. 다만 『동사집략』은 발해의 기년紀年을 기재하지 않았으나, 『역사집략』은 신라의 기년에 부기하였을 뿐만 아니라 발해왕의 죽음도 훙薨에서 조殂로 높여서 표기하는 차이를 보였다. 그러나 신라왕의 죽음을 승하昇遐

; 韓圭哲, 「渤海建國과 南北國의 形成」『韓國古代史研究』5, 1992 ; 송기호, 「발해사, 남북한·중·일·러의 자국중심 해석」『역사비평』18, 1992.

13) 宋基豪, 「조선시대 史書에 나타난 발해관」『韓國史研究』72, 1991, 53~54쪽.

14) 金麗汜, 「開化期 國史敎科書를 通해서 본 歷史認識 - 歷史輯略을 中心으로 -」I『史學志』14, 1980 ; 崔惠珠, 「滄江 金澤榮 研究」『韓國史研究』35, 1981.

15) 『東史輯略』은 叢書에 수록되지 않았으므로 고려대 도서관 소장의 晩松 金宗燮文庫本을 이용하였다.

로 달리 표현한 사실과 비교해보면, 역시 발해왕을 정통상의 왕으로 보
지는 않았다.[16]

『동국통감』의 발해에 관한 사실에 몇 가지를 추가하여 신라사에 붙
여서 서술하는 형식은 조선 후기 안정복安鼎福의 『동사강목』에서 나타나
고 있었다.[17] 김택영은 이 책은 물론 발해사에 대한 관심을 소홀히 하지
않았던 다른 실학자의 저서도 참고했으므로 풍부한 내용의 서술은 당연하
였다. 『역사집략』은 효소왕 5년에 속말말갈인으로서 고구려에 신부한 대
걸걸중상이 그 아들 대조영과 함께 태백산 동북지방에서 건국하는 과정을
기술한 다음, 효소왕 7년(698)을 발해태조 원년으로 설정하고 헌안왕 원
년(857)까지의 발해사를 신라사에 병기하였다.

> 憲安王 元年 以下渤海紀年未詳. 春 2月에 발해왕 大彝震이 죽었다.
> ……彝震과 玄錫 두 왕대에 나라가 더욱 부강했으므로 천하가 海東盛
> 國으로 불렀다. 그러나 대이진 이후 역사에 발해왕의 諡號가 보이지
> 않으며, 현석 이후에는 世系조차 전하지 않는다.[18]

이 내용은 발해사의 마지막 부분에 관한 서술이다. 여기에서 김택
영이 발해사를 한국사로 편입시키려는 노력의 일단을 엿볼 수 있다. 그
러나 종족계통은 『신당서』와 같이 '粟末靺鞨臣附高句麗'로 이해하는 한
계는 여전히 극복하지 못하고 있었다. 따라서 김택영의 발해에 대한 인
식은 민족사적 당위의 결과이기보다 실학자에 의해 확대된 발해인식을
단순히 계승한 것으로 보인다.[19] 그것은 남북국론을 제기한 유득공柳得

---

16) 趙東杰, 앞의 책, 177쪽.
17) 李萬烈, 「朝鮮後期의 渤海史 認識」『韓㳘㳘博士停年紀念史學論叢』, 知識産業社, 1981, 455~4
   59쪽 참조.
18) 金澤榮, 『歷史輯略』, 叢書15, 255쪽.
19) 金瑛河, 앞의 논문, 1983, 153~154쪽.

恭의 「발해고」와 발해의 세가를 독립시킨 홍석주洪奭周의 『동사세가』등을 참고했음에도[20] 불구하고, 발해를 신라와 대등한 역사 서술의 단위로 독립시키지 못했기 때문이다.

이와 같은 문제점은 발해사의 서술 내용과 관련하여 비교적 높이 평가되는[21] 『대동역사』의 경우도 예외가 아닐 듯하다. 신라왕의 죽음은 붕崩으로 표현한 데 반해 발해왕은 졸卒로 표기함으로써 신라 정통의 일통삼한론에서 아직 탈피하지 못하고 있었다. 이러한 한계는 편년체라는 서술체제에서 연유하는 것으로 볼 수도 있다. 그러나 대부분의 역사서가 삼국시대를 무정통으로 서술한 점에 비추어보면, 반드시 옳은 이해일 것인지는 의문이다. 결국 서술체제가 아무리 편년체이더라도 신라와 발해도 무정통의 입장에서 대등하게 서술하지 못하는 중세적 역사인식에 머물러 있었던 것이다.

2) 통일신라와 발해론의 대두

근대사학은 모름지기 정통론적인 사고의 비판과 사실의 인과론적인 파악이 요구되었으며, 그러한 내용을 담아내기 위해서는 무엇보다 우선 서술체제가 바뀌어야만 했다. 한말의 편년체 역사서가 일통삼한론으로 말미암아 신라사에 발해사를 종속시키던 서술로부터 벗어나서, 양자를 분리하여 서술하는 형식은 근대적인 신사체에서 나타났다. 신라의 삼국통일은 인정하면서도 발해를 독립된 항목으로 취급하였던 것이다.

이러한 서술형식은 중인 출신의 대표적 역사가였던[22] 현채玄采가 『중등교과 동국사략』에서 처음으로 채택한 방법이었다. 그는 상고사편에서

'신라의 통일'과 '발해'를 분립시킴으로써 자신이 기왕에 편년체로 저술했던 『보통교과 동국역사』의 한계를 넘을 수 있었다. 그러나 이와 같은 서술 형식은 조선 후기에 발해를 한국사 서술의 한 단위로 파악하던 방법을[23] 근대사학의 차원에서 내재적으로 발전시킨 것이 아니라, 일본 근대사학의 영향을 받고 이루어졌기 때문에 또 다른 한계를 내포하였다.

일본에서는 청일전쟁淸日戰爭을 전후한 1890년대에 한국사에 대한 연구가 고조기를 맞았다.[24] 이러한 시대적 분위기 속에서 하야시 타이스케林泰輔의 『조선사』가 1892년에 출판되었다. 이 책은 근대적인 방법으로 서술한 최초의 한국사 개설서로서, 한반도와 대륙 진출의 국가적 목적에 부응하기 위한 일선동조론日鮮同祖論의 발상과 만선사관의 맹아가 이미 엿보이고 있었다.[25] 하야시林는 신라와 발해를 각각 제3편 상고사의 제8장 '신라의 통일'과 제11장 '발해'에 나누어 서술하였다.[26] 『중등교과 동국사략』은 바로 『조선사』를 확실한 증거와 내용의 명료함을 이유로 역술한[27] 데 지나지 않았던 것이다. 이로써 신라의 통일이라는 근대적 의미의 표제어가 역사서에 처음으로 등장하게 되었으며, 발해도 또한 개별 항목으로 서술할 수 있는 단서가 마련되었다.

이러한 서술 방법은 한말의 신사체 역사 서술에 커다란 영향을 끼쳐 거의 모든 역사서가 유사한 체제를 갖추게 되었으나, 내용에서는 일정한 차이가 있었다. 이제 신사체 역사서의 통일신라와 발해론을 고찰하기로 한다. 먼저 신라의 통일에 대한 인식을 살피기 위해 『중등교과 동

---

23) 李萬烈, 앞의 논문, 1981, 461~463쪽.
24) 旗田巍 著·李基東 譯, 『日本人의 韓國觀』, 一潮閣, 1983, 39쪽.
25) 李萬烈, 「19世紀末 日本의 韓國史研究」『淸日戰爭과 韓日關係』, 一潮閣, 1985, 110~120쪽 참조.
26) 林泰輔, 『朝鮮史』2, 吉川半七藏版, 1892, 32~43쪽 참조.
27) 玄采, 『中等敎科 東國史略』, 叢書16, 3쪽.
　　"今日本林泰輔史學家也 尤致力於我國 著有朝鮮史七冊 自三國以至本朝 皆確有證據 又各分門別類 令人一讀瞭然 實不可以外人歧視之也 玆又譯之."

국사략』을 보면, '백제와 고구려의 멸망'에서 두 나라를 멸망시킨 주체를
당으로 파악하고 '신라의 통일'에서 다음과 같은 내용을 서술하였다.

> 新羅가 唐과 併力ᄒ야 百濟, 高句麗롤 滅ᄒ미 唐이 其地에 都督等官을
> 置ᄒ더니 旣而오 新羅ㅣ 漸漸 百濟의 地롤 取ᄒ고, 또 高句麗의 叛衆
> 을 納ᄒ니 唐이 屢次 責ᄒ나 新羅ㅣ 또흔 服從치 아니ᄒ니, 唐主가 怒
> ᄒ야 劉仁軌로 ᄒ야곰 來寇ᄒ거늘 王이 伴히 謝過ᄒ나, 然ᄒ나 맛춤ᄂ
> 高句麗南境ᄭ지 州郡을 置ᄒ니 此ᄂ 武烈王과 文武王時에 金庾信의 功
> 이 居多ᄒ야 畢竟 統一의 業을 成ᄒ얏ᄂ이다.[28]

　신라의 삼국통일은 당의 식민정책에 저항하여 고구려의 남경에 주
군州郡을 설치함으로써 달성한 것으로 보고, 이 과정에서 김유신의 공이
지대한 사실을 밝혔다. 이러한 서술 논리는 당 세력의 축출을 통일의 시
점으로 파악한 것으로서, 편년체 역사서가 백제에 이어 고구려의 멸망을
바탕으로 일통삼한론을 전개한 사실과 자못 다르다. 이것은 다음에 설명
할 바와 같이 발해사를 독립시키더라도 한국의 역사와 무관한 듯이 서술
함으로써 한국사의 공간을 한반도 남부로 한정하려는 하야시林의 서술
논리를 비판없이 수용한 데서 비롯되었던 것이다.
　한편 같은 신사체의 역사서로서 초등용이라는 지면상의 제한은 있었
지만, 유근柳瑾이『초등본국역사』에서 보인 통일신라에 대한 인식은 다소
달랐다. 제2장 중고의 제2절 '신라2'에 기술된 다음 내용이 주목된다.

> 太宗武烈王時에 金庾信의 策을 用ᄒ야 唐兵을 聯合ᄒ야 百濟를 滅ᄒ고
> 文武王時에 金庾信이, 또 唐兵으로 더부러 高句麗를 滅ᄒ니 三國이 統
> 一ᄒ니라.[29]

---

28) 玄采,『中等教科 東國史略』, 叢書16, 51~52쪽.
29) 柳瑾,『初等本國歷史』, 叢書20, 14쪽.

김유신이 나당연합군을 결성하여 백제와 고구려를 멸망시킨 활동에 관한 서술은 같았지만, 두 나라의 멸망부터 신라의 삼국통일로 파악함으로써 오히려 편년체 역사교과서와 같은 인식 경향을 보였다. 이와 같은 서술 내용은 조종만의 『초등디한력스』에 그대로 옮겨졌고, 서술체제는 물론 심지어 제자題字까지 같았던 안종화安鍾和의 『초등대한역사』는 당병의 축출까지를[30] 덧붙여서 신라의 삼국통일로 보았다. 반면에 정인호鄭寅琥는 『초등대한역사』에서 백제와 고구려에 대한 공격의 주체를 현채의 경우와 달리 김유신으로 파악하고, 문무왕 8년에 안승安勝을 고구려왕으로 책봉한 데 이어 10년에 백제 토지를 취한 사실을 신라의 통일로 보는[31] 또 다른 입장을 견지하였다. 이와 같이 동일한 통일신라론이더라도, 통일의 시점을 설정하는 시각에는 일정한 차이가 있었다.

이러한 경향은 발해인식의 경우에도 마찬가지였는데, 다음에서 신사체 역사교과서의 발해에 대한 인식 내용을 검토하기 위해 〈표 2〉를 작성하였다. 이 표에 의하여 종족계통 중심의 발해인식은 두 가지로 나눌 수 있다. 그 하나는 『중등교과 동국사략』과 같이 '本粟末靺鞨'로 이해하는 경우이다.

新羅가 統一호 後에 北方에 一國이 有호니 曰渤海라 渤海는 本來 粟末靺鞨이니 高句麗의 北에 在호야 上古初브터 屢次 三國을 侵伐호더니 高句麗가 亡혼 後브터 餘衆이 稍稍히 歸附호야 其地롤 並호고 距今一千一百九十三年前에 至호야는 其君長 大祚榮이 震國王이라 稱호고 國勢가 益盛호다가……[32]

30) 安鍾和, 『初等本國歷史』, 叢書16, 445~446쪽.
31) 鄭寅琥, 『初等大韓歷史』, 叢書14, 383~386쪽.
32) 玄采, 『中等敎科 東國史略』, 叢書16, 58~59쪽.

〈표 2〉 신사체 역사서의 발해사 서술

편저자	역 사 서 명	발행년월	서 술 형 식	종 족 계 통
玄采	中等敎科東國史略	1906. 6	上古史篇 渤海	本粟末靺鞨
柳瑾	初等本國歷史	1908. 4	第2章 第8節 渤海	高句麗遺種
鄭寅琥	初等大韓歷史	1908. 7	第4章 第5節 大祚榮渤海建國	〃
조종만	초등대한력ᄉ	1908. 8	제2장 제8절 발히	〃
朴晶東	初等大東歷史	1909. 8	없 음	없 음
興士團編輯部	初等本國略史	1909. 9	〃	〃
安鍾和	初等本國歷史	1909.11	第2章 第8節 渤海	高句麗遺種
柳瑾	新撰初等歷史	1910. 4	新羅紀 附渤海	本靺鞨人臣附高麗

위 내용에 따르면 발해는 속말말갈을 주체로 건국한 나라이며, 한국사에서 중요한 관심 사항인 고구려의 계승문제에 대해서는 고구려 유민이 오히려 속말말갈에 귀부한 듯이 서술하였다. 더구나 삼국은 사실과 달리 일찍부터 말갈에 의해 침공당한 것으로 서술하는 만선사관의 맹아가 나타나고 있었다. 이러한 논리는 발해사를 한국사의 범주에서 체계화하여 중국의 역사에서 분리시키고, 발해의 건국 주체를 속말말갈로 단정함으로써 한국의 역사와도 관련이 없는[33] 것으로 왜곡한 하야시林의 서술을 무비판적으로 역술한 데서 기인하였다. 이것은 현채가 『보통교과 동국역사』에서 보였던 인식 내용보다 오히려 퇴보한 것으로서, 일통삼한론과는 또 다른 차원에서 발해가 한국사와 무관한 존재로 파악될 수 있는 단서를 제공하였다. 현채의 통일신라와 발해론은 일제시기에 남북국론이 제기된 상황 속에서도 수정없이 반복되고 있었다.[34]

---

33) 李萬烈, 앞의 논문, 1985, 120쪽.

그러한 반면 다른 하나는 '고구려유종'으로 파악하는 경우이다. 유근의 『초등본국역사』는 제2장 중고의 제5절 '고구려2'의 말미에서 고구려가 망한 이후 남방에는 신라가 있고, 북방에는 발해가 존재한[35] 것으로 인식한 위에서 제8절 '발해'를 서술하였다.

> 高句麗의 遺種 大祚榮이 遼水를 渡ᄒ야 太白山을 據ᄒ고 國을 建ᄒ니
> 是ㅣ 渤海國 高祖라 五京과 十五府를 實ᄒ고 地方이 五千里에 至ᄒ야
> 海東의 盛國이라 稱ᄒ더니 後에 契丹에게 滅ᄒ바 되니라.[36]

여기에서는 발해 건국의 주체를 고구려 유민으로 명시함으로써 고구려와의 계승관계가 분명해졌을 뿐 아니라, 남방의 신라에 대한 북방의 발해로 인식하여 남북국론으로 발전할 수 있는 가능성까지 엿보였다. 이러한 서술 내용을 조종만, 안종화는 물론 다른 서술체계를 취했던 정인호도 그대로 따랐다. 이로써 기왕의 역사 서술에서 애매모호하게 취급되거나, 혹은 왜곡되었던 발해의 건국 주체를 고구려 유민으로 확정함으로써 발해는 한국사에 포함될 수 있었다.

그러나 이와 같은 발해인식에는 논리적 근거의 제시와 구체적인 설명이 결여되었기 때문에 해결해야 할 과제로 남았다. 이러한 한계가 유근으로 하여금 당시로서는 저술하지 아니함만 못한[37] 『신찬초등역사』를 다시 저술케 하였는데, 서술형식과 종족계통에 대한 인식이 『역사집략』의 수준으로 환원하였던 것이다. 그 원인은 유근 개인의 철저하지 못한

---

34) 玄白堂, 『東史提綱』, 大昌書院, 1924, 39~47쪽.
　　이 책은 현채가 죽은 뒤인 1928년에 德興書林에서 『半萬年朝鮮歷史』로 복간되었다.
35) 柳瑾, 『初等本國歷史』, 叢書20, 17~18쪽.
36) 柳瑾, 『初等本國歷史』, 叢書20, 21~22쪽.
37) 趙東杰, 「韓末史書와 그의 啓蒙主義的 虛實」下, 『韓國民族主義의 成立과 獨立運動史研究』, 지식산업사, 1989, 200쪽.

역사의식에서 찾을 수도 있다. 그러나 교과용도서검정규정이 1908년에 공포되어 기왕에 발간된 교과서를 금지시키고, 새로이 출판될 교과서도 통제하는[38] 사회적 요인이 더욱 크게 작용하였을 것이다. 따라서 실제는 같은 저자인 박정동朴晶東의 『초등대동역사』와 『초등본국략사』는 아예 발해를 언급하지 않았는지도 모른다.

이로써 보면 1905년 이후 통감부체제統監府體制 아래에서 학부의 역사교과서에 대한 검정은 발해를 경시하는 방향으로 이루어진 것이 아닌가 짐작된다. 이러한 추측은 이 무렵의 일본에서 발해를 독립시키지 않은 한국사 개설서가 출판되었으며,[39] 발해사에 대한 인식이 더욱 소극적으로 변하거나 또는 배제한 3종의 역사서가 모두 학부검정교과서라는 사실에 근거한다. 다만 안종화의 『초등본국역사』는 검정 여부의 확인이 쉽지 않다.[40] 만약 검정이 되었다면, 유근의 『초등본국역사』가 학부로부터 특정 사립학교에서의 사용만을 전제로 인가된 학부인가교과서인[41] 점을 통해 미루어 짐작할 따름이다.

이상에서 살펴보았듯이 한말 역사서의 신라와 발해에 대한 인식은 편년체와 신사체에 따라 다르게 나타나고 있었다. 편년체는 중세사학의 일통삼한론을 계승한 기본 인식 위에서 발해사를 신라사에 약술하거나, 혹은 부기하는 두 경우가 있었다. 한편 신사체의 통일신라와 발해론은

---

38) 金興洙, 「韓末 歷史敎育의 實態와 그 性格 - 1906~1910年의 歷史敎育과 歷史敎科書를 中心으로 -」 『汕耘史學』1, 1985, 95~107쪽 참조.

39) 久保天隨, 『朝鮮史』, 博物館, 1905, 54~64쪽 참조.
여기에서 신라의 삼국통일은 제6장 '濟麗의 滅亡과 新羅의 統一'에서 취급하였으며, 발해는 제7장 '新羅의 治世'를 서술하는 가운데 언급되었다. 그 내용은 기본적으로 林泰輔의 『朝鮮史』와 다를 바 없으나, 발해를 분립하지 않은 차이점이 있다.

40) 金興洙는 安鍾和의 『初等本國歷史』를 學部檢定敎科用圖書에 포함시켰다(앞의 논문, 104쪽). 그러나 이 책은 다른 3종의 역사교과서와 달리 속표지에 學部檢定이 표시되어 있지 않을 뿐만 아니라, 신라와 발해의 서술 내용도 상당한 차이가 있기 때문에 검정 여부를 가리는 데 어려움이 있다.

41) 金興洙, 앞의 논문, 105쪽.

현채가 하야시林의 저서를 역술함으로써 한말에 확산되었다. 그러나 현채와 그 이외의 역사교과서 사이에는 삼국통일의 시점과 발해 건국의 주체에 대한 견해차가 있었다. 이것은 현채가 하야시林의 서술 논리를 무비판적으로 수용함으로써 야기되었다.

1908년 교과용도서검정규정의 공포 이후에는 발해사에 대한 인식이 다시 약화되는 대신에 신라의 삼국통일을 강조하는 분위기가 조성되었던 것이다. 이러한 현상에 대해 신채호는 교과서의 검정에서 취한 학부의 몰주체적 태도[42]와 한말 역사교과서의 몰가치성[43]을 비판하면서 신라·발해인식에 대한 새로운 방향을 제시하지 않을 수 없었다.

3. 일제시기의 신라·발해인식

1) 통일신라론의 심화

일제시기는 한말의 국권수호운동이 실패함으로써 결과된 식민지의 상황이었다. 이 시기의 민족사적 과제는 민족해방을 통한 국권 회복일 수밖에 없었다. 이러한 시대적 여건은 역사연구에서 과거의 역사상을 재구성할 수 있는 객관적 조건으로 작용하였다. 일본인 연구자는 식민통치의 현실적 목적에 부응하려는 식민사학론植民史學論을 전개하였다. 이에 반해 한국인 연구자는 민족해방을 담보하기 위한 반식민사학론反植民史學論을 제기하였다. 물론 일제 식민사학에 매몰된 친일사학도 있었다. 이러한 역사학의 논리에 의해 신라와 발해에 대한 인식도 달라질 수밖에 없었

---

42) 申采浩, 「國家를 滅亡케 하는 學部」『丹齋申采浩全集』別集, 螢雪出版社, 1977, 124~128쪽 참조. 이하 全集으로 약칭함.
43) 申采浩, 「讀史新論」, 全集上, 471~473쪽 참조.

다. 그 하나는 한말의 다양한 인식 경향 가운데 선택적으로 심화시킨 통일신라론이고, 다른 하나는 변화한 조건 속에서 전혀 새로운 방향으로 전개된 남북국론이었다.

우선 일제 식민사학의 통일신라론에 대해서 검토하기로 한다. 일찍이 조선사에 대한 개설서를 저술하여 한말의 근대적인 역사 서술에 상당한 영향을 미쳤던 하야시林는 1912년에 『조선통사』를 출간하였다. 기왕의 『조선사』에 그 속편인 『조선근세사』를 합본하여[44] 다시 출판하는 과정에서 신라와 발해사의 서술형식에 차이가 생겼다.

武烈王 金春秋는 사신으로서 능력을 발휘하였으며, 金庾信은 당과 협력하여 백제와 고구려를 멸망시켰다. 신라는 백제 고지를 공취하고, 고구려의 叛衆을 받아들인 까닭에 마침내 당과 교전하게 되었다. 이에 唐 高宗은 文武王의 관작을 삭탈하고 劉仁軌를 보내어 토벌하니, 왕은 사신을 보내 사죄하였다. 신라는 마침내 고구려 남부를 州郡으로 삼음으로써 판도가 확장되었다. 후세에 조선반도의 남북부가 모두 하나로 합쳐진 단서는 이때에 시작되었다. 그러나 浿江 이북의 땅에서는 이미 발해가 건국하였다. 발해는 속말말갈로서 고구려의 북방에 있었지만, 고구려가 망한 다음 그 餘衆이 속말말갈에 귀부하여 점차 융성하게 되었다. 聖德王 12년에 그 추장 大祚榮은 스스로 震國王으로 일컬었다. 唐 玄宗은 대조영에게 左驍衛大將軍渤海郡王을 제수함으로써 渤海라 부르게 되었다. 발해는 일본과 사신을 통하였는데, 정성을 다하였다. 한편 신라와는 국경을 접하였지만, 항상 강역을 다투었다.[45]

이상은 제2장 삼국의 분립 및 통일의 제3절 '신라의 통일 및 쇠망'

---

44) 金容燮, 「日本·韓國에 있어서의 韓國史敍述」『歷史學報』31, 1966, 129쪽.
　　여기에서는 林泰輔가 죽은 뒤에, 諸橋徹次가 서문에서 약간의 개정과 증보 사실을 밝히고 다시 출판한 進光社版을 이용하였다.
45) 林泰輔, 『朝鮮通史』全, 進光社, 1944, 41~46쪽 참조.

에서 관련 내용을 간추려 옮긴 것이다. 서술의 기본 논리는『조선사』와
크게 다를 바 없으나, 발해가 신라와 적대관계에 있었던 반면 일본과는
우호관계에 있었음을 강조하였다. 이러한 논리의 연장선상에서 간취되
는 특징은 종래 독립 항목으로 분립되었던 발해를 배제하고, 신라의 반
도 남부의 통일에 의한 삼국통일을 부각시킨 점이다. 일제 식민사학에서
발해 배제로의 인식 방향은 이미 1910년 이전에 추진된 발해사 연구와
밀접하게 관련되어 있었다.

  일본은 노일전쟁露日戰爭에서 승리한 이후 효과적인 만한경영滿韓
經營을 위해 1906년에 남만주철도주식회사南滿洲鐵道株式會社를 설립하
였다. 만철은 만주와 한국에 대하여 제국주의적 침략을 수행하기 위한
식민정책의 중추기관이었다. 초대 총재인 고토 신뻬이後藤新平는 만주
경영에 있어서 문화적 시설로서 유사시에 군사적 행동을 돕는 '문장적文
裝的 무비론武備論'을 제창하였다. 한편 동양사학자 시라토리 쿠라키치
白鳥庫吉는 만주가 여러 민족의 접촉점으로서 이곳에서 세력을 얻은 자
가 동아시아의 정세를 변화시켰고, 특히 한반도는 항상 만주의 압박을
받았다는 인식 위에서「만주의 역사편찬의 급무」라는 서간문을 통해 만
주 연구의 중요성을 고토後藤에게 피력하였다. 이 서간문 중에서 시라토
리白鳥는 영고탑寧古塔을 발해의 고도로 단정하고, 유적 조사의 필요성
도 아울러 제의하였다.[46]

  이에 고토後藤는 역사적 관습의 조사가 식민정책에 매우 긴요하다는
현실인식에서 시라토리白鳥의 제안을 받아들여 만철滿鐵 동경지사東京支
社에 만선역사지리조사실滿鮮歷史地理調査室을 개설하고 1908년부터 본
격적인 연구를 시작하였다. 이로써 국책회사인 만철과 동양사학계의 제휴

---

46) 酒寄雅志,「近代日本と渤海史硏究」『발해사국제학술회의발표요지』, 고려대민족문화연구
   소, 1993, 3~4쪽.

가 이루어졌으며, 시라토리白鳥의 주재 아래 만주의 역사와 지리에 대한 광범위한 조사가 진행되었다. 이러한 기초작업 위에서 마쯔이 히토시松井 等, 이나바 이와키치稻葉岩吉, 이케우치 히로시池內宏, 쯔다 소기치津田 左右吉 등이 1910년대 전반 발해에 관한 연구 결과를 계속 발표함으로써 식민사학의 주요 논리인 만선사관이 형성될 수 있는 배경이 되었다.

만선사관은 일본의 한국사 연구자들이 일선동조론을 주장한 데 대해 동양사 연구자들이 주장한 만선불가분滿鮮不可分의 타율성론他律性論이 핵심이었으며, 한국고대사가 주된 연구 대상이었다. 시라토리白鳥의 서간문에도 표출된 바와 같이 한반도가 만주의 피동적 영향권에 있다는 만선사관적 인식의 맹아는 이미 19세기 후반에 나타나고 있었다. 외무성이 편찬한 『외교지고』는 발해를 조선과 중국에서 분리하여 만주에 편입시켰고,[47] 쯔보이 쿠메조坪井九馬三는 「고조선삼국정립형세고」에서 부여와 고구려의 종족계통을 선비鮮卑의 동호계東胡系로 파악하였던[48] 것이다. 이러한 인식의 맥락에서 발해사가 연구되었으며, 이나바稻葉는 1919년의 3·1운동 이후 한국사의 독자성과 자주성을 부인하기 위해 민족, 영토, 경제의 세 방면에서 한국은 만주와 불가분의 관계에 있음을 주장함으로써 만선사관을 정립하고, 1932년에 만주국의 성립을 계기로 이를 더욱 발전시켰다. 결국 만선사관은 한국의 역사를 만주의 세력 파급의 역사로 해소하려는 것이었다.[49]

비록 만주와 한국을 지역적으로 하나의 단위로 파악하더라도 결코 한국 중심이 아닌 만주 중심의 인식에 불과하였다. 이러한 논리에 입각할 때 만주 중심의 역사가 따로 설정될 필요가 있었으며, 그것이 바로 발해사였다. 일제 식민사학의 신라·발해인식에서 발해가 객체인 한국사

---

47) 李萬烈, 앞의 논문, 1985, 105쪽.
48) 李萬烈, 앞의 논문, 1985, 95~97쪽.
49) 旗田巍 著·李基東 譯, 앞의 책, 130~131쪽.

보다 주체인 만주사의 범주에 포함되는 것은 논리의 필연적 귀결이었다. 하야시林의 서술 내용은 만선사관의 정립 여부를 떠나 이미 그러한 인식 경향의 반영에 지나지 않았으며, 발해를 빼고 남는 한국사는 통일신라일 뿐이었다.

일제는 식민사학론에 입각한 한국사의 정리를 목표로 1922년에 조선총독부의 산하기관으로 조선사편찬위원회를 발족시켰다. 이 위원회가 마련한 편찬 구분에서 신라와 발해사는 만선사관에 따라 제3편 '신라시대'에 포함되었다. 여기에 쿠로이타 가쯔미黑板勝美는 '통일'은 고려나, 이씨 조선도 같은 것이므로 특히 신라에만 붙일 필요가 없다[50]고 주장하여 두 왕조에 선행한 신라에 통일조차 붙이지 않았다. 또한 이능화李能和가 발해의 귀속문제를 물은 데 대해 이나바稻葉는 신라를 서술하는 곳에서 발해 및 이와 관련된 철리鐵利 등의 기사를 수록할 계획을 밝힘으로써[51] 발해사를 한국사에서 배제할 방침이었다. 이나바稻葉가 만선사관을 정립한 인물임을 감안하면, 총독부가 주관하는 조선사 편찬사업의 방향과 성격도 미루어 짐작할 수 있을 것이다.

발해 배제의 공식적 입장은 1925년에 조선사편찬위원회가 관제 개편에 의해 조선사편수회로 바뀐 다음에도 다시 한 번 확인되었다. 조선사편수회는 편수 강령을 심의하여 신라와 발해에 해당하는 시기를 제2편 '통일신라시대'로 결정하였다. 그리고 발해사에 대해서는 1930년 제4회의 회의 석상에서 있었던 다음의 토론이 주목된다.

> 崔南善 委員 : 구체적으로 말하면 肅愼은 아직 불명한 채로 남아 있는 민족이지만, 나는 조선사의 기원과 밀접한 관계가 있다고 생각한다.

---

50) 朝鮮總督府 朝鮮史編修會, 「朝鮮史編修會事業概要」『잃어버린 역사를 찾아서』부록, 고려원, 1986, 267쪽.
51) 朝鮮總督府 朝鮮史編修會, 앞의 책, 266쪽.

또 그 이후로 내려와서 渤海도 조선사에서 중요한 역할을 담당하였는데, 그것의 선택에는 어떠한 방침이 서 있는가.

今西龍 委員 : 숙신은 연대상 역사에서 취급하기 보다도 人類學·民族學의 연구 범위에 들어갈 것으로 생각한다. 또 발해도 조선사에 관계 없는 한 생략하겠다.[52]

여기에서 최남선은 발해는 물론 숙신까지도 한국사의 범주에서 파악하려는 입장을 제시한 데 대해, 이마니시 류今西龍는 만주의 발해를 한국사 자체가 아니라 다만 한국과 관계가 있는 나라의 역사로 취급할 방침을 재천명하였던 것이다. 이로써 일제 식민사학은 만선사관에 입각하여 발해의 배제를 통한 통일신라론을 더욱 심화시켰다.

조선사편수회의 공식적 견해는 실제의 역사 서술에서 구체화되었다. 조선사학회의 『조선사강좌』 일반사는 제10장 '신라의 일통'에서 백제의 멸망과 일본의 백제 구원을 언급하고, 고구려의 멸망에 이어 신라의 당 정복지에 대한 점령을 서술하였다. 신라는 당과의 전쟁을 통하여 백제 고지를 점령하여 문무왕 11년에 소부리주所夫里州를 설치하고, 고구려의 남경까지 신라의 주군으로 삼았으므로 당은 문무왕 16년 이후 신라의 영토로 묵인하였다. 신라가 점령한 대동강 이남의 고구려 고지는 성덕왕 34년에 이르러 당으로부터 인정받게 되었는데, 이 조치는 당이 북방에서 일어난 발해를 견제하기 위한 것이었다.[53]

이러한 서술 논리는 내용이 좀더 보완되었을 뿐, 하야시林의 서술 내용과 기본적으로 궤를 같이 하는 것으로서 문무왕 16년(676) 이후를 실질적인 삼국통일로 보는 통일신라론을 견지하였다. 따라서 발해는 제10장의 부절附節로 취급될 수밖에 없었는데, 그 내용은 역시 일본과의

---

52) 朝鮮總督府 朝鮮史編修會, 앞의 책, 282~283쪽.
53) 朝鮮史學會 編, 『朝鮮史講座』一般史, 朝鮮史學會, 1924, 200~203쪽 참조.

우호관계를 강조하였다.[54] 이와 같은 신라·발해인식은 조선사편수회의
핵심 인물이었던 오다 쇼우코小田省吾가 집필하고, 조선사학회가 편찬
한 식민사학론의 집대성인『조선사대계』상세사에 형식과 내용이 그대
로 이어졌다.[55]

일제에 의해 1932년에 만주국이 건국됨으로써 이제까지의 서술에서
발해와 일본의 우호관계를 강조한 목적이 드러나기 시작하였다. 만주국
의 성립은 만선사관에 입각한 신라·발해인식을 더욱 심화시켰다. 당시
일본과 만주국의 현실적 관계를 정당화하기 위해 발해와 고대 일본의 관
계를 밝히는 차원에서 발해사 연구가 다시 고조되었다. 동아고고학회東
亞考古學會가 1933년과 1934년 두 차례에 걸쳐 주관한 상경上京 용천부
지龍泉府址의 동경성東京城 발굴은 대표적인 사례로서 새로이 건국된
만주국과 일본의 우호관계를 발해시대로 소급해서 역사적으로 확인하는
의미를 담고 있었다. 발굴과정에서 고대 일본의 화폐인 '화동개진和同開
珎' 한 개가 출토되었다. 이것은 과거의 발해와 일본의 우호관계에 그치
지 않고, 현재의 일본과 만주의 친선관계를 상징하는 귀중한 증거로서
주목되었다.[56]

이로써 발해는 만주국의 역사적 정당성을 입증하려는 목적에서 한
국사와 완전히 분리되었다. 이러한 당시의 사정은 역사 서술에도 투영되
었다. 오하라 토시다케大原利武는『조선사요』의 제7절 '신라통일시대'에
서 발해를 배제하였으며,[57] 조선총독부가 식민통치 25주년을 기념하기
위해 모두 25장으로 구성한『조선사의 길잡이』는 제10장 '신라의 일통'
에서 신라의 반도통일은 서술하면서도 발해사는 독립시키지 않았다.[58]

54) 朝鮮史學會 編, 앞의 책, 206~207쪽 참조.
55) 朝鮮史學會 編,『朝鮮史大系』上世史, 朝鮮史學會, 1927, 200~207쪽 참조.
56) 酒寄雅志, 앞의 논문, 5~7쪽.
57) 大原利武,『朝鮮史要』, 朝鮮史學會, 1929, 25~26쪽.

또한 오다小田는『증정조선소사』제6장 신라일통시대의 '신라의 반도통일'에서 신라가 당으로부터 대동강 이남의 영유권을 인정받는 과정에서 발해를 언급하였다.[59] 발해는 그야말로 신라와의 대립관계 속에서만 간략히 다루어질 따름이었다.

일제 식민사학은 신라의 삼국통일을 반도통일로 규정하여 신라와 발해의 역사를 각각 한반도와 만주의 역사로 환원시키고, 마침내 고구려까지도 만주사의 범주로 포함하는 단계로 나아갔다. 오하라大原는 만주는 일본의 생명선이라는 철저한 현실인식 위에 고구려를 만주사로 취급하고, 발해는 말갈의 수령 대조영이 건국한 나라로서 일본에 복속했던 고구려의 전례를 따라 일본에 조공한 사실을 강조하였다.[60]

한편 야노 진이치矢野仁一는『조선사 만주사』제4편 발해시대의 제1장 '발해국의 흥망'에서 고구려의 멸망 이후 만주의 형세와 발해 건국을 서술하면서 발해의 고구려 계승은 물론 대조영의 종족계통을 시라토리白鳥의 견해를 따라 고구려인으로 단정하는[61] 큰 변화를 보였다. 그러나 이러한 발해인식은 이미 한국사를 위한 것이 아니라, 만주사의 체계화를 위한 만선사관의 극치로서 이나바稻葉에 의해 매우 정리된 모습으로 나타났다.[62] 여기에서 식민사학의 통일신라론은 한국 중세사학의 일통삼한론과 전혀 다른 차원에서 재음미할 소이가 있는 것이다.

2) 남북국론의 전개

일제시기에 만선사관의 발해 배제에 따른 통일신라론이 식민정책에

---

58) 朝鮮總督府 編『朝鮮史のしるべ』, 朝鮮總督府, 1936, 51~56쪽 참조.
59) 小田省吾,『增訂朝鮮小史』, 大阪屋號書店, 1937, 19~20쪽.
60) 大原利武,『槪說滿洲史』, 近澤書店, 1933, 62~68쪽 참조.
61) 稻葉岩吉・矢野仁一,『朝鮮史 滿洲史』, 平凡社, 1939, 260~263쪽 참조.
62) 稻葉岩吉,『滿洲國史通論』, 日本評論社, 1940, 143~146쪽 참조.

편승하여 확산되고 있을 때, 반식민사학은 발해의 한국사 편입을 위해서 신라삼국통일의 부정을 통한 남북국론을 제기하였다. 1919년의 3·1운동은 민족해방운동으로서 한국인의 자주와 독립의식을 고취시켰다. 이에 일제는 일선동조론을 바탕으로 식민지의 동화정책을 적극적으로 추진하는 한편 만선사관을 통해 한국사의 타율성을 더욱 강조하였다. 조선총독부가 주관한 조선사의 편찬사업은 그 일환으로서 한국인의 민족적 정체성에 위기감을 불러 일으켰다. 비록 정치적인 독립운동은 일제의 강압으로 좌절하고 말았지만, 자주의식에서 발로한 문화운동은 지속되었다. 일제 식민사학의 논리에 대해서 한국사의 유구성과 독자성을 강조하기 위해 기자전설箕子傳說 대신에 단군신화檀君神話가 부각되는 현상[63]과 같은 맥락에서 남북국론이 1920년대 전반에 활발히 전개되었다.

한국사학사에서 남북국론은 조선 후기에 일군의 실학자가 제기하였지만,[64] 한말의 역사가들에 의해 발전적으로 계승되지 못하였다. 한말의 신라·발해인식은 역사의식에서 일정한 한계를 내포하였을 뿐만 아니라, 원천적으로 왜곡된 일본 근대사학의 영향으로 말미암아 주체적 인식의 발전에 장애가 있었기 때문이었다. 그러나 일제 식민사학의 공세를 극복하는 과정에서 신라·발해인식은 달라질 수밖에 없었으며, 근대적인 논리성도 갖추게 되었다.

한국 근대사학은 반식민사학을 학문적 과제로 삼는 민족주의사학에서 비롯되었다. 그 단서를 열었던 신채호는 조선 후기 이종휘李鍾徽의 다원적인 고대사 인식체계 중에서 부여·고구려 중심의 인식체계를 수용함으로써[65] 기왕의 한계를 극복하고 새로운 신라·발해인식의 가능성을 제시하였다. 그의 인식 방향은 1908년에 발표한「독사신론」의 제9장 '김

---

63) 旗田巍 著·李基東 譯, 앞의 책, 105쪽.
64) 李萬烈, 앞의 논문, 1981, 461~463쪽.
65) 李萬烈,「17·8世紀의 史書와 古代史認識」『韓國史硏究』10, 1974, 121~122쪽.

춘추의 공죄'에서 간취할 수 있다.

> 又 其次에는 高句麗가 亡하여 渤海가 되고, 百濟가 亡하여 新羅에 合
> 하였으니, 是는 三國이 合하여 兩國된 時代요, 其次에 渤海가 旣亡하
> 매 鴨綠 以西의 土地는 드디어 契丹·蒙古 等 異族에게 讓하여, 我 檀
> 祖 舊疆의 半幅은 至今 九百餘年을 失하였으니, 噫라, 麗太祖가 我東
> 을 統一하였다 하며 本朝 開國에도 亦 我東을 統一하였다 하나, 此는
> 半邊的 統一이요, 全體的 統一이 아니라. 만일 此等 半邊的 統一도 統
> 一이라 할진대, 東明聖王도 亦 統一이며 溫祚·赫居世도 亦 統一이니,
> 何必 金春秋 以後에야 始 統一이 有하다 하리요마는, 만일 全體的 統
> 一을 求할진댄 檀君 以後에 再見치 아니한 者니, 어찌 金春秋를 統一
> 한 者라 하리오.[66]

신채호는 위에서 보는 바와 같이 신라의 삼국통일과 김춘추의 공로를 철저하게 부정하였다. 그의 신라삼국통일에 대한 부정적 인식은 새로운 통일의 개념에 근거한 것으로서 신라의 백제 통합과 발해의 고구려 계승에 따른 양국시대론으로 발전하였다. 이러한 구상은 1921년에서 1924년 경에 집필하여[67] 1931년 조선일보에 연재한『조선상고사』에서 구체적으로 표출되었다. 그는 신라의 삼국통일만을 인정하는 사료적 근거인『삼국사기』의 봉건성과 사대성에 대해 철저한 비판을 가하고, 신라의 삼국통일에 대한 부정적인 견해를 제11편 '백제의 강성과 신라의 음모'에서 체계적으로 제시하였다. 그 논리적 근거는 다음과 같다.[68]

첫째, 신라가 당과 함께 전쟁을 추진하던 시기에 활동한 인물에 대한 부정적인 평가이다. 그는 이제까지 높이 평가되고 있던 김춘추金春秋의 외교활동과 김유신의 군사활동 등은 민족사적 의의를 결여한 시대 행

66) 申采浩,「讀史新論」, 全集上, 508~509쪽.
67) 愼鏞廈,「申采浩의〈讀史新論〉比較分析」『丹齋申采浩와 民族史觀』, 螢雪出版社, 1980, 209쪽.
68) 金瑛河, 앞의 논문, 1983, 158~161쪽 참조.

위로 비판하였다. 둘째, 신라 중심의 역사 서술에서 매몰될 수밖에 없었
던 백제와 고구려의 상대적 독자성을 인정하였다. 그는 나당연합에 의한
백제와 고구려 멸망의 외인론外因論보다 백제의 소멸과 고구려 왕통의
단절에서 나타나는 내인론內因論을 강조하였던 것이다. 끝으로 신라의
한반도 남부의 통합은 전체적 통일은 고사하고, 반변적 통일에도 미치지
못하는 것으로 비판하였다. 이러한 논리는 결국 삼국시대에서 신라와 발
해의 병존만을 인정하는 양국시대론으로 귀결되었다.

　신채호의 양국시대론은 주체적 자아를 확립한 민중을 중심으로 만
주에 독립운동기지를 건설하여 민족해방운동을 전개하려는 현실인식으
로부터 신라와 발해의 역사를 재구성함으로써 성립되었던 것이다. 이와
같이 만선사관의 논리와 정면으로 배치되는 신채호의 신라·발해인식은
유득공柳得恭의 남북국론을 인지하고 있었던 박은식朴殷植의 발해인식[69]
과 더불어 1920년대 전반 남북국론의 전개에 지대한 영향을 미쳤다.

　한말에 신채호와 함께 언론인으로 활동하면서 영향을 받았던 장도
빈은 1916년에 출판한『국사』의 '삼국시대와 남북국시대'에서 삼국은 물
론 신라와 발해까지도 모두 병렬적으로 서술함으로써 과거의 정통론적
사고를 극복하는 효과를 거두었다. 그리고 제19장 '백제의 멸망, 고구려
의 멸망, 신라의 문무대왕'에서 신라는 문무왕 15년에 당병의 격퇴를 통
하여, 단지 영토가 서북의 청천강淸川江에서 동북의 덕원德源까지 확대
된 것만으로 파악함으로써[70] 사실상 신라의 삼국통일을 인정하지 않았
다. 그러한 연후에 제22장 '신라 신문대왕, 발해 태조'에서 남북국시대론
을 개진하였던 것이다.

---

69) 太白狂奴,『韓國痛史』, 大同編譯局, 1915, 196쪽.
　　"故後人謂渤海史不修 知高麗之不振者 豈不信哉."
　　이 책은 朝鮮史編修會가 조선반도사의 편찬 요지에서 가장 불온한 도서로 적시할(앞의
　　책, 257쪽) 만큼 한국인들에게 영향력이 있었다.
70) 張道斌,『國史』『汕耘張道斌全集』1, 汕耘紀念事業會, 1981, 56~58쪽. 이하 全集으로 약칭함.

이에 祚榮이 中京城(吉林省 敦化縣)에 定都하고 國號를 渤海라 하고 元
年을 大震이라 하니 高句麗遺民이 다 歸附하고 靺鞨人도 服從하여 이
에 高句麗故地를 다 回復하여 渤海大國을 建하니 高句麗 亡한 지 무릇
十七年 만에 回復하였는지라. 이 곧 渤海太祖이니 때는 檀君紀元 三千
十八年이더라.……이때부터 新羅와 渤海가 並立하여 南北國時代로 되
니라.[71]

여기에서 장도빈은 발해의 건국 연대에 관한 일반적인 698년설 대
신에 685년설을 제기하고, 이로부터 신라와 발해가 병립한 남북국시대
론을 주장하였다. 이러한 그의 견해는 1923년에 발간한 『조선역사요령』
중고의 제3기 '남북국'에서 신라가 한반도의 대동강과 덕원 이남을 통일
하고, 발해는 699년에 건국하여 고구려 고지를 통일함으로써 남북국시
대가 열린[72] 것으로 수정되었다.

장도빈의 남북국론에 입각한 신라·발해인식은 황의돈黃義敦의 『신
편조선역사』와 『중등조선역사』에서 남조 신라와 북조 발해로 파악하는
남북양조시대,[73] 안자산安自山의 『조선문명사』에서 문무왕의 통일을 인
정한 위에서 남북조시대,[74] 그리고 권덕규權悳奎의 『조선유기』와 『조선
유기략』에서 5천 년 역사상의 성대盛代로서 남북조는 또는 남북국[75] 등
으로 대동소이하게 이어졌다. 다만 이들의 발해인식에서 나타나는 신채
호와의 차이점은 발해 유민의 부흥운동에 관한 부분이다. 신채호가 중국
중심의 사대문화권에 편입되기 이전인 삼국시대까지를 역사 서술의 대

---

71) 張道斌, 『國史』, 全集1, 66쪽.
72) 張道斌, 『朝鮮歷史要領』, 全集1, 167~169쪽.
73) 黃義敦, 『新編朝鮮歷史』, 以文堂, 1923, 38~40쪽 ; 『中等朝鮮歷史』, 鴻文園, 1926, 25~27쪽.
   朴海默도 南北朝論을 피력하였지만(『半萬年朝鮮歷史』, 德興書林, 1923, 73~75쪽), 이것은
   황의돈의 『신편조선역사』를 표절한 데 불과하였다.
74) 安自山, 『朝鮮文明史』, 滙東書館, 1923, 93~97쪽.
75) 權悳奎, 『朝鮮留記』, 尙文館, 1924, pp. 47~50 ; 『朝鮮留記略』, 尙文館, 1929, 33~35쪽.

상으로 삼았던[76) 까닭에 언급할 수 없었던 대연림大延琳의 흥료국興遼國, 열만화列萬華의 정안국定安國 등 발해 유민의 부흥운동을 서술함으로써[77) 민족주의사학의 발해인식을 더욱 진전시킬 수 있었다.

1920년대 전반에 있었던 일련의 남북국론은 일제 식민사학의 결정체였던『조선사강좌』및『조선사대계』의 통일신라론과 대립적인 위치에 서게 되었다. 그리고 만선사관의 발해배제론이 심화되는 1930년대에 이창환李昌煥이 남북조시대[78)를 설정하는 데 일정한 영향을 끼쳤다. 그러한 반면에 아직 한말의 인식 수준에서 벗어나지 못한 신라와 발해인식도 잔존하고 있었다. 고유상高裕相은 편년체로 서술하면서 발해를 제5부 '남북부제국기'의 하나로 간단히 취급하였을 뿐만 아니라, 종족계통도 본래 속말말갈로서 고구려에 신부한 자로 이해하는[79) 한계를 여전히 지니고 있었다.

그러나 무엇보다 주목을 끄는 것은 중인 출신의 명망 있는 역사가인 최남선崔南善이 1930년 동아일보에 연재한『조선역사강화』에서 보인 인식 경향이다. 그는 제6장 '신라의 통일'에서 김유신의 공로를 부각시키면서 백제와 고구려의 멸망을 약술하고, 제7장 '발해의 따로남'에서 대조영에 의한 건국과 발해의 강토 및 세력을 간략히 언급하였다.

> 이렇게 백제와 고구려가 8년 동안에 先後하여 망하고, 신라의 손에 반도가 비로소 통일한 나라를 이루었다. ……이에 고구려의 끼친 將帥 大祚榮이 이것을 收合하고 또 고구려의 屬民이던 靺鞨의 여러 部族을 聯結하여, 白頭山의 東北, 松花江의 上流에 새 나라를 세우고 이름을

---

76) 申一澈,『申采浩의 歷史思想研究』, 高麗大出版部, 1981, 139쪽.
77) 朴永錫,「海圓 黃義敦의 民族主義史學」『汕耘史學』1, 1985, 19쪽. ; 申瀅植,「汕耘 張道斌의 歷史認識 - 古代史觀을 中心으로 -」『汕耘史學』2, 22쪽.
78) 李昌煥,『朝鮮歷史』, 北星社, 1934, 42쪽.
79) 高裕相,『五千年朝鮮歷史』, 滙東書舘, 1930, 98~100쪽.

震이라 하니, 地方이 넓고 세력이 강하여 고구려의 옛날에 내리지 아
니하였다. 震은 당에서 渤海라 부르고, 이것이 後世의 널리 부르는 이
름이 되었다.[80]

이에 따르면 최남선의 인식 내용은 신라의 반도통일과 대조영에 의
한 발해 건국으로 집약됨으로써 마치 한말 신사체 역사교과서의 통일신
라·발해론과 유사하였다. 이러한 논리는 식민사학의 발해배제론과 비교
해보면, 민족사의 서술에 충실한 것으로 여겨질 수도 있다. 그러나 일제
식민사학의 공세라는 현실적 조건의 변화를 감안할 때, 그의 신라·발해
인식이 갖는 한계는 자명해진다. 다시 말하면 이미 남북국론이라는 적극
적인 인식틀이 제시되었음에도 불구하고, 일정한 한계를 안고 있던 한말
의 통일신라와 발해론을 통일의 반도적 성격과 발해의 '일어남'이 아닌
'따로남'으로 규정하여 다시 수용한 데 불과하였다.

최남선은 식민사학의 단군말살론檀君抹殺論, 일선동조론 등에 대해
서 단군론, 불함문화론不咸文化論 등을 제기한 점에서 민족주의사학으
로 평가되기도[81] 하지만, 불함문화론과 만선사관의 상호관련성에 대한
지적[82]과 아울러 1930년대에 남북국론에 대한 외면은 식민지의 상황에
서 최소한을 선택한 타협적 친일사학임을 부정하기 어렵다. 이러한 현
상은 그가 이미 1920년대 전반 민족개량주의에 매몰됨으로써 친일화
한[83] 사회적 속성과 무관하지 않을 것이다. 그러므로 최남선은 1940년
대에 일제의 민족말살정책으로 민족주의사학이 위축되는 가운데 대동아
공영大東亞共榮의 시대적 진운에 뒤처지지 않으려는 고충을 토로한 서
문[84]을 붙여 『고사통』을 다시 출간할 수 있었다. 여기에서 신라와 발해

---

80) 崔南善, 『朝鮮歷史講話』『六堂崔南善全集』1, 玄岩社, 1973, 30~31쪽.
81) 李基白, 「民族主義史學의 問題」『民族과 歷史』, 一潮閣, 1971, 49~50쪽.
82) 金容燮, 앞의 논문, 1966, 138~139쪽.
83) 姜東鎭, 『日帝의 韓國侵略政策史』, 한길사, 1980, 393~399쪽 참조.

인식은 『조선역사강화』와 같을 수밖에 없었다.

　이상에서 검토한 바와 같이 일제시기의 신라·발해인식은 일제의 식민사학과 한국의 반식민사학으로 크게 나누어졌다. 식민사학은 만선사관의 공식적 입장에 따라 발해를 만주사에 편입시켜 만주 지배를 정당화하기 위해 통일신라론을 강조하였다. 한편 신채호를 비롯한 민족주의 사학은 남북국론에 입각하여 신라의 삼국통일을 부정함으로써 발해가 한국사로서 편입되는 데 있어서 논리적인 장애를 제거하였다. 이러한 인식틀이 제기되었음에도 불구하고, 최남선은 한말의 통일신라와 발해론을 변질시켜 계승하였다. 이것은 식민사학에 매몰된 타협적인 역사인식의 전형이었다.

4. 맺음말

　이상에서 다양성이 전제된 신라·발해인식 중에서 남북국론의 사학사적 위상을 확인하기 위해 한말과 일제시기를 중심으로 검토하였다. 이 시기는 민족문제가 상대적으로 강조될 수밖에 없는 상황이었고, 이러한 현재적 조건은 과거의 역사상을 재구성하는 데 규정적으로 작용할 수 있었다. 역사가의 민족성과 역사의식에 의해 신라와 발해에 대한 인식은 여러 형태로 나타났다. 그것은 신라의 삼국통일에 대한 인정 여부와 발해의 한국사로의 편입 여부의 상호 결합관계에 따른 결과였다.

　먼저 한말의 신라·발해인식은 서술체제에 따라 두 경향으로 나눌 수 있었다. 편년체의 역사서는 기본적으로 신라 정통의 일통삼한론을 계승하여 백제와 고구려 멸망 이후의 신라삼국통일만을 인정하였다. 이러

---

84) 崔南善, 『故事通』, 三中堂書店, 1943, 1쪽.

한 인식 경향에서 발해사에 대한 적극적인 인식은 기대하기 어려웠다. 그러므로 발해를 신라의 성덕대왕에 붙여 약술하거나, 신라사의 편년체계 속에 부기할 따름이었다. 이와 같은 서술은 각각 『동국통감』과 『동사강목』의 방법을 계승·발전시킨 것이기 때문에 종족계통의 이해에서 보인 '본래 속말말갈粟末靺鞨로서 고구려의 별종'과 '속말말갈로서 고구려에 신부한 자'로의 파악 방법은 모두 일통삼한론을 탈피하지 못한 반증이었다.

한편 신사체의 역사서가 발해를 분립시킴으로써 통일신라와 발해론이 등장하였다. 근대적인 역사 서술은 현채가 하야시林의 『조선사』를 역술한 데서 시작되었다. 현채는 신라가 당의 세력을 축출한 시점을 삼국통일로 보고, 그 이후에 건국한 발해와의 병립구도를 설정하였다. 그러나 발해의 건국 주체를 속말말갈로 이해한 한계는 하야시林의 논리를 비판없이 수용한 데에서 연유하였다. 이에 대해 유근은 백제와 고구려의 멸망을 통일의 시점으로 파악한 동시에 발해 건국의 주체를 고구려 유민으로 단정함으로써 고구려와의 계승관계를 분명히 밝혔다. 이러한 인식 내용은 동일한 서술체제의 다른 교과서에도 영향을 미쳤다.

다음으로 일제시기의 신라·발해인식은 인식 주체의 민족성에 따라 역시 두 유형으로 나뉘어졌다. 일제 식민사학은 발해의 배제를 통한 통일신라론을 심화시켰다. 만한경영의 효율성을 제고하기 위해 1920년대에 정립된 만선사관은 식민사학의 주요 논리로서 한국사를 만주에 의한 세력 파급의 역사로 환원시킨 타율성론이 골자였다. 만선사관에 입각한 통일신라론이 조선사편수회의 공식적인 방침이었으며, 구체적인 역사 서술에서 발해는 물론 고구려까지 만주사에 편입시키는 대신에 한국사에는 통일신라만을 남겨 놓았다. 이러한 의미에서 식민사학의 통일신라론은 한국 중세사학의 일통삼한론과 다른 차원에서 재음미를 요하는 논리구조이다.

반면에 민족주의사학은 신라삼국통일의 부정을 통한 남북국론을 제기하였다. 신채호의 양국시대론에서 비롯된 남북국론은 민족사로서의 발해에 대한 당위적 인식에 기초하여 1920년대 전반에 활발히 전개되었으며, 식민지의 상황에서 만선사관과 대립적인 위치에 서게 되었다. 그럼에도 불구하고 최남선은 한말의 통일신라와 발해론을 변질시켜 수용하였는데, 이것은 이미 민족개량주의의 친일노선에 편승한 타협적인 신라·발해인식에 지나지 않았다.

결국 한말과 일제시기의 신라와 발해에 대한 인식은 상황에 따라 단계적으로 변화함으로써 같은 근대사학의 이름 아래에서도 여러 갈래의 인식이 공존하게 되었다. 이 가운데 '신라와 발해'의 남북국론은 식민지의 현실 속에서 한국 근대사의 과제였던 민족해방을 전망한 반식민사학의 주요 논리였으며, 근대사학의 학문적 유산으로서 오늘날의 신라·발해인식에도 여전히 시사하는 바가 있을 것이다.

민족주의사학의 논쟁

서중석 徐仲錫

1. 머리말

한국 근대 현대의 한국사연구는 한국 근대사 현대사의 특수한 성격에 의해 제약을 많이 받았다. 그러한 가운데 각 시기의 특성에 따라 한국사를 연구하였고 역사관을 제시하였다.

한말은 중세적 의식과 근대적 각성이 교차하는 시점이었는데, 일제의 침략으로 근대민족국가로의 전환이 저지당하는 속에서 한국 근대사학은 태동하였다. 일제의 국권 침탈로 민족의 운명이 위기에 처해진데다가, 일제 통감부의 사상과 학문에 대한 간섭이 따르고 일제에 의한 한국사의 왜곡이 자행되는 상황에서, 민족의식을 고취하고 민족적 자아를 확립하는 것이 급선무였다. 1910년 일제의 강점은 한국인이 근대 한국 사학을 충실히 발전시키는 것을 원천적으로 제약하였다. 그 반면 조선총독부에서는 '국사'(일본사를 가리킴 – 필자)의 한 부분으로 한국사를 가르쳤고, 1910년 이전부터 한국민족을 정신적으로 불구의 상태로 만들기 위한 식민사관이 민족의식 말살을 위한 동화정책의 일환으로 일제에 의해 조장되었다. 8·15해방 또한 한국사 연구에 어려움을 주었다. 해방 직후의 극단적인 좌우대립은 한국사의 객관적 연구나 사관의 폭넓은 수용을 제한하였다. 곧이어 냉전이 본격화되면서 분단이 구체화되었고, 그것은 내란이자 국제전인 한국전쟁으로 치달았다. 그리고 그 뒤의 현대사는 냉전의식을 극단적으로 강요하였다. 북에서는 유물사관에 이어 주체사관이 체제이데올로기로 자리잡았다. 남에서는 반공사학의 일종으로, 또는 현실도피사학으로 '실증주의'가 위세를 떨치기도 하였으며, 유신체제에서는 '주체적 민족사관'을 내세우기도 하였다. 그렇지만 해방 후 남에서나 북에서나 직접적이든 간접적이든 식민사관을 극복하기 위한 학문적 탐구가 큰 조류를 형성한 것은 주목을 받을 만하다. 이러한 점에서 남과 북의 한국사학은 상당부분 민족주의적 성향을 지니고 있었다.

일제시기 한국인에 의한 한국사연구는 대체로 민족사학·실증사학·사회경제사학으로 분류되었다. 이 가운데 민족사학은 신채호가 1908년에 『독사신론讀史新論』을 저술했을 무렵부터 있어왔던 사관이었던 것에 비해, 실증사학·사회경제사학은 주로 1930년대에 나타난 학풍이었다.

민족주의사학에 대한 관심은 1960년대에 들어와 커졌다. 1950년대에 그것은 홍이섭이 간간히 언급하는 정도에 머물렀다. 4월혁명이 열어놓은 새로운 정신적 분위기에서 1960년대 초에 논의되기 시작한 민족주의사학에 대한 관심은 1960년대 후반 1970년대 초에 한국근대사학의 흐름을 정리하고, 식민사학을 비판하는 가운데 더 구체화되었다. 이 시기에 '민족사학'은 '민족주의사학'과 동의어로 불렸다.[1] 주로 신채호申采浩 사학에 대한 연구가 많았지만, 한말 일제시기 민족주의사학에 대한 연구는 1970년대에 더욱 심화되었다. 유신체제라는 얼음장 속에서도 끊임없이 학문의 내재적 발전이 이루어져 그것이 하나의 성과로 나타난 것이었다. 그러나 1980년대 중후반에는 민중사학이 신진소장학자들을 중심으로 전개되어 그러한 사관 아래에서 역사가 기술되고, 반공이데올로기에 의해 왜곡되거나 연구가 저지되었던 민족해방운동사와 현대사에 대한

---

1) 예컨대 이기백은 『사상계』 1963년 2월호에 「민족사학의 문제」라는 제목으로 글을 썼는데, 1974년 일조각에서 펴낸 이교수의 저서 『민족과 역사』에는 이 글이 「민족주의사학의 문제」로 제목이 바뀌어 실렸다.

관심이 고조되면서, 상대적으로 민족주의사학에 대한 관심이 약화되었
다. 그러나 1980년대 이후에도 민족주의사학이나 그것의 한 흐름인 신
민족주의사학에 대한 연구는 있어왔고, 해방 후 남에서 있었던 민족주의
적인 경향을 가진 한국사 연구의 흐름을 민족주의사학에 포함하려는 관
점이 제시되어 민족주의사학에 대한 이해가 확장되었다.

　필자는 10여 년 전에 민족주의사학의 논쟁을 나름대로 정리한 적이
있었다.[2] 따라서 공동연구의 일환으로 다루게 된 이 소론에서는 가급적
이전의 글과 중복되는 것을 피하면서, 민족주의사학에서 그 사이에 어떠
한 것들이 쟁점이 되어왔는가를 필자의 소견을 첨부하여 기술하고자 한
다. 그런데 앞의 글에서도 언급하였지만, 한국사학계 관계자들은 되도록
이면 논쟁을 피하면서 자신의 의견을 개진하려고 하는 경향이 있고, 또
많은 부분이 사론이나 논쟁점을 제시했다기보다는 사실을 설명하는 데
에 머물렀기 때문에, 이 소론에서도 논쟁을 중심으로 논의를 전개하기가
쉽지 않아, 상당 부분은 서술적인 설명이 되고 말았다.

　이 글은 먼저 민족주의사학에 대해 근래에 있었던 논의를 민족주의
사학과 민족사학의 차이점, 민족주의사학의 개념, 그것의 성격 및 식민
사학과의 관계, 그것의 범위를 중심으로 요약하고, 최남선崔南善의 '불
함문화론不咸文化論'에 대한 평가와, 민족주의사학과 비교 검토될 수 있
는 맑스주의역사학 곧 사회경제사학의 민족주의적 성격문제를 검토하려
고 한다. 또한 해방 후 제기된 신민족주의사학과 분단극복사학의 의미를
현재적 관점에서 살펴보고, 민족주의사학과 관련지어 논의할 수 있는 북
의 주체사관의 몇가지 경향을 고대사연구부문에 한정지어 분석하였다.

---

2) 서중석, 「민족사학과 민족주의」, 『한국민족주의론』, 창작과비평사 1982. 이 소론은 서중석,
　『한국근현대의 민족문제연구』, 지식산업사, 1989에 약간의 자구수정을 거쳐 재수록되었
　다. 이 글에서는 후자의 책에 수록된 것을 사용하였다.

2. 민족주의사학의 성격과 관련된 몇가지 쟁점

근래에 민족주의사학의 범위가 확대되어 가고 있는 바, 이 때문에 민족주의사학이란 어떠한 사학을 가리키는지를 분명히 할 필요가 생겨났다. 그런데 민족주의사학의 성격을 논의하기에 앞서 민족사학과 민족주의사학이 동일한 것인지를 밝혀둘 필요가 있다. 대체로 보면 1960, 1970년대에 민족사학이라고 부르던 것을 1970, 1980년대에는 민족주의사학이라고 부르고 있다. 이 경우 민족주의사학은 민족사학이라는 용어가 갖는 불분명한 것을 보다 명확히 의미지워 사용한 것으로 볼 수 있다.

그렇지만 민족사학과 민족주의사학을 구별하여 사용할 필요성도 있다. 예컨대 민족운동과 민족주의운동을 같은 의미로 사용하기도 하지만, 양자는 구별하여 사용할 필요도 있다. 민족주의가 사람마다 다르게 사용될 수 있다고 하여 두루뭉수리하게 아무데나 갖다 붙일 수 있는 용어라고 볼 수는 없다. 민족운동이라는 말은 민족주의운동이라는 말보다 더 광의로 사용되는 것이 일반적이다. 그러므로 연구자에 따라서 일제시기에 민족주의와 민족개량주의는 엄격히 구별되어야 한다고 주장할 수 있지만,[3] 비록 일제에 항거하지 않고 일제의 통치 범위 내에서 활동한다고 하더라도 민족 중심의 민족을 위한 활동이라면 민족운동이라고 볼 수 있는 것이다. 필자는 이와 비슷하게 민족사학은 민족주의사학보다 포괄적으로 사용될 수 있는 용어임을 시사한 바 있는데,[4] 이 점에 관해서 조동걸은 보다 적극적으로 양자의 구별을 시도하였다. 조동걸은 민족사학과 민족주의사학을 구별해서 볼 것을 제안하고, 그 이유로 1930년대의 맑스주의사

---

3) 이것은 필자의 견해이다. 서중석, 『한국현대민족운동연구』, 역사비평사, 1991, 142~143쪽 참조.
4) 서중석, 앞의 글, 『한국근현대의 민족문제연구』, 276쪽.

학(세칭 사회경제사학)이 민족사학이기는 하나 민족주의사학이라고 할 수는 없다는 점을 지적하였다. 그는 민족사학이란 말은 식민사학에 대칭하는 용어이고, 민족주의사학은 민족사학의 분류상의 호칭으로 보는 것이 옳을 것이라는 견해를 피력하고, 민족사학에 맑스주의사학과 더불어 실증사학을 포함시켰다.[5] 그런데 친일행위를 한 자들의 사학도 민족사학에 포함시킬 수 있는지의 여부는 더 검토되어야 할 것이다.

　　민족주의사학은 근대 민족의식·민족주의의 전개 속에 위치지워진다. 이기백은 민족주의사학은 민족적 자각에 뒷받침된 것으로,[6] 민족주의사학의 의의는 무엇보다도 민족의 역사적 발견에 있다고 생각하였다. 민족주의사학자들은 국민의 민족적 자각을 사상적으로 뒷받침해주는 한국사관을 제시한 것으로 평가하였다.[7] 그런데 이교수는 다른 글에서 민족주의사학은 민족의 독립에 대한 확고한 신념을 뒷받침해주려는 데 그 목적이 있었다고 설명하였다.[8] 한영우는 민족주의사학은 한말에 민족주의를 바탕으로 해서 성립된 역사학이며, 민족주의는 반제 반봉건이라는 실천목표를 가진 것이었기 때문에 민족사학도 민족주의의 실천에 이바지한다는 뚜렷한 목적성을 지닌 역사학으로 출발하였음을 지적하였다.[9]

　　민족주의사학에 대한 위와 같은 설명을 부연한다면 다음과 같이 논의될 수 있을 것이다. 민족주의사학은 한국 근현대 각 시기 민족주의의 중심 과제를 실현하는 데 역사학으로서 기여하고자 한 한국사학이라고 볼 수 있다. 이 경우 객관성과 실증성은 초기에는 기존 연구의 미비, 자료 접근의 어려움, 연구 여건의 불비, 근대적 연구 방법론의 불철저, 목

---

5) 조동걸, 「민족사학의 분류와 성격」『한국민족주의의 발전과 독립운동사연구』, 지식산업사, 1993, 368쪽, 414쪽.
6) 이기백, 「민족주의사학의 문제」, 앞의 책, 42쪽.
7) 위의 글, 50쪽.
8) 이기백, 「민족주의사학의 발전」『한국사학의 방향』, 일조각, 1978, 64쪽.
9) 한영우, 「민족주의사학의 성립과 전개」『한국민족주의역사학』, 일조각, 1994, 1쪽, 34쪽.

적의식의 강렬함 등으로 결핍된 면이 적지 않지만, 해방 이후에는 그것에 대한 엄격성이 전제되어 있었다.

　한말의 경우 민족주의사학의 과제는 근대 이전의 자기 사회를 비판함과 동시에 근대적 민족을 발견하고 민족의식을 고취하여 민족적 정체성을 확립하고, 반제투쟁을 벌이면서 제국주의 침략을 합리화하는 사관에 대항하는 것이었다. 일제강점기에는 기본적으로 한말의 과제를 계승 발전시켜 근대적인 민족적 정체성을 확대하고 심화시키는 데 두어졌지만, 무엇보다도 독립정신을 견지하게 하여 반제항일민족해방투쟁을 뒷받침하는 것이 가장 중요한 과제가 되었다. 해방 후에는 민족국가의 건설에 한국사학으로서 기여하는 것이 우선적인 임무였다. 그것은 친일파의 처단 등 식민체제를 청산하여 민족의 정체성을 바로 세움과 동시에 대외적으로 자주성을 견지할 것을 뒷받침하는 일이 될 것이다. 분단이데올로기에 함몰되지 않고 분단체제를 넘어서서 민족 전체의 입장에서 사고하고, 나아가 통일을 이룩하여 민족국가를 실현시키는 데 기여하는 것이 될 것이다.

　민족주의사학을 범주화하는 데에는 다른 기준도 함께 논의되어 왔다. 먼저 민족주의사학의 상한선이라고 할 수도 있지만, 아직 근대역사학적인 방법에 의한 것이 아니거나, 민족의식에서도 근대성을 획득하지 못하였을 경우에는, 반제적인 면이 있거나 애국심을 강조해도 여러 연구자들이 민족주의사학의 범주에서 제외시켰다. 황현黃玹, 정교鄭喬, 김택영金澤榮, 현채玄采, 장지연張志淵 등이 여기에 해당한다. 박은식朴殷植의 경우는 민족주의사학자에 포함시키기는 하나, 근대적 의식에서 한계가 있는 것으로 지적되었다.[10] 1930년대에 주로 '조선학'을 연구한 정인

10) 서중석, 앞의 글, 183~184쪽. 이와 함께 김용섭, 「한국근대역사학의 성립」『지성』, 1972. 3 참조. 박은식 유교사상의 전근대적 성격에 대해서는 윤남한, 「박은식선생의 유교사상」『나라사랑』, 1972. 8집 참조.

보鄭寅普의 경우 그의 '얼'사상이 민족주의사학 가운데서도 특히 강렬한 정신주의를 표출한 것으로 주목을 받았다. 그런데, 근래 한 연구에서는 그가 1930년대의 시점에서도 중세사상의 한계를 크게 의식하지 못한 채 실학을 조선학의 모범으로 중시하고, 근대 사회과학의 수용에 대해서도 거부하는 자세를 보여, 그의 학문은 중세적 한계성을 지니고 있다고 비판하였다.[11]

민족주의사학을 평가하는 또 하나의 기준은 식민사관 비판과 관련되어 있다. 민족주의사학자들이 식민사관의 주요 내용인 한국사의 정체성 타율성 당파성 등을 얼마나 비판해냈고 극복해냈느냐 하는 것은 민족주의 사학의 성격을 밝혀내는 데나, 그것을 한국사학사에서 위치지우는 데 중요한 준거임에 틀림없다. 특히 민족주의사학의 중심인물인 신채호의 경우, 그의 역사관이 정체성과 연결될 수 있는 반복사관이나 복고주의적 영웅주의적 성격을 띠고 있다는 지적을 여러 연구자들로부터 받았다.

신채호의 '낭가郎家사상', 박은식의 '혼', 정인보의 '얼' 등 민족주의 사학자들은 '고유정신'을 대단히 강조하였다. 이기백은 이러한 정신의 강조는 민족의 구성원이 한 가지 근본에 의하여 움직여지는 것으로 생각하여, 민족사의 성쇠를 그것의 강약으로 파악하는 면이 있는데, 이것은 역사를 반복사관으로 보는 것이고, 역사를 발전하는 것으로 보지 못하여, 한국사의 정체성을 드러내주는 것이 아닌가 하는 점을 지적한 바 있었다.[12] 이러한 지적은 수긍할 수 있는 면이 있었다. 그런데 반복사학적인 면, 정체적인 면은 신민족주의사학자들을 포함하여 민족주의사학자들에게서 대체로 보이는 현상이었다. 문일평文—平처럼 조선시대의 문화를 긍정적으로 본 민족주의사학도 「사안史眼으로 본 조선」에서는 한국사를

---

11) 한영우, 앞의 글, 32~33쪽.
12) 이기백, 「민족주의사학의 문제」「민족주의사학의 발전」 참조.

정체된 것으로 파악하였다. 그런데 한영우 신용하 등은 신채호가 때로는 다소 지나친 평가가 있기는 하지만, 기본적으로 역사진화론의 입장에서 사회와 문명의 진보를 인정하고 있으며, 사대주의에 대한 그의 강한 비판은 타율성으로 우리 역사를 보아서라기보다는 그것을 극복하기 위한 강한 비판의식에서 나온 것과 같이, 조선시대를 부정적으로 본 것은 자기 역사에 대한 비판의식의 소산이자 진화에 대한 신념에서 나온 것으로 이해하였다.[13]

또한 이만열과 신일철은 신채호의 고유정신 강조를 문화적 측면에서 '아我'를 확립하기 위한 것,[14] 민족사적 자기 정통의 재건작업으로[15] 파악하였다.

신채호 · 안재홍 · 정인보 등이 한국고대사연구에 큰 비중을 둔 것에 대해, 그것이 지난날 민족사의 영광스러웠던 부분을 부각시키고 강조하려는 의도에서 나온 것으로 복고주의적 성격을 지니고 있음도 지적된 바 있었다.[16] 그런데 신채호 등이 고대사 연구에 많은 비중을 둔 것은 그의 자주사상 독립사상 강조와 불가분의 관계를 가진 것으로, 이것과 관련된 김철준 · 김용섭의 평가와 그것의 정신주의 · 관념성 문제에 대한 필자의 견해는 이미 기술하였으므로[17] 여기는 생략한다. 다만 이만열 · 신용하 등이 신채호의 상고시대의 웅혼한 역사에 대한 관심과 부여족 중심의 사고는 한말 일제 하의 민족적 과제 곧 민족독립국가건설의 열망을 반영하는 것이라고 설명한 바 있음을 부연해둔다.[18]

---

13) 한영우, 「한말에 있어서의 신채호의 역사인식」『단재 신채호와 민족사관』, 형설출판사, 1980 ; 신용하, 「신채호의 독사신론의 비교분석」, 같은 책.
14) 이만열, 「단재사학의 배경과 구조」『한국근대역사학의 이해』, 문학과지성사, 1981, 238쪽.
15) 신일철, 『신채호의 역사사상연구』, 고려대학교출판부, 1981, 72쪽, 116쪽.
16) 강만길, 「일제시대의 반식민지사학론」『한국사학사의 연구』, 을유문화사, 1985.
17) 서중석, 앞의 글, 297~300쪽.
18) 이만열, 「민족주의사학의 한국사인식」『한국근대역사학의 이해』, 175쪽 ; 신용하, 『신채호의 사회사상연구』, 한길사, 1984, 171~173쪽.

이만열과 한영우는 신채호의 고대사 중시가 '만주수복론'과 관계가 있음을 지적하였는데,[19] 그 점에 대해서도 일별해둘 필요가 있다. 신채호의 「만주문제에 취(就)하여 재론함」 등을 보면 그러한 면이 논의될 수도 있지만, 그의 방대한 고대사 연구가 '만주수복론'과 관계가 있다고 보기는 어렵지 않을까 생각된다. 신채호 등이 고대사 연구에 열중한 것은 주17)과 18)에서 제시한 이유 때문으로 보아야 할 것이며,[20] 또 그의 고대사에 대한 저술에서 만주수복론이 명시적으로 표명된 것이 거의 보이지 않는다는 점도 유의하여야 할 것이다. 실제로 한말의 상황이나 일제시기 민족이 처했던 암담한 상황에서 전혀 현실성이 없는 비합리적 주장을 하기는 어려웠을 것이다. 강대하였던 고구려의 멸망과 만주를 잃은데 대한 아쉬움이 조국의 무력함과 겹쳐져 만주에 대한 관심으로 표출되었고, 그와 함께 쇠잔하고 좌절에 빠진 동포들에게 힘을 불어넣고 자주독립 사상을 고취하기 위하여 만주 중심으로 우리 역사를 구성했던 것으로 봐야 하지 않을까 생각된다.

신채호는 우리의 고유사상, 예컨대 낭가사상에서 자주사상 독립사상을 찾아냈고, 웅혼한 민족사가 펼쳐진 것으로 이해된 고대사를 재구성하는 데 심혈을 기울였지만, 그의 사관과 민족의식을 그것에서만 찾으려고 하면 잘못을 범할 수 있다. 그는 한말에도 그러하였지만, 수많은 논설과 사론을 썼던바, 이 글들 하나하나에는 그의 역사의식이 숨쉬고 있다. 그는 당대 어느 누구보다도 제국주의의 속성을 꿰뚫어보고 있었으며, 역사가 도덕이나 명분에 의해 움직이는 것이 아니라, 이해관계에 의해서 좌우되고 있음을 역설하였다. 당대 사회에 대한 그의 인식과 한말

---

19) 이만열, 「단재사학의 배경과 구조」, 앞의 책, 235쪽 ; 한영우, 「한말 신채호의 민족주의사론」, 「민족주의사학의 성립과 전개」, 앞의 책 수록.

20) 이교수 한교수가 이 점을 도외시한 것은 아니다. 이교수의 위의 논문들과 한영우, 「한말 신채호의 민족주의사론」, 76쪽 참조.

일제시기 한국인 사회에 만연했던 비자주적 사고에 대한 그의 비판을 살펴볼 때, 왜 그가 그토록 집요하게 '고유정신'을 강조하고 고대사 연구에 열중하였는지 이해될 수 있을 것이다.

　　한말 신채호의 역사인식의 한계로 그의 영웅사관이 종종 지적되기도 하였다. 이 점에 대해 한영우는 그의 신영웅은 분명히 과거의 영웅과 다른 것으로, 근대의식을 가진 국민 모두를 가리키는 것으로 국민적 민중적 성격을 띠고 있다고 적극적으로 해석하였다.[21] 신채호는 1920년대에 들어와 민중 중심의 사고를 많이 하게 되어, 「조선혁명선언」에서는 '민중혁명'을 선언하고 민중사회의 도래를 기약하였다.[22] 나아가 「용과 용의 대격전」에서는 민족을 넘어서서 세계사적 규모의 민중해방을 모색하였고, 제국주의 국가의 민중과 식민지 민중의 성격을 근원적으로 비판하고자 하였다.[23]

　　장지연·신채호·박은식·문일평 등이 연개소문·궁예·정여립 등 반역아를 중시한 것도 주목해야 할 것이다. 신채호는 우리 민족, 특히 개화파들한테 자주정신이 결핍되어 있는 데 대하여 「차라리 괴물을 취하리라」는 역설적인 글을 썼지만, 그가 「낭객浪客의 신년만필新年漫筆」에서 피력하였듯이, 불평등한 이 세계를 한 번 뒤집어 모든 동포가 함께 행복을 누리자는 생각이 없이 오직 한 몸, 한 집안만 살자는 생각이 팽배해 있는 상황을 타개하기 위해서, 그리고 필패필망必敗必亡할지라도 아니할 수 없는 일이기 때문에, 독립전선에 과감히 뛰어드는 데 혁명가의 기개가 요구되었던바, 그것을 시대와 정면으로 맞서는 '반역 정신'에 기대하였다. 신채호가 전봉준을 높이 평가한 것도 바로 혁명가 정신 때문이었다. 문일평은 갑오년에 봉기한 수십만의 민중을 혁명군으로 파악하였거

---

21) 한영우, 「한말 신채호의 민족주의사론」, 앞의 책, 58~60쪽.
22) 이에 대한 견해들에 대해서는 서중석, 앞의 글, 295~296쪽 참조.
23) 송재소, 「민중문학과 노예문학」 『창작과비평』 1980 봄 참조.

니와, 한영우는 문일평의 '조선심'이 민중의 실체 발견으로까지 나아가려 하였으며, 그리하여 그의 역사인식이 민중계급투쟁을 역사의 원동력으로 인식하는 단계에까지 이르게 했음을 지적하였다.[24]

민족주의사학자한테 식민사관 극복은 당면한 과제와 관련해 이루어지게 되어 있었다. 신채호한테 그러한 당면과제는 임나일본부설 등 일제에 의한 고대사의 왜곡이었다. 그는 정체성에 대해서 이해하기조차 어려웠을 것이다. 또 1910년을 전후한 시기는 후쿠다福田德三의 정체성론이 막 등장했을 무렵이었고, 그것이 일제의 관학에 의해서 심화되는 것은 1920, 1930년대에 들어와서였다. 따라서 초기의 민족주의사학자들이 식민사관의 하나인 정체성 문제에 대응하지 못하였다는 것은 시대적 한계로 이해할 수 있다. 그런데 1930년대 이후 민족주의사학자들이 백남운과 대조적으로 정체성 등 식민사관 극복에 적극적이지 못했다면, 그것은 결함으로 지적될 수 있다. 더욱이 이인영李仁榮처럼 전문적인 연구자인데도, 또 해방 후인데도 정체성론이나 타율성론에서 벗어날 수 없었다면,[25] 민족주의사학자로서는 큰 한계를 갖고 있다고 말하지 않을 수 없다.

근래에 들어와 민족주의사학에 대한 논의가 많아지면서 민족주의사학자의 범위가 확대되는 것은 당연한 추세라고 볼 수 있다. 그러나 이 경우 민족주의사학에 대한 개념의 정의가 수반되어야 할 것이고, 한계나 제약도 동시에 지적이 되어야 한다.

앞에서 언급한 바 있는 민족주의사학의 범주설정과도 관련되는 문제이지만, 이제 민족주의사학의 범위에 대한 최근의 논의를 살펴보자.

---

24) 한영우, 「민족주의사학의 성립과 전개」, 앞의 책, 30~31쪽.
25) 김용섭, 「일본·한국에 있어서의 한국사서술」 『역사학보』 31; 김용섭, 「우리나라 근대역사학의 발달」 『문학과지성』, 1971 여름; 이기백, 「신민족주의사관과 식민주의사관」 『한국사학의 방향』, 일조각, 1978.

민족주의사학 또는 민족주의사학자의 범위는 대체로 세 가지 면에서 넓어지고 있다. 하나는 대종교와 관련하여서이고, 하나는 1920년대를 전후하여 국내에서 활동한 사학자의 경우이며, 다른 하나는 해방 이후의 한국사학과 관련된다. 각각의 경우를 들고, 그것이 갖고 있는 성격이나 문제점을 논의하기로 한다.

1910년대에 민족주의자들이 대종교에 많이 관계하였고, 대종교가 1910년대 민족주의운동에서 중요한 역할을 한 것은 사실이지만, 일부 연구자들의 지적대로 대종교 관계 저술을 민족주의사학의 범위에 포함시키는 것은 신중을 기할 필요가 있다. 대종교 관계 저술들을 어디까지 민족주의사학에 포함시킬 것인가는 그것대로 엄밀히 따져봐야 할 것이다.[26] 대종교 관계 저술들은 역사서이기 이전에 종교적 성격을 띤 저술이다. 이 때문에 단군조선 및 고대사에 대해 대종교도가 어디까지나 신앙에 우위를 두고 역사를 해석하는 입장이라면, 신채호는 실증에 우선을 두고 신앙적 역사해석을 흡수하려는 입장이었다.[27] 또 신채호의 민족주의가 부여족·만주 중심의 대조선주의라면, 대종교의 그것은 여진·몽고·거란 등 소위 동이족 전체를 배달족으로 간주하여 범동북아시아 중심으로 역사를 확대하였다.[28] 그런데 박광용은 대종교 관계 저술의 대동이大東夷주의는 대일본주의 또는 대동아공영권이론과 접맥될 수 있는 소지가 있음을 환기시키고 있다.[29] 따라서 대종교 관계 저술은 이 점도 고찰하여 어느 정도까지 민족주의사학에 포함시킬 수 있는지를 규명하

---

26) 대종교 관계자의 대종교 관계 저술과 민족주의사학과의 관계는 한영우, 「1910년대의 민족주의적 역사서술」『한국문화』1, 1980; 한영우, 「민족주의사학의 성립과 전개」「1910년대 신채호의 민족주의사학」 등 참조.
27) 한영우, 「1910년대 신채호의 민족주의사학」, 앞의 책, 176쪽.
28) 한영우, 「민족주의사학의 성립과 전개」, 앞의 책, 10~11쪽.
29) 박광용, 「대종교관련문헌에 위작 많다」『역사비평』 1990 가을 ; 박광용, 「단군민족주의의 전개와 양면성」『역사비평』 1992 겨울.

여야 할 것이다.

한영우도 민족주의사학자로서 안확安廓을 다루었지만,[30] 조동걸은 민족주의사학자들을 새로운 방법으로 분류하면서 황의돈黃義敦·장도빈 張道斌·안확·권덕규權悳奎를 초기 문화사학의 학풍을 가진 민족주의사 학자로 분류하였다.[31] 그러나 이들이 민족주의사학자로 분류되는 데에는 문제점이 없는 것이 아니다. 한말 일제시기 민족주의 역사서술은 곧 일 제와의 투쟁이었다.[32] 그러나 조교수가 열거한 문화사학자 중에는 일제 의 관학 또는 식민지 연구기관과 관계가 있었거나, 일제와의 투쟁과 독 립에 바탕을 둔 역사의식이 결여된 인물들이 있었다.[33] 한교수도 안확을 긍정적으로 평가하면서도 그의 저술이 3·1운동 이후의 타협적 민족주의 자 사이에서 일어난 자치론을 부추기는 결과를 가져온 점이 있음을 지적 하였다.[34] 박광용은 권덕규류의 강역과 종족 및 도교 부분에서 한 단계 더 나아간다면, 그 대단군주의는 더 이상 민족공동체의식이 아니라 중화 문화주의와 같은 성격의 동이문화주의가 될 것으로 파악하였다. 권덕규 는 민족적 대단군주의와 보편적 대단군주의의 분기점에 위치하였다는 설명이었다.[35] 조교수가 열거한 학자들의 저술이 얼마나 독창적이고 학 문수준이 높은가도 참고해야 할 것이다.

한영우는 민족사학의 성립은 구한말까지로 소급될 수 있으나, 그 전개과정의 하한은 현재까지 연결될 수 있다고 피력하여,[36] 남에서의 해 방 후 사학이 민족주의사학과 연결될 수 있음을 지적하였다. 노태돈은

30) 한영우. 「1920년대 안확의 민족주의 문화사서술」. 앞의 책 수록.
31) 조동걸. 앞의 글. 375, 414쪽.
32) 김용섭. 「일본·한국에 있어서의 한국사서술」『역사학보』31. 137쪽.
33) 김용섭. 「한국근대사학의 성립」『지성』. 1972. 3 참조.
34) 한영우. 「민족주의사학의 성립과 전개」. 앞의 책. 20쪽.
35) 박광용. 「대단군민족주의의 전개와 양면성」『역사비평』1992 겨울. 233쪽.
36) 한영우. 앞의 글. 34쪽.

해방 후 남에서의 주목할 만한 한국사학의 흐름을 민족주의사학으로 묶어 분석하였다.[37) 이러한 논지는 충분히 수긍할 수 있으나, 이 경우 민족주의사학을 협의와 광의 등으로 나누어 정의하고 그 한계 또는 문제점을 지적해둘 필요가 있다. 홍이섭은 이식적인 것을 비판할 자기 정신을 갖지 못한 데에서 해방 후 정신의 낙후성을 찾고,[38) 해방 후 20년간 한국사학은 민족이란 주체가 상실된 속에서 파편적 잔해적 지식에 머물렀음을 지적하였다.[39) 이 시기 민족주의사학다운 민족주의사학은 그 만큼 찾아보기 어려웠음을 말해주는 증언이었다. 같은 시기에 김용섭은 한국사학이 식민사학의 테두리를 벗어나지 못한 가운데 문헌고증학자로서 만족하고 '역사가'가 될 것을 포기하는 경향이 있었다고 술회하였다.[40) 강만길은 1970년대에 한국사학이 분단체제 속에 자체를 매몰시켜버리는 경우가 있었음을 개탄하였고,[41) 한영우는 그간 한국사학계가 식민주의역사관을 비판하는 데 심혈을 기울여왔으나, 민족통일이라는 과제에 대하여는 뚜렷한 방향을 설정하지 못하고 있음을 아쉬워하였다.[42)

3. 최남선과 백남운의 경우

최남선을 민족주의 사학자로 보는 견해도 있으나, 대개는 부정적으로 보고 있다. 홍이섭은 최남선의 사학이 일본에서의 수입이었음을 지적하고, 민족주의적인 데서 거점을 달리하였기 때문에 그의 사관은 거론할

---

37) 노태돈, 「해방 후 민족주의사학론의 전개」, 『현대한국사학과 사관』, 일조각, 1991.
38) 홍이섭, 「한국의 후진성과 역사의식의 결여」, 『한국사의 방법』, 탐구당, 1981.
39) 홍이섭, 「민족사관의 문제점」, 『나라사랑』18, 1975, 111쪽(이 글은 1966년 것임).
40) 김용섭, 「일본·한국에 있어서의 한국사 서술」, 『역사학보』31, 145~147쪽.
41) 강만길, 「분단시대사학의 성격」, 『분단시대의 역사인식』, 창작과비평사, 1978.
42) 한영우, 「통일지향 사학의 과제」, 『우리 역사와의 대화』, 을유문화사, 1991, 300쪽.

여지가 없다고 보았다. 김철준은 최남선의 변절이 가져온 정신적 후퇴를 거론하였다. 최남선에 대한 비판은 김용섭에 의해 심도 있게 이루어졌다. 김교수는 특히 1931년에 나온 최남선의 『조선역사』 앞머리에 붙어 있는 「역사를 통해서 본 조선인」을 민족에 대한 배반을 도덕적으로 위장한 이광수의 「민족개조론」과 유를 같이 하는 것으로 파악하였다.[43] 최남선은 위의 글에서 조선의 역사는 7분이 내분의 기록으로, 민족성이 사대벽, 타율성, 조직력 부족, 형식병, 낙천성에 빠져 있어, "미지근하고 달착지근하고, 하품나고, 졸음까지 오는 기록의 연속"이 조선 역사의 외형이라고 지적하고, 현실의 조선과 조선인이 불구미성자不具未成者임을 역사에서 알라고 주장했던바, 한영우는 한국사의 기본성격이 근본적으로 한국인의 불구성을 확인하는 기록이라면, 최남선이 그토록 강조한 조선심, 조선학은 아무런 실체도 없는 감정적 수사라고 비판하였다.[44]

최남선의 단군 연구 중 가장 많이 알려져 있고 일부 학자들에 의해 강렬한 민족주의 의식의 산물로 강조되었던 「불함문화론」(1928)은 일제의 식민사관과 관련하여 많은 비판이 있어 왔다. 일찍이 김태준金台俊은 1935년에 「불함문화론」을 평하여, 이것은 세계동조론世界同祖論 일한동조론日韓同祖論의 서설로서는 성공적인 작품일지는 몰라도, 모든 사물의 발전의 원칙적인 법칙에서 얻은 학문적 결론과는 정반대라고 일축하였다.[45] 반민법 실시를 앞두고 씌어진 것으로 보이는 글에서 홍이섭은 최남선이 자신의 지식을 휘말아서 조선과 일본의 친근성 내지 합일성을 증명하려는 것이 문제였다고 지적하고, "조선학을 위한 고교古敎의 연구는 일단 이 불함문화론에서 요약되며, 후일의 위대한 발견인 '일본과 일결론一結論'에 이르는 최초의 출발이 여기서 그 패던틱한 수법에 의해 또한

---

43) 이상 서중석, 앞의 글, 284~285쪽 참조.
44) 한영우, 「민족주의사학의 성립과 전개」, 앞의 책, 17~18쪽.
45) 박광용, 「대단군민족주의의 전개와 양면성」, 235쪽에서 재인용.

속류화되었으니, 더욱이 독단적인 비교언어학적 방법이나, 또는 태양신화 중심의 전파적인 문화론의 밀수입이 감행된 것"이라고 「불함문화론」을 혹평하였다. 그는 최남선의 박학은 조선문화의 연원을 찾아 그것을 일본으로 밀수출하기에 힘썼고, 또 밀수입을 꾀한 것이 이 「불함문화론」에서 기도한 바였다고 꼬집었다.[46]

　　홍교수의 위와 같은 비판이 있은 뒤 민족주의사학과 관련하여 최남선의 「불함문화론」이 논의된 것은 김용섭의 논문을 제외하면 드물다. 그런데 근래에 한국민족주의 역사학의 체계를 세우면서 한영우는 그것을 더욱 구체적으로 비판하였다. 그는 불함문화권 이론은 대종교인이 설정한 동이문화권을 더 확대시킨 것으로, 특히 일본을 불함문화권 속에 끌어들인 것은 한일 양국의 문화적 동일성을 승인한 것으로, 뒷날 최남선이 신사참배를 용인하는 학술적 근거가 마련된 것으로 보았다. 그리고 최남선의 단군연구는 초민족적인 광역문화권으로서의 '불함문화권' 속에서 보편적 가치를 추구함으로써, 단군은 우리 민족에게만 고유한 민족시조가 아니라, 불함문화권 속에 보편적으로 존재하는 신격으로 해석되며, 배달임금을 뜻하는 '단군檀君'을 버리고 토속신앙의 뜻이 강한 '단군壇君'으로 고쳐 쓴 것이나, 그 토속신앙을 인류학에서 말하는 샤머니즘으로 이해한 것은 단군민족주의를 희석시키는 것이라고 분석하였다. 한교수는 항일의 실천 목표를 상실한 최남선의 문화권 이론은 결과적으로 일제의 대아시아주의에 흡수당하면서 한일간의 문화적 동류의식을 제고시키는 친일논리로 전락하였다고 지적하였다.[47] 박광용은 대동이주의가 신교神敎를 바탕으로 하여 일본으로 간다면 그것은 대일본주의 곧 대동아공영론이 되는바, 최남선의 「불함문화론」을 민족주의적 대단군주의의

분기점을 넘어선 보편적 대단군주의로 해석하고, 이 불함문화론에서 시
작된 보편주의적 대단군주의의 흐름을 보다 노골적으로 대종교와 다른
노선을 걸으면서 친일적 인사까지 포섭하고 있던 단군교계통에서 적극
적으로 활용하였다고 설명하였다.[48]

　1933년에 『조선사회경제사』를 저술하여 한국에서 처음으로 맑스주
의 사관으로 한국사를 체계화한 백남운과 민족주의사관과의 관계를 밝
히는 일은 미묘하고 복잡하다. 위의 저술이 나왔을 때부터 그것은 공식
주의에 입각해 있다는 비판을 받았다. 먼저 이 점과 관련된 점부터 정리
할 필요가 있다.

　남에서 여러 사학자들이 백남운을 공식주의자로 규정하였다.[49] 그
주된 이유는 노예제사회를 설정하는 등 유물사관의 공식인 맑스의 역사
발전단계를 한국사에 적용시켰다는 점에 있다. 그러나 이 비판은 논리적
으로 수긍하기 어려운 점이 있다. 남의 역사학자들 가운데에는 노예제사
회를 설정하는 등 맑스의 역사발전단계론을 한국사에 적용하였다고 해
서 북의 역사학을 '공식주의'라고 부를 사람이 많을 것이다. 그러나 북의
역사가들이 남의 역사가들을 관념주의자라고 비판할 경우 남의 역사가
들은 그것을 수긍하지 않으려 할 것이다. 이 경우 상대방을 서로 '공식
주의' '관념주의'라고 나무라는 것은 생산적인 논쟁이 되기 어렵다. '공식
주의' 등의 기준은 학문성보다 정치성이 우선한 주장에 두어져야 한다.
이 점에서 백남운이 전혀 문제가 없는 것은 아니겠지만, 그는 학문적인
확신을 갖고 노예제사회를 설정하였다는 점을 간과해서는 안된다. 그는
실증을 아주 중시하여 "사실史實을 정체正體대로 보는 것이 역사학의 제

48) 박광용, 앞의 글, 233, 236쪽.
49) 강만길, 「일제시대의 반식민사학론」, 앞의 책, 251, 259쪽. 이기백, 「유물사관적 한국사상
　像」『현대한국사학과 사관』, 일조각, 1991, 159쪽. 신진소장학자들이 쓴『한국민중사』에서
　도 이렇게 평가되어 있다(한국민중사연구회 편, 「서설」『한국민중사』1, 전근대 편 1986
　30쪽).

1보인 것이다. 주관적 관념으로 사실史實을 호도 또는 엄폐하는 것은 벌써 '사학'의 타락일 뿐 아니라, 역사발전 법칙의 객관적 자율성에 대한 반동"이라고 천명하였다.[50]

　　1930년대에 맑스주의학자들이 백남운의 저술을 공식주의라고 표명한 것도 음미할 필요가 있다. 그의 저술을 공식주의로 비판한 김광진金洸鎭은 마자르류의 아시아적 생산양식 이해에 입각하여 세계자본주의의 침입에 의해 아시아적 생산양식사회가 붕괴되었다는 정체성론에 입각한 한국사상像을 1930년대에 제시하였다.[51] 비슷한 시기에 한흥수韓興洙는 한국의 운명은 대륙으로부터 온 이종족인 한漢족에 의해 열렸고, 그리하여 '만주와 북선일대'에 '식민지'로 한사군이 설치되었는데, 백남운은 내부적 발전만 보고 이와 같은 가장 중요한 외부적 모티브를 도외시했기 때문에 공식주의의 혐의를 받지 않을 수가 없다고 피력하였다.[52] 소련이나 일본 등지의 유물사관에 입각한 학자들한테서 '공식'으로 인정받은 아시아적 정체성론을 맑스주의역사학을 주체적으로 받아들여 거부하였거나, 식민사관의 '공식'을 받아들이지 않은 것이 '공식주의'로 비판을 받게 된 기본이유였다. 역시 백남운의 저술을 공식주의로 비판한 이청원李清源이 당시 유행하던 공식주의를 베껴서 어떻게 한국사를 체계화하려고 했는가의 일단은 뒤에서 언급할 것이다.

　　백남운의 저술을 공식주의에 입각한 것으로 규정한 사학자들도 대부분 백남운이 한국사도 다른 여러 민족과 다름이 없는 동일한 발전과정을 거쳐왔다고 역설한 것이 식민사관의 정체성론을 비판한 것이라는 점에는 의견을 같이 하였다.[53] 이것에 부연하여 조동걸은 백남운의 '원시

---

50) 이기백, 위의 글, 131쪽에서 재인용.
51) 방기중, 『한국근현대사상사연구』, 역사비평사, 1992, 155쪽 참조.
52) 위의 책, 163쪽에서 재인용.
53) 이기백, 앞의 글, 136쪽; 강만길, 앞의 글, 264~265쪽.

적 공산사회' 해명은 일제의 동조동근론을 무의미하게 만들었음을 지적
하였다.[54] 김용섭은 일제시기에 그들의 식민사관에 정면으로 도전하여
역사를 서술한 것은 신채호 이후 백남운이 처음이고 그후 없었다고 설명
하였다.[55]

실제로 백남운은 식민사관과 그것의 변종에 대하여 총체적으로 비
판하고, 그것에의 대항 의식속에 한국사의 체계를 시도하였다. 그는 신
채호의 단군론도 비판하였지만, 『조선사회경제사』 서론 제1장 「조선경
제사방법론」에서 비판한 '우리 선배'의 특수사관의 대상은 그것이 일본에
서 수입한 것이라고 지적한 것이나, 골동품 수집의 편력 학도로서 정치
적으로는 내버려진 사람이라는 평으로 보아, 주로 최남선을 가리킨 것으
로 보아야 할 것이다. 그는 최남선의 특수사관과 이론, 관학의 특수사관
곧 식민사관을 반동적인 것으로 규정하고, 그 저서의 「총결론」에서는 보
다 구체적으로 식민사학을 비판하였다. 그는 일제의 한민족 열등성론에
대해서, 문명인이었던 민족도 정치적으로 정복될 경우에는 그 정복군群
으로부터 비문명적인 민족성으로 규정되고, 야만인으로 보인 민족도 - 일
본인이 이 경우에 해당될 수 있다 - 역사적으로는 문명적인 국민성으로
시인된다고 설명하여, 그것이 얼마나 허구적인 제국주의 침략논리인가를
추궁하였다. 그는 「총결론」에서도 특수문화론이 조선이 타개해 나가야
할 길을 제시하지 못한다는 점에서 거듭 그것의 문제점을 지적하고, 한
국문화에 대한 이식 모방론 주장이나 일선동조론도 신랄히 비판하였다.

그런데 백남운의 정신적 긴장과 대결은 식민사학에 대한 것 못지않
게 속류 맑스주의사학에 두어져 있었다. 바로 이 점이 그를 한국 맑스주
의자 가운데 이채로운 존재로 평가하게 하였고, 식민사학 비판과 함께

54) 조동걸, 앞의 글, 377, 407쪽.
55) 김용섭, 앞의 글, 141쪽.

그를 민족주의사학과 관련지어 논의하게끔 하는 부분인데도 근래까지 이 부분은 거의 주목을 받지 못하였다. 새로운 논쟁을 위해 이 부분을 약술하기로 하자.

맑스주의자들의 아시아적 생산양식론은 맑스주의역사학의 변증법적 유물론의 발전 개념에 모순되게도, 그것의 개념이 어떠한 방식으로 규정되든 기본적으로 아시아의 역사에 대한 정체적 인식이 내포되어 있었다. 그것에 대한 문제의식을 적실히 인지하고 있었던 맑스주의자는 한국인 가운데 백남운밖에 없었다.[56] 그는 민족적 주체의식을 가지고 맑스주의를 수용하였다. 바로 그러하였기 때문에 남과 북의 한국사학자들이 20~30년 후에 가서야 구축할 수 있었던 정체성론 극복과 내재적 역사발전론을 1930년대의 한계 내에서 불충분한 상태로나마 이미 그 뼈대를 세울 수 있었다.

백남운과 다른 맑스주의자들의 한국사 이해가 어떻게 다른가는 1930년대에 통사를 집필한 이청원과 비교해볼 때 잘 드러난다. 백남운과 이청원의 한국 고대사회 파악은 현격한 차이를 보여주고 있다. 이청원은 1937년에 출판한 『조선역사독본』에서 단군조선의 존재를 간접적인 방식으로 부인하였다(3~4쪽). 그리고 「한漢문화의 침입」은 꽤 비중 있는 절로 설정하여, 완전한 원시공산사회에서(35쪽) 한사군 설치 이후 철기문화가 나타나고, 한의 조선 정복 및 4군 설치로 국가가 성립하는 것(3쪽, 10쪽)으로 이해하였다. 원시공산사회로 있다가 한국은 한문화의 영향으로 역사가 시작된 것이었다. 그는 또한 삼국시대부터 고려시대까지를 고대노예제사회로 파악하였을 뿐만 아니라, 원시공산체사회의 공동체적 요소가 계속 광범위하게 강하게 잔존하여 노예제사회의 지배가 강력한 원시씨족제도의 잔존에 의거한 것으로 주장하였다. 이와 같이 이

---

56) 방기중, 앞의 책, 159쪽 참조.

청원은 토지가 씨족적으로 공동체적으로 소유되어 있는 원시씨족제도의 강인성과 그것으로 인한 토지소유의 미발달이 아시아적 조선적 특수성이고, 이것이 한국역사를 정체로 이끈 기본요인으로 인식하였다(49~50쪽). 그 반면 백남운은『조선사회경제사』에서 단군신화의 합리적 해석을 시도하고, 충분한 사료제시를 하지는 못했지만, 초기부족국가시기인 부여나 고구려에 이미 사유재산제가 나타난다고 보았다. 그리고 한사군을 한국역사에서 제외시켰다. 그는 그가 고대노예제사회로 파악하고 있는 삼국시대는 '원칙적'으로 토지가 국유제였지만, 그 구체적 전개 운동에서는 여러 성격을 가진 토지로 분화된다고 설명하였고, 와다(和田一郎)가 일제의 토지조사사업이 조선역사를 지배해온 공유제에 따른 분쟁을 없애고 토지사유제를 확립했다고 주장한 것을 신랄히 비판하고, 토지조사사업은 봉건적 사유제의 자본주의에의 개편에 지나지 않는다고 주장하였다(위의 책 214쪽). 백남운은 1937년에 출판된『조선봉건사회경제사』(상)에서 고려는 통일신라 이후 발달된 전형적인 봉건사회로 확신하였고, 토지소유 형태도 국유를 원칙으로 하였지만 실질적으로는 여러 형태의 소유로 전개되었다고 파악하였다.

　백남운과 이청원은 내적 근대화의 가능성에 대해서도 견해를 달리하였다. 이청원은 1920, 1930년대에 정교하게 체계화된 일제 관학자들의 정체성론을 차용하였다. 그리하여『조선역사독본』에서 그는 고리대자본을 중시하여 조선 후기의 권력의 과정은 고리대자본의 자기증식과정이고, 관료적인 기생지주적인 고리대자본은 동시에 상인자본이었기 때문에, 아시아적 봉건상층과 결부된 상인자본, 고리대자본은 정체적 상태를 계속하여, 한국은 강력적인 개항에 의하여 비로소 자본주의 관계가 열린 것으로 파악하였다(152~154쪽). 그런데 백남운은『조선사회경제사』에서 자신이 다루려는 조선경제사 주요 주제의 하나로「아시아적 봉건국가의 붕괴과정과 자본주의의 맹아형태」를 설정하였다. 그는 또한 고리대자본 중심의 사고를 비판하고 화폐경제 발생과정에서 상업자본 발생의 가능성을 배제하지 않았으며, 상업자본도 발생되지 못한 구사회가 '이양선'의 침입으로 돌연히 붕괴되었다는 견해는 중국에 침입한 유럽의 자본주의가 그 '아시아적 생산양식'과 봉착하였다는 견해와 같은 유형적 견해이므로 도저히 찬동할 수 없다고 표명하였다. 그는 정약용을 높이 평가하였고, 조선사회가 동질적으로 순조롭게 산업화하였더라면 시상市商 농촌신흥계급 등 제3계급은 실로 조선의 금권당이 되었을지도 모를 일이라고 피력하였다.[57]

백남운은 맑스주의자였으므로 민족주의사학자로 분류하기는 어려울 것이다. 그리고 그에게서 신채호의 영향을 찾아보려는 것은 무리한 일[58]일지도 모른다. 그러나 주체적 입장에서 한국사를 연구하였고, 민족의식이 내면에 배어 있었으며, 식민사관과 대결하였다는 점에서, 시기가 다르므로 역사적 과제가 다른 속에서, 백남운은 신채호의 진정한 계승자로 한국사학을 풍부히 했다고 볼 수도 있다.

4. 신민족주의사학과 통일지향의 사학

신민족주의사학자로는 대개 해방 후 자신의 입장을 신민족주의로 천명한 안재홍과 손진태를 꼽고 있다. 이인영은 손진태가 아끼던 후배로 그를 '신민족주의 국사학계의 중진'이라고 말하였으나, 그를 민족주의사학자 또는 신민족주의사학자로 분류하는 데는 이의가 있다. 김용섭은 「일본·한국에 있어서의 한국사 서술」에서는 그를 실증사학 쪽으로 넣었으나, 「우리나라 근대역사학의 발달」에서는 손진태와 함께 민족사학자로

---

57) 위의 책, 178~183쪽.
58) 이기백, 앞의 글, 129쪽.

분류하였다. 이기백은 이인영이 이론적으로는 신민족주의사관에 기울고 있지만, 실제로는 식민주의사관에 머물고 있다고 비판하였다.[59]

손진태는 1948년에 쓴 「국사교육 건설에 대한 구상 – 신민족주의 국사교육의 제창」에서 "신민족주의는 국제적으로 모든 민족의 평등과 친화와 자주독립을 요청한다. 그리고 국내적으로는 모든 국민의 정치적 경제적 교육적 균등과 그에 인한 약소민족의 단결과 발전을 요청한다"고 천명하여 신민족주의의 이념을 민족의 평등과 단결에 두었다. 그는 한국사를 주로 민족의 성장과 민족의식의 강약에 의해 시대구분하여, 『국사대요』에서 민족형성배태기(씨족공동사회), 민족형성시초기(부족국가), 민족통일추진기(3국), 민족결정기(통일신라), 민족의식왕성기(고려), 민족의식침체기(이조), 민족운동전개기(일제시기)로 구분하였다.

이기백은 신민족주의론에서 손진태가 백남운과 같이 기존의 어떤 이론을 일방적으로 한국사에 적용하려고 하지 않고 자신의 새 이론을 발견하려고 한 것을 높이 평가하였다. 그러나 민족의 균등이라는 잣대에 의해서 그것에 합치되면 높이 평가하고 그렇지 않으면 낮추어 평가하는 것은 도덕적인 반복사관으로 되돌아갈 위험성을 내포하고 있다고 경계하였다.[60] 한영우 또한 손진태의 신민족주의사관이 지나치게 도덕적 교훈을 역사에서 찾는 데 급급한 나머지 역사의 객관적 과학적 이해를 저해하는 면도 적지 않았다고 비판하였다.[61] 노태돈도 손진태의 사학이 도덕적 규범논리로 과거를 초역사적으로 재단하려 한 면이 있음을 지적하고, 이 때문에 민중반란을 상당량 기술했으면서도 그것이 지니는 역사적 성격을 파악하지 못하였다고 보았다.[62] 손진태는 『국사대요』에서 치자

59) 이기백, 「신민족주의사관과 식민주의사관」, 앞의 책, 119쪽.
60) 이기백, 「신민족주의사관론」, 앞의 책, 104~105쪽.
61) 한영우, 「1940년대의 신민족주의사학」, 앞의 책, 258쪽.
62) 노태돈, 앞의 글, 10~11쪽.

의 무도로 각지에서 반란이 일어났고, 이조의 망한 원인도 근본은 계급
착취에 있었다고 설명하면서도, 계급투쟁은 민족의 내부 분열을 초래하
므로 이것은 어떠한 경우에 있어서도 비민족적 죄악이라고 규정하는 앞
뒤가 잘 맞지 않는 주장을 하고 있다. 정창렬은 손진태가 자본주의 사회
단계를 설정하지 못하였기 때문에 장차 도래할 신민족주의국가를 건설
할 수 있는 주체적 역량이 성립 성장 발전하는 역사적 경로를 설정할 수
없다고 보았다.[63] 손진태의 한국사 서술이 발전사관에 입각해 있지 못하
다는 점에 대해서도 여러 학자들이 지적하고 있다.

　손진태의 신민족주의사학은 해방 후의 정국에 대한 대처방안을 염
두에 두고 전개되었다. 민족의 균등 주장도, 단결주장도, 계급투쟁에 대
한 무조건적인 반대도 현재적인 관점의 반영이었다. 그런데 그는 어떻게
해야 균등할 수 있는지, 또 단결할 수 있는지에 대해서는 역사에서 지배
계급의 도덕적 대응을 교설하는 것을 제외하고는 말하고 있지 않다. 한
교수가 손진태의 신민족주의는 정치이데올로기로서는 매우 미숙하다고
지적한 것도[64] 이 때문일 것이다. 손진태가 『국사대요』에서 「독립국가
대한민국 정부 수립」이라는 절을 두었으면서도 해방정국에서 민족적 대
단결을 이룩하여 민족국가를 건설하려는 활동에 대하여 전혀 언급하지
않았고, 분단 직후에 씌어졌는데도 분단과 통일문제에 대해 한마디도 언
급하지 않았다는 것은 그의 신민족주의가 현실과 유리된 관념의 소산이
었기 때문이 아닐까.

　신민족주의는 해방 후 당면 제일 과제인 통일민족국가의 건설을 모
색하는 방안으로 제기되었다.[65] 손진태에 앞서서 신민족주의를 주장한
안재홍은 일제 때 민족협동운동의 주역의 한 사람으로 활동한 경험을

---

63) 정창렬, 「손진태」『한국의 역사가와 역사학』하, 창작과비평사, 1994, 251쪽.
64) 한영우, 앞의 글, 244쪽.
65) 노태돈, 앞의 글, 3쪽.

살려 해방 후 민족국가 건설의 방향을 신민족주의에서 찾았다. 그의 신
민족주의는 사관이라기보다는 정치사상이었고 중도우파의 이데올로기였
다. 그런데 그는 일제시기 조선학을 탐구하고 한국고대사를 연구하여,
1930~40년대의 사학계에서 신채호사학의 계승자라는 평도 받았지만,[66]
그러한 한국사연구의 기반 위에서 신민족주의의 논리를 펴고 있었기 때
문에, 해방 후 전개된 그의 정치사상은 민족주의사학의 계승이라는 면
을 지니고 있었다. 그의 신민족주의의 중심사상은 만민공생이었고, 그
것은 그가 1930년대 한국사연구에서 우리의 문화전통으로 중시한 '다사
리'이념에 기반을 두고 있었다.

　　노태돈은 안재홍이 「한민족의 기본진로-신민족주의 건국이념」에서
동학란을 "적전내홍敵前內訌의 민족적 대죄과大罪過다"라고 주장한 데에
서 알 수 있듯이, 우리 역사에서 외세배격이 계급투쟁보다 선결과제가
되었기 때문에 계급투쟁을 배제한 것이라고 보았다.[67] 안재홍의 계급투
쟁 배격은 외세에 이용당하는 면을 중시했기 때문이냐, '순정純正 우익'
이었기 때문이냐는 관점에 따라서 차이가 날 수 있다. 그렇지만 그의 만
민공생논리도 좌익과의 대치를 염두에 두고 주장된 것으로 보이고, 일제
때 구축한 '다사리'이념도 그러한 면이 많았다. 그의 민족주의는 곧 좌익
의 급진논리에 대한 자신의 '중앙노선'의 응답이었다. 그가 1935년 「민
세필담」에서 "현대 조선의 급진적인 선구자로 자임하는 자 중에는 조선
적 혹은 민족적인 것을 주장하는 자를 대할 때에 흔히는 문득 그것은 소
부르주아적 배타주의니 반동적 보수주의니 또는 감상적 복고주의니 하
고 덮어놓고 비난하려는 태도가 있습니다…… 실제로는 후진낙오적인
어떠한 국민 혹은 민족에 있어서는, 자국적 또는 민족적인 충동, 각성

66) 한영우, 「1930~1940년대 안재홍의 신민족주의와 사학」, 앞의 책, 219쪽.
67) 노태돈, 앞의 글, 5쪽.

및 염원이 도리어 진보적 약진적 그리고 세계적으로 되는 것"이라고 민족주의를 옹호한 것도 같은 맥락에서였다. 그러면서도 사회주의자들이 민족주의를 맹렬히 비난하면서 문제삼은 민족주의의 배타성 편협성에 대해서는 결코 민족주의가 그러한 것이 되어서는 안된다고 강조하였다. 곧 민족주의는 국제주의와 대립되는 것이 아니라, 약소국의 진실된 민족주의는 진보적 성격을 띠어 세계로 나아가는 것으로 파악하였다. 여기서 안재홍은 자신의 민족주의를 '민족으로 세계에, 세계로 민족에' 즉 '민족적 국제주의－국제적 민족주의'로 요약하였다.[68]

안재홍의 신민족주의는 해방 후 민족의 제일 과제인 민족국가의 건설을 좌우합작으로 이뤄낼 것을 주장하는 것으로 나아갔다. 그것은 계급투쟁 프롤레타리아독재는 반대한다는 우익의 입장을 견지하면서 민족주의와 사회주의가 협진하여야 한다는 논리였다. 이 점이 "균등사회·공영국가를 지향 완성하는 신민주주의, 즉 진정한 민주주의의 토대 위에 존립되는 전민족 동일운명의 민족주의"로서의 그의 신민족주의가 관념으로 그치는 것이 아니라는 것을 말해주는 것이고, 또 그 점에서 손진태의 신민족주의와 차별성을 갖는다고 볼 수 있다. 안재홍은 일제시기에도 신간회에 주도적으로 참여하였고, 그 뒤에도 김규식 여운형 등과 함께 좌우합작을 모색하다가, 1946년 5, 6월부터는 적극 좌우합작운동을 전개하였다. 이 점에서 그의 신민족주의는 정치적 실천과 불가분의 관계를 갖고 있었다.

안재홍의 좌우합작논리는 극우극좌에 대한 비판과 배제를 동시에 요구하였다. 이 때문에 안재홍은 일제 때부터 자신의 노선을 중앙노선이라고 불렀지만, 일제 때 자치론자들을 경계한 바 있는 그가 극좌와 함께 극우를 배격한 것은, 극좌극우의 외국 의뢰심이 초래할 상황도 문제였거

---

68) 한영우, 앞의 글, 208쪽 참조.

니와, "'애국운동'의 틈에 휩쓸려 극우편향으로 반동적인 세력을 암암리에 부식하여 멀지 않은 장래에 그야말로 내란적인 항쟁의 피를 흘리게 할 화근"이 생길 수 있었기 때문이었다.[69] 안재홍은 극우의 단정운동을 경계하였다. 정부수립 후에는 경찰과 테러에 의존하는 극우적 정치행태를 비판하고, '사상은 사상'으로서의 원칙으로 좌익과 대결할 것을 촉구하였다.[70] 이 점은 조소앙 등 다른 중도파인사들도 견해를 같이 하였다. 안재홍이 국가보안법 제정을 반대한 것도 이 때문이었다.[71] 이러한 점들과 관련하여 안재홍의 조선학운동, 한국고대사연구가 신민족주의적 신민주주의적 정치이념을 학문적으로 뒷받침하여 극좌극우이념에 대한 우월적 지위를 확보하려는 목적도 작용한 것으로 보인다는 한영우의 분석은[72] 주목할 필요가 있다.

마지막으로 안재홍이 계급적 갈등은 민족적 위기 앞에 지양되어야 한다고 강조했을 때, 토지개혁과 친일파처단문제는 어떻게 되는가 하는 노태돈의 물음이[73] 논의되어야 할 것이다. 이 부분은 안재홍 연구자들 상당수가 간과하고 있는데, 안재홍이 해방 직후 발표한 「신민족주의와 신민주주의」(1945. 9), 「국민당 선언」(1945. 9) 및 「국민당 정강정책 해설」(1945. 12) 등에서는 민족대단결의 기본전제로 요구되는 친일파처단과 토지개혁에 대해서 소극적이었다. 우익이 미약했기 때문이었다. 그러나 1946년 5, 6월 이후 좌우합작에 참여하면서부터는 앞서 언급한 바 극우의 넝쿨이 뻗어가는 것을 도려낼 필요성을 역설하면서, 노태돈도 시사한 바와 같이, "토지개혁은 건국 초두에서 반드시 있을 중대안건"으로

69) 안재홍, 「좌우합작의 정치적 의의」 『민세안재홍선집』2, 지식산업사, 1983, 132쪽.
70) 안재홍, 「1주년 회고와 전망」(3) 『조선일보』, 1949. 8. 17.
71) 새한민보, 「국가보안법의 반향」, 1948. 12. 상·중순, 8쪽.
72) 한영우, 앞의 글, 229쪽.
73) 노태돈, 앞의 글, 6~7쪽.

보았고,[74] 민족의 불신과 증오를 받고 있는 친일파·민족반역자의 처리 필요성에도 동의하였다.[75] 민족통일국가 수립을 위한 좌우의 합작을 위해서는 양측이 한발씩 접근할 필요가 있었기 때문이었다.[76] 민족의 통일을 앞에 두고, 신민족주의사학, 조소앙의 3균주의, 백남운의 연합성민주주의는 앞으로 더욱 논의되어야 할 것이다.[77] 또한 안재홍이 사학에서나 정치이념에서나 민중을 중시하지 않고, 민중이 주체가 아니라 대상으로 다루어지고 있는 점에 대해서도 논쟁이 있어야 할 것이다.

한국전쟁으로 안재홍·손진태 등이 납북된 후 한국사학계는 한때 침체된 모습을 보였고, 민족문제에 대하여 사론史論을 펴는 것을 삼갔다. 1950, 60년대에 홍이섭이 한국사학을 분단과 관련지어 은유적으로 계속 문제삼는 정도였다. 그런데 1970년대 후반기 유신시대의 암흑 속에서 강만길이 분단시대에 한국사학이 어떠한 역할을 하여야 할 것인가를 제기한 것은 신선한 충격을 주었다. 그는 민족주의사학에 비판적이었지만,[78] 분단시기 극복의 사학문제를 제기하여 분단시기에 민족주의사학을 발전시켰다고도 볼 수 있다.

강만길은 「분단시대사학의 성격」에서 분단체제는 민족 구성의 개개인을 어느 한쪽에 분명히 서기를 강요하였고, 역사학 연구자가 적어도 현실적으로는 이 요구를 아무도 거부할 수 없었던바, 역사학 연구자가 역사적 현실에서 객관적인 위치를 보장받을 수 없을 때, 그들은 대개 학문적 안식처를 현재와 동떨어진 과거의 세계에서만 찾기 마련이며, 이 경우 역사학은 자연히 현실에서 유리되기 마련이라고 지적하여 사뭇 논

74) 안재홍, 「합작과 건국노선」『민세안재홍선집』2, 155쪽.
75) 한성일보 1946. 10. 10.
76) 서중석, 「해방 후 남한의 우익민족주의와 민족통일전선」『역사비평』1992 봄 참조.
77) 한영우, 「통일지향사학의 과제」『우리 역사와의 대화』, 을유문화사, 1991, 304쪽.
78) 강만길, 「국사학의 주체성론 문제」『분단시대의 역사인식』, 창작과비평사, 1978.

쟁적인 견해를 피력하였다. 그는 이 글에서 "20세기 후반기의 시대를 일반적으로 해방 후 시대로 부르지만, 그것은 이 시기 민족사의 절실한 과제가 담겨 있지 못한 평범한 역사의식의 소산"이라고 비판하고, 해방 후의 시대는 민족 분단의 역사를 청산하고 통일민족국가의 수립을 민족사의 일차적 과제로 삼는 시대로 보지 않을 수 없기 때문에, '분단시대' '통일운동시대'로 부르는 역사의식이 중요하다고 역설하였다. 그는 그것을 부연하여 "가장 높은 단계의 작업은 분단국가체제를 지탱하는 데 동원되었던 민족주의론이 가진 비민족적 반역사적 속성을 정확하게 또 철저히 극복하고 통일민족국가 수립을 지향하는 민족주의론을 수립하는 데 있음을 더 분명하게 할 필요"가 있다고 주장하였다. 강교수는 이러한 역사학을 구체화하기 위해서 「국사학의 현재성 부재문제」에서 현재성 부재문제를 가장 큰 취약점으로 지적하고, 역사학이 현재성을 지닐 것을 촉구하였다. 그리고 그것의 일환으로 「독립운동 과정의 민족국가 건설론」과 「좌우합작운동의 경위와 그 성격」 등을 집필하였다. 안재홍 등의 이념과 활동이 현재성의 모범적 사례가 된 것이다.

　강만길의 분단극복사학의 제기는 충격을 주었고, 자유주의 사학자들의 반발을 샀다. 그와 함께 그의 글들에서 용어의 개념이 분명치 않은 것들이 지적되거나, 현재성에 대한 '과도한 집착'이 비판되었다.[79] 최근 노태돈은 강교수의 '현재적 관심'이 과거의 어떠한 특정한 사실에 투영되어 그것과 관련된 교훈을 찾으려고 한다면, 역사주의 원칙에 상충되어 그 사실에 대한 이해가 정당한가라는 의문이 제기될 수 있으며, 그런 면은 그만두고라도 그것은 특히 중·고세사 분야에서 그러하지만, 다분히 소재주의에 빠지기 쉽다고 비판하였다.[80]

---

79) 서중석, 「민족사학과 민족주의」, 앞의 책, 315~321쪽 참조.
80) 노태돈, 앞의 글, 26쪽.

1980년대 중반기 이후 강만길의 문제제기는 계속 살아 있으면서도 다른 면의 부각 때문에 옆으로 비껴져 있는 감을 주었다. 민중사학의 전면적 등장도 그러하였지만, 강교수가 바라마지 않던 근현대사연구 바람이 불었기 때문이었다.

5. 북한의 역사학과 민족주의

북한은 정권 수립 직후부터 식민사학 극복을 위한 노력을 해왔다. 북한의 한국사학은 민족주의 사학의 전통에 닿아 있는 면이 많다. 단일한 혈통과 언어, 공동문화를 강조하는 점도 그러하지만, 고대사 연구에 비중을 많이 두었고, 그 연구 방향도 민족주의사학자들의 주장과 상통하는 것이 적지 않다. 민족의 자주성을 강조하는 점도 그러하다. 북한의 고대사 연구는 주목할 부분이 많다. 고대한일관계사에서 김석형이 주장한 삼한·삼국계통 이주민 진출에 의한 일본열도 내의 분국설이나 그를 이은 여러 연구들은, 사료 해석에 문제점들이 있지만, 이 부분에 대해 연구 축적이 적은 남한 학계의 상황에 비추어볼 때, 식민사관의 큰 줄거리의 하나인 임나일본부설을 타파하고, 더 나아가 일본의 고대사 연구에 영향을 미쳤다는 점에서 평가를 받을 수 있을 것이다.[81]

이 소론에서 북한의 고대사 연구 중 단일혈통성 문제, 고조선 문제, 고대사와 관련된 정통성 문제를 비전문가로서 간략히 다루고자 하는 것은, 이 부분이 민족주의사학과 관련지어 논의될 수 있다는 이유 외에도, 앞으로 이루어질 남북한 한국사학의 교류에서 신채호사학 등의 주제와

---

81) 김태식, 「북한의 고대한일관계사 연구동향」『북한의 한국고대사연구동향』, 1990. 12.; 역사학회공동연구 및 강봉룡, 「고대한일관계사」『북한의 한국사 인식』1, 한길사, 1990 참조.

함께 다른 부분보다 먼저 접근할 수 있는 분야로 보이기 때문이다.

북한에서는 한국인이 이 땅에서 독자적으로 발생한 본토기원의 집단으로, '옛유형사람'의 핏줄을 그대로 이어왔다고 설명하고 있다.[82] 북한은 1950년대 말만 해도 한민족의 기원과 관련하여 외지기원설 내지는 민족이동설이 지배적이었고, 1960년대 초에도 우리나라 고대 종족들의 기원에 대해서 일치된 견해가 없음을 밝혔다. 그러나 1967년에 김용남 등에 의해 한반도와 중국 동북지방 및 연해주를 포괄하는 신석기 및 청동기문화권이 기본적으로 동질적인 문화를 유지하던 고대 한민족의 문화권이었음이 강조되었고, 이 주장은 1970년대 초기 고고학 및 고대사 연구에 의하여 강화되었다. 1970년대 이후 민족기원문제는 매우 중요한 연구과제로 부상하였고, 구석기시대 연구에 큰 비중이 두어졌다. 그리하여 1970년대 말부터 '조선옛유형사람'이라는 말이 널리 사용되었고, '현대조선사람'은 구석기시대의 원시 인류단계에서 자생적으로 진화 발전하여 구석기시대 말 형성된 '조선옛유형사람'을 직접적 조상으로 한다고 설명하였다. 이것에는 1960년대 이래의 구석기시대 유적과 유물, 그 중에서도 특히 인골자료의 수습이 밑바탕이 되었다.[83] 그리하여 전영률은 조선땅에 이미 60만~40만 년 전 또는 그 이전에 해당하는 구석기시대의 전기로부터 원시사회의 문화를 창조한 본토기원의 주민집단이 있었고, 조선민족은 조선옛유형사람들의 핏줄을 이어받은 단혈성주민집단으로서 이 땅에서 고유한 자기의 문화를 창조하면서 살아왔다고 밝혔다.[84]

한민족의 모집단이 남한 학계의 정설과 같이 청동기시대에 들어와

---

82) 김용남, 「우리나라에서 발견된 인류화석과 조선사람 기원 문제의 해명」, 력사과학 1981 4호(『북한의 우리고대사 인식』(2), 대륙연구소출판부, 1981 수록), 568~570쪽.

83) 이선복, 「민족단혈성기원론의 검토」『북한의 한국현대사연구동향』, 1~11쪽.

84) 전영률, 「위대한 수령 김일성동지와 친애하는 지도자 김정일동지의 현명한 영도밑에 역사과학이 걸어온 자랑찬 40년」, 력사과학 1988 3호(이병천 편, 「북한 학계의 한국근대사논쟁」, 창작과비평사, 1989), 298~299쪽.

퉁그스계 집단의 이주와 더불어 형성된 것인가는 의문이지만,[85] 한국인의 기원을 구석기시대 말로 올려잡고 단일혈통성을 유난히 강조하는 데 대해서는 지나친 것이 아닌가 하는 생각이 많은 것 같다. 이선복은 신체의 특정부위의 형질적 특징을 측정하고 비교함으로써 집단과 집단 사이의 진화적 혈연사적 관계를 알 수 있다는 생각은 한때 형질인류학계에서 널리 유행되었지만, 오늘까지도 유용할 것인가에 대해서 의문을 제기하고, 구석기시대 자료의 처리에 대해서도 신뢰성에 의문을 표시하였다.[86] 김정배는 몇 개의 인류 화석으로 인류의 발전과정을 합법적으로 설명하려는 것은 과욕이라고 비판하였다.[87]

북한 학계에서는 한국민족의 기원과 직접적 선조를 올려잡고 있으며, 단일혈통성을 중시하지만, 남한의 일부 학자들이 주장하고 있는 것과는 달리, 민족의 형성 문제에 대해서는 명확한 견해를 밝히고 있지 않다. 이 점은 1956년에 발간한 『조선통사』에서 신라의 3국통일에서 준민족이 형성되었다고 설명한 것과 대조를 이룬다.[88]

고조선 역사는 남과 북의 역사인식의 차이가 얼마나 큰가를 잘 보여주는 부분이다. 1960년대 초 북한에서의 고조선의 강역에 대한 주장은 평양설, 요령성설, 요하유역에 있다가 후기에 대동강 쪽으로 옮겼다는 이동설 등 세 가지가 있었다. 이러한 설들은 이미 실학자들 사이에서도 제기되었고, 일제 때에는 첫 번째 설과 두 번째 설이 주장되었는데, 특히 민족주의사학자들이 둘째 설을 강조하였다.[89] 그 뒤 1963년 리지린

85) 이선복, 앞의 글, 18쪽.
86) 위의 글, 15, 21쪽.
87) 김정배, 「한민족본토기원설과 辰國의 고대국가설」 『북한이 보는 우리 역사』, 을유문화사, 1989, 53쪽.
88) 조선민주주의인민공화국과학원력사연구소, 『조선통사』(1956) 제3장 「신라에 의한 삼국통일」 제3절 〈조선준민족(나로드노스치)의 형성〉 참조.
89) 노태돈, 「고조선과 삼국의 역사에 대한 연구 동향」 『북한이 보는 우리 역사』, 66쪽.

이 『고조선연구』를 발표하면서 북한에서는 민족주의사학자들이 주장했던 두 번째 설이 수용되었고, 그 이후 약간의 수정이 가해졌으나, 기본 골격은 별차이가 없었다.[90] 그리하여 고조선은 기원전 8~7세기 이전에 이미 요동지방에 통일국가를 세웠던 바, 그 영역이 난하지역에까지 미치었고, 예맥·조선·진번·숙신·낙랑 등의 소국은 물론 오환·동호까지 아우르는 큰 나라를 세웠는데, 기원전 4~3세기 무렵 연나라 장군 진개 秦開의 공격으로 서부지역 일부를 상실한 것으로 설명하였다.

북한의 고조선 강역문제는 처음에는 문헌학적인 연구를 통해 제기되었다. 그렇지만 1963~65년에 중국과 공동으로 중국 동북부지방의 유적을 발굴하면서 비약적으로 발전하였고, 그 뒤에도 비파형동검문화유적이 계속 발굴됨에 따라 고고학적 근거가 확보되었다. 따라서 기원전 10~7세기 무렵 요하 일대의 청동기문화를 고려해볼 때, 고조선이 대동강 유역 평양 부근에서 성립되었다는 남한 학계의 견해보다는 북한의 주장이 더 타당성이 있어 보인다.[91] 그러나 고조선 후기 왕검성의 위치와 낙랑군의 설치 지역을 요하유역으로 비정한 것은 논란을 불러일으키고 있다.[92]

그런데 북한의 고조선사와 고대사를 뒤바꿔놓은 사건이 최근에 발생하였다. 북한에서는 1993년에 평양 부근 강동군에 있는 단군릉에서 남녀 두 사람분의 뼈를 수습하였는데, 그 중 남자 뼈는 단군의 것이라고 발표하였다. 이 뼈를 전자상자성공명장치로 측정한 결과 1993년 기준으로 5,011년 전의 것으로 밝혀졌다고 한다. 오차는 267년으로 오차율은 5.4%로 발표되었다.[93] 북한 학계에서는 이 발견으로 단군이 죽은 곳은

---

90) 권오영, 「고조선사연구의 동향과 그 내용」『북한의 한국고대사연구동향』, 41~44쪽.

91) 이순근, 「고조선의 성립과 사회성격」『북한의 한국사인식』, 82쪽.

92) 노태돈, 앞의 글, 69~71쪽; 이순근, 앞의 글, 88~89쪽 참조.

93) 김교경, 「단군릉에서 나온 뼈에 대한 년대측정 결과에 대하여」『단군을 찾아서』, 살림터, 1994, 55쪽.

평양이고 고조선의 수도 왕검성도 요동지방에 있었던 것이 아니라 평양
이었던 것이 확증되었다고 설명하였다.[94] 그리하여 단군은 기원전 3,000
년 초에 도읍을 평양성에 정하고 동방에서 처음으로 국가를 세움으로써
우리나라에서 100만여 년의 장구한 원시시대는 끝나고 우리 민족은 국
가시대 문명시대에 들어서게 되었다고 주장하였다.[95] 나아가 손영종은
단군이 우리 민족에게 선진문명을 가져다주고 민족을 빛내어준 걸출한
인물이었으며, 고조선 국가를 세계적으로 가장 이른 시기에 창건하고 강
화 발전시켰다고 해설하였다.[96]

　　단군릉 유골과 관련하여 발표된 북한 학계의 주장은 북한 학계를
궁지에 빠지게 하고 있다. 우선 요동지방에 있는 것으로 비정되었던 왕
검성의 위치가 오늘의 평양으로 바뀜에 따라 고조선역사를 새로 쓰지 않
을 수 없게 되었다. 뿐만 아니라 전영률은 요동지방에서 고조선의 역사
를 찾으려는 이전의 노력을 사대주의 관점이라고 비판까지 하였다.[97] 단
군이 5천 년에 국가를 세웠다는 것도 그 이전의 주장보다 적어도 2,000
년이 더 소급된 것인데, 그 2,000년의 빈 역사를 어떻게 설명할 것인가
도 문제이거니와, 국가와 문명에 대한 개념을 어떻게 새로 해설할 것인
가도 문제이다. 단군릉 유골에 대한 북한 학계의 반응은 주체사관의 극
단적인 면을 드러내보인 것으로서, 민족주의사학과 관련된 논쟁으로 다
룰 수 있는 영역을 넘어선 주장으로 봐야 할 것이다.

　　평양 부근 강동군에 있는 단군릉은 오래전부터 민간인에게 단군묘
로 전해져 18세기경부터 정부에서 수리도 하고 제사도 지내도록 하였다

---

94) 박진욱, 「단군릉발굴정형에 대하여」『단군을 찾아서』, 48쪽.
95) 강인숙, 「단군의 출생과 활동에 대하여」『단군을 찾아서』, 65~66쪽.
96) 손영종, 「조선민족은 단군을 원시조로 하는 단일민족」『단군을 찾아서』, 110~113쪽.
97) 전영률, 「위대한 수령 김일성동지께서 단군 및 고조선과 관련하여 하신 교시는 력사연구
　　에서 새로운 전환의 계기를 열어놓은 강령적 지침」『단군을 찾아서』, 116쪽.

고 한다.[98] 또 그 일대는 단군과 관련된 전설이 많다. 누구의 유골인지를 따질 것 없이 단군릉과 그 일대를 잘 다듬어, 중국의 '시조' 황제묘처럼, 한국인이 참배를 하면서 우리 민족의 연면성과 일체성을 확인하는 기회로 삼도록 해야 하지 않았을까.

북한에서는 1960년대부터 고구려와 발해에 대한 연구를 많이 하여, 발해사에 대해서는 박시형 등의 주목할 만한 연구가 나왔고, 고분의 발굴 등으로 고구려문화에 대한 이해도 풍부해졌다. 그러나 고구려를 삼국 중에서 우위에 놓는 서술이 1970년대 이후 심화되어, 1979년에 펴낸 『조선전사』 3권은 고구려편으로 424면인데, 4권은 백제와 신라를 함께 묶었는데도 327면밖에 안되었고, 또 4권 제목도 「백제 및 전기 신라사」라고 붙여 신라를 의도적으로 격하시켰다. 발해에 대해서는 1977년에 나온 『조선통사』의 경우만 해도 신라를 먼저 다루고 발해를 뒤에 붙였는데, 2년 후에 나온 『조선전사』 5권에서는 그 반대로 다루어, 2년 동안 큰 변화를 보여주었다. 『조선전사』의 출간으로 고조선에서 고구려 발해 고려로 이어지는 '정통'이 확립된 것이다. 그리하여 발해는 고구려 인민이 당나라 침략자에 대해 벌인 자주적인 투쟁의 결과로 창건된 주체정권인데 비하여, 후기신라는 신라봉건통치배가 당나라 침략자에 대해 벌인 사대적 외교의 결과로 성립된 반동정권으로 서술하였다.[99]

북한에서 고조선에 이어 고구려를 중시하고 신라의 삼국통일을 폄하하는 역사관은 이미 신채호 등 민족주의사학자들에 의해서도 강렬히 주장된 바가 있었다. 그리고 고구려·발해에 대한 연구 비중이 높은 것은 북한의 지역적 특징도 작용하였을 수 있고, 고구려의 강조는 고구려가 주체사관에서 중시하는 「인민의 자주성과 창발성」이 잘 보인다고 판

98) 이형구, 「단군릉발굴개요」 『단군을 찾아서』, 25~34쪽.
99) 김영하, 「후기신라와 발해의 성립」 『북한의 한국사인식』1, 199쪽.

단했기 때문일 수도 있다.[100] 그렇지만 고조선-고구려-발해-고려의 정통성에 대한 과도한 집착은 현재의 북한정권의 정통성을 세우려는 것과 관계가 있는 것으로 이해된다. 그리고 이러한 의도는 남한의 일부에서 주장하는 신라정통론이 의도하는 바와 비슷하게, 분단고착화에 기여할 수 있게 됨으로써[101] 민족사의 지향에 대립될 수 있다. 최근 단군릉 유골 수습과 관련된 학술발표에서 평양의 역사성을 유달리 강조하고,[102] 고조선-고구려-발해-고려 계승론을 제기한 것도[103] 같은 맥락으로 이해된다.

6. 결론을 대신하여

결론으로 논쟁사를 요약하는 것보다 민족주의사학의 일정한 종착지점인 통일민족국가의 건설문제에 민족주의사학이 기여할 수 있는 점에 대해서 언급해두는 것이 좋을 듯 싶다. 민족통일은 민족동질성의 확인에서 시작되어 민족동질성을 극대화하는 데에서 완결될 것이다.[104] 이러한 지향에서 통일로 접근할 때 민족적 정체성을 일깨우는 한국사학은 중요한 역할을 하지 않을 수 없다. 더욱이 민족주의사학, 그 중에서도 해방 후 민족국가 건설의 지주支柱적 이념으로 자임하였던 신민족주의 역사의식은 더욱 기여할 수 있을 것이다. 우리의 역사와 문화 자체가 단일한 민족사·민족문화이기 때문에 남과 북을 묶는 원천이지만, 우리의 역사인식에서 3국무정통론처럼 그것의 갈등을 중화시켜 줄 수 있는 것들을

---

100) 전호태, 「삼국시대에 대한 인식」『북한의 한국사인식』1, 112쪽 참조.
101) 김영하, 앞의 글, 213쪽 참조.
102) 현명호, 「고조선의 성립과 수도문제에 대하여」『단군을 찾아서』 등 참조.
103) 손영종, 앞의 글 등 참조.
104) 한영우, 「통일지향사학의 과제」, 299쪽.

중시하거나 그것을 찾아내는 방법도 있을 것이다.[105] 이와 함께 안재홍이 신민족주의에서 편 좌우합작 민족대단결의 논리는 통일을 앞둔 오늘에 되새겨볼 것이 많다. 그것은 단순한 의미에서 좌우합작 민족대단결이 아니라, 한국이 지향해야 할 정치체제 경제체제 계급관계를 구체적으로 제시하였다는 점에서 논의의 필요성이 많다고 아니할 수 없다. 이런 면에서 백남운의 연합성민주주의도 오늘의 시점에서 재음미해볼 필요가 있을 것이다.

해방 직후 통일민족국가 건설에 진력하였던 김규식 여운형 등도 비슷한 이념을 가졌지만, 안재홍은 좌우합작을 민족주의와 사회주의의 협진으로 보았고, 민족대단결은 만민공동 만민공생 만민공영을 의미하였다. 좌우합작운동은 극우 극좌의 정치행태나 논리를 배제하는 운동이었다. 극우나 극좌는 좌우합작을 반대하고, 폭력적으로 자신들과 입장이 다른 세력을 배제하고, 배타적으로 자신들의 계급적 이익을 실현시키기 위해 수단과 방법을 가리지 않는 것이 일반적이다. 이 때문에 극우 극좌는 좌우합작노선과 갈등을 갖지 않을 수 없는데, '순정우익'으로서 안재홍이 "신민족주의 독립국가로의 진정한 민주주의 공영국가를 확립하는 것은 조선 민족의 역사적 및 국가적 현실적 절대한 요청이다. 극우 편향 아니고서 이 정로正路 있다"라고 천명한 것은[106] 우익과 극우와의 관계를 잘 말해주고 있다. 이 논리는 극우나 극좌에 의한 일방적 통일을 배제하고 있다.

좌우합작운동은 민족자주운동으로 인식되었다. 한국과 이웃 나라들과의 관계를 볼 때, 좌우합작에 의한 민족대단결만이 자주성을 보장할 수 있고, 강대국들을 한국의 국가이익을 위해 능동적으로 견인하고 조정

---

105) 한영우, 『한국민족주의역사학』, 263, 266쪽 참조.
106) 안재홍, 「신민족주의의 과학성과 통일독립의 과업」 『신천지』, 1948. 8.

해낼 수 있었다. 극좌나 극우는 민족논리보다 진영논리를 우선시했고,
그것은 특정 강대국에의 의존과 연결되었다. 중도우파에서는 파쇼적인
과도한 권력의 행사, 곧 극우반공체제의 억압테러정치를 반대하고, '사
상은 사상으로서'의 원칙으로 공산주의에 대응할 것을 주장하였다. 중도
파 정치인들은 사상과 양심의 자유는 보장되어야 하며, 진정한 민주주의
법치국가로서 민권 신장, 민의 창달이 이루어질 것을 역설하였다. 그것
은 또한 친일파의 처단에 의한 국가규범과 민족기강의 확립, 토지개혁
등 제반 개혁의 추진 속에서 내실을 가질 수 있는 것이었다. 그들은 부
의 독점 또는 독점자본주의를 반대하였고, 만민공생의 균등사회, 복지사
회를 건설하고자 하였다.

통일민족국가를 건설하기 위한 좌우합작운동은 오늘의 현실에서 새
롭게 재검토되어야 할 것이다. 그와 함께 마지막으로 민족주의사학에서
제기한 민족주의와 세계와의 상호관계에 대해서도 되새겨볼 필요가 있
다. 안재홍은 파시즘·군국주의의 광풍이 유럽과 동아시아를 휩쓸던
1930년대 중반 어두운 시기에 국제주의자들인 사회주의자들에게 피압박
민족의 민족적인 각성은 진보적 세계적인 성격을 갖는 것이라고 지적하
면서 다음과 같이 민족주의와 국제주의와의 관계를 말했다.[107]

가장 온건타당한 각 국민, 각 민족의 태도는, 민족으로 세계에, 세계로
민족에, 교호交互하고 조합調合되는 민족적 국제주의-국제적 민족주
의를 형성하는 상세狀勢이니…….

해방 후 신민족주의자들은 민족주의와 세계성과의 교호관계를 강조
했는데, 그것을 이인영은 한국사도 시야를 넓히어 세계사적 국사관, 민

107) 안재홍, 「민세필담」(1935. 5~1936) 『민세안재홍선집』1, 지식산업사, 1981, 511~512쪽.

족적 세계관이 요구된다고 요약하여 표명했다.[108] 그런데 문제는 과거에도 현재에도 자아를 상실한 채 외향적인 근대화 세계화에만 급급해하는 부류들이 많다는 점에 있다. 한말 제국주의 팽창기에 한국이 풍전등화의 위기에 처했을 때, 그러한 조류에 맞서 민족의 정체성을 일깨우겠다는 목적의식 아래 민족주의사학이 등장했던 바, 신채호가 다음과 같이 20세기 초에 쓴 「동화의 비판」(1909)은[109] 20세기가 저물어가는 오늘에도 유효성이 있을 것이다.

> 지금 한국사회가 외국사회를 모방함이 가한가. 왈曰 불가하니라. 모방함이 불가한가. 왈 가하니라. 가함은 하고何故오. 왈 동등적 사상으로 모방함은 가하니라. 불가함은 우又 하고오. 동화적 사상으로 모방함은 불가하니라. 여하하면 동등적 사상의 모방이라 할까. 왈 아가 동등코자 하여 모방함이니…….

---

108) 이기백, 「신민족주의사관과 식민주의사관」, 115쪽에서 재인용.
109) 단재 신채호전집편집위원회, 『단재신채호전집』 별집, 형설출판사, 1977, 150쪽.

역사상의 '중국'과 '중국사'의 범주
– 현대 중국의 '민족관계사' 연구[1)]

김한규 金翰奎

1.

'고대古代'[2)] '동東아시아 세계世界'[3)]는 많은 종류의 '민족民族'[4)]과 '국가國家'[5)]들로 구성되어 있었다. 수없이 많은 '민족'과 국가들이 동아시아 세계 안에서 생성과 소멸의 과정을 거듭하다가, 지금은 한국韓國과 중국中國, 일본日本, 월남越南, 몽고蒙古 등 5개 나라가 공존하고 있다. 그 가운데서도 특히 중국은 동아시아의 대부분을 점유하면서 56개나 되

---

1) 이 글은 1992년에 『東亞硏究』 24輯에 게재된 「古代 東아시아의 民族關係史에 대한 現代 中國의 社會主義的 理解」라는 논문을 제목을 바꾸고 誤脫字를 수정하고 일부 漢字를 한글로 고쳐 轉載하였음.
2) 현대 중국의 역사학자들은 일반적으로 上古 이래 19세기까지의 전통시대를 모두 아울러 '古代'라고 칭한다. 본 주제의 성격상, 이러한 범주를 그대로 수용해도 크게 문제될 것은 없다. 그러나 평소에 필자가 갖고 있는 학문적 관심의 범주가 春秋戰國시대 이후 隋唐시대까지로 국한되고 있고 또한 이 시기를 時代區分論상 전형적인 '古代'로 규정할 수 있기 때문에, 본고에서는 주로 이 시기를 논의의 대상으로 할 것이다.
3) 현재의 관점에서 본다면, '東아시아 世界'란 모순된 말이다. 그러나 전통시대에 동아시아에서 살았던 사람들에게는 '동아시아'가 곧 '世界'였다.
4) 현대 중국의 민족관계사가들은 예외 없이 "民族이란 인간들이 역사상에 형성한 共同言語, 共同地域, 共同經濟, 共同의 民族文化 特點상에 표현된 共同心理素質 등 4개 기본 특징을 가진 共同體"로 규정한 Stalin(「민족 문제와 Lenin주의」)의 정의를 그대로 수용하고 있다. 본고가 목적하는 것의 하나가 이들의 연구 성과들을 정리하는 것이므로, 본고에서의 '民族' 개념 역시 일단 이러한 정의에 기초하고 있다.
5) 본고에서의 '國家' 개념이 현대적 의미의 '國家' 개념과 반드시 일치하지는 않을 것이다. 물론 문자 그대로의 '國家', 즉 先秦시대의 '國家' 개념과도 일치되지 않을 것이다. 본고에서 주로 사용될 '國家' 개념은 '독립된 주권과 영토를 보유한 전통적인 형태의 王朝'를 주로 지칭하게 될 것이다.]

는 많은 '민족'을 포용하고 있다. 현재 중국의 강역은 과거 동아시아 세계의 윤곽과 비슷하고 현재 중국의 여러 '민족'은 과거 동아시아 세계사를 형성한 거의 모든 '민족'들의 후손이다.

그러면 현재 중국中國 즉 중화인민공화국中華人民共和國을 구성하는 여러 '민족'들의 조상들은 모두 '중국인中國人'이었는가? 이들이 형성한 역사는 '중국사中國史'인가? 현재 중국의 강역 범위는 과거에도 '중국中國'이었는가? 이러한 질문에 대한 대부분의 현대 중국민족관계사가中國民族關係史家들의 대답은 "그렇다"는 것이다. "그렇지 않다"고 대답하는 학자는 극소수에 지나지 않는다. 왜 현대 중국의 민족관계사가들은 고대 동아시아 세계사를 중국사中國史로 이해하려 하는가? 그 논리적 근거는 무엇인가? 이러한 학문적 경향의 배경과 의미는 무엇인가? 우리 학계에서는 이러한 의문이 아직까지 제기된 적이 없었기 때문에, 당연히 그 답도 얻지 못하였다.

고대 동아시아사에 대한 관심은 중국인 사가史家들만이 갖고 있는 것이 아니다. 그것에 대한 연구성과는 한국과 일본, 대만, 구미 등에서도 오래전부터 대량으로 축적되어 왔다. 그러나 '중국中國'의 범주를 과거 수천 년 전까지 소급시킬 수 있다는 논의는 오직 현대 중국 사학계에서만 이루어지고 있는 매우 특수한 현상이다. 이는 현대 중국 사학계가 처해 있는 특수한 상황을 반영하고 그로 인해 부담해야 할 특수한 임무를 시사하는 것이다. 따라서 본고에서는 고대 동아시아 '민족' 관계에 대한 현대 중국 사가들의 독특한 이해의 내용을 연구사적으로 정리하여, 이러한 현대 중국 사학계의 특수한 상황과 역할을 소개함과 동시에 그 기본적인 문제점을 적시함으로써, 고대 동아시아 '민족' 관계사를 올바르게 이해할 수 있는 단서를 확보하고자 한다.

2.

1983년에 중국에서 발표된 한 논문[6]은 중화인민공화국中華人民共和
國이 건국된 뒤 30여 년 동안 중국 사학계에서 진행된 중국민족관계사中
國民族關係史에 관한 광범위한 연구와 토론의 주제를 다음의 여섯 가지
문제로 분류한 바 있다.

1. 강역과 민족 : 현재 중국 강역 내의 역사상 고대 민족은 중국의
민족인가, 아닌가? 그들이 건립한 국가는 중국의 일부인가, 외국外國인
가?

2. 민족관계의 주류主流 : 역사상 각 민족 간의 전쟁을 어떻게 평가
해야 하는가?

4. 민족 영웅 : 어떤 사람을 민족 영웅이라 칭할 수 있는가?

5. 민족 동화同化와 민족 융합融合 : 계급사회에서도 민족 융합이 존
재했는가?

6. 민족 간의 "화친和親" : 역사상의 화친和親 정책을 어떻게 평가할
것인가?

또한 1984년 12월에 광주廣州에서 거행된 중국고대민족관계사 학
술토론회에서는 다음과 같은 문제들이 주요한 의제로 다루어졌음을 전
하는 논문[7]도 있다.

1. 민족 전쟁과 민족 정권 : 우리나라 역사상 민족관계사의 주류는
무엇인가? 민족 전쟁의 개념을 어떻게 이해할 것인가? 고대 민족 전쟁

---

6) 劉先照,「我國民族關係史研究若千里論問題綜述」,『民族研究』 1983年(第3期). 이 논문은『歷史
科學槪論參考資料』(下冊) (葛懋春 項觀奇 編, 山東敎育出版社, 1985)에 재수록되었는데,
앞으로《資料下》라 略稱한다.

7) 李晋槐 社紹順,「中國古代民族關係史學術討論會綜述」(『華南師範大學學報』社科版, 1985년 第2
期). 이 논문은 朱紹侯 主編,『中國古代民族關係史研究』(福建人民出版社, 1989)에 轉載되었는
데, 앞으로《研究》로 略稱함.

은 국내 형제간의 다툼인가, 국國과 국國의 싸움인가? 국내 민족 전쟁의 성질을 논함에 있어 '침략'이란 말을 사용할 수 있는가, 없는가? 민족 전쟁의 역사적 작용을 어떻게 평가할 것인가? 소수민족 정권의 성질은 어떠한가? 민족 투쟁과 계급 투쟁의 관계는 어떠한가?

　　2. **민족 영웅과 애국주의愛國主義** : 민족 영웅의 범위를 여하히 확정할 것인가? 중화中華 각 민족의 공동 이익을 대표하는 민족 영웅이 역사상 존재하였는가? 민족 영웅의 유형은? '영웅이 영웅을 쳤다'는 문제를 어떻게 이해할 것인가? 민족 영웅의 역사적 지위를 어떻게 평가할 것인가? 애국주의의 내용과 민족 영웅과의 관계에 관하여 어떻게 이해할 것인가? 민족 전쟁과 민족 영웅, 애국주의를 말할 때, 회피할 것이 있어야 하는가? 소수민족의 역사상 공헌은 무엇인가?

　　3. **민족 융합과 민족 동화** : 역사상 민족 융합은 존재하였는가? 민족 동화는 어떻게 구분되나? 개토귀류改土歸流는 어떻게 평가할 것인가? 화하족華夏族의 형성과 발전 과정은 어떠하였나?

　　4. **'통일적統一的 다민국가多民國家'라는 제법提法** : "우리나라는 옛날부터 하나의 통일적 다민족 국가였다"는 표현에 대하여 어떻게 생각하는가?

　　신중국新中國이 출현한 이후에 전개된 민족관계사 연구와 토론이 이처럼 다기한 문제들을 포괄하였음은 사실이다. 그러나 이 모든 문제가 "현재 중국 강역 상의 고대 민족은 모두 중국中國의 민족인가"라는 기본적 문제에서 파생된 것이고, 궁극적으로는 다시 그 문제로 귀결되는 것도 사실이다. 즉 50년대 이후 지금까지 진행되어온 중국의 민족관계사 연구는 오로지 이 문제 하나를 설명하기 위한 것이었다고 해도 과언이 아니다. 따라서 "현재 중국 강역 내의 역사상 고대 민족은 모두 중국의 민족인가"라는 기본 주제에 관한 논의만을 정리해도 현대 중국의 민족관계사 연구의 주류를 이해하는 데 큰 어려움이 없을 것이다.

현재 중국의 강역을 기준으로 역사상 '중국中國'의 범주를 획정해야
한다는 주장이 처음으로 제기된 것은 1951년 5월 5일자 『광명일보光明
日報』에 게재된 백수이白壽彝의 「역사상 조국 국토 문제의 처리를 논함
論歷史上祖國國土問題的處理」이라는 논설에서였다. 이 글에서 백수이는
'본국本國'이 역사상 '조국'의 '국토'를 처리하는 방법은 두 가지가 있다고
전제하고, 그 중의 하나는 '역대 황조皇朝의 강역으로 역대 국토의 범위
를 삼는 방법'으로 이 방법에 의하면 "황권皇權 통치의 범위가 같지 않기
때문에 역대 국토는 변경 혹은 신축하는 바가 있게 된다"는 것이며, 또
다른 하나는 '현재 중화인민공화국의 국토로써 범위를 삼는 방법'으로,
"이를 상대上代로 소급시켜 유사 이래로 이 토지 위에서 이루어진 선민
先民의 활동을 탐구하게 된다"는 것으로, 이 두 가지 부동不同의 방법은
부동不同의 사상 경향을 표시한다고 주장했다. 백수이는 특히 전자의 방
법이 전통적 역사 관점 즉 '황조 역사 관점'의 지배를 받은 것으로, 역사
연구가 '대한족주의적大漢族主義的 편향'에 빠지도록 인도하게 되고, '본
국사本國史'를 일개 조대朝代와 일개 조대로 고립시켜 "역사와 우리 현
재의 사회생활이 결합되지 못하도록 인도"할 수 있지만, 후자는 낡은 종
래의 '비인민적非人民的' 혹은 '반인민적反人民的' 입장에서 해방시키고,
'본국사'를 '중화민족中華民族' 공동의 역사, 다민족多民族 대가정의 역사
가 되게 하며, 역사 연구를 통해 현재 사회생활의 의의를 이해할 수 있
도록 해주기 때문에, '역사상의 국토 문제'를 처리함에 있어 전자는 착오
적인 방법이고 후자는 정확한 방법이라고 주장하였다.[8]

백수이白壽彝의 이와 같은 글은 실로 혁명적인 내용을 담고 있다.
그의 말대로 역대 왕조의 강역으로 '중국中國'의 범위를 판단하는 방법이

---

8) (中國)國家民族事務委員會政策研究室 編, 『中國民族關係史論文集』上集(民族出版社, 北京, 19
82) 208쪽. 이 책은 《論文集》으로 略稱함.

전통적인 것이라면, 중화인민공화국의 강역으로 역사적 '중국'의 범위를 확정해야 한다는 백의 주장은 전통적 방법과 매우 상위相違한 것이다. 그 '차이差異'의 안에서 수없이 많은 '민족'들의 흥망성쇠가 이루어졌다. 전통적 관점에 의하면 이들 '민족'들이 '중국'의 바깥에 위치하였지만, 백의 새로운 관점에 의하면 이들 '민족'도 '중국인中國人'이었다는 것이다. 이처럼 역사상 '중국'의 범위를 크게 확대시켜야 한다는 견해가 제출된 만큼, '전통적 입장'에서 반론이 제기되는 것은 당연한 일이다. 그러나 백수이에 대한 반론은 '전통적 입장'에서 제기되지 않고 오히려 그 반대의 입장, 즉 백이 제시한 '중국'의 범주가 지나치게 좁다는 관점에서 제기되었다.

1951년 5월 19일자 『광명일보光明日報』에 게재된 소초연簫超然의 「"역사상 조국 국토 문제의 처리를 논함"을 읽고讀"論歷史上祖國國土問題的處理"以後」에서 '신중국新中國 인민의 입장'과 '오늘날 중화인민공화국의 국토'는 서로 일치되지 않는다는 사실이 지적되었다. 즉 '현재 중화인민공화국의 국토를 한계로 하여 중국사中國史를 서술했을 경우'와 '신중국 인민의 입장에서 중국사를 서술했을 경우', 그 결과는 매우 다르게 나타날 수 있다는 것이다. 예를 든다면, '신중국 인민'의 입장에서 중국사를 서술할 때는 반드시 중국 경내 각종 민족의 역사를 포괄해야 하는데, 몽고족蒙古族을 비롯한 중국 경내의 각종 민족들의 역사상 활동은 현재 중화인민공화국의 국토 위에서만 이뤄진 것은 아니다. 또한 '신중국인민'의 입장에서 중국사를 서술하려면 마땅히 국외에서 영웅적인 활동을 전개한 역사상의 허다한 인물들을 묘사해야 하는데, 중국사의 범주를 현재의 국토로 제한하면 정화鄭和나 이여송李如松, 손문孫文 등의 활동은 중국사에서 배제될 수밖에 없을 것이다. 소簫에 의하면, 아시아 기타 각국에서 이루어진 '중국선민中國先民'의 활동과 중국 경내의 각 종족 투쟁의 역사를 중국사에 포괄시켜야 할 뿐만 아니라, 현 중화인민공화국 강역 위에서 진행된 '비중국非中國 선민'의 활동, 예컨대 근 1백 년 이래 중국에서 이루어진 제국주의의 각종 침략 활동 같은 것도 마땅히 중국사에 포괄시켜야 한다.[9]

일견 보아 백수이白壽彝에 찬동하는 두 번째의 글이 1959년 7월 5일자 『광명일보』에 게재되었다. 하자전何玆全이 「중국 고대사 교학 중에 존재하는 한 문제中國古代史敎學中存在的一個問題」라는 제목으로 쓴 이 논설에서는 자신과 중국사 연구자들이 흉노匈奴·거란契丹·몽고蒙古 등의 역사가 중국사임은 의심하지 않으면서도 그 저작이나 교학敎學 중에서 이들이 '중국'을 '침략'했다고 하였음은 무의식중에 '한족사漢族史로써 중국사中國史를 대체'하는 과거 왕조사적王朝史的 체계에 영향을 받았기 때문이라는 자아비판이 진술되었다. 하何는 역사상 각 왕조가 항상 '중국'을 자칭하고 당시 왕조 이외의 사람들은 '만이蠻夷'라 칭하였으며, 정사正史의 사가들도 중국과 흉노 등을 대칭對稱하여 "흉노가 중국을 침폭侵暴하였다"고 하였음은 인정하였으나, 주周·진秦·한漢·당唐 등의 왕조만을 '중국中國'이라 칭하고 그 이외의 지구나 민족을 '외족外族'이라 한 전통적 관념은 착오였다고 비판했다. 그는 '오늘날 우리가 말하는 중국사中國史'는 역사상 중국中國을 자칭한 각 왕조사王朝史뿐만 아니라 당시 왕조에 속하지 않은, 오늘날 중국의 각 민족 인민과 지구의 역사도 포함되어야 한다고 주장했다.[10]

한족사漢族史로써, 혹은 왕조사王朝史로써 중국사를 대체하여 역사상 당시 왕조에 소속되지 않은 (그러나 지금은 중국의 강역 내에 포함되어 있는) '민족'들의 당시 왕조에 대한 투쟁을 외족外族과 중국의 투쟁으로 보는 것은 착오라고 비판한 하자전의 논지 역시 백수이의 그것을 보완

---

9)《論文集》. 211~3쪽.
10)《論文集》. 215~7쪽.

한 것이다. 현재 중화인민공화국의 강역으로 중국사의 공간적 범주를 삼아야 한다는 위 삼자의 글들은 비록 짧은 논설문의 형식을 취하고 있지만, 이후 중국에서 진행된 민족관계사 연구의 움직일 수 없는 지표가 되었다.

　'현재 중국中國의 강역을 중국사中國史의 범위로 삼아야 한다'는 명제 위에서 민족관계사를 연구한 최초의 본격적인 논문은 1959년에 발표된 조화부趙華富의 「우리나라 역사상의 민족관계를 정확하게 천명하고 투쟁하기 위하여爲正確闡明我國歷史上的民族關係而鬪爭」(山東大學學報 제1기)이다. 이 논문은 중국에서 '통일적 다민족 국가'가 형성되는 역사적 과정을 설명하면서 한족漢族이 세운 왕조와 그 이외의 민족(혹은 그 국가)의 관계는 '중국 국내'의 문제이지 '국외'의 문제가 아님을 논술하였다. 조趙에 의하면, 한족漢族 봉건주封建主가 건립한 국가와 중국을 일치시키고 그 이외의 국가를 외국外國이라 하는 것은 소수민족이 세운 왕조는 '번방藩邦'이라 하여 중국의 성분으로 보지 않는 봉건정통주의封建正統主義 사상의 표현이자 한족만이 중국인이고 한족이 세운 국가만이 중국이라는 대한족주의大漢族主義 사상의 표현이다.[11] 그는 이외에도 민족 관계의 주류主流 문제, 민족 전쟁과 민족 압박 문제, 소수민족 역사 발전에 대한 한족의 작용과 중국 역사발전에 대한 소수민족의 작용 문제 등, 이후 민족관계사 연구의 주요한 주제가 되는 문제들을 처음으로 다루었다.

　그러나 조화부趙華富의 학문적 공헌은 무엇보다도 '현재 중국의 강역으로 중국사의 범위를 획정해야 한다'는 명제에 대하여 처음으로 이론적인 설명을 가하려 시도했다는 것이다. 그는 "현재의 입장에서 보면 그렇지만, 당시의 입장에서 보면 그들 민족이 중국의 일부는 아니었고 그

---

11) 《論文集》, 34~6쪽.

들 민족이 세운 단기短期 왕조도 중국의 일부가 아니지 않았겠는가"라는 예상되는 비판을 상정하면서, 이는 '위고이고爲古而古' '취고론고就古論古'의 착오라고 단정하였다. 조趙에 의하면, 어떠한 시대의 역사를 연구할지라도 반드시 현재의 정황과 연계하여 살펴보아야지 그렇지 않으면 실제에서 이탈하게 된다고 경계하였다. 즉 자신이 취하고자 하는 고대사 연구 태도는 '위고이고爲古而古'가 아니라 '고위금용古爲今用'의 태도로서, 이는 무산계급의 입장에서 마르크스-레닌주의의 관점과 방법을 운용하는 것이라 하였다. 요컨대 "우리가 말하는 중국 고대중세사란 오늘날 우리 중국의 고대와 중세사를 가리키는데, 오늘날 중국은 한족漢族 이외에도 50수개의 소수민족이 있기 때문에 중국 고대와 중세기는 마땅히 이들 민족을 포함해야 한다"는 것이다.[12] 이러한 이론은 서양사학사西洋史學史에서 발전된 역사적 인식의 한 전통과 일치하는 것이기 때문에, 그 타당성 여부를 쉽게 논단할 수 없는 것이지만, 현대 중국의 민족관계사 연구의 주류가 기초하고 있는 이론적 근거의 하나임은 분명하다.

백수이의 명제는 조화부 이후 수많은 대가들에 의해 적극적으로 승인되었다. 현대 중국의 대표적 고대사가인 전백찬剪伯贊은 1960년에 집필한 「중국사상의 민족관계를 처리하는 문제에 관하여關于處理中國史上的民族關係問題」[13]에서 '중국사상 민족의 국적國籍 문제'에 논급하면서, '정복'되어 한족 왕조의 통치 범위 안으로 들어간 민족만을 '중국인'으로 간주하는 입장을 비판하고, 역사상의 소수민족이 변방 지구에서 건립한 왕조 혹은 한국汗國을 일률적으로 '지방정권' 혹은 '지방성地方性 왕국'이라 칭하는 반면 중원中原 지구의 왕조는 '황조皇朝'라 칭하는 태도에 대해서도 비판하였다.[14] 한편 1962년 6월 20일자 『천진일보天津日報』에 게재

---

12) 《論文集》, 36쪽.
13) 『中央人民學院學報』 1979年 第1-2期에서 발표.
14) 《論文集》, 121~2쪽.

된 주건영周乾濚의 「우리나라 역사상 민족관계의 몇가지 문제我國歷史上民族關係的機個問題」에서도 일정한 역사 시기에서는 한漢과 당唐이 '중국'이라면 흉노匈奴와 돌궐突厥은 '외국'임이 분명하지만, 오늘날의 입장에서 보면 흉노와 돌궐은 '국내 민족'이라 해야 한다고 주장했다.[15] 1962년에 『역사교학歷史敎學』(9기)에 발표된 영가오쓩家梧의 「조국 역사상의 민족관계를 교학 상에서 어떻게 처리할 것인가在敎學上如何處理祖國歷史上的民族關係」에서도 역사상 강역과 민족의 '내內'와 '외外' 문제에 대하여 관심이 집중되었다. 오늘날 중국 판도 이내의 각 민족은 역사상 모두 국내 민족이므로 '외족外族', '사이四夷', '내內', '외外' 등은 한족漢族을 정통으로 하는 관념이고 『사기史記』, 『통감統鑑』의 입장은 역사주의歷史主義의 왜곡이므로 반드시 마르크스-레닌주의의 관점에 의거하여 '사고위금용使古爲今用'해야 한다고 주장하였다. 영쓩은 한漢, 당唐, 송宋 등이 '외국外國'(중앙아시아 각국과 일본 등)에 대하여 '중국'을 '대표'할 수는 있으나(주위의 각족 인민도 중국을 구성하는 성분이었으므로) '중국' 그 자체는 아니었다는 다소 이색적인 견해도 피력하였다.[16] 저명한 역사가 여진우呂振羽도 『학술월간學術月刊』(1963년 제1기)에 발표한 「중국 역사상 민족관계의 몇가지 문제中國歷史上民族關係的機個問題」를 통해 이 논의에 참여하였다. 그는 북위北魏와 요遼, 금金 등의 조대朝代나 정권이 성립되기 전이나 멸망한 뒤에도 선비鮮卑, 거란契丹, 여진女眞 등 족이 모두 '중국 국내'에 있었지 '국외'에 있지 않았으며 중국 경내에 일정 기간 병존한 '국國'이나 정권은 모두 서로 고정된 국계國界를 갖지 못하였다고 하면서, 남북조南北朝와 송宋과 요遼, 명明과 청淸 등의 전쟁은 모두 중국전쟁이요 압박과 피압박의 민족 전쟁이기 때문에 침략과 반침략의 전

---

15) 《論文集》, 72~3쪽.
16) 《論文集》, 80쪽.

제는 처음부터 존재하지 않았다는 의견을 첨가하였다.[17]

이처럼 민족관계사에 관심을 갖고있던 거의 모든 중국인 학자가 백수이白壽彝가 제시한 명제에 찬동을 표시하는 글을 썼다. 그러나 모든 이가 현재의 중화인민공화국의 강역과 역사상 중국의 범주를 일치시켰던 것은 아니다. 놀랍게도 단 한 사람 손조민孫祚民만이 이러한 명제에 이의를 제기하였다. 1961년 11월 4일자 『문회보文匯報』에 게재된 손조민의 「중국고대사 중의 조국 강역과 소수민족 문제에 관한 잘못된 관점中國古代史中有關祖國疆域和少數民族問題的錯誤觀點」에서는 '조국'의 강역과 역사상 소수민족 문제를 처리하는 방법으로, 역대 황조의 강역으로써 역대 국토의 범위를 삼아 부동不同한 황조皇朝 통치범위에 따라 역대 국토도 변경, 신축한다고 보는 방법과 현재 중화인민공화국의 국토를 범위로 하여 유사 이래 이 토지 위에서 이뤄진 각 소수민족의 활동을 포괄하는 방법 등 두 가지가 있음을 전제하면서, 후자는 과학과 부합되지 않는다며 거부하였다. 그는 후자가 역사 시기에 매 왕조의 강역이 변화하였음을 부인하여 현재 중화인민공화국이라는 하나의 '틀'로써 과거의 모든 역사 시기의 서로 다른 왕조와 국가의 강역을 고정시키려 하는 것이라고 비판하였다.

손조민孫祚民은 어떠한 국가와 민족도 영원불변한 '정형定型'은 없다고 강조하면서, 역사상의 소수민족은 대부분 한왕조漢王朝의 국경 바깥에 있다가 오랜 기간에 걸쳐 한족漢族과 융합, 통일되어 통일적 다민족 국가를 이루었음을 상기시켰다. 물론 손孫도 '중국사는 현재 중화인민공화국 강역을 범위로 한다(즉 국경선 내의 각족 인민의 역사가 모두 중국사에 포함되어야 한다)'는 원칙에는 동의하지만, 중국이 통일적 다민족 국가가 되기 이전에는 흉노, 돌궐 등 소수민족들이 독립적 민족국가로

---

17) 《論文集》, 91~8쪽.

존재하였기 때문에 당시 중국의 한漢, 당唐 등 왕조의 입장에서 보면 외
족外族이요 외국外國이었음도 부인할 수 없는 사실이었음을 강조했다.
즉 오늘날의 입장에서 보면 각족 인민의 역사가 모두 중국사의 범위에
들지만, 각 시대 당시의 입장에서 보면 독립적 외족이요 외국이었음이
분명하다는 것이다. 손조민에 의하면 역사 발전의 시간 관념을 모호하게
하고 역사상의 '당시當時'와 현재의 '금일今日'을 혼동하는 것은 명백한
착오다. 따라서 한, 당 등 왕조와 흉노, 돌궐 등 민족의 대립과 전쟁을
국내성國內性으로 간주하여 침략 개념을 제거하고 침략전의 비정의성非
正義性과 영웅적 투쟁 전통까지 부정하는 것은 잘못이다. 또한 외족이
침입하여 민족모순이 첨예화할 때 한족漢族의 왕조가 '중국을 대표'하고
조국의 상징이 될 수 있으므로 '한족' 혹은 '왕조'가 '중국을 대체'할 수
있다. 요컨대, 중국고대사 중의 '조국' 강역과 소수민족 문제를 처리함에
있어 반드시 '역사적' 태도와 '변증적辨證的' 방법을 채택해야 한다는 것
이 손조민의 기본 입장이었다.[18]

　　손조민의 반론이 제기됨에 따라 '역사상 중국의 범주'를 획정하는
문제에 대하여 두 가지 의견이 양립하게 되었다. 그러나 이처럼 논쟁 모
양이 갖추어진 지 얼마되지 않아서, 이 문제에 대한 논의는 더 이상 진
행되지 못하였다. 1962년 8월 2일자 『문회보文匯報』에 손孫의 「중국고
대사 중의 조국 강역과 소수민족 문제에 관한 잘못된 관점을 다시 논함
再論中國古代史中有關祖國疆域和少數民族問題的錯誤觀點」이 『史學月刊』
(2기)에 발표된 뒤부터 1977년에 이르기까지 민족관계사에 관한 단 한
편의 글도 발표되지 않았다. '역사상 중국의 범주' 문제는 1979년부터 다
시 논의되기 시작하였던 만큼, 14년간의 시간적 공백이 있었던 것이다.
이 14년간의 철저한 침묵은 문화혁명文化革命과 '사인방四人幫'의 극좌

---

18)《論文集》, 218~223쪽.

적극左的 환경 속에서 어떠한 형태와 내용의 학문도 질식할 수밖에 없었음을 전해준다. 특히 민족관계사와 같이 현실에 매우 예민한 분야는 더 말할 필요도 없었다.

이 시기의 특수한 상황, 특히 민족관계사 연구 분야가 처해진 특수한 환경에 대해서 우리가 알 수 있는 것은 아무것도 없다. 단지 후인이 전하는 다음과 같은 전언으로 짐작할 수 있을 뿐이다. "과학성과 혁명성을 결합하여 역사를 서술해야 한다. 그러나 우리가 말하는 정치를 위한 복무服務란 결코 '사인방四人幇'이 한 것처럼 거짓을 지어내어 역사를 훼조하는 반과학적 반혁명적 '위정치복무爲政治服務'가 아니라 과학과 정치를 정확히 결합하는 것이다."[19] "건국 전기의 중국 민족관계사 연구는 건강하고 활기가 넘쳤으나, 십년내란十年內亂 기간에는 엄중한 방해와 파괴를 만나 한동안 삼엄한 금구禁區가 만들어 졌다. 강청江青의 반혁명 집단을 분쇄한 뒤, 특히 11계届3중中 전회全會 이래로 당黨의 '쌍백雙百' 방침이 철저히 관철, 집행됨에 따라 이 분야의 연구도 다시 활기를 되찾아 열렬한 토론을 전개하고 유익한 견해가 제출되어 새로운 진전이 이루어졌다……. '예로부터 그러했다'는 주장과 그것과 관련된 논점의 착오는 극좌 사조의 방해 영향과 우리 마르크스주의 이론 수준의 한계 등에 기인하지만…… 특히 십년내란 기간에 마침내 '권위적' 정론定論을 이루어 깊이 믿는 이들은 가假를 진眞이라 하게 하고, 믿지 않는 이들은 그 가假를 말하기를 꺼리게 하였으며 심지어는 임의로 역사를 개조하였다…… 11계2중 전회 이래로 당의 실사구시實事求是 사상 노선이 회복되고 연구 작업이 점차 깊어짐에 따라 '예로부터 그러했다'는 주장과 그것과 관련된 논점의 착오에 대해서도 많은 동지들이 계속 지적하게 되었다. 특히 1981년의 '중국 민족관계사 좌담회'에서 진일보하였다……."[20]

---

19) 白壽彝, 「關于中國民族關係史上的幾個問題」(『北京師範大學學報』 1981年 第6期) 199쪽.

"과거 우리의 민족관계사 연구 방면에 존재한 문제는 '고위금용古爲今用'
의 방침을 관철하였기 때문이 아니며 당의 민족 정책을 위해 복무한다는
원칙을 관철, 집행하지 않았기 때문도 아니라, '좌左'적 영향을 받아 이
른바 '민족 문제는 사실상 계급 문제'라는 '좌'적 관점으로 복잡한 민족관
계사를 연구, 천술闡述하였기 때문이다. 특히 십년동란 중에 이러한 '좌'
적 관점이 발전하여 민족 문제를 계급 문제와 동일시하고 민족 문제의
존재를 부인하며 당의 민족 정책과 당의 민족 공작을 취소하기에 이르렀
다."[21]

요컨대 후인에 의해 '십년동란'이라 규탄 받은 문화혁명과 사인방
집권기간에는 모든 종류의 학문적 활동이 중단되었으며, 민족관계사 연
구도 예외가 아니었다. 관계되는 글이 간혹 발표되었더라도, 그것은 철
저하게 상황을 위해 봉사하는 것이어서 '학문적 진실'은 거의 고려되지
않았다. 따라서 건국 이후 활발하게 전개된 민족관계사 연구는 문화혁명
에 이르러 사실상 종결되었다고 할 수 있다. 그러면 1950년 이후 1965
년까지 전개된 민족관계사 논쟁은 어떻게 평가할 수 있을까.

중화인민공화국의 건국 이후 문화대혁명에 이르는 기간에 중국 학계
에서 진행된 민족관계사 연구를 한 마디로 요약한다면, '중국의 역사'와
'역사상의 중국'을 일치시킬 수 있는가라는 문제를 해결하기 위한 과정이
었다. 이 과정에서 '현재 중화인민공화국의 강역으로써 역사상 중국의 범
주를 획정해야 한다'와 '역대 왕조의 강역으로써 역사상 중국의 범주로 삼
아야 한다'는 서로 상반되는 두 개의 명제가 제기되었다. 이와 아울러 '고
위금용古爲今用'과 '취고논고就古論古' (혹은 '위고이고爲古而古')라는 두
가지의 상반된 이론적 근거가 제시되었다. 전자가 현재의 입장에서 역사

20)《研究》. 29~35쪽.
21) 蔡仲淑, 「學習黨的民族政策高好民族關係史研究」《研究》) 11쪽.

를 이해하려는 태도라고 한다면, 후자는 당시의 입장에서 역사를 이해하려는 태도라고 할 수 있다. 전자가 신중국新中國 건설 이후에 당면한 민족모순과 계급모순 등 현실적 문제들을 해결하는 데 기여하려는 의도에서 제시된 것이라면, 후자는 중국의 전통적 역사인식의 틀을 유지하는 것이었다. 이로 인해 전자는 후자측에 의해 비과학적인 '좌左'적 경향이라 비판되고, 후자는 전자측에 의해 '대한족주의적大漢族主義的, 지방민족주의적地方民族主義的, 전통적傳統的 정통사관正統史觀'에 의해 지배된 사고방식이라고 매도되었다. 그러나 이들 양자의 입장은 현실적 목적이 어디에 있었든지 간에 역사를 이해하는 두 가지 가능한 방법을 반영하기 때문에, 그 이론적 타당성이 간단하게 논단될 수는 없다. 그러나 '역사상 중국의 범주'를 획정하려 하는 과정에서 역사적 '중국' 개념을 이해하려는 노력을 철저하게 생략한, 양자에 공통된 문제점은 지적되지 않을 수 없다. 역사적 '중국' 개념, 즉 역사상 당시의 사람들이 어떠한 범주를 '중국'으로 보았는가 하는 문제는, '고위금용古爲今用'의 입장이나 '취고논고就古論古'의 입장이나, 그 어느 경우일지라도 결코 간과할 수 없는 문제일 것임에도 불구하고, 이 문제에 대한 검토가 철저하게 생략된 것은 문화대혁명 이전의 민족관계사 연구가 매우 초보적인 단계, 즉 문제의 제기 단계에서 중단되었음을 의미한다고 하겠다.

3.

문화대혁명과 사인방 시대가 극복된 11계3중 전회를 계기로, 중국의 민족관계사 연구가 활기를 되찾았다. '역사상 중국'과 '중국의 역사'의 일치 여부에 대한 논쟁도 재개되었다. 학문적 환경이 개선되어 이른바 '금구禁區'가 깨졌다. 이념보다는 사실史實이 강조되는 이른바 '실사구시實事求是'의 분위기가 조성되었다. 그리하여 문화혁명 이전에는 철저하게 생략되었던 역사적 '중국' 개념에 대한 구체적 분석을 통한 자설自說의 보완이 시도되었다. 집단적인 논쟁의 장場이 마련되어 연구 성과의 조직적 축적도 가능하게 되었다. 이처럼 문화혁명 이후의 민족관계사 연구는 이전의 그것과 상위한 측면이 많이 엿보이기 때문에 장章을 달리하여 정리 소개하고자 한다.

'역사적 중국 범주'에 관한 논쟁의 꺼진 불을 다시 붙여 활기를 되찾게 한 글들은 마수천馬壽千의 「민족관계와 역사극民族關係與歷史劇」(『중앙민족학원학보中央民族學院學報』 1979년 제1-2기)이었다. 이 글에서 마馬는 '변강지구邊疆地區의 소수민족은 외국外國인가 중국中國인가, 내부의 구별이 있는가 없는가'라는 옛 논의를 다시 정리 소개하면서, '오늘날 국경 내 각 민족의 역사는 중국 역사의 일부이고 소수민족과 한족漢族의 관계는 국내 민족간의 관계이며 양자가 세운 왕조의 관계는 국내 정권 혹은 왕조 사이의 관계'라는 백수이白壽彝 계열의 입장을 지지하였다.[22] 설득력을 얻기 위하여 마馬는 몇 가지 새로운 논거를 제시하였다. 첫째, 변강 지구에서 출토되는 유물을 통해 그곳이 '자고이래自古以來'로 중국의 토지였음이 입증된다. 둘째, 역사상 소수민족을 중국인으로 보지 않은 것이 당시의 정통설법正統說法이라고 하나 바로 그 정통적 설법이 역사 사실에 위반되는 착오이다. 셋째, 현재의 소수민족에게 "너희는 현재 중국인이지만 너희의 조상은 중국인이 아니라 외국인이었고 너희가 현재 거주하고 있는 지방은 역사상으로는 중국의 토지가 아니었다"고 한다면, 그들이 과연 접수하겠는가.[23]

그러나 이러한 논거들보다 더 강력하게 마수천馬壽千의 주장을 뒷받침해주는 것은 극좌極左의 극복이라는 상황 그 자체였다. 마馬는 사인

22) 孫祚民, 「開創中國民族關係史研究的新局面」, 《研究》, 29쪽.
23) 《論文集》, 261쪽.

방四人幇이 횡행할 때 사학史學에도 영향을 미쳐 고대 북방의 흉노족이 한대漢代에 '북방일패北方一霸'를 이루어 한漢에 대해 '돌연습격突然襲擊' 했다고 하여, '당黨이 민족공작民族工作'을 크게 파괴하고 소수민족의 음악과 무용 등을 '이국정조異國情調'라 하여 소수민족 군중과 민족 간부들로부터 강렬한 반감을 불러일으켰음을 지적했다.[24] 이 말은 곧 사인방 시대의 과오를 씻고 민족단결을 회복하기 위해서는 현재 중국을 구성하는 모든 민족의 조상들이 과거에도 함께 중국인이었음을 학문적으로 확인하는 일이 중요하다는 의미를 함축하고 있다.

민족단결이 절실히 요구되는 상황에서 학문이 기여할 수 있는 역할의 하나는 중국의 통일성을 역사적으로 확인하는 일이다. 따라서 1979년에 재개된 민족관계사 연구에서 새로 추가된 명제의 하나는 '중국은 일찍부터 통일적 다민족 국가를 형성하였다'는 것이며, 이러한 명제를 논증하기 위해서는 중국의 형성과 발전 과정이 역사적으로 추적되어야 할 것이다. 그리하여 두영곤杜榮坤과 백취금白翠琴은 「고대 소수민족 정권과 조국의 관계試論古代少數民族政權與祖國的關係」(『민족연구民族研究』 1979년 1기)에서 먼저 '중국은 일찍부터 통일적 다민족 국가였음을 전제한 다음, 고대의 민족 정권들이 모두 건호建號 칭존稱尊하고 스스로 '중외中外'라 자처하지 않고 오히려 상대를 '참위僭僞'라 하면서 중국의 통일을 자임自任하였음을 거론하였다.[25] 진련개陳連開도 「중국에 예로부터 다민족 국가였음을 어떻게 천명할 것인가怎樣闡明中國自古是多民族國家」(『歷史敎學』 1979년 2기)에서 '중국은 진한秦漢 이래 통일적 다민족 국가를 형성했고 통일이 발전의 주류主流였다'고 전제하고, 흉노匈奴, 오호십육국五胡十六國, 북위北魏 등 봉건 왕조나 지방성地方性 정권을 세운 민족

24) 中央民族學院民族研究論叢編委會, 『民族理論和民族政策論文選 : 1951~1983』 (中央民族學院 出版社, 北京, 1986) 400~1쪽. 이 책은 앞으로 《論文選》으로 略稱될 것임.
25) 《論文集》, 403쪽.

들은 건호建號 이전에 이미 조공朝貢과 책봉冊封 등을 통해 다민족 중국
의 일원이 되어 있었고 왕조를 세운 뒤에는 중국 통일을 자기의 임무로
자임하였음을 논증하면서, 후조後趙 석근石勤의 '중국황제中國皇帝' 자
칭, 서역西域 흑한제한黑韓諸汗의 '중국지군中國之君' 자인 등을 그 예로
적시하였다.[26] 진영령陳永齡도 「우리나라는 각국 인민이 공동으로 만든
통일적 다민족 국가다我國是各國人民共同締造的統一的多民族國家」(『歷史
敎學』 1979년 4기)에서 모택동毛澤東의 "우리나라는 자고自古 이래로 다
수 민족이 결합하여 이룬 많은 인구를 가진 국가"라는 말을 인용하면서
'중국은 일개 통일적 다민족 국가로 세계에 존재해 왔으며 통일은 중국
역사 발전의 주류요 본질이었음'을 설명하려 하였다.[27] 곽말약郭沫若 여
진우呂振羽 등과 함께 초기의 고대사 연구를 이끌어온 범문란范文瀾도
그의 유고 「중국 역사상의 민족투쟁과 융합中國歷史上的民族鬪爭與融合」
(『歷史硏究』 1980년 1기)에서 진秦, 한漢 이후 중국은 기본상 통일적 국
가였고 할거와 분열은 일시적 현상이었을 뿐이었다고 하면서 비화하족非
華夏族과 화하족이 융합하여 새로운 화하족華夏族을 형성해나간 역사적
과정을 설명하려 하였다.[28] 이외에도 양지구楊志玖[29] 등 다수의 학자들
이 '우리나라는 자고 이래 일개 다민족 국가였다'는 또 하나의 새로운 명
제를 계승하여, 역사적 사상事像을 통해 입증하려 하였다.

그러나 역사상 소수민족과 한족漢族이 오래전부터 '통일적 다민족
국가'를 이루었음을 아무리 강조한다 하더라도, 현재의 '중국'과 과거의
'중국'이 실제로는 일치될 수 없다는 손조민孫祚民의 명제는 여전히 유효
하였다. 즉 역사상 '중국'의 범위를 현재 '중국'의 강역을 기준으로 획정

---

26) 《論文集》, 224~6쪽.
27) 《論文集》, 243~44쪽.
28) 《論文集》, 249~51쪽.
29) 《論文集》, 143~151쪽.

해야 한다는 백수이白壽彝 계열의 주장은 역사상 중국의 범위를 논하면
서도 당시의 '중국' 개념을 무시한다는 약점을 안고 있었다. 따라서 1979
년부터 재개된 논의에서는 '통일적 다민족 국가'론을 전개함과 동시에,
소략하게나마 역사적 '중국' 개념을 살펴보려는 노력이 첨가되었다.

　'중국'이란 말을 하나의 역사적 개념으로 간주하여 '부단히 발전, 변
화하는 함의'를 검토하려한 최초의 노력은 두영곤杜榮坤과 백취금白翠琴
의 전게 논문이었다. 이들 두 사람은 '중국'이란 말이 가장 일찍 발견되는
『시詩』,『서書』에서는 '도성都城' '국중國中' '왕기王畿' 등을 뜻하였으나
서주西周와 춘추전국春秋戰國 시대에는 '종주宗周'와 '시서예악법도위정詩
書禮樂法度爲政'의 '산동제후제위지대국山東諸侯齊魏之大國'을 가리켰으
며 한당漢唐 시기 이후 청대淸代 전기까지는 '중원지구中原地區' 혹은 '중
앙왕조中央王朝'를 의미한, 일종의 문화 유형과 정치 지위의 구분 혹은 일
개 지역의 명칭이었지 전체 역사 범주의 정치 관할 범위를 가리키는 개념
은 아니었음을 지적했다. 또한 이들은 삼대三代 이후 명明, 청淸 시대에
이르기까지 역대 왕조가 모두 자기의 국호國號를 갖고 있었을 뿐 어떤 왕
조도 '중국'을 국호로 삼지 않았으며, '중국'이란 말이 정식으로 일개 국가
정권의 명칭으로 사용된 것이 손문孫文이 창건한 '중화민국中華民國'(통칭
'중국')이 처음이었음도 지적했다.[30]

　두杜와 백白이 발전, 변화한 역사적 '중국' 개념의 함의를 지적한 까
닭은 현재의 '중국'과 과거의 '중국'이 달랐음을 밝히기 위해서가 아니라,
역사적 '중국' 개념의 의미가 당시의 '역사실제歷史實際'와 상위하였기 때
문에 역사적 '중국' 개념으로써는 역사적 '중국'의 범주를 확정할 수 없음
을 강조하기 위해서였다. 즉 그들의 주장에 의하면, '중화민국中華民國'
의 '중화中華'가 '우리나라 경내의 형제민족'을 포괄하였다 하더라도 당시

30)「從'四郎探母'談到我國歷史上的民族關係」(『天津日報』 1980년 2월 12일).

에는 한漢, 만滿, 몽蒙, 회回, 장藏의 '오족공화五族共和'만을 제창하였
고 장개석蔣介石 시대에는 소수민족을 한족漢族의 '종족'으로 간주하였
기 때문에, 중국공산당中國共産黨과 모택동毛澤東이 영도한 중국혁명中
國革命이 성공한 뒤 '중화민족中華民族'이 진정으로 '우리나라의 고대 민
족과 오늘날 50수개 민족의 총칭'이 되어서야 비로소 '중국'이란 말은 민
족주의와 정통관념의 속박에서 진정으로 벗어나 '중화인민공화국의 간칭
簡稱'이 되었고 '중국의 역사 실제를 반영하는 하나의 과학적 개념'이 되
었다. 따라서 역사상 몇몇 지역의 명칭 혹은 모종 문화 유형과 정치 지
위를 반영하는 '중국'이란 말로는 역사상 실제로 존재한, 다민족의 결합
으로 이루어진 중국을 해석하고 대체할 수 없다는 것이다.[31]

양건신楊建新도 이와 똑같은 논리로써 역사적 '중국' 개념을 통해
역사적 '중국'의 범주를 획정하는 방법을 거부하였다. 그는 「역사상 중국
의 강역 문제歷史上中國的疆域問題」(『中俄關係史論文集』, 甘肅人民出版社,
1979)라는 논문에서 두杜와 백白의 그것과 흡사한 '중국' 개념의 분석 결
과를 제시하면서, 현재 우리가 사용하는 '중국'이란 말의 뜻으로는 고대
문헌 중의 '중국'을 해석할 수 없을 뿐만 아니라 중국 역사상의 어떤 통
치집단의 강역 범위나 모종 문화 유형만을 반영하는 '중국'이란 말로써
역사상 실제로 존재한 다민족 중국을 해석하고 대체할 수는 없다고 결론
지었다.[32]

그러나 '현대 중국=역사상 중국'을 고집한다고 해서 반드시 '역사상
중국 개념=역사상 중국'의 방법을 거부한 것은 아니었다. 진연개陳連開
와 같은 이는 오히려 역사상 '중국' 개념을 통해 자신의 '통일적 다민족
국가'론을 강화하려 하였다. 그는 전게 논문에서, 은주殷周시대에는 '중

---

31) 《論文集》, 227~8쪽.
32) 《論文集》, 228쪽.

국' 개념이 통치 중심 지구를 가리키고 춘추春秋 시대에는 화하제후華夏諸侯 즉 '제하諸夏'를 가리켰지만, 실제로는 화이華夷가 함께 '중국'에 포함되었고 진한秦漢 통일 이후에는 '중국'은 전국 각족 인민의 조국이 되었음을 증명하려 하였다. 그는 '오늘의 중국은 역사적 중국의 일개 발전'이라고 한 모택동의 말을 기본 명제로 하여, 역사적 중국은 점차 형성, 발전, 공고화한 하나의 통일 다민족 국가라 규정하였다.[33] 진陳의 논의는 지나치게 소략하고 논거가 취약하지만, 역사적 '중국' 개념을 통해 역사상의 중국을 이해하려 하였다는 점에서 하나의 진전으로 평가될 수도 있을 것이다. 또한 진陳은 「중국 역사상 강역과 민족論中國歷史上的疆域與民族」(『中央民族學院學報』 1981년 4기)이라는 논문에서, 초기의 '중국' 개념은 중원中原 변예邊裔의 대칭적 지리 개념이었지만 만명晚明 청초淸初의 중국 문헌에서는 서방 각국에 대하여 '중국'을 자칭하는 것이 발견되고 예수회 선교사들이 중국을 '중국' 혹은 '중화제국中華帝國(간칭 '중국')'이라 칭한 경우도 발견됨을 지적했다. 그의 검색에 의하면, 특히 1689년에 체결된 네르친스크[尼布楚]조약에서 '대청大淸'이란 국호 대신에 '중국'이란 호칭을 사용하고 소수민족이 세운 흑한한국黑韓汗國이 '중국지군中國之君'을 자인하였으며 '도화석桃花石(拓拔氏)' 'kitai(契丹)' 등이 중국을 대표하는 명칭으로 사용되었으므로, 역사적 '중국' 개념도 현재의 '중국' 개념과 상위하지 않다. 그러나 진陳은 서방 자본주의 열강이 중국을 침입하여 국토를 파괴하였기 때문에, 중국 고대사의 공간적 범위는 현재 중화인민공화국의 강역을 기준으로 하기보다는 1840년 이전의 강역을 기준으로 획정하는 것이 타당하다는 의견을 제출하기도 하였다.[34]

또한 같은 '통일적 다민족 국가'론이라 하더라도 언제, 어떻게 통일

---

33) 《論文集》, 265~7쪽.
34) 《論文集》, 239~41쪽.

적 다민족 국가가 형성되었는가에 따라 역사적 '중국'의 범위 문제를 처리하는 입장에 융통성이 부여될 수도 있다. 예컨대, 왕옥철王玉哲 같은 이는 「중국이라는 통일적 다민족 국가가 형성된 시대 문제中國統一的多民族國家形成的時代問題」(『南開大學學報』 1980년 2기)에서 현재의 통일적 다민족 국가는 진한 시기에 형성된 것이 아니라 하상夏商 이래로 여러 민족의 인민이 장기적인 경제, 문화 관계를 경유하여 부동不同한 국가와 부동 시기에 부동한 방식으로 잇따라 결합하여 공동 창건하였기 때문에, 중국 역대 각 통일적 다민족 왕국 혹은 국가는 그 강역 범위와 포함 민족이 각각 같지 않고 현재의 국가와는 더욱 다르다는 사실을 강조했다.[35]

이처럼 1979년 이후에 재개된 '중국' 범위에 관한 논의는 1965년 이전까지 전개된 종래의 논의보다는 다소 유연한 방향으로 이루어졌다. 새로운 분위기에 고무된 손조민孫祚民이 20여 년 만에 그 특유의 주장을 다시 내놓았다. 특히 그의 용기를 북돋아 준 것은 범문란范文瀾의 전게 유고였다. 손孫은 "착취계급이 통치하는 민족과 국가 사이에는 근본적으로 '화평공처和平共處'나 '평등연합平等聯合'이란 개념이 존재하지 않았으며, 적대적 민족이나 국가가 통상적으로 잔혹한 전쟁을 진행하면 적대 민족 혹은 적국이라 하지 않을 수 없다"는 범문란의 말에 힘입어, 1980년에 발표한 「역사상 민족관계를 처리하는 몇가지 중요한 준칙處理歷史上民族關係的幾個重要準則 — 범문란의 '중국 역사상의 민족투쟁과 융합讀范文瀾'中國歷史上的民族鬪爭與融合'—」(『歷史硏究』 5기)에서, "우리나라는 예로부터 하나의 통일적 다민족 국가였고 한족漢族과 허다한 형제 민족들이 모두 한 민족 대가정의 성원이 되었으니 한족 왕조의 통치 하에 있지 않거나 스스로 독립 정권 혹은 국가를 세워 한족 왕조와 병존한 민족이나 국가를 외족外族이나 적국敵國이라 할 수 없다"는 입장에 대하여 맹렬한 반격을

---

35) 《論文集》, 359~72쪽.

가하였다. 손孫은 오늘날 중화인민공화국의 영토로써 역사상 역대 강역의 문제를 처리하자는 입장은 역사상의 '당시當時'와 당대의 '금일今日'이라는 절대 부동의 시간 개념을 혼동한 결과로서, 외족外族 혹은 외국外國인가의 여부는 당시의 실제 상황에 근거하여 결정해야 한다고 주장했다. 그의 기준에 의하면, 아직 통일적 다민족 국가를 완성하기 이전 단계의 독립적 민족 국가(예: 흉노)를 민족 대가정의 한 성분으로 볼 수 없다. 당시에 이미 한족 왕조의 판도에 융합, 귀입歸入되었으면 '국내'에 속하는 것이고 그렇지 않으면 외족 외국이다. 현재의 중국 내에 있다고 해서 당시 독립 주권 국가의 자격을 강제로 박탈할 수는 없다.[36]

범문란范文瀾의 권위에 의지하여 재기하려한 손조민孫祚民에 대하여 '통일적 다민족국가'론측에서 즉각 반론을 제기하였다. 먼저 김석金石은「역사상 이는 결코 민족관계를 처리하는 준칙이 아니다這決不是處理歷史上民族關係的準則－손조민 동지와 상량함與孫祚民同志商量－」(『中央民族學院學報』 1981년 2기)을 통해, 손조민이 자신의 논지를 위해 범문란의 글을 곡해하였다고 비판한 다음, 역사적 '국國' 개념의 분석을 통해, 손孫은 국내國內 적대적 민족 혹은 '국가國家'와 외족外族 혹은 외국外國의 개념을 혼동하고 있음을 입증하려 하였다. 그는 초순焦循이『주례정의周禮正義』 대재소大宰疏에서 "천하天下의 입장에서 보면 매일봉每一封이 일국一國이고, 일국의 입장에서 보면 교내郊內가 국國이고 교외郊外는 야野이며, 교내의 입장에서 보면 성내城內가 국國이고 성외城外는 야野이다"라고 한 주석註釋에 의거, 역사상 '국國'과 '국國'의 관계는 '중국中國'과 '외국外國'의 관계가 아니었음을 논증하려 하였고 화하華夏와 사이四夷의 관계도 구별이 불가능하였음을 입증하려 하였다.[37] 진오동陳梧

---

36) 《論文集》, 274~5쪽.

37) 《論文集》, 152~8쪽.

桐도 「우리나라 민족관계사를 처리하는 약간의 원칙에 관한 상량關于處理我國民族關係史若干原則的商量」(『中央民族學院學報』 1981년 2기)에서, 각 민족이 건립한 국가 정권은 모두 자기가 중국의 합법적 정권이라 하여 스스로 중국의 바깥으로 자처하지 않았다는 사실 등을 들어, 진한秦漢 이후 2천 년간 봉건 왕조의 교체와 상관없이 통치 민족의 변환과 관계없이 중국은 시종 다민족 국가로 존재해 왔음이 '당시의 실제 상황'이었다고 주장했다.[38]

한 가지 흥미로운 것은 논쟁의 쌍방이 모두 역사적 사실에 근거할 것을 주장하였다는 것이다. 손조민은 '중국은 예로부터 통일적 다민족 국가였다'는 명제는 역사적 사실에 근거하지 않은 '반과학적 제법提法'이라 비판하였다. 그러나 김석金石도 화이華夷를 구별하는 것은 '예로부터 중국의 다민족이 공동으로 조국 역사를 창조하고 조국 강역을 개척한 사실史實'에 위반되고 민족으로써 국계國界를 나누는 이론은 중국의 실정에 어긋난다고 비판하였으며, 진오동陳梧桐도 중국의 범주와 한족漢族이 건립한 왕조의 영토를 일치시키는 손조민의 관점은 '우리나라가 예로부터 다민족 국가였다'는 역사적 사실에 위배되며 과학적이지도 못하다고 비판했다. 이처럼 논쟁의 쌍방이 역사적 사실을 강조하는 것은 60년대 초까지의 논쟁에서는 볼 수 없는 새로운 현상이라 할 수 있다.

물론 그렇다고 해서 이들의 논쟁에서 이념적 요소와 현실적 고려가 완전히 제거되었던 것은 아니다. 김석金石은 '엄격한 시간 관념상의 역사적 사실을 건립해야 한다'는 손조민孫祚民의 주장을 선전한다면 그 결과가 민족 단결에 어떠한 영향을 주겠는가라고 반문하면서, 만약 평등의 원칙을 적용하여 한족漢族과 각족各族을 모두 중국 역사상의 '불가분할不可分割'적 성원으로 본다면 민족 관계에 관한 의견의 분기分岐가 통일

---

38)《論文選》, 388~395쪽.

될 것이지만, 중국을 한인지국漢人之國으로 보고 각족을 모두 외국 외족으로 보는 민족 편견이 있는 한 의견의 차이는 통일될 수 없을 것이라고 경고하였다. 또한 김金은 '내內'와 '외外'를 구분하는 역사 분계선은 애국과 매국, 침략과 반침략을 구분하는 분수령이기도 하다면서, 중국 정부가 일관되게 '중국의 소수민족 거주지는 종래 모두 신성한 중국 영토의 불가분리적不可分離的 조성 부분이고 중국 고대의 민족 투쟁은 순수한 중국의 내부 문제임을 인식'해 왔기 때문에 역사 연구에서도 반드시 이 준칙을 준수해야 각족 인민의 단결을 증강하고 전체 국가와 민족의 이익을 옹호할 수 있다고 하였다. 이에 반해 손조민은 '통일적 다민족 국가'론이 '역사 연구를 무산계급 정치에 복무시키고 민족의 우호 단결을 증진시키려는 좋은 의도'를 갖고 있지만 그 '결과'는 바람직하지 않다고 주장했다. 즉 손孫에 의하면, 사회주의와 공산주의 하에서만 '민족 대가정'이 실현될 수 있는데 '통일적 다민족 국가'론은 이를 봉건, 노예 사회까지 적용시켜 사회주의 민족정책의 우월성을 깎아내렸으며, 민족 영웅과 추류醜類의 존재를 부인하여 양자의 한계를 소멸시켰다. 그 역시 과거의 고통을 회억回憶하고 '당黨의 영명한 민족 정책'에 감격케 하기 위해서도 맑시스트 역사학의 혁명성과 과학성을 통일시키기를 희망했다. 이와 같이 1979년부터 다시 불붙은 중국 범위 논쟁은 역사적 사실의 강조라는 새로운 진전이 더하여졌으나 이념적 요소의 잔재와 현실적 문제의 고려로 인해 여전히 많은 한계를 갖고 있었다.

70년대 말부터 재개된 민족관계사 연구는 엄청난 활기를 갖고 많은 성과를 생산하였다. 그 구체적인 표현이 3차례에 걸친 전국 규모의 학술토론회였다. 제1차는 1981년 5월에 북경北京에서 개최된 중국민족관계사연구 학술좌담회였고, 제2차는 1984년 12월에 광주廣州에서 열린 중국고대민족관계사 학술토론회였으며, 제3차는 1985년 10월에 하문廈門에서 열린 중국민족사학회 1차 학술토론회였다. 이들 대규모 학술토론회를 주도한 옹독건翁獨健은 세 차례의 회의를 통해 민족관계사에 대해 다음과 같이 비교적 일치된 인식을 얻게 되었다고 주장했다. 첫째, 중국 민족관계사 연구는 반드시 마르크스주의 이론을 지도로 삼아 민족 평등의 원칙을 견지하여, 평등의 태도로서 불평등한 민족 관계를 연구하여야 한다. 이를 위해 먼저 대한족주의大漢族主義와 봉건정통封建正統 사상의 유독流毒을 깨끗이 씻음과 동시에 협애狹隘한 민족 감정이 연구를 방해하는 것을 경계해야 한다. 둘째, 중국 민족관계사 연구는 반드시 진한秦漢 이래로 우리나라가 통일적 다민족 국가였다는 역사를 전제로 출발하여야 한다. 역사상 민족 관계 발전의 주류는 각 민족 간의 상호 흡수, 상호 의존, 점진적 접근을 통해 중화민족中華民族 특유의 강대한 내취력內聚力이 형성되어, 각 민족 인민이 공동으로 통일적 다민족의 위대한 조국祖國을 창건, 발전시켰다는 것으로, 이것이 역사발전의 본질이다. 셋째, 중국 민족관계사에 대한 이론성 문제 인식이 날로 접근되고 있다는 전제 하에, 착실한 자료 수집과 정리, 부단한 연구 과제의 개발 등을 통해 우리의 연구가 공허한 개념상의 추상적 논쟁에 머무르지 않도록 해야 한다.[39]

옹독긴翁獨健이 지적한 '비교적 일치된 인식'이란 것이 자신의 개인적 입장과도 일치하는 것[40]이지만, 건국 이래의 오랜 논의와 80년대의 전국적 토론회 등을 통해 중국 학계에 어느 정도 공통된 인식이란 것이 형성된 것도 사실이다. 앞서 언급한 이진괴李晋槐, 두소순杜紹順의 전게 논문에 의하면, 광주회의廣州會議에서도 다수의 학자들이 '중국의 역사'와 '역사상 중국'을 일치시키려 노력하였다. 예컨대, 장련張煉은 이 명제가 역사의 실제에 부합하고 민족의 바램을 반영하며 오늘날 민족 단결의 요구에도 부합된다고 하였다. 연명지練銘志는 '중국'이 역사상 통일된 시

39) 《論文集》, 168~74쪽.
40) 《研究》, 1~2쪽.

간은 분열의 시간에 비해 훨씬 더 길었고 통일과 분열, 그리고 더 높은
수준의 통일로 발전함으로서 분열은 부정의 부정인 중간환절中間環節에
불과하였기 때문에, 분열 시기에도 중국의 판도가 분리된 적이 없었으며
분열은 '대립적 통일'이라고 할 수 있다고 주장했다. 또한 진련개陳連開
는 '아국자고이래我國自古以來'란 통일적 다민족 국가가 형성되어가는
하나의 역사적 과정이라고 규정하면서, 그것은 진한秦漢 시대부터 형성
되기 시작하여 당송唐宋 시대에 진일보 형성되고 원元, 명明, 청淸 시대
에 이르러 정식으로 형성되었다고 하였다.[41]

   그러나 '중국은 예로부터 통일적 다민족 국가였다'는 명제가 누구에
게나 언제까지나 묵수될 수는 없다. 광주회의에서는 이러한 명제가 절대
적인 것이 아님을 확인할 수 있는 기회였다. 혹자는 이 명제의 부분적
수정을 요구하였고 혹자는 이 명제를 전적으로 거부하는 손조민의 주장
에 찬동하기도 하였는데, 그 수가 적지 않았다고 이진괴李晋槐 등은 전
하고 있다. 수정논자들은 주로 '통일적'이라는 3자가 중국 고대사의 발전
과정을 개괄하지 못할 뿐만 아니라 소수민족이 건립한 정권들을 모두 포
괄하지 못한다는 이유를 들어 이 3자를 제거하자고 요구했다. 예컨대,
전계주田繼周는 국가적 통일은 일개 국가가 일개 정권의 통제와 통치를
받는 것을 말하는데 중국 역사상 상당히 긴 기간이 그렇지 못했다고 했
다. 오량개吳量愷도 통일이란 직접적 통치를 말하기 때문에 만약 매 시
기에 통일을 강조하게 되면 허다한 민족이 배제되어야 한다고 했다. 심
지어는 옹독건翁獨健조차도 광주회의의 폐막식에서 행한 발언에서 이

---

41) 翁獨健이 北京 座談會에서 발표한 「民族關係史研究中的幾個問題」(『中央民族學院學報』1981
年 4期)와 廣州會議에서 발표한 「再談民族關係史研究中的幾個問題」(『民族研究』1985年 3期)
에서, "역사상의 中國과 역대 封建王朝 혹은 漢族王朝와 일치시킬 수 없다…… 匈奴가 漢族
과 融合한 秦漢時期부터 統一的 多民族 國家가 형성되기 시작하였다…… 우리나라의 역사
는 各族 인민이 공동 창건한 것이므로 각족 인민의 역사는 역사상의 지위나 정황, 中原王
朝에의 歸屬여부와 관계없이 모두 中國 역사의 일부분이다……"라는 주장을 거듭하였다.

명제가 그렇게 과학적이지 못함을 인정하고 '우리나라는 예로부터 다민족 국가였다'고 하는 것이 비교적 합당하다고 하였다고 한다.[42]

'통일적 다민족 국가'론을 반대하는 손조민孫祚民의 입장은 광주회의에서도 확고히 유지되었을 뿐만 아니라 더욱 강화 발전하였다. 그는 「중국 민족관계사 연구의 새로운 국면을 개창하는 사고에 관하여關于開創中國民族關係史研究新局面的思考」라는 제목의 발표를 통해 민족관계사 연구 가운데서 나타나는 분기分岐와 혼란의 원인이 민족이론에 관한 마르크스주의의 기본 원리로부터의 이탈, 구체적으로는 '자고이래설自古以來說'의 의거에 있다고 지적하였다. 그는 이 명제가 건국 초기에 조국 통일을 유호維護하고 민족 단결을 강화하기 위해서 제출되었기 때문에 그 원망願望은 양호하지만, 중국사 연구 대상의 공간 범위와 역사상 중국 강역 범위라는 두 개 부동不同 성질의 문제를 혼동하였기 때문에 그 방법과 결론은 모두 명백히 착오적이라 하였다. 그는 오늘날 중화인민공화국의 강역으로 역사상 각 민족 국가 관계를 처리한다면 반드시 황당한 결론에 다다르게 된다고 하면서, "역사상 외래 침략은 오늘의 입장에서 보면 형제간의 집안 싸움에 지나지 않는다"라든가 "유방劉邦과 묵돌冒頓이 '형제가 될 것을 약속[約爲昆弟]'하였기 때문에 '형이 죽으면 형수를 처로 삼는다[兄死妻嫂]'는 관습에 따라 묵돌冒頓이 여후呂后에게 청혼하였다" 혹은 "부견符堅이 일으킨 전쟁은 '제민수재濟民水災'의 의거義擧였다"는 주장 등 그 사례를 낱낱이 열거하였다. 그는 이 같은 착오가 극좌極左 사조의 영향과 마르크스 이론 수준의 한계에 기인한다고 진단하면서, 앞으로는 마르크스 주의의 기본 원리를 지도로 견지함으로써 '선량한 원망願望'으로 어떠한 '정치적 수요'를 핑계 삼지 않고, 실사구시實事求是의 원칙을 굳게 지켜 역사적 사실을 엄격히 존중함으로써 사실史實을 임의로 무시하거나 곡해하여 모종

---

42) 《研究》, 374쪽.

의 '수요需要'에 적응하지 않으며, 과학적 방법을 엄격히 준수하고 유물변 증법적唯物辨證法的 방법을 포괄함으로써 동일한 시간, 동일한 방면, 동 일한 사물을 사유할 때는 동일한 개념으로써 그것을 반영해야 한다고 주장 했다.[43]

손조민은 사실을 중시했다. 그에 의하면, 역사는 기왕의 사실이다. 역사 연구는 반드시 사실을 기초로 해야 한다. 사실이 없으면 역사도 없 다. 손孫의 입장은 서역西域이 '외국外國'이라 칭해졌다는 사실, 흉노인 匈奴人 김일제金日磾가 '외국인外國人'을 자칭했다는 사실, 후한後漢 이 후에야 흉노匈奴가 중국의 일부가 되었다는 사실, 토번吐藩과 당唐이 '적 국지례敵國之禮'를 취하고 '경계를 획정劃定했다'는 사실, 정사正史 '외국 전外國傳'에 기재된 조선과 일본 등이 지금은 중국의 강역 밖에 있다는 사실 등에 입각하고 있다. 그는 민족 관계의 변질과 민족 간의 불화를 막 고 애국주의愛國主義 교육을 위해 이러한 '사실事實'을 의도적으로 '회피' 해야 한다는 일부의 의견에 대하여, 이는 역사 연구의 혁명성과 과학성 에 위배된다고 적극 배척했다.[44]

실사구시實事求是를 통해 '예로부터 통일적 다민족 국가였다'는 명 제를 비판한 손조민孫祚民의 입장은 광주회의廣州會議를 계기로 복수의 지지자를 얻게 되었다. 손조민의 관점을 찬동하고 나선 왕패환王佩環은 현재의 통일적 다민족 국가는 소小에서 대大로 점차 형성되어온 것이지 결코 '자고이래自古以來'로 존재하지 않았다고 하면서, 만약 '자고이래설 自古以來說'을 취하면 중국 판도가 변동했다는 사실과 민족 간의 전쟁을 엄폐하고 중국 역사상 1천여 년의 분열과 불통일의 국면을 설명할 수 없 게 된다고 주장했다. 그녀는 통일적 다민족 국가의 형성이 중원中原 중

---

43) 《研究》, 373쪽.
44) 《研究》, 29~38쪽.

심의 '내취력內聚力'에 의한 것이 아니라 철鐵과 혈血의 정복사가 반복된 결과였다고 반박했다. 구양희歐陽熙도 손조민의 의견에 기본적으로 동의함을 밝히면서, '자고이래설自古以來說'은 성립될 수 없으며 만약 이러한 관점을 취하게 되면 매우 많은 문제가 해결되기 어렵다고 주장했다.[45]

이처럼 손조민孫祚民 계열의 공세가 크게 강화됨에 따라 백수이白壽彝 계열의 대응도 역시 강화되었다. 백수이 자신이 오랜만에 북경좌담회北京座談會에 등장하여, 「중국 민족관계사상의 몇가지 문제에 관하여關于中國民族關係史上的幾個問題」(『北京師範大學報』 1981년 6기)라는 논문을 통해, 중국사는 중화인민공화국 각 민족의 역사이고 오늘날 중국 경내의 각 민족은 기본적으로 과거에도 '중국적 민족'이었다는 자신의 명제를 재확인함과 동시에, 변경 소수민족의 조선祖先과 내지內地 민족의 조상은 형제 관계요 친척 관계였다든가, 흉노와 돌궐 등이 원래 활동한 곳은 중국의 지방이었다는 등 역사적 접근을 통해 이 명제를 입증하려 시도하였다.[46] 이는 초기의 백수이 계열의 주장이 '어떠한 역사 연구도 현재의 상황과 연계되어야 한다'는 '고위금용古爲今用'의 이론적 입장 위에서 개진되었던 것과는 달리, 80년대에 들어와서는 백수이 계에서도 '역사적 사실'을 중시하게 되었음을 의미한다.

광주회의에서 발표된 백수이 계의 논문들 가운데도 역사적 사실史實을 중시한 정교한 것들이 다수 포함되어 있었다. 그 중의 하나가 장해붕張海鵬의 「'중국'을 논함 - 우리나라 고대 민족관계사 연구의 하나論'中國' -我國古代民族關係史硏究之一」이었다. 이 논문에서는 역사적 '중국' 개념을 협의의 '중국'과 광의의 '중국'으로 나누고, 전자는 화하족華夏族이 모여 산 중원中原지구로서 '중국'과 취거지聚居地까지 모두 포함하는 '대

---

45) 《硏究》, 361~73쪽.
46) 《論文集》, 181~5쪽.

중국大中國' 개념이라 하면서, 특히 전자는 '천하天下' 혹은 '사이四夷'와 대칭하는 개념이었으나 후자는 중원中原을 중심으로 '사이四夷'의 집단 거주지까지 모두 포함하는 '대중국大中國' 개념이라 하면서, 특히 후자는 '천하天下' 개념의 대칭代稱이었던 만큼 '사이四夷'를 포함한 '천하天下'가 모두 '중국'에 포괄되었으며 '아국我國' 역사상의 각 민족은 모두 '대중국' 내의 성원이었으므로, 변경의 소수민족을 '중국'의 바깥에 두려는 주장은 '역사적 사실'과 부합되지 않는다는 논지가 개진되었다. 또한 장張은 역사적 '중국' 개념이 주대周代에는 '경사京師'를 가리켰으나 진한秦漢 이후에는 '왕조王朝'의 대칭代稱으로 사용되었고 명청대明淸代부터는 국가의 전칭專稱이 되었음을 논증하였다.[47] 장張이 말하는 협의의 '중국이란 우공禹貢의 '구주九州'를 가리키고 광의의 '중국'이란 추연鄒衍의 '대구주大九州'를 두고 이른 것이기 때문에 이러한 개념 분석은 논리적 타당성에 이의가 제기될 수도 있지만, 역사적 개념의 구체적 분석을 통해 백수이白壽彝의 명제를 입증하려 했다는 점에서 주목되었다.

광주회의에서 나타난 이 같은 특징은 80년대를 통해 지속적으로 유지되었다. 진련개陳連開의 「중국·화이·번한·중화·중화민족—내재 연계 발전하여 인식된 과정中國 華夷 蕃漢 中華 中華民族——個內在聯系發展被認識的過程」은 역사적 사실을 중시하는 80년대의 이러한 경향을 잘 보여주는 대표적인 논문이다. 이 논문에서 진陳은 역사적 '중국' 개념을 분석하여, 서주西周 시대에는 '경사京師' '중원中原' '하족夏族' 등을 의미하였으나 전국戰國시대에 이르러 중국과 사이四夷의 '오방지민五方之民'이 모두 '천하'를 이루어 '사해四海'에 동거同居한다는 통일체統一體 관념이 형성하였고 진한秦漢 이후에는 '내지內地'뿐만 아니라 전 중국의 민족 지구를 모두 포함하게 되었으며, 동진 십육국 남북조시대東晋十六國南北

---

47) 《研究》, 51~8쪽.

朝時代에 '중화中華' '번番' '한인漢人' 개념이 파생되어 나옴과 동시에 '중국'은 각 민족 공유共有의 명칭이 되었다고 하면서, 오늘날의 중국은 중화민족中華民族의 다원성과 일체성의 변증법적 통일에 의해 이루어졌 다는 결론을 도출하였다.[48] 이 논문의 방법과 논리는 장해붕의 그것과 크게 다를 바 없어, 80년대 민족관계사 연구의 일반적 흐름을 읽을 수 있게 해준다.

80년대 민족관계사가들에 공통된 경향, 즉 역사적 사실을 중시하는 경향은 이른바 '실사구시實事求是'라 흔히 일컬어지는데, 이는 이념을 중 시하던 70년대 이전의 경향과 대비되는 것이다. 특히 80년대의 민족관계 사가들은 60년대 후반과 70년대의 극좌적極左的 분위기를 경험하였기 때문에, 이념을 중시하는 태도를 '좌左'적 경향이라 하여 비판하는 자세 가 일반화되었다. 손조민孫祚民이 상게 논문에서, '단시간 내에 집중적으 로 광범위하게 출현한 좌적 경향'에 대하여 극렬히 비판[49]한 것은 당연한 일이겠지만, 백수이白壽彝조차도 상게 논문에서 사인방四人幇 시대의 '반과학적 반혁명적'인 '정치를 위한 복무'를 비판하면서 사실史實을 중시 하는 '우량한 역사학 전통'의 '사덕史德'에 새로운 의의를 부여할 것을 제 의하기도 하였다.[50] 마르크스주의가 민족 문제를 처리하는 '민족 평등'의 원칙을 현재뿐만 아니라 역사에까지도 적용해야 한다고 주장한 주소후朱 紹侯도 「중국 역사상의 민족과 민족관계를 어떻게 인식하고 처리할 것인 가如何認識和處理中國歷史上的民族和民族關係」에서 각족 인민의 불유쾌 한 기억을 피하기 위해 민족 전쟁을 말하지 말고 우호적 왕래만을 이야 기하자는 것은 일종의 '좌'적 편견이고 실사구시가 아니라고 비판하였 다.[51] 또한 민족관계사 연구 과정에 대민족주의大民族主義와 지방민족주

---

48) 費孝通, 『中華民族多元一體格局』(中央民族學院出版社, 北京, 1989) 77~104쪽.
49)《研究》, 31쪽.
50)《論文集》, 199쪽.

의地方民族主義를 선양하고 민족분열주의民族分裂主義를 고취하여 민족
차별의 관점을 산포하는 것은 당黨의 민족 정책에 위배되고 역사과학의
'사실'과도 위배된다고 비판한 채중숙蔡仲淑 역시, 「상의 민족정책을 학
습하여 민족관계사 연구수준을 제고하자學習黨的民族政策高好民族關係
史硏究」에서 민족관계사 연구 중의 '좌'적 영향을 숙청할 것을 희망했다.
그는 중국 민족관계사 연구는 반드시 실제에서 출발하여 '실사구시의 변
증유물주의와 역사유물주의의 사상 노선'을 견지하여 역사의 본래 면목
을 제시하고, 역사상의 편견을 극복하고 역사적 사실을 해명하여 진정한
과학의 한 분야를 이루어 합당한 작용을 발휘하게 해야 한다고 주장했
다.[52] 물론 80년대의 민족관계사 연구에서도 '고위금용古爲今用'의 이념
적 논리나 당黨의 민족정책 및 민족 공작과 사회현대화四化現代化에 이
바지하는 등 이른바 '위정치복무爲政治服務'의 경향이 완전히 소거된 것
은 아니지만, '실사구시實事求是' 즉 사실史實을 중시하는 경향이 현저하
다고 할 수 있을 것이다.

4.

지금까지 우리는 신중국新中國이 건설된 뒤부터 지금까지 중국의
민족관계사 학계에서 축적해온 주요한 연구 성과들을 '역사상 중국의 범
주'에 관한 논쟁을 중심으로 정리하였다. 비록 대다수와 극소수의 다툼
이었지만, 이 논쟁은 '현재의 중국 강역으로 역사상 중국의 범주를 획정
해야 한다'와 '역대 왕조의 강역을 역사상 중국의 범주로 삼아야 한다'라
는 상반된, 그러나 대등한 가치를 갖는 두 가지의 명제를 중심으로 전개

---

51) 《硏究》, 23쪽.
52) 《硏究》, 11쪽.

되었다.

　아직도 끝나지 않은 이 논쟁은 현대 중국의 사학계가 안고 있는 가장 심각한 두 가지 문제를 직접 반영하고 있다. 그 중의 하나는 학문에 대한 이념의 지배라는 문제이고 또 다른 하나는 '정치'에 대한 학문의 봉사라는 문제다. 여기서 말하는 이념이 마르크스-레닌주의를 가리키고 정치가 민족단결을 통한 민족문제의 해소를 의미함은 물론이다. 논쟁의 일방은 이념의 지도에 따라 현실의 '정치에 복무服務하기 위해' 설정되었고, 당연히 대다수의 학자들이 이 입장에 서 있었다. 논쟁의 또 다른 일방은 학문으로 하여금 이념의 지배에서 벗어나고 '위정치복무爲政治服務'의 무거운 짐을 벗어나게 하기 위하여 설정되었으며, 여기에는 극소수의 학자들만이 참여할 수 있었다. 물론 후자 즉 손조민孫祚民 계열의 학자들도 '마르크스주의의 기본 원리'를 운운하고 '역사 연구의 과학성과 혁명성'을 거론하기도 했지만, 이는 위의 두 가지 문제가 가장 심각하게 노정되었던 '십년동란十年動亂' 즉 그 혹독한 문화대혁명文化大革命과 사인방四人幇 시대가 끝난 뒤까지도 자신의 명제가 무사히 살아남을 수 있도록 둘러친 외피에 지나지 않는다.

　현대 중국에서 진행된 민족관계사 연구 과정은 대체로 3단계로 나누어 정리할 수 있다. 첫 번째 단계는 문제제기의 단계로서, 중화인민공화국中華人民共和國이 건국되었을 때부터 문화대혁명이 일어났을 때까지의 15여 년간이 여기에 해당한다. 이 단계에서는 위의 두 명제가 모두 제기되어 논쟁이 성립되기만 하였을 뿐, 역사적 사실의 확인을 통한 구체적 논증의 과정으로 들어가지는 못하였다. 두 번째 단계는 연구와 논쟁이 사실상 중단되었던 단계로서, 문화대혁명이 일어난 뒤부터 사인방이 몰락할 때까지의 15여 년간이 여기에 해당한다. 이 단계에서는 극좌적極左的 이념이 학문 세계를 전면적으로 구속하여 민족관계사 분야의 연구 성과가 거의 축적되지 못하였다. 세 번째 단계는 두 명제에 대한 구체적인 논증 단계로서, 11계3중 전회全會 이후 지금까지의 15여 년간이 여기에 해당한다. 이 단계에서는 문화대혁명 이전의 활기가 회복되어 '역사상 중국의 범주'에 관한 논쟁이 재개되었을 뿐만 아니라, 이 문제에서 파생되어 나온 민족관계사에 관한 수다한 주제들이 논쟁의 대상이 되었으며 여러 차례에 걸친 전국적 규모의 토론회가 개최되어 연구성과의 조직적 축적이 가능하게 되었다. 세 번째 단계에서 과시된 학문적 활력이 현실적 상황의 전환과 밀접하게 관련된 것임은 말할 필요도 없다. 두 번째 단계에서 극명하게 노정된 문제점, 즉 학문이 이념에 지배되고 정치에 복무한다는 문제가 상황의 호전에 힘입어 크게 완화됨으로서, 역사상 '중국' 개념과 같은 사실史實이 구체적으로 분석되기도 했다.

그러나 11계3중 전회 이후에 기울어진 실증적 노력에도 뚜렷한 한계가 있었다. 비록 적지않은 학자들이 '중국' 개념의 역사적 의미를 분석하기 위해 다투어 노력하였지만 극히 제한된 자료만을 이용하여 지나치게 소략함을 면치 못하였을 뿐만 아니라, 그나마 그 모든 노력이 이미 문화대혁명 이전에 제기되었던 두 개의 명제를 입증하기 위해 투입되었다. 이두 가지의 명제는 긴 기간의 논쟁을 통해 이미 그 결정적 결함이 노출되었다. '현재 중국의 강역으로 역사상 중국의 범주를 획정해야 한다'는 문제는 시간적 변화에 따른 상황의 변화를 무시하였다는 비난을 면하기 어렵게 되었고, '역대 왕조의 강역을 역사상 중국의 범주로 삼아야 한다'는 명제는 한족漢族 중심의 전통적 정통사관正統史觀의 고식적인 틀을 벗어나지 못했다는 결정적 결함을 안고 있었다. 이 같은 명제들을 계속 고집하는 한, 그것을 입증하려는 어떠한 노력도 명확한 한계를 가질 수밖에 없다. 왜냐하면, 지금까지도 그러했듯이, 전자를 전제하면 '역사상 세계'에 관한 관념을 가질 수가 없게 되고, 후자를 고집하면 '역사상 중국'에 관한 관심을 가질 수가 없게 된다. 예컨대, 전자에 의하면 '자고自古' 이래로 '역사상의 세계'에는 오직 '중국이라는 일국一國만이 존재하고 있었기 때문에 역사상 세계 개념 즉 '천하天下'나 '사해四海' '사방四方' 개념 등과 역사상 '중국' 개념의 상관관계는 관심의 대상이 될 수 없다. 세계에 일국만이 존재했다면 유일무이한 '제국帝國'의 존재가 상정될 수 있을 터인데, '제국'의 강역을 그대로 계승한 중화인민공화국中華人民共和國은 '중화인민제국中華人民帝國'임을 자인하는가. 만약 역사상 (동아시아) 세계에 한 나라만이 존재했다면, 2천 년 이상이나 실질적 역할을 지속해온 만리장성萬里長城의 존재 의미는 어떻게 해석되어야 하나. 후자의 명제를 고집해온 손조민 계도 역사적 사실을 강조하면서도, 한번도 역대 왕조의 강역이 역사상 '중국' 개념과 일치되었는지 여부를 확인한 적은 없었다. 만약 양자가 각자의 명제에 얽매이지 않고 광범위한 자료의 정리를 통해 역사적 '중국' 개념을 분석하였다면, 그것이 시대와 상황의 변화에 따라 혹은 '중심성읍국가中心城邑國家'를, 혹은 '중원지구中原地區'를, 혹은 '한족왕조漢族王朝', 혹은 '중원국가中原國家'만을 의미하기도 하고, 혹은 '화이華夷'를 포함한 '천하天下' 즉 동아시아 세계를 가리키는 경우도 있었음을 인정하게 되었을 것이다.[53] 또한 역사적 '중국' 개념의 구체적 분석을 통해, 오늘날 우리가 사용하는 '중국'이란 말이 '중화민국中華民國' 혹은 '중화인민공화국中華人民共和國'의 간칭簡稱 혹은 약칭略稱일 뿐 역사적 '중국'과는 구별된다는 사실을 확인하게 될 것이다.

이 글은 머리말에서도 밝혔듯이, 고대 동아시아의 민족관계사에 관한 현대 중국의 연구 성과를 소개함을 목적으로 하였기 때문에, 가능한 한 필자의 주관적 소견을 배제하고 객관적 입장에서 정리하려 하였다. 필자 자신도 70년대 말과 80년대 초에 이 주제에 대하여 집중적인 관심을 갖고 있었으나, 그때까지만 해도 중국학계의 성과를 접촉하는 일이

53) 金翰奎,「中國'槪念을 통해서 본 古代中國人의 世界觀」(『全害宗敎授華甲紀念論叢』, 1979) : 同著『古代中國的世界秩序』(一潮閣, 서울, 1981)에서 고대의 여러 문헌에 보이는 '中國'의 개념을 통계적 방법으로 분석, 처리하였으나, 여기서는 상세한 논급을 생략한다.

거의 불가능하였다. 이번의 정리 작업을 통해 확인할 수 있었던 일 가운데 하나는 현대 중국 사학계에서 이루어져온 일련의 민족관계사 연구 과정이 한국이나 일본, 대만 등 이웃 나라의 사학계와 철저하게 단절된 채 진행되었다는 것이다. 역사학이 축적적 학문의 한 분야임을 감안한다면, 특히 '역사상 동아시아 세계'에 공동의 관심을 갖고 있는 각국의 연구 성과가 조직적으로 통합, 축적되는 일이 긴요하다고 하겠다.

전후 일본의 역사인식과 상징천황제

박진우 朴晋雨

1. 머리말

전후戰後 일본의 역사인식은 국내외적으로 갖가지 논란을 불러일으키면서 오늘날까지도 많은 문제점을 노정하고 있다. 특히 80년대 나카소네中曾根내각의 출범 이래 전면에 내세우던 국제화의 구호 속에서도 국가에 대한 애국심을 유도하는 국가주의적인 교육은 더욱 강화되어 왔으며, 정치인들의 '망언'은 날로 그 빈도를 더해 왔다.[1] 90년대에 들어와서는 국제여론을 의식한 일본정부의 거듭된 '사죄'와 '반성'의 표명에도 불구하고 보수정치가들의 집단적인 반발이나 사회지도층의 우경화 동향은 한층 노골적으로 표면화되었다.[2] 뿐만 아니라 최근에 와서 중등학교 교과서의 종군위안부 기술에 대한 공격과 '평화박물관平和博物館'에 대한 가해 공격이 심지어는 대중운동적인 형태로까지 확대되어갈 조짐을 보이고 있는 것은 결코 경시할 수 없는 문제점을 안고 있는 것이라 하겠다.[3]

---

[1] 일본의 역사인식에 관한 한국에서의 연구는 중앙일보 통일문화연구소 현대사연구팀 편, 『일본의 본질을 다시 묻는다』, 한길사, 1996 ; 하선영 편, 『한국과 일본』, 나남출판, 1997 ; 정재정, 『일본의 논리』, 현음사, 1998 참조.

[2] 1993년 8월 23일 '歷史檢討委員會'(자민당), 1996년 6월 4일 '明るい日本國會議員連盟'(자민당), 1995년 2월 21일 '正しい歷史を傳える國會議員連盟'(신진당), 1995년 1월 '自由主義史觀研究會'(藤岡信勝), 1996년 12월 '新しい歷史敎科書をつくる會' 등은 모두가 일본 정부의 미온적인 외교 자세에 대한 반발로 조직된 것이다.

[3] 최근 전국 각지에 세워지기 시작한 '平和博物館'에 대한 공격은 1996년 '長崎原爆資料館'의

80년대 이래 이러한 움직임이 특히 기승을 부리게 된 배경에는 냉전체제 붕괴 이후 급변하는 세계정세와 일본의 대국주의화라는 객관적인 조건이 있다는 점을 지적할 수 있을 것이다. 그러나 식민지 지배의 정당화, 침략전쟁의 부정, 가해자 인식의 결여 등과 같은 기본적인 주장들이 패전 이후 거의 일관되고 있다는 점에서 볼 때, 최근의 동향을 국내외적인 정치정세의 변화만으로 설명하는 것은 충분한 해명이 될 수 없을 것이다.

일본의 역사인식이 가지는 문제점이 전후 반세기가 지나도록 끊이지 않고 대두되는 요인을 보다 근본적으로 이해하기 위해서는 전전戰前과 전후戰後에 걸쳐 연속성을 지니고 있는 천황제의 문제에 주목할 필요가 있을 것이다. 물론 여기서 전전의 '절대적 군주'로서의 천황제와 전후의 '국민의 상징'으로서의 천황제와의 사이에 현격한 차이가 있다는 것을 부정하는 것은 아니다. 또한 오늘날 일본사회에 있어서 천황제의 역할을 지나치게 과대평가하고자 하는 것도 아니다.[4] 그러나 전후 일본의 상징 천황제가 국민통합에서 중요한 기능을 해왔다는 점에서 전전과의 연속성을 부정할 수 없으며, 또한 그것이 전후 일본의 역사인식에 미치는 영향을 경시해서도 안 될 것이다.[5]

改裝에 즈음하여 새롭게 전시된 '남경대학살'에 관한 사진의 철거를 요구하면서 비롯되어 이후 전국적으로 확산되고 있다. 특히 '大阪國際平和센터'에 대해서는 시민운동·저널리즘의 캠페인·의회에서의 의원질문 등의 형태를 취한 집중적인 공격으로 발전했으며, 현재 건설 준비중인 '東京都平和記念館'의 전시 구상에 대해서는 각지의 공격 세력이 연대하는 움직임을 보이고 있다(『歷史學硏究月報』462, 1998, 6 참조).

4) 캐롤 글럭은 이 점과 관련하여 천황제의 문제에 너무 얽매이게 되면 그 밖의 내셔널한 현상이나 입장을 명확하게 파악하지 못할 우려가 있다는 점을 지적하고 있다(安丸良夫·キャロル グデク 對談 「戰後50年 — 記憶の地平」 『世界』 1995, 11, 32쪽).

5) 상징천황제와 역사인식과의 관련성이 가지는 의미의 중요성에 비하여 이제까지의 연구에서 이러한 측면은 그다지 주목되지 않았다. 역사인식의 문제점을 비판하는 경우에도 그것은 주로 전쟁 책임과 관련하여 논의되어 왔을 뿐이다(井上淸, 『天皇の戰爭責任』, 現代評論社, 1975 ; 千本秀樹, 『天皇制の侵略責任と戰後責任』, 靑木書店, 1990 ; 吉田裕, 『昭和天皇の終戰史』, 岩波書店, 1992 참조). 한편 일본인 연구자들에 비하여 尹健次, 姜尙中과 같은 재일한

따라서 본고에서는 상징천황제와 역사인식과의 관계를 다음과 같은 과제를 중심으로 검토하고다 한다. 첫째로 상징천황제가 탄생·정착되어 가는 과정에서 과거의 역사가 어떻게 미화되고 정당화되었는가를 밝히는 일이다. 여기서는 특히 전전과의 연속성을 가지는 상징천황제가 평화와 민주주의의 상징으로 선전되고 이를 천황제 본래의 모습으로 생각하는 '전통'이 정착되어 가는 과정에서 과거의 침략전쟁이 미화되고 정당화되지 않을 수 없는 필연성을 밝히고자 한다.

둘째로 히노마루, 기미가요를 비롯하여 전몰자 추도식, 야스쿠니신사 참배 등과 같이 상징천황제를 지탱하고 보강하는 이데올로기로 장치가 재생산되어가는 과정에 대한 검토가 필요하다. 근대천황제 하에서의 침략전쟁에서 중요한 이데올로기적인 기능을 했던 기호나 표상들이 침략전쟁과는 무관함을 강조하는 상징천황제의 존속에서 어떤 의미를 가지는 것인가를 밝히는 것은 역사인식의 모순을 심층적으로 이해하는 데도 도움이 될 것이다.

셋째로 전전의 절대천황제가 대다수 국민의 지지기반을 확보했듯이 전후의 상징천황제도 국민적인 지지기반 없이는 존속하기 어려운 것이다. 따라서 상징천황제가 정착되어가는 과정에서의 이데올로기적인 측면을 검토하는 데 그치지 않고 일반 민중의 반응에 대해서도 주목할 필요가 있을 것이다. 특히 일반 민중의 상징천황제에 대한 인식과 과거의 역사에 대한 인식이 어떠한 상관관계를 가지는가를 밝히는 것은 상징천

국인 연구자들은 전후 상징천황제의 존속이 아시아의 시점을 결여한 역사인식의 형성과 불가분의 관계에 있다는 점을 적극적으로 지적해 왔다. 그러나 이들의 경우에도 전후 일본의 사상 싱황의 구조적인 틀과 그 문세점을 비판하는 데 중섬이 놓어 있으며, 상징천황제의 존속이 역사인식의 형성에 미치는 역할이나 관련성을 전후사의 흐름 속에서 구체적으로 검토한 것은 아니었다(尹健次,「孤絶の歷史意識」「思想」786, 1989. 12 ; 同,「象徵天皇制と戰爭責任」『歷史學硏究』617, 1991. 3 ; 同「戰後思想の出發とアジア」, 中村政則 外 編,『戰後思想と社會意識』, 岩波書店, 1995 ; 姜尙中,「昭和の終焉と現代日本の心象地理＝歷史」『思想』786, 1989. 12 참조).

황제와 역사인식과의 관련을 해명하는 데 있어서 중요한 의미를 내포하는 것이라 하겠다.

끝으로 상징천황제의 시대적인 흐름에 따른 위상 변화에도 유의해야 할 것이다. 예를 들면 패전 직후 점령 하에서의 상징천황제의 탄생, 점령 해제 이후의 복고적 천황제 강화론의 등장, 고도경제성장 하에서의 상징천황제, 쇼와昭和의 종언과 헤이세이천황平成天皇의 즉위 등 국내외의 정세에 따라 상징천황제의 위상도 변화를 보이고 있는 것이다. 이러한 상징천황제의 위상 변화가 전쟁 책임을 비롯한 역사인식과의 사이에 어떤 상관성이 있는가를 살피는 것도 본고의 중요한 과제라 하겠다.

이상과 같이 전후 일본의 역사인식과 상징천황제와의 관련성을 구체적으로 밝히는 작업은 역사인식의 현상적인 문제점을 지적하는 데 그치지 않고 전후 일본사회의 구조적 특징을 이해하는 데도 도움이 될 것이다.

2. 상징천황제의 탄생과 역사인식

1) 상징천황제의 탄생과 천황제의 연속성

1945년 8월 15일 일본의 패전은 정치지도층으로 하여금 천황제 존속에 대한 심각한 위기감을 안겨다 주었다. 당시의 지배층으로서는 이제까지 '현인신現人神'으로서 절대적인 권위성을 가지고 국민 통합의 핵심적인 역할을 해온 천황제가 폐지되거나 또는 전쟁 책임을 추급당하는 것은 꿈에도 생각하지 못할 일이었다. 이에 따라 8월 15일 공포된 '종전終戰의 조서詔書'는 패전을 선언한 것이라기보다 천황의 전쟁 책임을 면죄하고 천황을 중심으로 한 국민통합 기능을 계속해서 유지하겠다는 강한 의지를 주된 내용으로 담고 있었다.[6]

　천황의 전쟁 책임을 회피하고 천황제를 존속시키기 위하여 노력한
것은 일본의 구지배층만이 아니었다. 침략전쟁에서 절대적인 권한을 가
지고 있던 최고통수권자 히로히토 본인은 그 누구보다도 열렬하게 '국체
호지'를 희구한 장본인이었다. 패전 직후 일본의 지도층 내부에서도 천
황제 존속이라는 전제 하에서 히로히토가 도의적인 책임을 지고 퇴위해
야 한다는 주장이 공공연히 전개되고 있었다.[7] 그러나 히로히토 자신은
퇴위할 의사를 보이지 않고 무책임한 행동으로 일관함으로써 일본인의
불철저한 패전인식에도 중요한 영향을 미치게 되었다.

　일본의 점령지배에 있어서 결정적인 권한을 가지고 있던 미국은 천
황의 전쟁 책임 면책과 천황제 존속에 최대의 협력자였다. 당시 미국이
천황 처벌을 주장하는 내외의 여론에도 불구하고 천황을 정치적으로 이
용하는 방침을 택하였던 것은 냉전구조 하에서 공산주의 세력의 확대를
저지하고 점령정책을 원활하게 수행하기 위해서는 천황의 권위를 이용
하는 편이 유리하다는 판단이 있었기 때문이다.[8]

　그러나 미국이 천황의 전쟁 책임을 면책하고 천황제 존속의 길을
열어주었다고 해서 천황제를 전전과 같은 절대주의적인 체제로 남겨두
고자 한 것은 아니었다. 미국은 이미 1943년부터 전후 대일정책의 준비
과정에서 천황제를 입헌군주제로 개편할 계획을 가지고 있었다.[9] 이에

---

6) 천황이 '國體護持'를 위해 '終戰'의 '聖斷'을 내리기까지의 구체적인 과정과 지배층의 정치공
　작에 관해서는 千本秀樹, 앞의 『天皇制の侵略責任と戰後責任』, 제4장 ; 吉田裕, 앞의 『昭和天
　皇の終戰史』 참조.
7) 吉田裕, 『日本人の戰爭觀』, 岩波書店, 1995, 43~49쪽 ; 家永三郎, 『戰爭責任』, 岩波書店, 1985,
　258~260쪽 참조.
8) 미국의 천황제 이용과 전쟁 책임 면책의 구체적인 실상에 관해서는 粟屋憲太郎, 「東京裁判
　と天皇」; 日本現代史硏究會 編, 『象徵天皇制とは何か』, 大月書店, 1988 ; 粟屋憲太郎, 「東京裁判
　にみる戰後處理」 『戰爭責任·戰後責任』, 朝日選書, 1995 참조.
9) 미국의 입헌군주제로의 개혁을 구상하게 된 배경에는 민중의 천황제폐지운동이 저조하
　다는 사실에 대한 인식이 있었다(三輪隆, 「アメリカ國務省における戰後天皇制構想」 『歷史學
　硏究』 591, 1989, 3쪽 참조).

따라 민중으로부터 격리되고 신비화된 존재로서의 '현인신'이라는 관념을 폐기하고 정치적인 실권이 없는 천황제를 정착시키려 한 것이다. GHQ에 의한 황실 재산의 동결, 신도지령, 천황의 '인간선언' 등도 이러한 의도 하에서 천황의 신격화를 폐지하기 위하여 취해진 조치였다.

'대일본제국헌법'의 개정에 있어서 천황의 지위도 미국의 이러한 기본적인 노선에 의거하여 구상되고 있었다. 당초 시데하라내각弊原內閣의 개헌안은 천황의 통치권을 종전과 같이 유지하려는 것이었다. 그러나 GHQ의 강력한 개입에 의하여 국민주권 하에서 천황을 일본국가와 국민의 '상징'으로 규정하고 정치적인 권력으로부터 격리시킨 이른바 상징천황제의 탄생을 가져오게 된다.[10]

이와 같이 천황의 탈정치화와 의례적인 역할 등을 주된 내용으로 하는 '권력 없는 상징'으로서의 상징천황제의 이론적인 근거는 이미 일본측에서도 제시되고 있었다. 그 대표적인 예는 쯔다 소기치津田左右吉와 와쯔지 데츠로和辻哲郎의 천황론에서 볼 수가 있다. 쯔다津田는 천황의 '인간선언' 직후에 발표한 논문에서 천황의 전통적인 권위는 '정신적 권위'에 있으며, 시대를 초월하여 "국민적 결합의 중심이며, 국민적 권위의 살아있는 상징"으로서 존속하여 왔다는 점에서 그 존재의의가 있다고 주장하였다.[11] 와쯔지和辻의 경우에도 일본이라는 '문화공동체'의 전체성을 표현하는 것이 곧 천황이라고 주장하였다.[12]

---

10) 헌법개정을 둘러싼 GHQ와 일본정부와의 공방에 관해서는 古關彰一, 「象徵天皇制の成立過程」『法律時報』1980. 7·8·10·11 ; 渡辺治, 『日本國憲法改定史』, 日本評論社, 1987 참조. 大丸義一는 상징천황제의 탄생을 미국과 일본의 지배세력이 인민의 민주주의혁명을 막기 위한 예방적인 '反革命措置'였다(「象徵天皇制の成立史ノ―ト」『科學と思想』71, 1989. 1, 59쪽)고 하였으나 현실적으로 천황제 폐지를 위한 정치투쟁은 거의 보이지 않고 있으며, 상징천황제를 민중과의 대항관계에서 구상된 것으로 보기는 어렵다.

11) 津田左右吉, 「日本の國家形成の過程と皇室の恒久性に關する思想の由來」『津田左右吉全集 3』, 岩波書店, 1952. 36.

12) 和辻哲郎, 「國民統合の象徵」『和辻哲郎全集 14』, 岩波書店, 1948. 352쪽. 당시 보수정치의 대표라 할 수 있는 吉田茂도 헌법개정에 있어서 맥아더가 '大逆罪' 조항의 삭제를 지시한

쓰다와 와쓰지는 공통적으로 '권력 없는 상징'으로서의 천황을 천황
제 본래의 모습으로 보고, 15년전쟁기의 광신적인 천황주의를 천황제
역사에 있어서 예외현상이라고 배척했다는 점에서 초국가주의와 마르크
스주의라는 양 극단에 대한 비판적인 관점을 제시한 것이었다. 이러한
이들의 주장은 군국주의의 재발과 일본의 공산화를 저지하려는 미국의
이해와 일치하고 있었으며, 여기에 양자의 이해가 결합되어 상징천황제
가 탄생하는 필연성이 있었던 것이다.[13]

  미국과 일본의 '합의'에 의하여 탄생한 상징천황제는 헌법학적 해석
에 의하면 전전의 절대천황제와의 사이에 명백히 단절성을 가지는 것이
라 할 수 있다.[14] 그러나 당시 지배층은 여전히 천황의 지위를 구헌법의
연장선상에서 해석하려 했으며, 사실상 전전의 천황제와 관련한 여러 제
도가 두드러지게 현행헌법과 모순되지 않는 한 대부분 그대로 계승되어
왔다. 예를 들면 천황의 퇴위退位·실권失權·여제女帝에 관한 규정이 없
으며, 가부장제家父長制의 원리에 의한 계승 순위와 경칭의 규정 등은
전전의 천황제와 연속성을 갖는 것이었다.[15] 또한 신헌법에서 규정된 한
정된 국사행위 외에도 천황이 공식적인 행사에 공공연히 등장함으로써
종래의 원수적인 기능을 답습하고 있는 것은 오늘날까지도 갖가지 논란
을 불러일으키는 요인이 되고 있다.

데 대하여 일본국헌법에서 천황의 '상징' 규정은 "일본건국 이래 일본 국민이 확고하게
유지해 온 전통적인 신념이 합치하는 것이며, 천황이 도덕적으로 국민의 존숭의 중심이
라는 것은 부정할 수가 없다"고 반론하였다(中村政則 編, 『資料日本占領 1·天皇制』, 大月
書店, 1990, 575쪽). 또한 1945년 10월 13일 『每日新聞』의 사설에서도 "건국 이래 君臣一如
의 국체는 설령 헌법이 바뀐다 해도 변하지 않을 것"이라고 하여 일찍부터 상징천황제적
인 논리를 전개하고 있었다.
13) 米谷匡史, 「象徵天皇制の思想史的考察」 『情況』 1990. 12 참조.
14) 헌법학적인 해석에 의하면 전전의 천황제와 전후의 상징천황제와의 단절성은 천황의
   지위, 지위의 근거, 권능의 세 가지에 의거하고 있다(橫田耕一, 『憲法と天皇制』, 岩波書店,
   1990, 제1장 참조).
15) 三輪隆, 앞의 「アメリカ國務省における戰後天皇制構想」, 10쪽.

천황의 지위에 대한 '상징'이라는 개념 그 자체도 애매모호한 것이었다. 상징천황제를 신헌법의 규정에 의거하여 볼 때, 천황은 분명 신권적 권위와 정치적인 권한을 박탈당한 의례적인 군주에 지나지 않는 존재라 할 수가 있다. 그러나 정치적 권한을 상실하였다는 것은 곧 '정치성'을 상실한 것을 의미하는 것은 아니다. 특히 '상징'이라는 의미가 무제한으로 확대 해석될 경우, 전전의 절대천황제에 못지않은 절대적인 권위가 부여될 수 있는 가능성을 다분히 내포하고 있었다. 경우에 따라서 '상징'은 가장 접근하기 어려운 권위로서 기능할 수 있는 것이다.[16]

그러나 무엇보다도 천황제의 연속성을 상징하는 것은 천황 자신이었다. 더구나 히로히토라는 동일한 인격이 전전과 전후의 기본적으로 다른 시대를 '상징'이라는 애매한 개념으로 연결할 때, 천황제의 연속성을 보강하고 전쟁 책임을 은폐하려는 필요성은 한층 강렬해지는 것이다. 전전의 천황제는 두말할 나위도 없이 침략전쟁의 구심점으로서 강력한 국민통합 하에서 세계지배를 꿈꾸었다. 따라서 과거의 전쟁을 '침략'으로 인정하는 것은 전전과의 연속성을 가지고 동일한 인격이 군림하는 천황제를 부정하는 결과가 되어버린다. 여기에 과거의 전쟁을 자위전쟁, 또는 해방전쟁으로 정당화하지 않을 수 없는 논리적 모순이 따르게 된다. 결국 패전에도 불구하고 침략전쟁의 최고 지도자였던 히로히토라는 인격을 매개로 하여 상징천황제가 탄생하였다는 사실 그 자체에 전쟁 책임에 대한 자각적인 반성의 결여는 물론 역사 왜곡을 필연화시키는 근본적인 요인이 있다고 보아야 할 것이다. 다음에는 상징천황제가 미국의 점령지배 하에서 어떻게 그 존속의 길을 모색하고 있으며, 또한 그것이 역사인식의 형성과 어떤 관련성을 갖는가에 대하여 살펴보기로 하자.

---

16) 姜尚中은 상징천황제는 갖가지 요소의 집합이며 그 위치가 확실하지 않은 까닭에 상황에 응하여 다른 의미로 해석할 수 있는 존재라고 하였다(姜尚中, 『ふたつの戰後と日本』, 三一書房, 1995, 96쪽).

2) 상징천황의 등장과 '기억의 공동체'

패전 후 천황이 일반 민중들 앞에 본격적으로 모습을 나타낸 것은 1946년 2월 19일 가나가와현神奈川縣 행행行幸에서 시작하여 1954년까지 계속된 천황의 전국 순행이었다. 천황의 순행은 전쟁 책임의 회피와 천황제 존속뿐만 아니라 외포畏怖의 대상이었던 '현인신' 천황에서 친애감을 주는 '인자仁慈'한 '평화주의자' 천황으로 탈바꿈하고 상징천황상을 선전하는 데 있어서도 중요한 계기가 되었다.[17]

전후 순행을 통하여 상징천황상을 민중에게 침투시키는 일은 정부와 매스컴의 합작에 의하여 이루어지고 있었다. 예를 들면 지바현千葉縣 순행에서는 "차내에 소파에서 주무시는 천황", "농민들의 모심기를 격려하는 천황"의 모습이 보도되었으며,[18] 시즈오카현靜岡縣 순행에서는 "시중을 도보로 시찰하는 천황", "갑자기 거리로 뛰어든 어린이를 위험하다면서 보호하는 천황" 등과 같이 '인간 천황'의 '인자仁慈'한 모습을 전하였다.[19]

여기서 매스컴의 보도가 문제가 되는 것은 보도 내용이 천황 개인의 인품과 일치하는가의 여부가 아니다. 중요한 것은 순행의 배후에 감추어진 갖가지 정치적 의도가 전혀 전달되지 않고 있다는 점이다. GHQ 민정국民政局의 천황 순행에 관한 조사를 보면 이러한 측면이 잘 나타나고 있다. 여기서는 순행에 드는 지나친 비용이 국민들에게 과해지는 부조리한 세금의 중하重荷가 되고 있다는 점, 지방자치체와 궁내부 직원들이 천황 순행을 자신들의 목적 달성을 위한 수단으로서 이용하고 있다는

---

17) 천황의 전후 순행에 관한 연구로는 淸水幾太郎, 「占領下の天皇」『思想』1953. 6 ; 服部之總, 「政治的空白期」『日本資本主義講座II』, 岩波書店, 1953 ; 鈴木しづこ, 「天皇行幸と象徵天皇制の確立」『歷史評論』1975. 2 참조.
18) 『朝日新聞』 1946년 6월 7일자.
19) 『朝日新聞』 1946년 6월 18·19일자. 이밖에 순행에 관한 신문보도의 내용에 대한 상세한 검토는 淸水幾太郎, 앞의 『占領下の天皇』 참조.

점 등을 지적하면서 순행을 통하여 천황의 권위를 상승시키려는 일본정부의 오만한 태도에 대하여 GHQ가 제제를 가해야 한다고 결론을 내리고 있다.[20] 천황의 '인자'를 과시하는 표면적인 선전의 배후에 천황을 절대시하려는 권력과 측근의 의도가 여전히 불식되지 않고 있다는 점을 명확하게 파악하고 있었던 것이다.

실제로 GHQ의 경계에도 불구하고 천황 순행은 패전 후의 혼란기에서 국민통합에 중요한 효과를 거두고 있었다. 천황이 도착하는 지역에서는 거의 예외 없이 '대중봉영大衆奉迎'의 형태로 대대적인 환영체제를 갖추고 천황을 맞이하였으며, 민중은 기미가요 합창과 만세삼창을 발성하면서 열광하였다. 물론 민중의 열광적인 반응의 배후에는 행정적이고 조직적인 동원이 있었다.[21] 그러나 설령 동원되었다고는 하지만 환영체제의 분위기 속에 참가하는 지역 민중에게는 천황의 방문을 매개로 일본인으로서의 일체감을 확인하는 계기가 되었으며, 신문보도를 통하여 순행기사를 보는 민중에게는 천황에 대한 친애감을 한층 확산시키는 계기가 되었다.[22]

천황에 대한 민중의 지지는 '상징'이라는 신헌법의 규정에 대한 이해에 의한 것이 아니라 전통적인 숭경심의 표현이었다. 더구나 히로히토가 퇴위하지 않았다는 사실은 민중의 전통적인 인식의 연장을 가져오는

---

20) 「連合國總司令部民政局公式覺書 - 天皇の視察旅行に要した費用 - 」1948년 1월 12일, 中村政則 外 編, 『資料占領日本1·天皇制』, 581~584쪽 참조.

21) 예를 들면 1946년 3월 群馬縣 순행에서 대다수의 민중이 동원되었으나 그 배후에는 식료와 연료의 배급을 담당하는 隣組를 통하여 경찰의 명령이 하달되고 있었다(앞의 「占領下の天皇」, 11쪽).

22) 1951년 奈良縣 行幸을 맞이한 縣知事 奧田良三은 "각지의 奉迎場에는 수시간 전부터 천황의 모습을 기다리는 사람들이 거리를 메웠다. 중절모를 벗어들고 여기저기 세심한 배려로 가볍게 인사하는 천황의 모습을 보고 은밀히 눈물을 닦는 노인들의 모습은 적지 않았다. ……당시의 전국 순행은 천황과 국민을 여러 가지 感慨로 연결하였다. 눈물, 위로, 그리고 격려. 그것은 새로운 인연이었다"고 회상하고 있다(歷史敎育者協議會 編, 『日本歷史と天皇』, 大月書店, 1989, 352쪽).

데도 중요한 역할을 하였다. 결국 민중의 의식 속에는 전쟁에 패하였다
는 인식이나 가해자로서의 책임의식보다도, 역시 천황은 변함없이 국민
통합의 구심점이라는 인식을 더욱 확인시켜주는 결과를 가져왔다.

여기서는 이러한 상징천황의 등장과 민중의 관계를 이시다 다케시
石田雄가 말하는 '기억의 공동체'에 의거하여 설명해 보기로 하자. 이시
다에 의하면 '기억의 공동체'란 역사적 사실 속에서 밝고 영광스런 부분
만을 기억하고 어두운 부분을 망각하는 선별과정에서 집단의 가치의식
을 형성하는 것을 말한다. 이러한 '기억의 공동체'를 전전의 역사에 비추
어 볼 때, 전쟁의 영광스런 부분만을 기억한 결과 만들어지기 때문에 당
초부터 자주적으로 전쟁 책임을 의식화하는 계기를 결여하고 있다. 다만
'기억의 공동체'가 전쟁 책임을 의식화하는 것은 외부로부터의 압력이나
내부로부터의 도전을 받을 경우이며, 이에 대응하여 갖가지 형태로 반발
하면서 재생산된다는 것이다.[23]

그러나 이시다의 '기억의 공동체'는 중요한 문제를 간과하고 있다.
즉 '기억의 공동체'가 내외의 도전과 압력에 대응하여 변화를 보이는 가
운데서도 상징천황제를 평화주의의 '상징'으로 미화하고 과거의 어두운
역사와 분리·은폐하려는 의도는 패진 후 오늘날까지 일관되고 있으며,
그것이 '기억의 공동체'의 심층에 자리잡고 있다는 점이다.

'기억의 공동체'가 재생산되면서도 끝내 성의 있는 역사인식의 변화
가 보이지 않는 것도 궁극적으로는 천황의 전쟁 책임을 비롯한 근본적인
문제가 은폐되어 있기 때문이라 할 수 있다. 천황제의 문제가 근본적으

23) 石田雄, 「戰爭責任論再考」『年報·日本現代史』, 東出版, 1996, 3~4쪽. 1980년대 '교과서사건'
의 발발로 인하여 '進出'을 '侵略'으로 수정한 것이나, 中曾根康弘 수상이 야스쿠니 신사의
공식 참배를 내외의 비난에 의하여 철회한 것은 그 단적인 예라 하겠다. 최근 藤岡信行를
비롯한 보수파가 '東京裁判史觀'과 '大東亞戰爭史觀'을 부정하고 '自由主義史觀'을 주장하는
것도 '기억의 공동체'가 내외의 도전과 압력에 의하여 변화하면서 재생산되고 있다는
것을 말해주고 있다.

로 거론되지 않는 한 '기억의 공동체'는 역사 왜곡을 되풀이할 뿐이다. 상징천황제는 평화주의적인 천황상을 심어주는 '집단적 기억'과 동시에 과거의 어두운 역사에 대한 '집단적인 망각'을 촉진시키는 역할을 하고 있다는 점에서도 전쟁 책임의 의식화를 가로막는 최대의 장애물이라 하지 않을 수 없다.

그렇다면 '기억의 공동체'가 일본군국주의의 최고통수권자였던 천황을 '평화주의자'로 여기는 '집단적 기억'이 어떻게 가능하였을까. 근대천황제의 형성을 '문화연구'의 접근 방법을 이용하여 분석한 후지타니의 연구는 이러한 문제를 생각하는 데 중요한 시사를 제공하고 있다. 후지타니에 의하면 권력자들의 작위에 의하여 창출된 전통이 극히 최근의 것임을 잊어버리게 하는 '망각의 습득'은 국가적인 '공식 문화'의 대량생산에 의하여 가능하다고 보고 있다.[24] 여기서 국가적인 '공식 문화'란 갖가지 국가의례와 상징물, 기념일 등과 같이 국가에 의하여 의도적으로 육성되고 동질화된 것으로, 일상적인 관행을 통하여 민중의 '신체'에 새겨짐으로써 그것이 극히 최근에 발명된 것임을 간단히 잊어버리게 하는 성질을 가지고 있다는 것이다.

근대일본에 있어서 이러한 국가의 '공식 문화'는 천황제이데올로기를 보강하는 수단으로서 대량생산되었다. 황실 제사와 결혼식·장례식을 비롯하여, 황실의 전통을 중심으로 창출된 국가적인 축일祝日, 천황의 순행巡幸과 행행行幸, 그리고 거듭되는 대외침략전쟁에 따른 전승기념식戰勝記念式과 군대관병식軍隊觀兵式의 대대적인 거행 등은 모두가 근대 이후 새롭게 창출된 '공식 문화'였다. 여기에 천황의 권위와 불가분의 관계에 있는 히노마루, 기미가요, 야스쿠니 신사, 그리고 지역의 호국신

---

24) T. 후지타니, 『天皇のペジェント』, NHKBooks, 1994 참조. 石田가 집단적인 기억의 과정은 제도적으로는 역사교육과 국가행사에 있어서 상징적인 제전에 의하여 강화된다고 한 것도 이와 통하는 것이라 하겠다.

사護國神社, 충혼비忠魂碑 등을 비롯한 갖가지 상징물은 국가적인 '공식문화'에 특별한 의미를 부여하는 표상으로서 민중들의 일상 속에 침투되어 감으로써 천황제가 최근에 창출된 것이라는 점을 잊어버리게 하는 '망각의 습득'이 촉진되었던 것이다.

패전 후 GHQ의 점령 정책에 의하여 국가신도와 같이 천황의 신격화와 결부되는 국가의례가 폐지되고 군국주의적인 요소가 배제되었다는 점을 제외하고는 대부분의 경우 전전의 천황을 둘러싼 국가의례는 연속성을 가지고 계승되고 있었다. 그리고 천황의 전후 순행을 비롯하여 신헌법공포기념식과 헌법시행기념식, 1948년부터 정례화되는 신년참하新年參賀와 천황 탄생일의 황거 앞 이중교二重橋의 개방, 그리고 1949년과 1950년부터 각각 정례화되는 매년 가을의 '국민체육대회'와 봄의 '식수제植樹祭' 출석 등 천황을 중심으로 한 '공식문화'는 패전 후에도 여전히 대량으로 창출되어 갔다.

이러한 '공식 문화'에서 특히 주목되는 것은 전전과의 차이점과 공통점이다. 전전 최고통수권자로서 천황은 권위의 중심이요, 외경畏敬의 대상이었다. 그러나 전후의 천황은 군복을 입고 백마를 탄 위압적인 존재로서가 아니라 중절모를 쓰고 양복을 입은 소박한 모습으로 민중들 앞에 나타났다. '현인신'에서 '인간'으로 내려온 천황은 이미 전전과 같은 신권적 존재가 아니었다. 민중들에게 친근감을 주는 '인자'한 자부慈父와 같은 존재로서 공식 행사에 모습을 나타내는 천황은 실로 정치적인 권력과는 동떨어진 '상징천황'에 걸맞는 천황상을 연출하고 있었다.

그러나 이러한 측면만을 보고 상징천황제의 특징을 이해하는 것은 섣부른 판단이다. 앞서 순행에 대한 GHQ의 보고서에서도 보았듯이 '인간' 천황의 '인자'한 모습을 연출하는 배후에는 천황을 절대시하려는 권력측의 의도가 여전히 불식되지 않고 있었으며, 천황이 등장하는 국가적인 공식 행사에서 조심스럽게 모습을 비추고 있었다. 은사恩赦와 영전수여(褒典授與)는 천황을 권위의 원천으로 위치지우는 데 있어서 중요한 역할을 하는 것이며, 권력자의 시간적 지배를 상징하는 '원호元号'는 그 법적인 근거를 상실했음에도 불구하고 일종의 '관습'으로 사용되고 있었다. 또한 과거 천황에 대한 충성과 침략전쟁의 상징이었던 '히노마루'와 '기미가요'도 1949년부터 제한적으로 허가되면서 점차적으로 국가적인 공식행사에 모습을 나타내기 시작하였다.[25]

이와 같은 일련의 움직임은 패전을 경계로 한 천황제의 단절성을 부정한 것이며, 과거의 어두운 역사에 대한 의식화를 마멸시키고 침략의 역사를 부정하는 '기억의 공동체'를 형성하는 데 있어서도 중요한 역할을 하는 것이었다.

다음 장에서는 이상과 같이 양면성을 지닌 상징천황제의 특징이 독립 회복 이후의 고도경제성장 과정에서 어떠한 형태로 보강되어 갔으며, 그것이 역사인식에 어떤 영향을 미쳤는지에 관하여 살펴보기로 하자.

3. 상징천황제의 정착과 역사 왜곡

1) 상징천황제의 권위적 보강

1952년 샌프란시스코 강화조약의 발효로 사실상의 독립을 회복한 일본은 점령기를 통하여 억제되어왔던 내셔널리즘이 분출되면서 미국에 의하여 추진되었던 전후개혁의 제도에 대한 복고적인 재편성을 시도하였다. 물론 한 차례 패전을 경험한 단계에서 당시의 지배층이 또다시 과거의 천황제국가로 되돌아가려 한 것은 아니었다. 그러나 안정된 보수지

---

25) GHQ는 1948년 3월 4일 축일의 국기 계양을 허가하였으며, 히노마루·기미가요의 금령도 1949년 1월 1일부터 해제하였다.

배를 실현하기 위하여 천황의 존재를 국민통합의 중심으로 위치 지우려는 점에 있어서는 전전과 다를 바가 없었다. 당시 보수지배층으로서는 미국의 강요에 의해 만들어진 신헌법만으로는 일본의 재건과 보수정치의 지속적인 안정이 불가능하다는 판단 하에서 천황이 가지고 있던 국민통합의 권위 부활이 절실하게 요구되었던 것이다.

이러한 천황제 강화의 움직임과 함께 기억의 선별에 의한 침략전쟁의 정당화는 한층 노골적으로 표출되고 있었다. 이미 강화조약이 체결되기 직전인 1951년에는 자치체 수장의 위령제慰靈祭 참가가 해금되었으며 1952년 5월 2일에는 정부 주최의 '전국전몰자추도식全國戰歿者追悼式' 행사가 거행되었다.[26] 점령기를 통하여 박해를 받아왔던 신도계神道界도 움직이기 시작하였다. 천황은 1952년 10월 16일 전후 처음으로 야스쿠니 신사에 참배하였으며, 1953년에는 이세신궁伊勢神宮의 천궁遷宮이 부활하였다. 신도세력은 특히 기원절 부활운동을 적극적으로 전개하여 1957년에는 '기원절부활법안紀元節復活法案'의 국회 제출과 함께 전국 각지의 신사에서 기원절紀元節 제전祭典을 개최하였다. 전전 일본의 국가 신도화 정책이 침략전쟁에서 중요한 이데올로기적 역할을 하였음에도 불구하고, 그리고 전후의 신헌법이 국가와 종교의 분리를 명백히 규정하고 있음에도 불구하고 천황제와 신도神道의 결합이 국가적인 공식 행사의 일환으로 전개되고 있었다는 사실 그 자체에 전전의 역사에 대한 자기정당화의 심리가 존재하고 있다는 것을 알 수 있다.

학교교육에서도 독선적인 자국중심사관, 황국사관을 바탕으로 한 국익 우선의 역사교육이 강화되고 있었다. 아마노 덴유天野貞祐 문부성

---

26) 이후 1963년 5월 14일에는 각의를 통하여 '戰歿者追悼式'의 실시에 관한 件'이 결정되어 매년 8월 15일 정부 주도의 추도식이 '終戰記念日'의 항례행사로 정착된다. 1964년에는 이를 야스쿠니 신사 경내에서 시행하고 천황이 출석함으로써 전쟁 책임 문제를 더욱 가시화하였다(吉田裕, 앞의 『日本人の戰爭觀』, 5장 참조).

장관은 1951년 11월 직접 「국민실천요령」을 작성하여 천황에 대한 경애심 배양을 강조했으며,[27] 1958년의 「학습지도요령」에서는 천황을 특별한 존재로서 학생들에게 가르칠 것을 지시하였다.[28]

　이와 같이 천황제의 복고적인 권위 강화의 움직임이 간단없이 전개되는 가운데 정치적 권력과는 거리를 두고 '평화주의'로 분식된 상징천황상도 지속적으로 선전되고 있었다. 천황은 매년 정기적으로 개최되는 봄의 '식수제'와 가을의 '국민체육대회'를 통하여 전국을 순회함으로써 자신의 존재감을 지역 주민들에게 심어주고 있었다. 이밖에도 1955년 이래 스모 참관은 이후 천황의 서민적이고 인간적인 면을 부각시키는 데 종종 이용되었다. 천황을 평화를 사랑하는 과학자로 선전하고 미화하는 것도 상징천황상의 정착에 중요한 역할을 하는 것이었다. 1954년 11월 『만화독본漫畵讀本』 창간호에 실린 '천황어일가세말풍경天皇御一家歲末風景'은 50년대 이후 변모하는 천황상을 전제로 하여 황실 일가의 모습을 서민생활 속에 비유하여 그린 것으로, 여기서 특히 시선을 끄는 것은 히로히토 곁에 현미경이 그려져 있는 모습이다.[29] 이는 곧 대중들 사이에 천황=생물학자=평화주의자라는 인식이 정착되어가고 있다는 것을 말해주는 것으로, 현미경은 곧 히로히토를 연상하게 만드는 도구임을 암시하고 있는 것이다.

　한편 미국의 점령으로부터 독립을 회복했다고는 하지만 전쟁의 상흔이 아직도 강하게 남아 있는 상태에서 천황의 역할을 전면적으로 내세우는 데는 무리가 있었다. 여기에 전쟁이나 침략이라는 어두운 이미지와는 거리가 있는 황태자가 등장하는 역사적 조건이 있었다. 상징천황제의 안정된 정착이 모색되는 시기에 있어서 황태자는 전쟁과 침략의 기억을

---

27) 「資料集成・象徵天皇制 2・完」『ジュリスト』 938. 1989. 7. 205쪽.
28) 橫田耕一, 앞의 『憲法と天皇制』, 126쪽.
29) 週刊文春編輯部, 「天皇の庶民體驗」『昭和天皇の時代』, 文藝春秋, 1989, 529〜532쪽.

등에 업고 있는 히로히토에 대신하여 황실 붐의 주역으로서 역할을 하게 되는 것이다.

1952년의 입태자 캠페인과 성년식, 그리고 1959년의 황태자 성혼成 婚은 평화·문화의 상징으로서의 천황상이 대중화되어가는 중요한 계기가 되었다.[30] 황태자는 또한 1953년 천황의 대리로 영국 왕녀의 대관식에 참가하고 서구 14개국을 방문하여 황실 외교와 일본의 국제적 지위 상승의 발판을 마련하였다.[31]

황태자를 이용한 상징천황제의 선전은 여기서 그치지 않았다. 1958년 11월 27일의 황태자 약혼식의 발표에서 이듬해 4월 10일 결혼식에 이르기까지 매스컴은 황태자와 '평민' 미치코와의 결혼을 대대적으로 보도하였으며, 결혼식 퍼레이드는 때마침 전국적으로 보급된 컬러텔레비전의 전국 방송을 통하여 국민들을 열광케 하였다.[32]

그러나 황태자의 결혼을 계기로 황실이 '탈성역화脫聖域化'되었다고 해서 천황제의 복고적인 권위강화의 움직임이 모습을 감춘 것은 아니었다. 절대천황제와의 단절에 의하여 탄생한 상징천황제도 그 내실은 전전과 연속성을 가지고 있으며, 따라서 천황제의 복고적인 요소를 전적으로 불식하고 전혀 새로운 것으로 존속할 수 있는 것은 아니었다.[33] 천황제

---

30) 門奈直樹의 조사에 의하면 『朝日新聞』의 전후 연차별 황실 관련 기사 건수가 1952년에서 1953년 사이에 최고치(532건)를 기록하고 있다(岩波新書編集部 編, 「天皇死去報道の思想」 『昭和の終焉』, 岩波書店, 1990, 115쪽).

31) 황태자가 대리로 출석한 것은 유럽에서의 히로히토에 대한 반감을 의식한 것이었다. 당시 영국의 황태자 방문에 대한 여론조사에서는 찬성 30%, 반대 68%였다(淸水幾太郎, 「占領下の天皇」, 22쪽).

32) 정치학자 松下圭一는 황태자의 결혼을 계기로 戰前의 '絕對天皇制'에 대신하여 戰後의 '大衆天皇制'가 전모를 드러냈다고 하고, 이는 戰前의 가부장적 공동체적인 '가족' 이미지를 가진 '舊中間層'에서 '평민'과의 결혼에 의한 '가정' 이미지를 가진 '新中間層'으로 천황제의 사회적 기반이 轉化하였음을 나타낸다고 하였다(「大衆天皇制」『中央公論』 1959. 4, 43~45쪽).

33) 이 점과 관련하여 土方和雄는 천황상의 이중구조에 주목하고 있다. 즉, 구가치 의식층에서는 위엄을 갖춘 국가원수적인 천황상, 고도성장 속에서 가정의 행복과 평화를 지상

와 전쟁 책임의 관계를 은폐하거나 왜곡하지 않을 수 없는 것도 이와 같이 전전의 절대적인 천황제와의 관련성을 가지는 복고적인 권위 강화의 움직임이 상징천황제와 불가분의 관계에 있기 때문이라 할 수 있다.

앞서도 살펴보았듯이 상징천황제는 천황의 전쟁 책임을 면책하고 천황제 존속을 위하여 탄생한 타협의 산물이었다. 그러한 과정에서 천황과 전쟁의 무관함을 역설하기 위해서 평화주의적인 성격과 '인자'한 군주상을 대대적으로 부각시켜왔다. 그러나 정치적 권력과 전통적 권위를 상실하고 정치행위와는 무관한 공식 행사에 출석하는 천황에게서 '국민통합의 요체'라는 천황제의 중심적인 역할을 기대하기는 어려운 일이었다.[34] 더구나 황태자의 결혼을 계기로 형성되는 황실의 서민적인 이미지는 애국심의 핵심으로서의 천황상과의 사이에 현격한 차이가 있는 것이다.

이와 같이 대중화된 천황상의 취약성을 극복하고 천황제의 영구한 존속을 꾀하기 위해서는 일종의 권위성을 부여하고 국민과의 거리를 유지할 필요가 있었다. 상징천황제를 평화주의의 상징으로 하면서도, 한편으로는 은사恩赦·영전수여榮典授與와 같이 천황의 권위를 나타내는 공식의례와 황실을 중심으로 한 축일이 부활되고 야스쿠니 신사를 비롯하여 히노마루·기미가요 등과 같이 전전의 천황제 지배에 중요한 기능을 하였던 이데올로기적인 장치들이 끊임없이 재생산되는 것은 이러한 필요성에 의한 것이라 할 수가 있다.

가치로 하는 마이홈주의형의 천황상이라는 양자의 이미지가 상관적으로 통합 심벌로서의 효율을 상승시킨다는 것이다(土方和雄, 『『日本文化論』と天皇制イデオロギ-』, 新日本出版社, 1983 참조).

34) 당시의 수상 吉田茂가 전전까지 공식적으로 행해져 오던 宮中의 諸儀式을 전후에도 계속하여 '國民의 祭典'으로서 유지하고자 한 것도 천황·황실을 '국민의 정신적 통합의 핵'으로 강화하려는 의도에 의한 것이었다(渡辺治, 『戦後政治史の中の天皇制』, 青木書店, 1989, 182쪽).

상징천황제의 존속이 역사 왜곡과 불가분의 관계에 있는 근본적인
문제도 바로 여기에 있다. 히노마루와 기미가요는 침략전쟁의 상징이 아
니라, 평화주의를 지향하는 상징천황제의 권위적 보완물로 재생산되는
과정에서 과거의 침략전쟁을 '일본의 자위와 아시아 해방을 위한 전쟁'이
라는 논리로 발전하지 않을 수 없는 것이다.

2) 60~70년대의 상징천황제와 역사인식

와타나베 오사무渡辺治는 60~70년대 권위적 개혁파의 천황제 강화
론이 실패했다는 점을 지적하고 이를 천황제의 '지반침하'로 설명했다.[35]
즉 60년대에는 '안보번영론'이 경제성장의 중요한 이데올로기적인 역할
을 하고 있었으며, 내셔널리즘의 부재 속에서 천황제이데올로기는 번영
과 성장이데올로기를 보완하는 부차적인 역할을 하는 데 지나지 않았다
는 것이다. 그러나 이러한 설명으로는 천황제이데올로기의 필요성이 사
라졌음에도 불구하고 야스쿠니 신사 참배를 비롯하여 히노마루·기미가
요 등을 둘러싼 갖가지 문제가 끊임없이 재생산되고 있었다는 점을 이해
할 수가 없다.

이에 대하여 야마다山田敬男는 와타나베의 '지반침하'설을 비판하면
서 60년대 이후에는 천황제 이데올로기가 주류가 된 것이 아니라 기업사
회의 논리를 보완하는 역할이라는 의미에서 상징천황제의 독자적인 움직
임이 표면화되었다고 하였다. 즉 국가의 지배체제 속에서 부차적인 위치
를 차지하는 것 그 자체가 상징천황제가 가지는 고유한 의미와 기능이라
는 것이다.[36] 따라서 60년대 이후의 천황제는 '지반침하'가 아니라 보수정

35) 渡辺治, 「現代政治構造の中の天皇制」『歷史學研究』 592, 1989. 4, 23쪽 ;『戰後政治史の中の天
皇制』 참조.
36) 山田敬男, 「現代天皇制研究の今日的時點」『歷史評論』 564, 1997. 4.

당과 재계의 정치·사회적인 이용이 증대됨으로써 상징천황제의 부차적인 역할과 기능이 보다 명확해진 시기라고 보아야 할 것이다.[37]

특히 60년대 이래 고도성장에 따른 국민의식의 변화와 이기주의적인 대중 사회의 형성은 천황제의 국민통합을 위한 역할의 필요성을 증대시키고 있었다. 예를 들면 니치게이렌日經連의 전무이사 마에다 하지메前田一가 일본에서는 예부터 '희생정신과 순충殉忠정신'이 천황을 중심으로 하여 배양되어 왔으며, "일본 민족이 국민의 상징으로서의 천황을 중심으로 하여 국민의 정신적 지주를 여기에 집중하는 모습은 다른 외국에서는 그 유례를 볼 수 없다"[38]고 한 것은 기업사회의 발전에 있어서 노동자의 '희생정신과 순충정신'을 환기하는 데 천황의 전통적인 권위를 이용하고자 한 것이었다.[39]

이와 같이 기업사회에 있어서 천황제가 국민통합에 유효하게 기능하기 위해서는 '상징'적인 역할만으로는 불충분하며, 전통적인 권위가 강화될 필요가 있었다. 정치적인 권력을 상실한 상징천황제를 권위적으로 보강하는 공식 의례는 이러한 필요성에 의해 지속적으로 재생산되고 있었다. 1964년에는 생존자 서훈과 태평양전쟁 전몰자에 대한 서훈이 부활함으로써 천황제를 명예의 원천으로 인식케 하는 기능이 강화되고 천황에 대한 외경심畏敬心을 부양하는 데 일익을 담당하였다. 1966년에는 '축일법개정'에 의하여 종래의 '기원절'이 '건국기념일'로 지정되고 정부 주최의 전몰자 추도식이 정기적으로 거행되기 시작하였다. 이밖에도 야

37) 中村政則,『戰後史と象徵天皇』, 岩波書店, 1992 ; 安田常雄,「象徵天皇制の50年」『戰後50年どう見るか』, 靑木書店, 1995에서도 상징천황제의 정착을 1959년 이후부터로 보고 있으며 패전에서 그 동안의 15년을 상징천황제가 정착되는 과도기로 평가하고 있다.

38) 橫田耕一,『憲法と天皇制』, 70쪽.

39) 고도경제성장에 의하여 형성되는 기업사회는 천황제 존속에서도 중요한 지지기반이 되고 있었다. 齋藤哲雄는 1970년대 천황제 지지는 모든 기업경영자에서 사무직, 숙련공에 이르기까지 확대되었으며, 기업사회에 있어서 천황제 비판은 거의 없다고 하였다(『天皇制の社會心理』, 彩流社, 1980).

스쿠니 신사 국가호지운동, 교과서 재판사건, 히노마루와 기미가요를 비롯한 천황제 교육의 부활[40] 등을 통하여 권위적 천황제 강화의 움직임은 지속적으로 전개되고 있었다.

일본 근대화 과정에서의 내셔널리즘은 건전한 것으로 평가하고, 침략전쟁이 서구제국주의로부터 아시아를 해방하기 위한 전쟁이었다는 주장이 노골적으로 모습을 드러내기 시작한 것도 1960년대부터였다.[41] 또한 1968년에는 '메이지백년제明治百年祭' 캠페인을 통하여 민족의 문화, 경제성장을 예찬하고 전전과 전후의 연속성을 강조함으로써 메이지 이래의 일본근대화를 '성공담'으로 미화하였다. 이에 따라 근대화 과정에서 자행되었던 침략과 억압의 역사를 영광과 번영의 역사로 날조함으로써 역사의 어두운 측면에 대한 집단적인 망각을 촉진하였다.

이와 같이 기억의 선별에 의한 '기억의 공동체'가 형성되어 가는 과정에서 천황제를 금기시禁忌視하는 풍조가 뿌리를 내리기 시작하였다. 1960년대의 '풍류몽담사건風流夢譚事件', 1961년의 '『사상의 과학』 폐기사건' 등과 같은 우익테러나 궁내청의 압력을 계기로 천황·천황제 비판을 회피하는 매스컴의 '천황 터부'현상이 두드러지게 되었다.[42] 이에 따라 사회의 갖가지 장소에서 발생하는 이질적인 발상과 행동을 극력 억제하고 경우에 따라서는 철저하게 배제하는 이른바 '상식의 전횡專橫'[43]이 사회에 뿌리를 내림으로써 천황제에 대한 공적인 비판은 더욱 어렵게 되

40) 교육칙어적인 발상의 부활을 단적으로 보여주는 것은 1966년 10월 31일 답신된 중앙교육심의회의 『期待される人間像』이었다. 여기서는 국가에 대한 애국심과 천황에 대한 경애심을 결합시키려는 것이었다(앞의 「資料集成·象徵天皇制 2·完」, 240~246쪽 참조).

41) 林房雄,「大東亞戰爭肯定論」『中央公論』 1963. 9~1965. 6 ; 竹山道雄,「天皇制について」『新潮』 1964. 4 ; 葦津珍彦,「國民統合の象徵」『思想の科學』 37, 1962. 4 ; 三島由紀夫, 『文化防衛論』, 新潮社, 1969 등이 그 대표적인 것이라 하겠다.

42) 전후 '표현의 자유'에 대한 테러와 압력에 관해서는 앞의 「資料集成·象徵天皇制 1」, 272~273쪽 참조.

43) ノーマ·フィールド, 『天皇の逝く國で』, みすず書房, 1994 참조.

어갔다.

한편 천황제의 권위 강화와 거의 동시 진행적으로 공식 의례를 통한 상징천황제의 고유한 기능과 역할도 지속적으로 연출되고 있었다. 1962년의 도쿄올림픽과 1970년의 오사카만국박람회大阪萬國博覽會 개최식전에서 천황은 '신생 일본'의 고도성장을 과시하는 상징적인 역할을 하였다. 1965년부터는 사회 각계각층의 상층부에 위치하는 자들이 황실의 초대를 받아 천황을 배알할 수 있는 '영광'을 누리는 원유회園遊會가 정기적으로 행해지면서 천황을 명예와 문화의 원천으로 간주하는 공식 문화의 하나로 정착하였다. 이는 곧 사회적인 지위가 상승하면 할수록 천황과의 거리가 좁혀진다는 것을 의미하는 것으로 사회질서의 정점에 위치하는 천황제의 기능이 여전히 중요하게 작용하고 있다는 것을 말해 주고 있다.

이와 동시에 60년대 이래 황실 외교가 전에 없이 활발하게 전개되고 있었던 것도 역사인식과의 관계에서 간과할 수 없는 중요성을 안고 있다. 50년대의 황실 외교가 전쟁의 상흔이 강하게 남아 있는 상태에서 황태자를 이용하여 소극적인 전개를 보일 수밖에 없었던 데 비하여, 60년대부터 황실 외교는 근린 아시아를 비롯한 개발도상국을 상대로 천황이 직접 등장하여 적극적으로 전개되기 시작하였다. 아시아의 전반적인 후진성은 일본의 개발원조에 의거하여 지배정권의 존속 기반을 마련할 수 있었으며, 아시아의 경제적 종속화는 일본에 대한 전쟁 책임 추급의 목소리를 오랫동안 억눌러 왔다. 천황은 근린 아시아 제국의 원수들과의 빈번한 '외교'를 통하여 경제선진국 일본의 후진국 아시아에 대한 원조과정에 있어서 식민지지배와 전쟁 책임을 비롯한 과거의 역사를 은폐하는 상징적인 역할을 하고 있었던 것이다.[44]

---

44) 60년대 황실 외교를 보면, 1960년 천황과 서독수상 회견, 황태자 부처의 방미(미일수호

70년대 황실 외교는 천황의 두 차례에 걸친 구미 방문으로 대표된다고 할 수 있다. 천황의 외유를 통하여 상징천황제의 평화적인 이미지를 부각시키려는 본래의 의도[45]와는 달리, 천황의 전면적인 등장은 '기억의 공동체'가 잊어가던 과거의 어두운 기억들을 다시 일깨우는 계기가 되었다. 1971년 유럽 방문에서 천황은 전범추급에 대한 민중들의 데모에 직면하였다.[46] 국내에서는 상징천황제가 전쟁과는 무관한 존재로 인식되어가고 있는 가운데, 태평양전쟁의 기억이 아직도 생생하게 남아 있는 유럽인들에게 천황은 히틀러와 같은 침략전쟁의 원흉으로밖에 비치지 않았던 것이다.

1975년 천황의 미국 방문은 미일무역마찰을 해소하기 위한 방책으로 추진된 것이었지만 상징천황제의 성격과 천황의 전쟁 책임 문제를 생각하는 데 있어서도 중요한 계기가 되었다. 특히 귀국 후 일본인 기자대표단과의 기자회견에서 전쟁 책임에 대한 천황의 발언은 실로 무책임한 역사인식 그 자체를 상징적으로 보여주는 것이었다. 당시 천황에 대한 질문은 사전에 준비된 것이었지만, 예정되지 않았던 관련 질문은 전쟁 책임과 원폭투하에 대한 두 가지 질문이었다. 천황은 전쟁 책임에 관한 질문에 대하여 "그런 표현에 관해서는 나는 그러한 문학 방면은 그다지

100주년) 및 이란·에티오피아·인도·네팔 순방. 1962년 황태자 부처 파키스탄·인도네시아 방문, 필리핀 방문. 1966년 천황의 버어마혁명의장 회견, 1966년 필리핀 마르코스 대통령과 회견, 1968년 수하르트와 회견, 1968년 티토 대통령과 회견 등 빈번하게 전개되고 있었다. 특히 동남아시아에 집중되고 있는 것을 알 수 있다.

45) 당시의 신문을 보면, "풍부한 국제 감각과 친근감 넘치는 인간성을 가지신 양 폐하가 유럽 각 국민에게 주는 인상은 전전 이래의 일본에 대한 오해와 불신감을 일소할 것이다"(『日本經濟新聞』 1971년 9월 27일자 사설)라든가. 또는 "천황은 비정치적인 지위에 있기 때문에 국제친선에 가장 적합한 역할을 할 분"(『朝日新聞』 1971년 9월 26일자 사설)이라는 등 천황의 외유를 계기로 천황제에 대한 전전의 어두운 이미지를 불식할 수 있는 기회로 생각하고 있었다.

46) 유럽에서의 천황방문 반대데모에 대한 구체적인 내용에 관해서는 『朝日新聞』 1971년 10월 7일(석간) ; 『每日新聞』 1971년 10월 8일(석간) 및 10월 10일 ; 『讀賣新聞』 1971년 10월 9일·19일 참조.

연구도 하고 있지 않기 때문에 잘 모르겠습니다. 그 문제에 대해서는 대답드릴 수가 없습니다"라고 대답하고, 원폭투하에 대해서는 "히로시마 시민에 대해서는 안된 일이지만 부득이한 일이었다고 나는 생각하고 있습니다"라고 답하였다. 실로 군주로서의 자질을 의심받을 정도로 무책임한 답변이라 해야 할 것이다.[47]

그러나 보다 심각한 문제는 천황의 이러한 무책임한 발언을 아무도 문제 삼지 않았다는 점이다. 대부분의 사람들이 천황의 발언에 아연실색했음에도 불구하고 이를 비판하는 목소리는 여론을 형성하지 못하였다.[48] 천황은 1971년 히로시마 원폭 위령비에 처음으로 참배했으나 타지역 방문시와 다름없이 히로시마 민중의 열광적인 환영을 받았다. 결국 히로시마 민중의 천황에 대한 열렬한 환영은 기자회견에서 '원폭은 부득이하였다'는 천황의 무책임한 발언을 허용하는 결과가 되었다. 대부분의 일본인은 세계에서 유일한 원폭피해국이라는 피해자의식이 강하며 이는 결국 전쟁 책임의식을 상쇄하는 것이었다. 천황의 지역방문을 열렬히 환영하는 민중, 천황의 무책임한 전쟁 책임 발언을 수용하는 민중, 그리고 이를 문제시하지 않는 매스컴의 자세에서 '기억의 공동체'가 총체적으로 어두운 역사를 기억 속에서 지워가는 모습을 엿볼 수 있는 것이다.

---

47) 宇佐美宮內廳長官은 이에 대하여 "천황은 스스로 질문하는 일은 있어도 질문을 받는 일에는 익숙하지 않기 때문에 생각을 충분히 전하지 못한 아쉬움이 있다"고 논평하였다(『朝日新聞』 1975년 11월 1일).

48) 共同通信社가 천황의 발언 직후 12월에 실시한 여론조사에서는 '천황의 전쟁 책임은 없다'와 '무어라 말할 수가 없다'가 합계 56.6%에 달하였다(吉田裕, 『日本人の戰爭觀』, 162~163쪽). 그러나 문제는 반수 가까운 사람이 '천황의 전쟁 책임은 없다'는 주장에 납득하지 않고 있음에도 불구하고 천황의 전쟁 책임에 대한 논의가 표면화되지 않았다는 점이다.

4. 상징천황제의 재편과 역사의 망각

1) 80년대 상징천황제의 이데올로기

80년대에 들어오면서 국내외적인 정치상황의 변화는 상징천황제의 이데올로기적인 역할에도 변화를 가져오게 하였다. 그 배경으로는 일본의 경제대국화에 따른 자본 진출의 증대와 국제적인 무역마찰의 심화, 냉전체제 하에서 일본의 경제적인 고도성장을 지탱해왔던 국제적인 환경의 변화 등에 따라 외국에 대한 일본인의 정체성 강화가 불가결하게 되었다는 점을 들 수 있다.

70년대 말까지 국가에 대하여 주로 경제적인 역할을 요구하던 기업이 국제 공헌과 함께 내셔널리즘의 필요성을 빈번하게 주장하게 된 것도 이때부터였다. 해외로 진출한 자국의 자본을 보호하고 그 안전을 보장하기 위한 정치·군사적인 역할에 국민적 합의를 도출하기 위해서는 국민적 아이덴티티의 확립이 불가결한 문제로 대두하였으며, 이를 추구하는 데 있어서 천황의 존재가 전에 없이 적극적으로 부상하게 되는 것이다.

이러한 국제적 조건과 더불어 히로히토 천황의 고령화는 차기 천황이 과연 국민적 아이덴티티의 구심적인 역할을 할 수 있을 것인가에 대한 심각한 우려를 가져왔다. 요시다 시게루吉田茂가 말년에 "요즈음 청년들은 황실에 관심이 거의 없다. 아카히토 시대가 되어도 황실이 안태할 수 있을까 걱정이다"[49]고 우려한 것이 현실의 문제로 다가온 것이다. 따라서 차기 천황에게 결여된 카리스마를 보강하기 위한 방책으로서 구체적인 군주의 인격이나 이미지에 의존하지 않는 형태로 천황의 권위를 강화할 필요성이 대두하게 되었다.

---

49) 加瀨俊一, 「いま改めて天皇制を問う」『昭和天皇の時代』, 文藝春秋社, 1989, 101쪽.

　물론 천황제의 권위 강화는 복고적인 회귀를 의미하는 것은 아니었
다. 80년대 이래 천황제이데올로기의 특징은 '국제화'의 표어에 맞추어
천황의 '평화주의'적인 이미지를 전면에 내세우면서도 한편으로는 전통
적인 일본문화의 특이성을 강조하고 전통의 이름으로 천황의 권위를 강
조하는 데 있었다. 이러한 논리는 일본의 전통문화의 우수성·특수성을
강조하는 '일본문화론'의 유행에서 잘 나타나고 있다. 때마침 일본의 경
제대국화에 따른 국민적 자부심의 증대는 이미 '일본문화론'을 수용할 수
있는 기반을 마련하고 있었다.[50] 여기서는 '일본문화론'이 대두하는 과정
을 통하여 천황제의 역사인식과의 문제를 살펴보기로 하자.

　80년대에 들어와 국제화의 슬로건을 내세우는 가운데서도 기미가
요·히노마루의 철저화와 교과서 기술의 언론통제는 한층 강화되었다.[51]
1985년 신사본청이 중고생을 대상으로 발행한 소책자에서는 천황을 아마
데라스 오오카미天照大神의 자손이라고 하는 낡은 신화가 부활하였으며,
역사교과서에는 '야마토혼大和魂'의 신봉자 도고 헤이하치로東鄕平八郎가
근대일본의 영웅으로 재등장하였다.[52] 이와 더불어 천황제와 관련된 대
대적인 공식 의례도 창출되고 있었다. 1982년 건국기념일 행사에서는 기
원절 노래를 작사한 마유즈미 도시로黛敏郎가 기념식사에서 "진무천황神
武天皇의 건국이념은 '팔굉일우八紘一宇'이며, '팔굉일우'야말로 참된 민
주주의"라고 하여 노골적인 '황국사관皇國史觀'의 부활을 꾀하였다.[53]

---

50) 매코맥은 일본의 경제대국화는 과거의 극복과 이웃 국가들과의 이해 조정에 중대한 장
　　애가 되었다고 지적하고 있다(G. 매코맥, 「일본사회의 심층구조와 '국제화'」『창작과
　　비평』 1994년 여름호). 또한 靑木保는 일본문화론이 경제대국을 살아가는 일본인들의
　　'자기인식'을 '고무'하는 역할을 하였다고 지적하였다(靑木保, 『日本文化論の變容』, 中央公
　　論社, 1990, 114쪽).
51) 丸山鉤雄·菅孝行·坂久仁雄·天野惠一 編, 『最後の御前會議からXデ-まで-戰後史の天皇總解説
　　-』, 自由國民社, 1987, 181~185쪽. 84년의 '임시교육심의회' 답신과 89년의 「신학습지도
　　요령」에 의하여 國旗·國歌의 의무화가 강화되었다.
52) 山住正巳, 『學習指導要領の敎科書』(岩波ブックレット 140), 1989, 29쪽.
53) 橫田耕一, 『憲法と天皇制』, 106쪽. 건국기념일식전은 1985년부터 전국민적인 공식 문화로

특히 1986년 천황 재위 60주년 기념식전은 '평화주의자' 천황을 대대적으로 선전하는 대규모 캠페인으로 전개되었다. 기념행사 당일의 식사에서는 '평화'·'복지'·'자유'·'번영' 등의 언설을 남발함으로써 천황 재위 60년에 있어서 결코 분리할 수 없는 전쟁·침략과 같은 비참하고 어두운 기억의 망각을 촉진하였다.[54] 뿐만 아니라 신사본청을 비롯한 각 단체와 지방자치체에서는 대대적인 봉축행사에 민속예능을 대대적으로 동원함으로써 행사에 참가한 지역 민중의 소박한 애향심을 충군애국·멸사봉공의 국가주의적인 애국심으로 이어가려고 하였다.[55]

그러나 80년대 천황제 이데올로기의 강화와 내셔널리즘의 재구축은 국제적인 조건과 얽혀 그렇게 간단하게 이루어질 성질의 것은 아니었다.[56] 예를 들면 자위대 파병에 관한 문제의 경우에도 국민적 합의를 도출하기가 곤란하였을 뿐만 아니라 일본의 대국주의적 내셔널리즘을 군국주의의 부활로 보는 아시아 제국의 반발을 불러일으키고, 국제사회에서 일본의 신뢰성이 크게 위협 받기에 이르렀다. 80년대 후반 이래 일본의 수상들이 빈번하게 사죄 발언을 거듭했던 것도 궁극적으로는 현실적인 정치목적을 앞세운 국제사회에서 신뢰성을 회복하기 위한 수단이었다.[57]

확대되었으며, 천황의 장수 기원과 만세삼창을 하는 등 천황의 권위 강화와 불가분의 관계에서 전개되었다.

54) 1989년 4월 29일 천황 재위 60년 기념식전에서 히로히토는 "국민 제군과 함께 세계의 평화와 인류의 복지를 기원하고 새로운 희망찬 국가건설을 지켜보고자 한다"(文化評論 編集部 編, 『天皇制を問う』, 新日本出版社, 1986, 425쪽)고 하는 원수적인 발언을 서슴지 않았다.

55) 歷史敎育者協議會 編, 앞의 『日本歷史と天皇』, 383쪽. 관련 자료에 관해서는 『天皇制を問う』, 425~455쪽 참조.

56) 천황 재위 60년에 대한 『讀賣新聞』의 여론조사에서는 천황에 대한 친근감이 35.2%, 존경이 22.4%인데 비하여 무관심이 32.8%이며, 『朝日新聞』의 여론조사에서는 친근감이 51%, 무관심이 40%에 달하고 있다(『天皇制を問う』, 511쪽). 천황 재위 60년에 대한 정부·우익·신사계의 대대적인 선전에도 불구하고 국민들의 호응을 크게 얻지 못하였다는 것을 알 수 있다.

1984년 전두환 대통령의 방일에 즈음하여 여론의 관심을 집중시켰던 천황의 '사죄' 발언 문제도 이러한 정치적 계산에서 이루어진 것이었다. 천황의 사죄 발언은 전두환 독재정권의 국제적인 인정과 함께 천황의 전쟁 책임을 비롯한 한일 간의 전후처리 문제를 청산하려는 의도에 의한 것이었으나 결과적으로는 '유감'이라는 표현으로 식민지 지배와 전쟁 책임 문제를 더욱 애매하게 희석화시켜버렸다. 뿐만 아니라, 천황의 '사죄' 발언을 불충분하다고 생각하는 한국인에 대한 일본의 '혐한관'을 더욱 증폭시키는 결과를 가져왔을 뿐이다.[58] '기억의 공동체'의 심층구조에 자리하고 있는 천황제의 문제가 은폐되어 있는 한 일본의 반복된 '사죄'외교도 역사인식의 기만성을 노정하는 것에 다름 아닌 것이다.

80년대 이래 국제적인 '사죄'외교와 국내적인 국수화를 동시에 진행하고 이를 국민통합의 이데올로기에 교묘하게 이용한 전형적인 인물은 '국제국가일본'과 '일본인의 아이덴티티'를 동시에 실현하려 한 나카소네였다.[59] '전후 정치의 총결산'을 부르짖으면서 '국제화'의 표어를 내걸고 국제평화에 공헌하는 일본의 역할을 강조하였던 나카소네는 대외적으로는 교과서왜곡사건을 해결하고 천황의 식민지 지배에 대한 '사죄' 발언을 유도하는 등 '국제적'인 이미지를 부각하였다. 그러나 한편으로는 전쟁 책임과 관련하여 논란의 소지를 안고 있는 야스쿠니 신사에 공식 참배하

---

57) 나카소네가 "야스쿠니 신사의 A급 전범 합사는 침략당한 상대국의 국민감정을 자극한다. 나는 그 전쟁을 침략전쟁이라고 생각한다"(『每日新聞』 1986년 9월 4일)고 한 것도 아시아에서의 정치적 리더십에 전쟁 책임 문제가 커다란 장해가 되고 있다는 현실주의적인 인식에 의한 것이었다. 이러한 기본방침은 90년대 가이후, 호소가와, 하다, 무라야마, 그리고 하시모토 내각에 이르기까지 일관되어왔다.

58) 1990년 5월 24일 노태우 대통령의 방일에 있어서 천황의 '사죄' 발언의 경우도 마찬가지이다. 『동아일보』가 실시한 여론조사에 의하면 한국인 70.7%가 불충분하다고 회답하였으며, 만족은 23.5%에 불과하였다(『동아일보』 1990년 5월 28일자).

59) 吉田는 대외적으로는 필요최소한의 전쟁 책임을 인정하면서도 국내에서는 전쟁 책임을 사실상 부정하는 양면성의 공존을 '더블 스탠더드'라 부르고 있다(吉田裕, 『日本人の戰爭觀』, 제4장 참조).

고 건국기념일 봉축집회와 '천황 재위 60년 기념식전'을 강행하였으며, 학교교육에서 히노마루와 기미가요의 의무화를 강화하는 등 국수적인 정책을 고수하고 있었다.

나카소네의 이러한 사상은 1985년 자민당 세미나에서의 강연[60]에서 도 잘 나타나고 있다. 여기서 나카소네는 "일본의 나쁜 점을, 전전의 나쁜 점을 적으면 그것으로 좋다고 생각하는 풍조가 있었다. 나는 반대다. 이겨도 져도 국가는 국가다. 영광과 오욕을 함께하는 것이 국민이다. 오욕을 버리고 영광을 희구하여 나아가는 것이 국가이며 국민의 모습이다. 그러한 입장에서 일본의 과거의 업적을 비판하고 일본의 아이덴티티를 확립할 필요가 있다"[61]고 하여 과거의 어두운 역사에 대한 망각을 정당화하고 영광스런 역사만을 기억하려는 기억의 선별을 노골적으로 나타내고 있었다. 그리고 여기서 나카소네가 추구하고자 하는 국민적 아이덴티티의 구심점은 천황의 존재에 다름 아니었다. 일본의 아이덴티티를 재확립하는 데 있어서 천황의 존재를 부정할 수 없는 일본문화의 전통적 권위로 정착시키고자 한 것이다.

이러한 나카소네의 의도를 학리적으로 이론화한 것은 '국제일본문화연구센터'를 중심으로 활약하는 '신교토학파新京都學派'를 비롯한 일본 최고의 지식인들에 의한 '일본문화론'이었다.[62] 이들의 주된 관심은 일본의 우월성·특수성을 일본문화의 심층구조 속에서 파헤치는 것으로 얼핏 보기에는 전쟁이나 침략, 또는 내셔널리즘과는 전혀 무관한 것으로 보이기 쉽다. 그러나 일본의 우월성과 특수성을 강조하는 '일본문화론'도 실

---

60) 中曾根康弘,「新しい日本の主體性-戰後政治を總決算し, '國際國家'日本へ」,『月刊自由民主』1985. 9(『天皇制を問う』, 450~453쪽 게재).

61) 『天皇制を問う』, 453쪽.

62) 국제일본문화연구센터의 설립 과정과 문제점에 관해서는 加藤幸三郎,「國際日本文化研究 センタ-と天皇制」, 歷史學研究會 編,『民衆文化と天皇制』, 靑木書店, 1989 참조. '新京都學派'의 일본문화론에 대한 비판은 鯵坂眞,「'新京都學派'の日本文化論」『文化評論』1986. 5 참조.

은 국제사회 속에서 일본의 위기감이 고조되는 가운데 표출된 내셔널리즘의 한 형태에 다름 아니었다. 다만 그것이 전전의 『국체國體の본의本義』 등과 같이 노골적인 내셔널리즘으로서가 아니라 문화와 문명으로 분식하고 천황을 전면에 내세우지 않고 있다는 점에서 그 이데올로기성을 분간하기 어려울 뿐이다.[63]

이상과 같이 80년대에 등장하는 천황 권위의 강화는 국가 내셔널리즘의 필요성에 의하여 '일본문화론'의 심층구조 속에 자리함으로써 정치적인 비판의 대상에서 동떨어진 위치로 피해 가고 있었다. 그리고 그 내실은 천황이 곧 일본의 전통문화의 상징이며, 단일민족 신화의 중심에 위치하는 것이었다. 천황제를 천년 이상에 걸쳐 지탱해온 일본문화의 특질로 설명하는 비역사적인 논리는 정치가뿐 아니라 일반 시민에 이르기까지 대부분의 일본인들에게 '전통'으로 정착되어갔다. 천황을 일본문화의 중심으로서 일본인의 국민적 아이덴티티를 재구성하는 구심점으로 선전하고, 이를 대부분의 일본인이 무의식중에 아무런 저항 없이 수용하여 갈 때, 전쟁 책임론을 비롯한 역사의식의 발전에 커다란 장해로 작용하게 되는 것은 두말할 나위도 없을 것이다.

2) '쇼와昭和'의 종언과 역사의 망각

1980년대 말의 '쇼와'의 종언과 냉전체제의 붕괴는 일본이 전후 반세기가 지나도록 과거의 역사에 대한 문제를 미해결의 과제로 남겨두고 있었다는 것을 다시 확인시켜주는 계기가 되었다. 패전 후 히로히토의

---

63) 西川長夫는 내셔널리즘이 국익이나 국가에고이즘과 결부되어 있다는 것은 누구의 눈에도 분명한 사실이므로 비판의 대상이 되기 쉽지만 문화·문명은 처음부터 국가의 정치적 이해를 초월한 지고의 이념으로 인식되기 때문에 국민통합의 강력한 이데올로기로서 기능하는 것이라는 점을 지적하고 있다(西川長夫, 『地球時代の民族理論』, 新曜社, 1992, 28쪽).

전쟁 책임 면책과 천황제의 존속은 냉전체제의 세계적인 구도 하에서 가능한 것이었다. 그러나 거의 동시대적으로 발생한 냉전체제의 붕괴와 '쇼와'의 종언은 이제까지 망각해온 역사의 망령을 다시 불러오면서 결착을 볼 수 있는 기회를 가져다 준 것이다. 그럼에도 불구하고 '기억의 공동체'는 뿌리 깊은 역사의 문제점에 대한 진지한 해결을 회피하고 이를 또다시 망각의 피안으로 사라지게 하고 있었다.

히로히토의 중태가 보도된 1988년 9월 19일부터 전국 각지에서 매년 예외 없이 개최되던 운동회의 축제가 중지되고, 황거皇居 앞을 비롯하여 전국의 신사神社에서 천황의 쾌유를 기원하여 기장記帳한 사람들의 수는 무려 육백만에 이르렀다. 일본 열도는 상상을 초월할 정도의 과잉자숙으로 빠져들었으며, 마치 일본에서 당치도 않는 큰일이 일어나고 있다는 착각을 불러일으키게 할 정도였다.[64]

천황 캠페인을 비롯하여 갖가지 기이한 과잉자숙의 현상 등은 전후 일본의 민주주의에 대한 의문과 회의를 제기하는 계기를 가져다주기도 하였다. 천황제를 비판하는 측에서는 천황이 사망한 당일 조기弔旗 게양과 묵도를 거부하고 매스컴의 보도 자세를 비난함과 동시에 천황의 전쟁 책임을 추궁하였다. 그러나 전반적인 과잉자숙의 무드 속에서 조기 게양에 반대하거나 묵도를 거부하는 것은 일탈逸脫된 행동으로 비쳤으며, '일본국민'이기를 거부하는 '이분자異分子'로 간주되는 것을 감수해야 하는 용기를 필요로 하였다. '집단적인 열광'은 폐쇄된 내셔널리즘과 편협한 애국심을 양성함으로써 이질분자의 배제로 이어질 위험성을 다분히 안고 있는 것이었다.[65]

---

64) 천황의 죽음을 전후하여 일본사회를 풍미한 자숙일색 현상의 구체적 실태와 그 문제점에 관해서는 栗原彬・彬山光信・吉見俊哉 編, 『記憶・天皇の死』, 筑摩書房, 1992 ; 岩波新書編輯部 編, 『昭和の終焉』, 岩波書店, 1989 참조.
65) 나가사키 시장의 전쟁 책임 발언과 이에 대한 테러행위도 그 하나의 예라 하겠다. '집단적 열광'의 특징에 관해서는 オリウァ-・トムソン 著, 山懸宏・馬場彰 譯, 『煽動の研究 - 歷史を變

물론 이러한 과잉자숙과 천황 열기의 현상은 민중의 자발적인 동참이라는 측면보다도, 정부와 매스컴의 이데올로기 조작이 크게 영향을 미치고 있었다고 보아야 할 것이다. 천황의 와병이 전해지면서 수상을 비롯한 정부 고관의 해외출장이 취소되었으며, 각 지방자치체를 비롯한 공권력 조직은 각 소속원의 자유의사를 배제하는 형태로 천황 열기에 종속시키는 행정력을 발휘하고 있었다.[66] 히로히토의 사망에 즈음하여 발표된 내각총리대신을 비롯한 입법·사법부의 장과 각 정당의 근화謹話는, '격동의 시대', '세계평화', '국민의 행복', '평화와 민주주의', '국제화', '일본의 상징', '국민통합의 상징', '경애와 신뢰' 등의 단어를 남발하였으며, 공산당을 제외하고는 천편일률적인 논조로 일관하는 놀라움을 보였다.[67] 패전 이후 지속적으로 선전되어오던 평화주의적인 천황상은 히로히토의 죽음을 계기로 절정에 달한 것이다.

히로히토를 '평화주의자'로 선전하는 데 있어서 과거의 전쟁에 대한 역사 왜곡은 불가피한 일이었다. 내각총리대신 근화에서는 태평양전쟁의 개전은 천황의 본의가 아니었다고 전제하고 "전화戰禍에 고통받는 국민의 모습을 차마 보지 못하고 자신의 일신을 아끼지 않고 전쟁종결의 '영단英斷'을 내리셨다"[68]고 하여 상투적인 '신화'를 되풀이하였다. 1945년 9월 27일 맥아더 원수와의 회견에서 모든 책임은 자신에게 있다고 말하였다는 천황의 '용기'도 빈번하게 재생산되었다.[69]

えた世論操作 -』, TBSブリタニカ, 1983 참조.

66) 奧平康弘, 「日本國憲法と '內なる天皇制' 『昭和の終焉』, 3쪽.

67) 『資料集成·象徵天皇制 2·完』, 99~102쪽 참조.

68) 위의 자료집, 99쪽.

69) 松尾尊兌는 천황과 맥아더의 회담이 천황을 이용하여 점령통치를 원활히 하려는 맥아더와, 전쟁 책임을 면하고 지위의 보존을 노리는 히로히토가 천황제 존속을 전제로 협력을 확인한 것이라는 점을 실증적으로 밝혔다(松尾尊兌, 「考證昭和天皇·元帥第1回會見」『京都大學文學部紀要』29, 1990). 이 밖에도 천황제를 옹호하는 입장의 兒島襄도 회견의 내용이 상식적으로 전해지는 '神話'와 다르다는 점을 밝히고 있다(「天皇とアメリカと太平洋戰爭」『文藝春秋』1975. 11. 12).

정부의 평화주의적인 천황상의 선전 이상으로 천황찬미를 구가한 것은 매스컴이었다. 신문·텔레비전을 비롯한 매스컴은 비판정신을 상실하였으며, 역사에 대한 무책임과 획일적인 보도자세로 일관하였다. 히로히토는 '성단聖斷'에 의하여 전쟁의 비극을 종식시키고 전후 번영을 구축한 천황으로, 과학자이며 평화를 애호하는 천황으로, 그리고 국민의 행복을 위해 노력하는 인자한 천황으로 선전되고 있었다. '기억의 공동체'는 '쇼와'의 종언을 계기로 전쟁을 평화로, 비참을 영광으로 바꾸는 역사 왜곡을 서슴지 않았다. 재일 프랑스 신부가 "전후 일본의 힘을 낳은 것은 망각의 능력과 미래에 대한 집중"[70]이라고 말하였듯이 천황의 전쟁 책임을 애매하게 하고, 전전의 역사를 망각하며, 전후 일본의 경제 발전을 긍정하는 '기억의 공동체'는 실로 역사인식의 황폐화를 보여주는 것이었다. 천황의 평화주의적 인격을 되풀이해서 부각시키는 정부와 매스컴의 공세에 접하는 일반 민중은 어느새 개인적인 견해와 독창성을 상실하고 이러한 지배적인 정신과 사상 속에 매몰되어가지 않을 수 없을 것이다.[71]

정부와 매스컴의 대대적인 천황캠페인이 효과를 거두고 있었다는 사실은 당시의 여론조사를 통해서도 엿볼 수가 있다. 1989년 3월에 실시한 대학생의식조사에 의하면 히로히토에 대한 친근감이 1988년 10월 조사에서 26.7%였던 것이 36.1%로 증가하고 있으며, 천황사망에 관한 특별방송 시청시간과의 관계에서 천황에게 전쟁 책임이 있다고 답한 자를 보면 4시간 미만이 50.8%, 4~7시간이 48.1%, 7시간 이상이 40.4%의 수치를 보이고 있었다.[72]

---

70) 『朝日新聞』 1989년 2월 8일.

71) 정보전달 매체를 통한 천황열기의 확대가 국민통합에 유효한 기능을 하고 있었다는 점과 그 문제점에 관해서는 栗原彬, 「'想像の共同體'としての天皇制と情報の構造」 『情報支配·天皇制というイデオロギ-裝置』, 軌跡社, 1990 ; 門奈直樹, 「天皇死去報道の思想」, 106쪽 ; T. 후지타 二, 『天皇のペ-ジェント』 등 참조.

이 밖에도 히로히토의 전쟁 책임에 대한 『朝日新聞』의 조사에서는 '있다' 25%, '없다' 31%, '잘 모르겠다'가 38%이며,[73] 『毎日新聞』의 조사에서는 '있다' 31%, '없다' 35%, '모른다' 29%였다.[74] 여기서 '없다'와 '잘 모른다'를 합하면 대체로 과반수 이상이 천황의 전쟁 책임을 명확하게 인정하지 않고 있다는 것을 알 수가 있다.

'기억의 공동체'가 과거의 어두운 역사를 집단적으로 망각해 가는 과정은 '代替り(황위계승)'의 국가적인 의례과정을 통하여 한층 두드러지게 나타나고 있었다. 즉위식과 장례식에서는 황실의례의 역사와 전통을 심미화하여 군주의 신성한 권위성을 크게 부각시키고 있었으며, 특히 다이죠사이大嘗祭는 천황이라는 지위에 신비감과 권위성을 부여하는 중요한 의식으로 행해짐으로써 상징천황상의 신비화가 극에 도달하였다.

이와 같이 신천황 아키히토의 즉위와 히로히토의 장례식, 그리고 다이죠사이로 이어지는 '황위계승'의 의례과정은 후지타니가 '전자 미디어의 페이전트'라고 부르듯이, 텔레비전 화면을 통한 '국가적인 식전'으로 전개되었다.[75] 대부분의 국민들은 안방이라는 개인적인 공간에 침입한 텔레비전의 국가적인 이벤트로부터 벗어나기가 용이하지 않았다. 황위계승 과정에 대한 텔레비전의 보도를 통하여 국민들이 보는 것은 천황제의 실체가 아니라 선별된 정보뿐이었다. 텔레비전은 장례식 행사를 중계할 때 히로시마의 평화기념공원에서 기도하는 사람들의 모습을 비춤으로써 히로히토와 평화의 이미지를 일체화시키는 화상을 의도적으로 연출하기도 하였다.[76]

---

72) 『讀賣新聞』 1989년 3월 4일.
73) 『朝日新聞』 1989년 2월 8일.
74) 『毎日新聞』 1989년 4월 29일.
75) T. 후지타니, 앞의 『天皇のペジェント』, 제5장 참조.
76) 위의 책, 178~192쪽.

한편 텔레비전에서는 히로히토의 64년간에 이르는 재위 기간을 통하여 결코 분리해서 이야기할 수 없는 소수민족에 대한 차별, 가부장제의 상징, 식민지 지배와 침략전쟁, 강제연행, 종군위안부, 오키나와전에서의 '황군'에 의한 주민학살과 집단자결, 원폭투하, 731군부대 등과 같은 고통과 비극의 역사에 관해서는 거의 보도하지 않았다. 뿐만 아니라 전반적인 황위계승 과정을 통하여 재일조선인, 오키나와인 등과 같은 소수자의 천황제에 대한 갖가지 반대행동이나 반대의견의 내용은 전혀 보도하지 않은 채 이를 단순한 구경거리로 취급하고 있었다.[77]

이러한 과정 속에서 민족차별과 식민지 지배, 그리고 침략전쟁으로 상징되는 전전戰前의 어두웠던 역사를 기억 속에서 적극적으로 망각함과 동시에 식민지 지배나 침략전쟁과는 거리를 가지는 신천황을 '평화'와 동일화시키려는 경향은 한층 두드러지게 되었다. 이제까지 히로히토가 평화적인 이미지를 강조하면서도 전쟁과 관련되는 어두운 역사에서 완전히 자유롭지 못했던 데 비하여, 신천황을 전쟁이라는 이미지와의 단절 속에서 '평화'의 상징으로 장착시키려 한 것이다.

그러나 신천황의 즉위가 곧 '쇼와'의 어두운 역사와의 단절을 완결하는 것은 아니었다. 신천황은 1989년 1월 9일 궁중에서의 '조견朝見의 의儀'에서 "되돌아 보건대 대행천황大行天皇(히로히토: 필자주)께서는 재위 60여 년에 걸쳐 오로지 세계평화와 국민의 행복을 기념祈念하시고, 격동의 시대에도 항상 국민과 함께 수많은 고난을 극복하시어 오늘날 우리나라는 국민생활의 안정과 번영을 실현하고 평화국가로서 국제사회에서 명예 있는 지위를 차지하기에 이르렀습니다"[78]라고 하여 히로히토를 '평화주의자'로 공언하였다.

77) 安田常雄, 앞의 「象徴天皇制の50年」, 232쪽.
78) 「1998年1月11日 宮内廳告示 第2号」『ジュリスト』938, 110쪽.

이와 같이 신천황의 즉위를 계기로 '평화주의자' 히로히토의 '신화'를 재확인하고 어두운 역사의 중하重荷로부터 해방되고자 할 때 상징천황제가 안고 있는 역사 왜곡의 속성은 그대로 계승되는 것으로 보아야 할 것이다. 신천황이 같은 해 8월 4일의 기자회견에서 히로히토의 전쟁 책임에 관한 질문에 대하여 "언론의 자유를 지키는 민주주의의 기초로서 매우 소중한 일이며, ……현재 세계는 모든 나라가 국제사회의 일원이라는 입장에 서지 않으면 인류의 행복은 얻을 수 없다"[79]고 답한 것도 문제의 본질을 회피한 답변에 다름 아니며, 그릇된 역사인식의 단면을 보여준 것이라 하겠다.

뿐만 아니라 침략과 가해의 역사에 대한 근본적인 반성이 없이는 '쇼와'의 어두운 역사에서 결코 자유로울 수 없다는 사실은 최근 신천황의 유럽 방문에서 유럽의 민중들이 보여준 비판적인 반응으로도 알 수 있는 일이다.[80] 과거의 어두운 역사가 전후에도 여전히 존속하는 천황제의 문제와 함께 논의되지 않는 한 근본적인 역사인식의 극복은 기대하기 어려울 것이다.

5. 맺음말

패전 후 상징천황제는 히로히토의 전쟁 책임을 면책하고 천황제를 존속시키려는 일본과 냉전체제 하에서 일본의 공산화를 저지하려는 미국의 정치적 이해가 결합되어 탄생하였다. 결국 상징천황제의 존속으로 인하여 일본의 전쟁 책임과 전쟁범죄의 중요한 부분들이 역사적 심판을 거치지 않은 채 망각되어 갔으며 국민의 주체적인 전쟁 책임의식의 형성

---

79) 『讀賣新聞』 1989년 8월 5일.
80) 『조선일보』 1998년 5월 27 · 28일자 국제면 참조.

에도 중요한 장해요인이 되었다.

뿐만 아니라 상징천황제가 전전과의 연속성을 불식하지 않는 한 과거의 역사를 왜곡하지 않을 수 없는 필연성이 있었다. 물론 미국과 일본의 '합의'에 의하여 탄생한 상징천황제는 천황의 신권적 권위와 정치적인 권한을 전적으로 박탈당하였다는 점에서 절대천황제와의 사이에 명백한 단절성을 가지고 있었다. 그러나 상징천황제는 그 내실에 있어서 절대천황제의 전통적인 권위를 대부분 그대로 계승하고 있었으며 국민통합의 중심적인 기능이라는 점에서도 전전과 크게 다를 바가 없었다. 더구나 히로히토라는 동일한 인격이 전전과 전후라는 기본적으로 다른 시대를 '상징'이라는 애매한 개념으로 연결함으로써 천황의 전쟁 책임을 은폐하고 과거의 역사를 정당화하려는 욕구는 더욱 강하게 분출되지 않을 수 없었다.

전후정치사의 흐름 속에서 상징천황제의 역할을 논할 경우, 흔히 고도경제성장기 기업사회의 형성으로 인하여 국민통합의 중심적인 기능이라는 상징천황제의 이데올로기적인 역할이 크게 감소하였다고 보는 것이 일반적이다. 그러나 이를 전후 일본의 역사인식과의 관계에서 볼 때, 상징천황제의 존재는 과거의 역사를 왜곡하고 정당화하는 요체로서의 역할을 일관해 왔다고 할 수 있다. 천황은 갖가지 국가의례에 지속적으로 모습을 나타내면서 원수적인 역할을 연출하였으며 이러한 '공식 문화'를 통하여 전전의 천황제 이데올로기를 보강하는 기호나 표상들도 끊임없이 재생산되어왔다. 이와 같은 전전과 연속성을 가지는 이데올로기 장치를 재생산하면서도 한편으로는 상징천황제를 '평화주의'와 결부시키려는 노력이 꾸준하게 전개되어왔던 것은 실로 역사인식의 모순을 상징적으로 말해주는 것이라 하겠다.

상징천황제의 이러한 기능은 과거의 어두운 역사와는 거리를 가지는 신천황이 즉위한 이후에도 기본적으로 변하지 않았다. 오히려 신천황의 새로운 이미지가 평화주의적인 선전과 부합하면서 천황제를 둘러싼 문제가 정치적·사회적인 쟁점의 대상에서 제외되어가고 있다는 점에 더욱 심각한 문제가 있다고 보아야 할 것이다. 예를 들면 최근의 전후보상이나 역사교과서 문제를 둘러싼 논의 속에서도 침략전쟁에서 가장 핵심적인 역할을 한 천황제의 문제는 유일하게 거론되지 않고 있다. 또한 일본 국회에서의 '부전결의'에 있어서도 전쟁에 대한 반성의 표명과 반전결의 속에 천황제는 전혀 언급되지 않았다. 상징천황제는 전쟁이나 침략과는 전혀 무관한 '평화 일본'과 민주주의의 상징이라는 새로운 '전통'이 정착되어 가고 있는 것이다.

평화주의와 민주주의, 그리고 헌법에 충실한 상징천황상이 일본국민들 사이에 당연한 상식으로 정착되어 가면 갈수록 과거의 어두운 역사에 대한 왜곡과 망각은 한층 치유 불능한 상태로 은폐되어 갈 것이며, 역사적 의미가 가지는 중요성이나 정치적 쟁점에서 멀어지는 천황제는 더욱 더 눈에 띄지 않는 구조적인 장애물이 되어 갈 것이다. 이를 극복하기 위해서라도 천황의 전쟁 책임을 비롯하여 역사인식과의 관련성에 대한 논의는 더욱 활성화되어야 할 것이다.

2부 동아시아 문학 민족담론과 비판적 시각

한국문학 연구의 동아시아적 시각과 세계적 지평

임형택 林熒澤

1. 논점의 방향

혹자는 지금 이 시대를 '근대' 이후로 보는 것 같다. 그러나 역사적 의미의 근대는 자본제 사회라는 관점에서 말할 때 아직은 근대를 넘어선 역사단계로 규정지을 수 없는 듯하다. '세계화'는 자본주의의 전지구화를 향한 마지막 행보인데, 거기에 초강대국의 헤게모니를 전일적으로 땅 끝까지 관철시키려는 음모가 담겨 있다는 점도 부인할 수 없는 사실이다. 그런데, 지난 19세기 말 20세기 초의 한반도상에서 위정척사론衛正斥邪論이 취했던 것처럼 '세계화'를 막무가내로 거부하고 외면하는 방식은 (그때도 큰 의미를 갖지 못했지만) 이젠 그렇게 하기 더욱 어려운 상황이 된 것으로 보인다. 그렇긴 하나, 자본주의는 거의 극에 다다라 거대 자본의 횡포 및 제어 능력을 상실한 발전의 부작용은 너무나 현저해서 '이거 큰일이네' 하는 위기의식이 지난 1백 년 전에 견주어 지구적으로, 인류적으로 공감대의 폭이 확산되었다. '세계화'의 추세를 전인류의 화합과 우주자연의 안녕安寧으로 활용하는 지혜를 희구하고 있는바 그것은 꼭 불가능하지만은 않다는 생각이 든다.

한편에서 인문학의 위기를 우려하는 목소리가 들린다. 신자유주의가 판을 치는 사회, 지식정보화의 시대에 있어서 인문학이 설자리는 자꾸 좁아드는 것이 또한 현실이다. 물론 지금의 위기는 인문학의 바깥에서 밀려든 것이지만 인문학 자체에도 반성할 소지가 적지 않은 것 같다. 근대학문의 체계 속에서 분절화·기능화된 인문학은 스스로 인문정신을 팽개치고 '얼치기 과학'으로 위장을 한 점을 먼저 지적해야 할 것이다. 근대라는 환경에 순응하다보니 인문학의 근본을 상실하고 마침내 존재 의의마저 스스로 잃어버린 꼴이다. 문제는 지금의 위기 국면에 처해서 대응 능력—인문정신을 되살리기 어렵게 되었다는 것이다.

필자의 개인적인 소견이지만, 인문학의 의미를 회복하는 데 관건은 다른 어디가 아니고 인문학과 문학의 재결합에 있다고 주장한다. 우리가 잘 알고 있듯, 인문학과 문학은 당초에 하나였다. 문학은 '상상적 글쓰기'라고 근대적으로 규정되면서 인문학으로부터 분리되었던 바, 문학을 분가시킨 인문학은 결국 문학성의 탈각으로 인해 마침내 스스로 인문정신을 상실해버린 것이 아닌가 한다.

지금의 상황은 인문학의 위기뿐 아니라 문학 또한 위기를 맞고 있다고 보겠다. 문학은 근대적인 교환경제의 구조 속에서 문화 상품의 일종으로 발전해왔다. 때문에 문학의 의미 또한 '예술로서의 문학'으로 규정되기에 이른 것이다. 이때 '상품적 가치'와 '문학적 가치'는 모순을 일으키기 마련인데 양자의 모순의 접점에서 묘하게 창조성이 발휘되곤 하였음을 허다히 보아왔다. 아슬아슬하지만 그런대로 균형을 이룬, 그런 경우들이다. 그런데, 오늘의 신기술의 발전으로 문학의 기반인 인쇄 매체가 뒷전으로 밀리는 한편, 편향된 발전논리·경제논리에 의해서 '문학적 가치'는 살아남기 어렵게 되고 있다. 상품적 가치로 편향하여 종래의 아슬아슬했던 균형마저 깨어지는 지경이다.

인류사회에서 '문학적 가치'란 필히 옹호되어야 하는 것이며, 인문정신은 군이 애써 찾을 필요가 과연 있느냐? 확실히 이런 의문도 제기해 봄직하다. 사실 또 현대사회의 주도적인 논리는 문학이나 인문학의 진정한 의미 따위는 염두에 두는 것 같지도 않다. 바로 이 점이 문제점이다. 인간 고유의 양심·양지良知를 되살리고 인간과 자연이 더불어 영구히 생생生生을 누려갈 방도를 모색하자면 우선 문학이 왜곡된 인간 본연의 정감을 불러일으키고 인문학이 반성적 사고를 일깨워야 한다고 여기는 때문이다. 그런 뜻에서 반인문·반문학에 대항하여 인문학과 문학의 재결합을 제의하는바 한국문학의 학적인 존재의의 또한 바로 이 대목에서 추구해야 할 것으로 판단하는 터이다.

이 글의 논제는 '한국문학연구의 동아시아적 시각과 세계적 지평'이다. 한국문학의 학은 '세계화'에 대응하여 '동아시아적 시각'으로 추스르고 새로운 '세계적 지평'을 열어가자는 그런 취지를 갖고 있다.[1]

2. 학적 사고의 안과 밖

필자 자신 일제 식민지 시기의 끝자락에서 태어났는데 앞 세대 일반에 대해 가졌던 의문이 한 가지 있었다. 저 세대들은 일제의 교육제도 하에서, 일본어로 교육을 받았으면서도 왜 일본사 전공자는 한 분도 없고, 일본문학을 즐겨 읽으면서도 학문적으로 접근하려 하지 않았을까? 일본을 잘 안다고들 자부하면서 일본을 정작 학적으로 인식할 줄은 몰랐다고 보아야할 것이다. 물론 일본에 대한 감정적 거부반응이 요인이 되

---

1) 필자는 평소 자신이 하는 학문에 대해 스스로 반성도 하고 어떻게 해야 할 것인가 나름으로 생각도 하여 견해를 표명한 바 기왕에 누차 있었다. 논문 형식의 글로서는 「국문학, 무엇을 어떻게 할 것인가」(『창비 1987』, 1987. 『실사구시의 한국학』, 창작과비평사, 2000 수록), 「분단 반세기의 남북의 문학연구 반성: 實事求是의 관점에서」『민족문학사연구』제1집, 1991. 『한국문학사의 논리와 체계』(창작과비평사, 2002 수록), 「The Meaning of East Asia and Confucian Culture : In Search an Independent Approach to East Asian Studies」(**Sungkyun Journal of East Asian studies**, V.1 N.1 2001)을 들 수 있으며, 좌담 형식을 통해 발언한 경우로는 「한국문학연구와 동아시아문학」(『민족문학사연구』제4호, 1993)과 「지구화시대의 한국학 : 민족주의와 탈민족주의의 긴장」(『창작과 비평』96, 1997)을 들 수 있다. 본고는 이들에 표명된 견해 및 논리를 수렴하되 당면한 상황을 고려하여 다소간 논의를 진전시켜보고자 한 것이다.

었겠다. 뿐 아니고 일제 식민지 통치가 조선인들을 그쪽으로는 유도하지 않았으며, 조선인들 또한 일본교육을 추종하면서도 배우는 목적지는 일본의 학술 문화가 아니고 서구의 학술 문화에 있었다. 이런 등의 사실로 미루어 대략 이해가 되긴 한다. 허나 '나'를 지배하는 타자에 대한 체계적 인식의 결여 이 자체를 우리는 식민성의 결과로 깊이 짚어보아야 할 것이다. 일본측의 식민지 조선에 대한 조사·연구에 견주어 본다면 어떤가? 각 분야에 걸쳐서 샅샅이 파고든 일본인의 조선학 실적은 지금에도 놀라운 바 있다. 조선을 공고히 지배하기 위한 식민지학으로서의 성격을 띤 것임이 물론이지만, 오히려 그렇기에 "지피지기知彼知己면 백번 싸워도 위태롭지 않다[白戰不殆]"[2]고 한 손자병법孫子兵法의 격언을 떠올려 볼 때 이모저모로 생각케 한다.

근대 이전의 단계에서 중국 인식은 어떠했을까? 중국과는 실로 오랜 기간 관계를 맺고 문화적으로 가장 활발하게 교류하여 그야말로 '소중화'라 일컬어질 정도였다. 옛날 지식인이라면 중국 고전을 입이 닳도록 외우고 한문을 능수로 쓸 줄 알아야 했다. 하지만, 엄밀한 의미에서 중국에 관한 학문은 부재한 상태였다고 말해야 옳을 듯하다. 달달 외운 중국의 역사, 중국에 관한 지식은 조선인의 입장에서 연구 조사하고 인식한 것이 아니지 않았던가. 일본에 관한 학문의 부재 자체가 '식민성'의 한 현상이라고 보겠거니와, 근대 이전의 중국에 대한 인식 태도 역시 중국중심주의에 매몰된 결과, 즉 '노예성'에 다름 아니다. 타자를 객관화해서 똑똑이 보지 못하는데 자기 자신인들 어떻게 객관적으로 살필 수 있었겠는가? 손자병법을 다시 인용하면 "부지피不知彼 부지기不知己면 매전필패每戰必敗라"고 했으니, 무자각 상태에서 굴종이 있었을 뿐이라 하겠다.

이런 유형의 중국 인식론과 실학은 차별화해서 특히 그 의미를 평가

---

2) 『孫子·謀攻』(『武經七書註釋』 16면, 解放軍出版社, 1986, 北京).

할 필요가 있다고 본다. 실학에서는 주체의 자각이 뚜렷하여, 그 학문적 성과가 실학이란 이름을 얻게 된 것이다. 류형원의『반계수록磻溪隨錄』으로부터 정약용의『목민심서牧民心書』, 그리고 최한기의『인정人政』에 이르는 경세적經世的인 저작들은 오늘의 개념으로는 사회과학에 해당한 것이다. 중국 고전에 대해서도 본격적인 연구분석이 시작되어 경학經學이란 학문을 실로 방대하게 축적시켰다. 경학과 경세학 이 양자는 주체의 확립과 주체의 실현이라는 안과 밖의 관계를 갖는 것이었다. 다시 말하면 주체적인 자아인식과 객관적 세계인식은 표리의 관계를 갖는다.

　　여기서 사례의 하나로『열하일기熱河日記』를 들어 보겠다.『열하일기』는 요컨대 한 실학파 지식인의 중국기행문이다. 이에 대해 높이들 평가하고 많이들 거론해 왔지만, 근대의 분화된 지식체계에는 유감스럽게도 그것을 전체로서 파악할 틀이 없었던 셈이다. 학술과 문학을 통일적으로 인식하지 못해서 성격 자체를 애매하게 넘겼을 뿐 아니라, 문학으로 인식하는 경우에도 분류체계 어디에도 끼워 넣기 마땅찮았다. 말하자면 그것을 인지할 코드가 없어 장님이 코끼리 만지듯 되고 말았다. '국문학'은「허생전許生傳」과「호질虎叱」이란 제목으로 그 속에서 2편만을 자의적으로 분리, 특별 취급하였던 사실을 우리는 익히 알고 있다.

　『열하일기』는 북학北學의 명저라는 것이 학계의 통설이다. 필자 역시 이 통설을 부인하지 않고 있다. 중국은 동아시아 세계의 전통적 중심부일 뿐 아니라, 서세동점西勢東漸이란 새로운 세계사의 조류를 인지하는 데도 당시 조선으로서는 거의 유일한 창구였다. 바야흐로 세계 대국大局이 어떻게 변하느냐? 거기에 조선은 어떻게 대응하고 참여할 것인가? 중국을 직접 답사한 박지원 시각의 초점은 바로 여기에 있었다.「허생전」이 들어 있는『열하일기』의「옥갑야화玉匣夜話」에서는 허생의 입을 빌어 우리나라의 지식인 및 상인들을 중국의 선진 지역으로 진출시킬 것을 제안한다. 동아시아의 변혁을 위한 진보적 세력의 국제적 연대를 구상한 듯 보인다. 『열하일기』에서 북학의 논리는 '천하대세의 전망'이란 대주제에 딸린, 대국적·정치적 변혁의 물적物的 기반으로 제기했던 것으로도 해석할 수 있다. 그럼에도 『열하일기』를 논할 때 대주제는 덮어둔 채 왜 북학만을 대서특필하였을까? 한국 근대의 정신적 문제점을 고스란히 보여준 사례라고 하겠다. 필자는 기왕에 『열하일기』를 분석하면서 이 점을 거론한 바 있다.

> 그런데 왜 오늘날 우리들은 『열하일기』를 중시하면서 그것의 핵심주제를 간과하였을까? 해답이 간단히 떨어질 물음은 아니겠으나 이 또한 우리의 특수한 현재적 상황의 반영으로 생각된다. 오늘날 미국과 긴밀한 관계를 맺어왔고 학계 및 일반의 관심과 유행이 온통 그쪽에 경도되어 있음에도 아직 『열하일기』에 비견되는 주제의식을 담은 '미국기행'이 한 권도 나오지 않은 현재의 한국적 풍토와 무관하지 않을 것이다.[3]

북학이란 요컨대 중국의 선진기술을 도입하자는 의미를 담은 개념이다. 지난 반세기 오직 서양 따라가기에 바빴던 근대화 논리가 『열하일기』를 북학의 측면으로만 치우쳐 과장해 보도록 한 것이다. 한국 근대의 특수한 사정이 안으로 주체적 자각을 애매하게 만든 나머지 밖으로 세계인식 또한 모호하게 만들었던 것으로 판단된다. 자아와 세계는 인식론적으로 각각 떨어져 있는 것이 아니다. 『열하일기』의 경우 그 작가의 자아 각성이 남달리 청초淸楚하였기에 세계인식이 또한 가능해서 위대한 작품으로 남을 수 있었다는, 일종의 성공사례로 평가할 수 있겠다.

필자가 지금 『열하일기』를 거론한 목적은 『열하일기』에 있지 않다.

---

3) 임형택, 「朴趾源의 주체의식과 세계인식 : 『熱河日記』 분석의 시각」, 『실사구시의 한국학』, 창작과비평사, 2000, 154쪽. 이 논문은 원래 대동문화연구원 제3회 국제학술회의논문집 『동아시아 삼국 고전문학의 특징과 교류』(1985)에 발표된 것임.

『열하일기』에서 작가정신의 최대 고심처요 해석의 관건어關鍵語인 세계
인식에 대한 몰각, 이 엄연한 현상은 자아의 결여와 일맥상통하는 것이
다. 바로 한국 근대학문의 맹점을 여지없이 드러낸 대목이다. 『열하일기』
의 위대한 성취를 가능케 했던 안과 밖의 인식을 명색 근대 지식인으로서
해득하지 못한 이 사실을 일깨우고자 한 때문이다.

　자아는 타자에 비추어야 보이는 법이다. 한국문학은 세계문학의 조
명을 받아야 한다는 논리가 성립한다. 이 점에 있어서 우리가 연구하고
가르치는 '국문학'이란 개념부터 재고할 필요가 있겠다.

　'국문학'이란 용어 자체가 벌써 자아의 객관화를 차단한다. 일화 하
나를 들어보자. 벌써 40년이 지났지만 필자가 대학에 입학하여 과연구실
에서 학과 소개를 받는데 이상한 것들이 눈에 들어왔다. 과연구실의 한
벽면의 서가는 일본문학 관련 서적들로 잔뜩 채워져 있지 않은가. 먼지
가 듬뿍 앉은 상태로. 그 방은 경성제국대학 시절 국문학과國文學科 연
구실이었다. 일제 식민지하에서 '국어국문학'은 일본어문학이었고 우리의
어문학은 '조선어문학'으로 불리었다. 민족주권을 회복하자 '국어국문학'
이란 학문 주권을 회복한 셈이다. 이는 일단 당연한 귀결이라고 보겠지
만 지금까지 그대로 '국어' 혹은 '국문학'으로 통용되고 있는 것은 이모저
모 반성할 점이다.

　따지고 보면 이들 용어는 일본어의 '코꾸고[國語]'와 '코꾸분가꾸[國
文學]'를 차용한 것이다. '코꾸[國]' 돌림자들은 일본이란 근대국가가 안
으로 국수적 천황제 체제로 변질되고, 밖으로 침략적 제국주의로 발전하
는 과정에서 정착된 것이라 지적되고 있다.[4] '코꾸시[國史]'와 함께 '코꾸
꼬'나 '코꾸분가꾸'에는 분명히 이데올로기가 묻어 있으며, 그것이 우리

---

[4] 이에 관해서는 Gomori Yoichi, 「Nationalism in Modern Japan」(Sungkyun Journal of East Asian Studies,
　V.1, N.1, 2001, Seoul)에서 지적된 바 있으며, 한국문학의 반성적 문제제기는 최원식,
　「한국문학의 안과 밖」(『민족문학사연구』, 제 17호 2000)에서 이루어진 바 있다.

만 아니라 동아시아, 그리고 범인류적 차원에까지 질곡으로 작용했던 터이다. 일제 잔재의 청산에 무척 열을 올려 왔지만, 정신적 얼룩들이 씻겨지지 않고 남아 있다고 하겠다.

지금 한국에서 국어니 국문학이니 하는 말들은 국가제도상에서 중대한 위상을 차지하는 개념이며, 또 누구나 별다른 생각 없이 관행적으로 쓰고 있다. '국문학'은 분명히 민족주의와 상관관계가 있는 개념이다. '국문학'을 그대로 통용하는 한국의 민족주의는 객관을 결여하고 있는바 그나마 일제의 잔재를 무비판적으로 수용한 것이라는 혐의를 떨쳐버릴 수 없다.

필자는 개인적으로 '국문학'은 한문학에 대칭적 의미로 한정해 쓰고 우리 문학 전체를 가리키는 경우는 '한국문학'으로 표현하고 있다. 지금의 '세계화' 시대에 대응하자면 '한국문학'을 정식용어로 채택하는 것이 불가피하다고 본다. 단순히 개념상에서 그칠 일이 아니요, '국문학'을 '한국문학'으로 이름을 바꾸는데 따르는 학적 사고의 일대 전환이 요망되고 있다.

3. 한국문학의 동아시아적 시각

한국문학 연구가 일국적 시계를 넘어서 세계문학에 비추어 보고, 인류보편의 차원에서 의미를 갖도록 하자면 방법론적 난관이 없을 수 없다. 그야말로 천장지구天長地久의 시공간에 무수한 민족국가들의 고금의 문학을 도대체 무슨 수로 다 살피고 따져서 논한단 말인가? 모쪼록 정직하게 서두르지 말고 아는 만큼 펼치되 요는 사고의 틀[패러다임]을 어떻게 잡느냐가 긴요하다.

한국문학의 연구자 입장에서 밖을 고려할 때 사고의 틀은 일단 두

단계로 나누어서 설정할 필요가 있다고 본다. 여기서 글의 제목으로 내세운 '동아시아적 시각'과 '세계적 지평'이 그것이다. 이 단원에서는 동아시아를 사고의 틀로 잡은 배경 및 그 현실적 중요성, 그리고 그것을 한국문학연구에 적용하는 문제를 대략 검토해 볼까 한다.

동아시아라고 하면 통상적으로 한·중·일 삼국을 가리키게 된다. 문화적 개념으로 동아시아라면 응당 베트남까지 포함시켜야 할 것이다. 이 동아시아는 서구 주도의 근대로 진입하기 전에는 한자문화권(정신적 측면으로 보면 유교문화권)이라는 하나의 세계로 존속해 왔다. 근대 이후로 동아시아 문화권은 급속히 해체되는 길을 걸었는데 그 과정에서도 상호간의 유사점·차이점은 비교의 시각을 제공하고 있다. 아울러 상호관계가 밀접하면서 갈등을 일으켰던 사실도 유의해야 할 점이다

동아시아를 하나의 인식단위로 설정하는 것은 매우 타당한 듯 보인다. 그러나 실제에 있어서는 그렇지 못했으며, 근래 와서 동아시아 담론이 자못 성행하고는 있지만 알맹이가 부족하고 다분히 겉도는 인상이다. 동아시아는 지리적 의미로 그치지 않는 하나의 문화권으로서 실감하고, 하나의 공동체라는 인식을 공유하게까지 되려면 아직은 멀다. 지구상에서 역사·문화적으로 동아시아와 대칭을 이룬 곳은 서유럽이다. 유럽공동체와 같은 수준의 통합·교류를 동아시아에서는 주장들은 하지만 성사되기 어려운 상태인데 그 원인은 어디에 있을까? 물론 동양과 서양은 역사적 배경이 워낙 다르고 현실적 조건이 판이해서 '(동북)아시아 공동체'는 앞으로도 좀처럼 출현할 수 없을 것으로 전망된다. 그렇지만 동아시아라는 데에 대해 적어도 상호 인식의 공유는 있어야 할 것이다. 바로 이 인식의 공유를 가로막는 결정적 요인이 동아시아 내부에 있다.

중국의 경우 역사적으로 동아시아 세계의 중심부였거니와 현재적으로도 워낙 거대하다. 중국인들은 과연 동아시아의 여러 국가들 가운데 하나로 상대적 위상의 중국을 인식하고 있는가? 저들의 머리 속에는 동

아시아란 개념이 당초 입력되어 있지 않은 듯 보이기도 한다. 지금 중국에서 일반적으로 통용되는 '중서中西'라는 표현에 단적으로 드러난다. 동아시아와 서유럽을 범칭하는 동서東西란 말을 중국인들은 거의 쓰지 않고 으레 중서中西라 하고 있다. 중국인 일반의 의식구조에 중국중심주의가 청산되었는지 자못 의심이 가지는 대목이다.

동양東洋이란 말을 서양의 대척적인 개념으로 처음 등장시킨 것은 근대 일본이다. 일본인의 경우 동양이란 개념은 중국중심주의에 대한 청산적·대체적代替的 의미를 내포하고 있는바 거기서 그치지 않고 대륙으로 자기 영역을 확장하고자 하는 야욕을 기르고 있었던 것이다. 이른바 대동아공영권大東亞共榮圈의 논리로 귀착되기에 이르렀다. 20세기의 허구적·침략적인 대동아공영권의 논리가 21세기에 다시 부활하진 못하겠지만 연대·화합을 위한 동아시아의 개념에 상흔으로 남아 있다는 것이다. 문제는 그 원인 제공자인 일본이 안으로 깊이 반성하려 않고 밖으로 피해자들에게 솔직히 사죄하지 않는다는 데 있다. 이는 과거의 일로 그치지 않고 현대 일본의 우경화와 정신적, 현실적으로 연계되어 있기 때문이다. 일본지식인들은 중국지식인들과 달리 동아시아 담론에 관심을 두고 적극적인 제안을 내놓기도 하지만 그 저의를 들여다보면 20세기 동아시아에서 자기들이 누렸던 우위를 견지하려는 뜻을 숨긴 것 아니냐는 의구심을 불러일으키는 경우가 적지 않다.

이렇듯 동아시아적 시각은 회의적으로 비치는 측면이 없지 않으며, 그 실효 또한 낙관하기 어렵다. 그렇다 해서 동아시아를 인식의 범주로, 실천의 차원으로 고려할 필요가 없는가? 필자는 역설逆說 같지만 그렇기 때문에 도리어 동아시아적 시각을 똑바로 일으켜 세우고 그 방향으로 역사를 힘차게 밀고 나갈 필요가 있다고 감히 주장한다.

한반도가 지정학적으로 중요하다는 점은 너나없이 말하고 있다. 중국과 일본 사이에서 균형을 잡아주는 역할은 한반도이다. 지난 세기에 한반도상의 남북 분단의 갈등은 한반도뿐 아니라 동아시아 민족국가들의 대립 반목을 초래했으며, 동아시아적 시각을 차단하는 주요인으로 역기능을 하였다. 분단 갈등의 해결 또한 동아시아적 시각에 의해 풀어야 할 21세기의 우선 과제이다.

한국문학 연구에서 동아시아적 시각은 어떻게 학적 구체화를 이룰 것인가? 우리가 이 실천적 과제를 수행함에 당해서 따로 정해진 원칙이 있을 수 없겠으나 워낙 복잡하고 만만찮은 과제이므로 거기에 중점과 요령은 있어야 할 듯싶다. 이에 관한 필자 자신의 견해를 일단 들어 두겠다.

한자문화권 안에서의 보편성과 특수성의 양상

동아시아 국가들의 제반 양상은 근대 이전과 이후로 판연히 구별되어 있다. 근대 이전의 시대에는 한자문화권에 속해 있었다는 사실이 무엇보다 중시되어야 할 점이다. 보편적 문어—한문으로 보편적 형식에 따라 글쓰기를 했기에 한자문화권이라고 부르는 것이다. 근대 이전의 동아시아 국가들에는 보편적 문학이 (국민문학과는 성격이 다른 것이지만 그런대로) 뚜렷이 존재했다. 중국의 고전문학, 한국·일본·베트남에 두루 수용, 발전했던 한문학이 그것이다. '보편적 문학'과 함께 각기 자국의 고유한 문학 형식이 따로 또 존재했다. 한국의 경우 시·산문 같은 한문학에 대해서 시조·가사류의 국문학이 그것이다. '보편적 문학'에 대해서는 응당 한자문화권의 보편성을 기본전제로 해야 할 것이다. 비교문학적 관점은 이 점을 고려하지 않았던 것 같다. 기왕의 비교문학연구에서 문제점의 하나로 지적할 사안이다. 동아시아 각국의 보편성과 특수성의 관계 양상은 흥미로운 비교의 시각을 열어준다. 그리고 보편성과 특수성의 관계는 여러 층위로 설정해 볼 수 있다. 보편적 형식이 각국의 사회·문화

적 조건, 작가 자신의 개성에 따라 수용, 창출된 양상 역시 보편성과 특
수성의 관계로 분석할 필요가 있다. 예컨대 중국 당대唐代에 성립했던
전기소설傳奇小說은 동아시아의 보편적 문학형식으로 되어 한국·일본·
베트남의 문학사에 각기 어떻게 수용되었으며, 어떤 창조적 변용이 일어
났는가? 이 연구 주제는 각국의 자국어 문학에까지 관련이 된다. 당대의
전기소설에서 처음 선보인 재자가인才子佳人적 인간형은 한국의 한문소
설인 『금오신화金鰲新話』, 그리고 『구운몽九雲夢』 등 국문소설에 두루
등장하고 있으며, 그 잔영殘影은 이광수의 『무정』에까지 지워지지 않고
있다. 필자는 이런 사실에 주목하여 동아시아 서사학을 과제로 제기해
본 바도 있다.[5]

근대 이후 문학의 전개과정 비교

동아시아는 근대적 전환을 거치면서 한자문화권의 전통이 급속히
해체되었고 서구의 문물제도가 전면적으로 수용되었다. 동아시아 세계
의 전통적 관계는 분해되었는데, 그럼에도 오히려 근대적으로 변화된 환
경에서 상호간의 인적·물적인 교류와 함께 문학적 교류도 자못 활발했
던 사실을 간과해서는 안될 것이다. 이런 과정에서 각국의 독자적인 근
대문학이 탄생하였다. 이 근대문학의 단계로 와서는 상호 관계의 양상이
크게 달라졌으므로 그에 대한 시각도 조정되어야 마땅하다. 동아시아 각
국의 근대문학은 자국어에 기초하여 각이한 얼굴을 하고 있지만 단계적
공통성이 있어 상호간의 유사점·차이점은 비교의 대상으로서 서로 비추
어 보는 거울이기도 하다. 특히 동아시아적·한문학적 전통의 해체과정

---

5) 「동아시아 敍事學 試論 : 『구운몽』과 『홍루몽』을 중심으로」, 『대동문화연구』 제40집 2002.
   이 논문은 영문으로도 (「On the East Asian Narrative: the Case *Guunmong and Hongloumeng*」, Sungkyun
   Journal of East Asian studies, V.2 N.1) 발표된 바 있음.

을 주목해야 할 것이며, 이어 서구의 사상·문학에 접목接木하여 각기
'신문학'을 창출, 발전시킨 과정을 주목해서 살펴야 할 것이다. 예컨대
'계몽주의啓蒙主義 시기'를 동아시아 삼국에 공통적으로 설정하고 계몽
문학의 서로 같고 다른 성격을 규명해 볼 수 있겠다. 그리고 시대를 내
려와서 사회주의적 계급문학이나 자유주의적 모더니즘이 한·중·일 삼
국에 나란히 수용된 양상 또한 비교의 시각이 유효할 것이다. 조선의 카
프는 일본 나프의 영향 하에 성립한 것은 주지하는 사실이다. 물론 근원
적으로 소비에트의 코민테른의 세계전략 및 사회주의 문예학이 제기한
과제이므로 세계사적 고려가 먼저 있어야 할 테지만 식민모국의 계급문
학과 피식민지의 계급문학의 서로 다른 추이는 자못 흥미롭기도 하며,
이후 양국 문학의 상이한 전개과정을 설명하는 데도 요긴할 것이다. 또
그리고 중국으로도 눈을 돌려서 계급문학이 수용되는 단계에서 빚어진
이런저런 갈등을 살펴서 상호 대비해 볼 수 있겠다.

　방금 제기한 비교의 시각은 비교문학적 관점과는 같은 것이 아니
다. 영향 수수授受의 관련 양상을 고려하되 거기에 문화적 우열 의식은
일체 개입시키지 않는다. 그리고 비교문학의 방법론이 흔히 빠지기 쉬운
박식 자랑에 그치는 식을 경계할 필요가 있다. 비교의 시각은 겉으로 드
러내기보다는 차라리 내화되는 편이 바람직하다. 동아시아 여러 나라(의
문학은)는 연구자로부터 객체로 떨어져 있는 것이 아니라 주체화해서 통
일적인 동아시아문학을 구상할 필요가 있다고 본다.

　과연 통일적인 의미를 갖는 동아시아 문학이란 존재할 수 있을까?
근대 이전의 시대에는 동아시아의 보편적 문학이 존재했던 것으로 말했
다. 그것은 옛날옛적의 모습이니 이미 흘러간 물이다. 20세기 동아시아
국가들의 근대문학, 각국의 국민문학은 독자성을 가지면서 하나로 묶여
질 어떤 동질성 내지 보편성을 확보했는가를 묻는다면 아무래도 부정적
인 답밖에 나올 것이 없다. 이는 동아시아의 근대 상황을 여실히 반영한

현상으로 생각된다. 지금 역설하는 동아시아적 시각은 장차 하나의 동아
시아문학을 수립하기 위한 창조적 모색이라고도 할 수 있다.

4. 한국문학의 세계적 지평

한국문학 연구에서 '세계적 지평'은 학문 주체의 지향점이다. 그것은
21세기에 당면해서는 '세계화'에 대응하는 우리의 학문전략인데 앞서 위
대한 학문을 성취한 실학자들의 기본 자세와 통한다는 점을 잠깐 짚어보
고 싶다. "우주간宇宙間의 일이 곧 나의 일이요, 나 자신의 일은 곧 우주
간의 일"임을 주희朱熹의 이학理學에 맞서 심학心學을 제기한 학자 육구
연陸九淵은 일찍이 갈파했다. 정약용은 이 말을 원용하여 "우리 인간된
본분은 스스로 범상한 것이 아니다"고 공부하는 자들을 인간 본연의 자
세로서 일깨운 바 있었다. 박지원 또한 천하문명天下文明을 인류 보편의
과제로 인식하고 이 과제는 오직 독서하는 사士의 주체적 참여에 의해
성취될 것으로 천명하였다. '나'를 세계의 주체로 통일시키는 일은 독서=
학문에서 출발하는 것으로 확신한 것이다.[6]

실학자들이 일깨운 주체의식은 근대 학문에서는 어디로 가버렸는
가? 필자가 학창 시절에 어떤 노학자로부터 들은 "요즘 것들은 좀팽이가
되었다"는 말이 뇌리에 지워지지 않고 남아 있다. 이 땅의 근대인들의 왜
소성에 대한 탄식이다. 물론 실학자들의 주체의식을 근대 주체와 동일시
할 수 있느냐는 반론이 가능하다. 하지만 우리로서 엄숙히 반성해야 할
바, 그것이 근대 주체냐 아니냐를 따지기에 앞서 명색 근대 학문을 한다

---

6) 임형택, 「국문학, 무엇을 어떻게 할 것인가」 『실사구시의 한국학』 445쪽.
　　임형택, 「한국문화에 대한 역사적 인식논리: 동아시아 전통과 근대 세계와의 관련에서」
　　『실사구시의 한국학』 62쪽.

면서 주체 의식이 흐리멍덩해진 나머지 민족유산으로 자기 앞에 있는 실
학의 주체성이 갖는 의미를 새겨들을 마음이 없었다는 데 있다. 다름 아
닌, 정신의 식민성, 학문의 종속성에서 헤어나지 못한 때문이다.

　　동아시아적 시각과 세계적 지평은 별개의 사안이 아닐 것이다. 이
글에서는 다만 논리적 순차로서 나누어 설명하고 있을 뿐이다. 그렇지만
동아시아의 한계를 호도하거나 간과해서는 안된다고 본다. 동아시아는
서구 주도의 근대 세계에서는 주변부에 속해 왔다. 서구적 가치가 인류
보편의 가치로 통용되고 우리가 수행하는 학문 자체도 서구 중심적 지식
구조로부터 유래한 것임을 부정할 수 없다. 동아시아적 가치는 전지구적
의미로 격상시키기란 결코 쉽지 않을 뿐 아니라 동아시아 내부에서도 확
실치 못한 상태이다. 최근 일부 논객들이 동아시아적 가치를 내세웠다가
국제금융위기(IMF)를 맞아 이론적 파산을 고한 사태를 목격했던 터이
다. 동아시아적 시각의 한국문학 연구가 세계적 지평에 발돋움이나 해
볼 수 있을까 염려하면서 본 사안을 사고할 필요가 정히 있다고 본다.
왜냐하면 '나'의 주체적 학문은 서구 중심주의와의 싸움이 불가피한데 그
싸움이 결코 만만치 않은 일이기 때문이다.

　　서구중심주의의 극복이란 과제를 논하기에 앞서 서구의 근대문명이
갖는 인류사적 의미를 생각해 보자. 요컨대 서구에 의한 근대 주도는
자본주의 문명의 세계 지배를 뜻한다. 그것은 지난 역사요 아직은 현실
이다. 서구 극복=근대 극복은 자본주의의 극복에 다름 아니다. 자본주
의의 안티로서 사회주의가 출현했으며, 제3세계론이 등장하기도 했다.
그런데 우리가 지난 세기말에 경험했듯, 소비에트 체제의 사회주의 실
험은 실패하였고, 제3세계론 또한 일시 유행하다가 시들해지고 말았다.
자본주의적 세계체제는 지금 전 지구를 석권하고 있으니, 이 대세에 무
작정 등을 돌리고 거부하기는 어려운 상황이다. 그리고 근대 서구가 산
출한 학문과 문학은 전지구적 역사운동을 주도한 만큼 선진적인 면이

있고 인류적 가치를 풍부하게 내장하고 있다는 점 또한 무시할 수 없겠다. 서구 극복의 지혜로운 방안은, 서구의 학문과 문학에 눈을 감는다고 능사가 아닐 터이므로 그것을 받아들여 소화시켜서 극복의 자양분으로 삼자는 논리가 충분히 설득력을 얻을 수 있다. 분별지分別智와 함께 호랑이를 잡기 위해 호랑이 굴속에 들어가는 적극성이 동시에 요망된다 하겠다.

한국문학을 연구하는 입장에서 서구의 문학이론과 미학적 기준을 어떻게 대하느냐는 문제를 거론해 보자. 여기에 두 상반된 태도—인식의 기준을 서구 이론에 두는 추수주의적 경향과 배타적으로 안에서 찾는 회고적·국수적 경향이 있어 왔다. 양자 모두 바람직하지 않다는 점을 필자도 누차 지적했던 바이지만 후자 역시 서구중심주의의 역반응으로 기실 서구중심주의의 덫에 걸린 현상임을 주의해야겠다. 그렇다면 어떻게 해야 옳은가. 하나는 서구의 학문과 문학을 우리와 이웃들의 삶의 요구와 문학의 실상에 맞추어 비판적으로 해석하는 문제요 다른 하나는 서구적 잣대를 상대화해서 활용하는 일이다. 서구적 가치를 상대화시킬 때 동아시아적 시각과 조응될 수 있을 뿐 아니라 지구상의 다른 여러 지역의 다양한 문화들을 이해하고 화합하는 여유도 생길 것이다.

과연 우리가 힘쓰는 한국문학의 연구와 해석이 세계적 지평으로 올라갈 수 있을까? 결코 쉬운 일이 아닌데 필자가 평소 염두에 둔 요점을 간략히 진술해 보겠다. 우리가 한국문학을 공부하고 논의함에 당해서 특히 인류 보편의 의미와 정서, 인간의 자유와 평등을 향한 역사를 염두에 두고 세계적으로 소통 가능한 담론을 만들도록 노력해야 한다. 역시 추상적이고 고도가 너무 높아 보이는 듯하다. 하지만, 내가 하는 일에 있어 인류 보편을 생각하는 자세는 이미 옛 성인들이 그러했고 참 학문, 참 지식에 뜻을 둔 사람이라면 그들 역시 이 점을 소홀히 않았다.

먼저 한시를 거론해 본다. 한국의 한시는 자연시自然詩의 양적 비중이 큰 편이다. 종래 흔히 음풍농월이라 해서 유한적·퇴영적이라고 지목한 그 부분이다. 이 역시 근대적 편견의 하나이다. 자연시는 문명론적으로 새롭게 조명할 소지가 광활해 보인다. 그것은 동아시아 전통문화에서 보편적인 서정 양식인데 오랜 기간에 걸쳐 풍부하게 창출된 한국의 산수 자연의 시세계는 동아시아의 보편적인 형식과 미학에 기반하면서 자못 특이하고도 다채로운 풍격을 구현하고 있다. 어떤 면에서 진정한 자연시는 조선조의 문인들에게서 나올 수 있었다는 생각이 든다. 명청明淸 시기 중국의 문인들은 생활이 대개 성시城市에서 이루어졌으므로 그네들이 즐겨 읊은 자연은 가공적인 자연 아니면 허위의 자연으로 되기 쉬웠다. 반면 생활 현장이 산수자연과 혼연일체를 이루었던 조선의 문인들은 자기들 나름의 취趣를 살려서 자연시를 창작한 것이다. 자연과의 화합을 실생활에서 체인體認한 그 서정적 언어를 놓고 동아시아적 보편성에서 한국적 특수성의 미학적 현현顯現을 분석할 수 있고, 아울러 현대인이 잃어버린 자연성을 회복하는 어떤 촉매재를 거기서 혹 찾아낼 수 있지 않을까 하는 것이다.

　다음으로 유명한 『춘향전』을 들어 보겠다. 주인공 춘향의 형상을 봉건적인 도덕 관념의 화신으로 간주하는가 하면 하층의 신분상승의 욕구를 대변하고 있다는 식으로 상반된 규정이 있었고, 심지어는 '저항 없는 춘향'이라고 매도한 바도 있었다. 이 모두 요컨대 인간해방의 도정이라는 사회 현실적·인간 보편적인 문맥에서 『춘향전』을 읽지 못한 때문에 빚어진 곡해이다. 권력의 횡포에 맞서 "충신 열녀 상하 있소?"라고 외치며 끝내 자아를 지킨 저 춘향의 형상은 조선조 내부에서 자생한 민권의식의 반영이니 응당 자주 평등이라는 인류 보편의 시각을 부여해서 해석할 수 있는 것이다.

5. 맺음말

이상에서 논의한 내용은 현실적 교육·학문 제도와 관련지어 보면 다음과 같은 결론을 도출할 수 있다.

하나는 이미 거론한 바 '한국어' '한국문학' 등을 일반 용어로 확정 짓는 문제이다. '국어국문학'이라는 말은 학술 용어로서의 객관성을 고려할 때 아무래도 폐기해야할 것이다. '한국문학'을 용어로 채택하면 '국문학'은 한문학에 대칭적 개념이 되는 것은 물론이다. 한국문학이라 할 때 분단상황에서 북조선문학을 무시하는 듯하여 마음에 걸리는데 남한의 처지에서는 불가피하지 않은가 한다. 보다 중요한 현안은 남한문학과 북조선문학이라는 문학적 분단을 어떻게 극복, 통합을 이루느냐에 있다. 본고는 계제가 닿지를 않아서 이 현안을 제대로 거론하지 못했는데 따지고 보면 지난 20세기 후반기 동아시아적 시각을 차단했던 직접적 계기는 한반도상의 분단에 있었다. 동아시아적 시각의 정치적인 우선 목표는 동아시아의 대립구도를 화해구도로 전환시키는 데 있으니 시각을 올곧게 관철하면 한반도상의 분단을 해소하고 통일로 가는 큰 길이 열릴 것이다.

다른 하나는 한국문학 연구자들이 동아시아적 시각을 확충하고 세계적 지평을 획득할 수 있도록 대학 제도를 마련해 놓아야 한다는 것이다. 최근 추진되는 대학 개혁은 문제점이 많고 특히 순수 학문의 입지가 위축되고 있다는 점은 우려할 사태다. 그렇지만 기존의 분과 학문으로 나누어진 대학제도가 그대로 존속하기 어려운 현실도 일단 인정해야 할 것이다. 차제에 한국문학을 동아시아 어문학 및 사상문화와 함께 공부하고 나아가 세계로 학습과 인식의 폭을 넓혀주는 교육제도를 차세대에게 제공하는 문제를 진지하게 강구할 필요가 있다. '동아시아학부'로 개편하는 것이 바람직한 방안의 하나이다. 한편으로는 학문간의 장벽을 트면서

학문과 실용의 거리까지 소통해서 그야말로 개방적이고 창조적인 '한국
문화학부'를 기획해 볼 수도 있을 것이다.

이 두가지 점은 제안적 의미를 갖는 주장이 되었다. 당사자 및 학계
에서 검토되기를 기대하는 것은 제안자로서의 소망이 아닐 수 없다.

동아시아 담론과 민족주의[*]
– 신채호의 논의와 관련하여

한기형 韓基亨

1. 문제의 소재

　우리 학계에서 '동아시아'는 이제 보편적 학문 과제의 하나이다. '동아시아'에 대한 학계의 관심은 현실 사회주의의 붕괴가 야기한 대안 부재의 상황에서 자본주의로서의 근대, 나아가 서구적 근대를 극복하려는 시도와 깊은 관련을 맺고 있다. 사회주의의 몰락은 자본주의의 승리로 인식되기도 했지만 본질적으로는 '근대성' 전반에 대한 숙고를 요청했다. 비슷한 시기에 소개된 프랑스 후기 구조주의의 저작들도 근대성의 기원과 체계를 전복적인 시각으로 파헤침으로써 이러한 경향을 확립하는데 일조했다. 이로부터 야기된 서구 중심주의, 이성 중심주의에 대한 회의는 그동안 서구적 가치체계 밑에서 부당하게 평가 절하되어 왔던 것들에 대한 관심을 환기시켰다. 그리고 '동양' 혹은 '동아시아'로 관심의 물줄기를 돌려놓는데 공헌했다. 그 결과 동아시아 담론은 가깝게는 개항 이래 맹목적인 서구 추종으로 자신이 속한 지역(동아시아)에 대해 자발적인 내적 망명의 상태에 잠겨 있던 한국 지성계를 일깨우면서, 멀리는 자본주의와 근대의 문제를 극복하는 새로운 대안 문명의 가능성도 겨냥하는

---

[*]이 논문은 『민족문학사연구』 17호(2000)에 게재된 바 있으며, 이 책에 재수록하기 위해 문장과 일부 내용을 수정했다.

광범위한 진폭을 지니게 되었다.[1]

동아시아론의 주요한 제창자 가운데 한 사람인 최원식 교수의 글이 한국 사상사의 흐름 속에 존재하는 '변방적 경직성'을 질타하며 시작하고 있는 것은 이 점에서 흥미롭다. 그는 레닌의 '노예의 용어'라는 개념을 재검토하는 과정을 통해, 교조敎條의 권위에 얽매이는 것이 아니라 "자기가 딛고 사는 현실과의 변증법적인 관여를 통해 창조적인 비약을 이룩"[2]할 것을 촉구했다. 이는 동아시아론이 단순히 '소지역적 시각'을 지향하는 것이 아니라 서구적 담론의 체계로부터 벗어나 새로운 사상의 창출을 겨냥하고 있음을 암시한다.

한편 최원식 교수는 동아시아론과 한반도 통일문제를 연결시킴으로써 자신의 입장이 한국적 현실성과 실천적 당위성 위에 서 있음도 주장했다.[3] 그는 "협량한 민족주의로는 모순이 중첩된 한반도의 진보적인 평화통일이 이루어질 수 없다는 냉엄한 인식에 기초하고 있기에 민족주의를 넘어설 전망을 스스로 내포하고 있다"고 자신의 동아시아론이 지니는 새로운 가능성을 설명했다. 이는 그가 말하는 동아시아론이 새로운 형태의 민족주의로 이해될 수 있는 가능성에 대한 사전 차단의 의미로 생각된다.

하지만 한국의 동아시아론은 아직 추상적 문제제기의 수준에서 크게 벗어나고 있지 못하고 있다. 최원식 교수의 논의도 한반도 주변정세에 대한 탁월한 분석을 통해 동아시아적 시각의 중요성을 확산시키기는 했으나 '무엇이 동아시아적인 것인가'에 대한 궁극적 물음에 대해서는 충분한 답변을 제시하지 못했다. 당위적이고 추상적인 명제들로 동아시아 담론을 설명한 점에 있어서는 백영서 교수의 글도 마찬가지다.[4] 그런데

---

1) 동아시아 담론의 전개양상과 그 성향에 대해서는 전형준의 「같은 것과 다른 것」(『동아시아인의 '동양'인식』, 최원식·백영서 편, 문학과지성사, 1997)을 참조할 것.
2) 최원식, 「탈냉전시대와 동아시아적 시각의 모색」, 『창작과비평』 79호, 1993년 봄호, 205쪽.
3) 최원식, 앞의 글, 215쪽.

이러한 추상성은 '동아시아적 시각'이라는 범주의 모호성에 그 일차적 원인이 있다. 이때의 '동아시아'는 기본적으로 지역성에 근거하면서도 동시에 문화적·사상적 의미를 포괄하지 않을 수 없는 개념이다. '왜 동아시아인가?' 하는 질문은 '동아시아적인 것은 무엇인가?'라는 물음의 다른 표현인 것이다. 이에 답하기 위해서는 당연히 지역적 인접성의 문제를 끌어안으면서도 역사적·문화적·사상적 특질들을 함께 언급하지 않을 수 없는데, 그러한 점들을 동시에 설명하는 설득력 있는 분석틀을 만들기는 쉽지 않은 일이다. 따라서 동아시아론에 대한 의미있는 합의점에 도달하기 위해서는 관련된 각 분야의 상당한 공동 노력이 동시에 이루어질 수밖에 없으며, 그 노력의 과정은 이론적 정합성에 대한 탐색과 동아시아적 가치의 구체화를 위한 실천을 동시에 수반하는 것이어야 한다.

이 글은 이 같은 문제의식 아래 씌어졌다. 이글에서 필자의 주된 관심은 동아시아 담론과 민족주의의 관계를 살펴보는 것이다. 민족주의를 논의의 대상으로 선택한 것은 그것이 동아시아 담론의 현실 정합성을 따지는 관건이 된다고 판단했기 때문이다. 동아시아 담론의 주창자들 가운데 많은 이들은 민족주의를 부정하는 지점에서 자신의 논의를 시작하고 있다. 역사상 존재했던 동아시아 담론(아시아주의)에 드리워져 있는 자민족 중심주의라는 망령 때문이다. 나아가 근대적 범주인 민족 개념을 유지하면서 근대 극복을 위한 새로운 문명의 창출을 거론할 수는 없기 때문이기도 하다.

그러나 역설적으로 바로 이 점들 때문에 민족주의는 동아시아 담론을 검토하는 데 핵심적인 기제가 된다. 역사의 경험은 새로운 동아시아적 시각을 모색하려는 우리가 간과할 수 없는 소중한 교훈이며, 한국·

4) 백영서, 「진정한 동아시아의 거처」『동아시아인의 '동양' 인식』(최원식·백영서 편), 문학과지성사, 1997.

중국·일본에 팽배해 있는 자민족 중심주의에 대한 극복 없이는 새로운 문명을 동아시아로부터 창출하는 것은 요원한 일이기 때문이다. 이를 위해 필자는 과거의 아시아주의에 드러난 자민족 중심주의를 간략히 살펴보고 이를 신채호의 민족주의 사상과 비교해 보았다. 한 편의 짧은 글을 통해 문제의 해답을 얻을 수는 없을 것이다. 우선은 문제를 드러내는 것에 치중하고자 한다.

2. 과거의 아시아 연대론과 자민족 중심주의의 관계

① 일본은 동아시아에서 서구 중심주의에 가장 먼저 노출되었으며 이를 극복하기 위한 시도도 가장 먼저 수행한 나라이다. 그런 점에서 명치유신, 탈아입구脫亞入歐를 거쳐 이른바 '근대의 초극'으로 나아가는 일본 근대사의 궤적은 새삼 따져보지 않을 수 없는 많은 시사점을 던져준다.

> 유럽이라고 해도 그 문명의 유래를 따지면 필연적으로 이 과정(野蠻 → 半開 → 文明의 과정-인용자)을 순자석으로 밟아 현새의 상태에 이른 것이므로 현재의 유럽 문명은 현재의 세계의 인지人智로서 겨우 도달한 정상頂上의 위치라고 말해야 할 것이다. 따라서 현재의 세계 여러 나라에 있어서 그 양상이 야만이건 반개이건 간에 한 나라 문명의 진보를 꾀하는 자는 모름지기 유럽의 문명을 목표로 삼아 논의의 본위를 정립하고 그 본위에 의거해서 사물의 이해득실을 논하지 않으면 안 될 것이다.[5]

'일본 근대화의 가장 위대한 국민적 교사'로 불리는 후쿠자와 유키치[福澤諭吉]는 그의 주저『문명론의 개략』에서 일본의 근대화가 유럽의

---

5) 후쿠자와 유키치, 정명환 역,『문명론의 개략』, 광일문화사, 1989, 24쪽.

문명을 목표로 삼고 있음을 분명히 했다. 그러나 우리가 위의 인용문에서 보다 주목해야 할 것은 '현재의 유럽 문명은 현재의 세계의 인지人智로서 겨우 도달한 정상頂上의 위치'라는 인식에 있다. 즉 그것은 서구문명을 절대화하는 것이 아니라 발전단계라는 시간 개념으로 상대화하는 사고이다.[6]

후쿠자와는 서구 문명을 상대화시킴으로써 무엇보다 일본의 민족적 주체성이 운신할 공간을 확보했다. 즉 당대 유럽 문명을 상대화하여 그것을 주체(일본)와 교호할 수 있는 대상으로 전환시킨 것이다. 대상이 됨으로써 유럽 문명은 특수한 어떤 것이 아닌 노력에 의해 달성할 수 있는 하나의 단계로 인식되었다. 이러한 인식은 일차적으로 서구에 대한 맹목적 추종에서 거리감을 지닐 수 있다는 장점이 있었다. 일본의 전통, 나아가 동양(여기서는 중국)의 문화적 전통 전반에 대해 누구보다도 급진적인 비판을 수행했던[7] 후쿠자와였지만 그것이 서구 문명에 대한 일방적인 찬양으로 귀결되지 않을 수 있었던 힘도 여기에서 비롯되었다. 그러한 인식은 일본 국민에게 근대화에 매진할 내적 계기를 마련해 주었다. 유럽인들이 일본인에 비해서 단지 '시간적으로' 앞선 것이라면 일본인 역시 그 경로와 방책을 숙지하여 자신의 이익에 부합하게 근대화에 도달할 수 있다는 것이다.

후쿠자와는 문명화에 방해가 되는 온갖 전통들을 혁파하는 데 전력을 기울이면서도 동시에 서구문명을 단계론적인 것으로 일반화함으로써 일본 국민의 민족적 자긍심을 보존하며 근대에 도달할 방략을 얻으려 했던 것이다. 이를 위해서는 '해야 한다'는 당위(목표)와 더불어 '할 수 있다'는 자긍심의 근거를 확고하게 제시해야만 했는데, 이 때문에 후쿠자와는

---

6) 조병한, 「19세기 후반 중·일의 계몽사상－嚴復과 復澤諭吉」『진단학보』89호, 진단학회, 2000. 6. 271쪽.
7) 반전통과 계몽사상 주창자로서 후쿠자와에 대해서는 위의 조병한 글을 참조할 것.

중국과 일본의 역사에 대한 문명사적 비교를 통해 근대화의 추진과정에 있어 일본이 보다 큰 가능성을 지니고 있다는 점을 논증하게 된다.

> 중국인들이 완전한 독재정치를 하는 임금 한 사람을 떠받들고 지존지강至尊至强을 한 가지로 생각하여 한결같이 그것을 믿는 무분별한 현상과 일본의 경우를 비교하면 결코 같은 것이 아니다. 이 점에 있어서만은 중국인은 사상이 빈약하고 일본인은 사상이 풍부하다고 말할 수 있다. (중략) 그러나 이 지존의 임금에게 지강至强의 힘이 있지는 않았으므로 국민은 자연히 이런 일을 도외시하고 돌이켜보지 않았다. 다른 한편으로 지강至强의 쇼군[將軍]은 그 힘이 매우 커서 일세를 위압할만 했지만 국민들은 그를 지존의 천위天威로서 우러러본 것이 아니었고 한낱 사람으로 생각했을 따름이다. 이렇듯 지존의 관념과 지강의 관념이 서로 상대화하여 그 사이에 여지가 생겨 다소라도 사상의 움직임이 가능해지고 이성이 작용할 수 있는 단서를 열 수 있게 된 점은 일본의 요행이라고 말하지 않을 수 없다.[8]

과거의 정치체제에 깔려 있는 '분권화'의 정도와 방식을 통해 사상 자유의 가능성을 추론하고 나아가 그것에서 근대적 '이성이 작용할 수 있는 단서'를 찾은 것은 날카로운 지적이다. 근대화의 척도라 할 수 있는 개인주의와 시민사회의 형성, 종교와 사상 자유의 확대란 실상 이와 같은 '분권화'의 다른 표현이라고 해도 과언이 아니다. 이런 점에서 후쿠자와는 근대화의 한 본질을 비교적 명확하게 파악하고 있었다.

그러나 우리는 위의 인용문을 통해 이후 아시아주의에서 관철되고 있는 독특한 사유방식을 두 가지 만나게 된다. 그 하나가 '기원에 대한 인식'이다. 후쿠자와는 일본이 아시아의 여러 나라들 가운데 서구적 근대화에 보다 빨리 적응할 수 있었던 원인을 일본의 역사 속에서 찾아내

---

8) 후쿠자와 유키치, 앞의 책, 32쪽.

려고 했다.[9] 그런데 이는 서구에 대한 은폐된 열등감의 표현이었다. 두 번째는 이로부터 연유하는 차별화·절대화 전략이라고 할 수 있다. 즉 기원에 대한 논증을 통해 현 상태의 차별성을 정당화하는 것이다.

후쿠자와는 유럽문명과의 관계에 있어서는 그것을 상대화하여 일본의 민족적 운신의 폭을 확대하고 중국에 대해서는 그러한 상대화 방식을 역전시켜 중국과 일본의 차이를 절대화하는 이중적 태도를 보여준다. 후쿠자와의 문명개화론에서 제국주의적 징후를 찾는다면 우리는 이와 같은 대목으로부터 출발해야 할 것이다. 그 결과 '가마쿠라 바쿠후[鎌倉幕府] 이래 700여 년 간이 비록 난세가 아닌 것은 아니나 오늘날 문명의 뿌리를 따져보면 그것은 대부분 그 시대에 성장해서 오늘날에 전승된' 것으로 일본 역사가 긍정되는 반면 중국문명은 일본을 낙후하게 만든 근본 요인으로 집중적인 비난의 표적이 된다.[10]

이와 같은 사유방식은 후쿠자와만의 것이 아니었다. '아시아는 하나다'라는 명제로 유명한 오카쿠라 텐신[岡倉天心]도 역사의 개괄을 통해 일본의 특권을 강조하는 발언을 하고 있다.

그런데 이런 복합적 통일을 특히 분명히 실현하는 것이 일본의 위대한 특권이었다. 이 민족이 지닌 인도-타타르의 피는 그것 자체가 이 두 가지 원류를 흡수하여 아시아적 의식 전체를 반영할 자격을 스스로에게 부여한 유산이었다. 연면한 통치권이라는 비할 바 없는 축복, 정복된 적 없는 민족이라는 자랑스런 긍지, 그리고 팽창을 희생하여 전래

---

9) 이 같은 인식을 '신화'에 대한 연구를 통해 확인한 것으로는 조현설의 「동아시아 신화학의 여명과 근대적 심상지리의 형성」(『민족문학사연구』 16호, 2000. 6)을 참조할 것.

10) 이러한 사고는 미국 내 대표적인 일본사 연구자이인 라이샤워 교수에게도 그대로 투영되어 있다. 라이샤워는 일본이 동양의 다른 나라에 비해 서구적 근대화에 빨리 성공할 수 있었던 원인을 '일본 정치·사회 체제의 분권화와 다양성'에서 찾는다. (존 K. 페어뱅크·에드윈 O. 라이샤워·앨버트 M. 크레이그, 김한규 외역, 『동양문화사』 하, 을유문화사, 1992, 제17장과 제18장 참조).

의 관념과 본능을 지켜낸 섬나라의 고립 등으로 말미암아 일본은 아시아의 사상과 문화라는 신탁물을 저장할 진정한 보고가 되었다.[11]

이 글을 통해 볼 때, 후쿠자와의 글과 오카쿠라의 글 사이에 놓여 있는 30년의 세월은[12] 그다지 의미 있어 보이지 않는다. 하지만 분명히 확인되는 것은 서구에 대한 열등감과 아시아 다른 나라에 대한 특권화가 일본 근대화 초창기부터 시작되었다는 점이다. 강상중은 이를 오리엔탈리즘에 대한 일본적 변안이라고 지적했다.[13] 그런데 이 같은 모순적 사유의 근저에는 민족주의적 열망 혹은 '국체 보존'으로 불리는 정치적 당면과제가 숨어 있었다.

이 시점에 처하여 일본인의 의무는 오직 국체보전이라는 한 가지일 뿐이다. 국체를 보전한다는 것은 제 나라의 정권을 잃지 않는 것이다. 한데 정권을 잃지 않기 위해서는 국민의 지력을 발전시켜야 한다. 그 방법에는 여러 가지가 있겠으나 지력 발전에서 가장 급하고 필요한 것은 낡은 습관에 빠져 있는 상태에서 벗어나 서양문명의 정신을 섭취하는 것이다.[14]

이로써 '낡은 습관(봉건성)으로부터의 탈피 → 서양문명의 섭취 → 국민의 지력 발전'으로 이어지는 계몽의 목표가 어디에 있는지 분명해졌다. 후쿠자와는 "무엇보다도 먼저 일본이라는 나라와 일본의 국민이 존

---

11) 오카쿠라 텐신, 「동양의 이상」 『동아시아인의 '동양'인식』(최원식 · 백영서 편), 문학과지성사, 1997, 32쪽.
12) 『문명론의 개략』이 출판된 것이 1875년이며 오카쿠라의 『동양의 이상』이 간행된 것은 1903년이다. 그러나 오카쿠라의 책은 영문으로 출판되었기 때문에 일본에서는 1922년에 번역본이 나온 뒤에야 널리 알려졌다고 한다.
13) 강상중, 이경덕 · 임성모 역, 『오리엔탈리즘을 넘어서』, 이산, 1998, 제3장과 제4장 참조.
14) 후쿠자와 유키치, 앞의 책, 40쪽.

립하고 나서야 문명에 관한 이야기도 할 수 있다"면서 '나라의 독립이 곧
문명'이라는 극단적인 주장으로 글을 마감했다. 그런데 이러한 주장을
단순한 애국심의 발로로 해석하기는 어렵다. 그것은 그가 전쟁은 "오늘
날의 문명의 상황에서 불가피한 대세이다. 전쟁은 독립국의 권익을 신장
시키는 방법이며 무역은 나라를 빛내는 징후"[15]라고 말했던 것에서 확연
히 드러난다.[16] 그는 이미 '전쟁과 무역'을 통한 국익의 쟁취라는 제국주
의적 단계를 문명의 종국적 귀결처로 상정하고 있었던 것이다.

   이 대목에서 후쿠자와 문명론의 제국주의적 성격이나 스펜서로 대
변되는 사회진화론의 영향을 거론하여 그 한계를 논박하는 것은 타당하
기는 하나 논의의 초점이 되기는 어렵다. 오히려 후쿠자와의 문명개화론
이 보여주는 제국주의적 여정이 동아시아의 근대화 과정의 성격을 일반
적 차원에서 보여주는 사례라고 파악하는 것이 보다 생산적인 것이 될
것이다.

   『문명론의 개략』이 버클(Thomas Buckle)의 『영국문명사』(1861)와
기조(Francois Guizot)의 『유럽 문명사』(1842)의 영향을 받았다는 사실은
잘 알려져 있다.[17] 그러나 『문명론의 개략』은 버클이나 기조의 책과는
다른 시대적 과제 위에 놓여 있었다. 그것은 곧 서양문명의 섭취와 국가
의 독립이라는 두 가지 과제를 어떠한 논리로 조화시킬 것인가 하는 문
제였다. 침략자의 문화를 섭취해야만 하는 딜레마는 적어도 버클이나 기
조는 직면하지 않았던 상황이었다. 그러나 중국과 일본, 한국은 모두 근

---

15) 후쿠자와 유키치, 앞의 책, 224쪽.
16) 후쿠자와가 청일전쟁을 '문명 개화의 진보를 도모하는 자와 그 진보를 방해하는 자와의
    싸움'으로 규정했다는 사실은 잘 알려져 있다. 그는 청일전쟁이 승리로 귀결된 1895년
    회갑을 맞이했는데, 이를 축하하는 자리에서 '대일본 제국의 무게를 실증'한 '불가사의한
    행운'에 감격하여 '혼자서 눈물을 흘렸다'고 고백했다고 한다. 후쿠자와 유키치, 정명환
    역, 「해설」 『문명론의 개략』, 258쪽에서 재인용.
17) 조병한, 앞의 글, 270쪽.

대화의 초두부터 이 난관에 부딪쳐야 했다. 그런데 이러한 딜레마에 대한 후쿠자와의 답변은 결국 제국주의에 이르는 길이었다. 이러한 사실은 동아시아적 근대화의 모순적 성격을 날카롭게 암시하며 한편으로는 근대성 그 자체에 대한 깊은 숙고를 요청하고 있다.

② 논의의 어려움은 아시아주의와 일본 제국주의의 연결고리가 단절 가능하다고 주장했던 다케우치 요시미[竹內好, 1910~1977]를 대할 때 더욱 심해진다. 다케우치는 전후 일본의 대표적인 사상가이자 루쉰 연구가로 이름이 높다. 그는 중일전쟁과 제2차 세계대전 당시 중국인에 가해진 일본의 만행 때문에 괴로워했다고 한다. 그런 그가 전후의 상황에서 몰락한 제국의 이념이었던 아시아주의에 대한 새로운 해석을 가한 것은 많은 이들의 관심대상이 되었다.

그는 일본 제국주의와 조금이라도 관계가 있으면 모두 부정적인 것으로 취급하는 시각을 비판하면서 아시아주의에 내포된 긍정적 측면을 인정해야 한다고 주장했다.[18] 그의 문제의식은 "'근대의 초극'은 사건으로서는 지나가 버렸다. 그러나 사상으로서는 지나가 버리지 않았다"[19]는 주장에 함축되어 있다. 다케우치는 1940년대 '근대의 초극' 논의에 담긴 핵심 과제였던 '근대의 부정성을 극복하려는 노력'은 여전히 현재적 문제로 남아 있다고 판단한 것이다. 이 같은 문제의식은 근대 극복의 사상적, 실천적 기반 조성과 관련된 것이어서 최근 우리 학계의 동아시아 담론과도 일정하게 연결되어 있다.

다케우치는 존 듀이가 중국과 일본의 근대화 과정을 비교하면서 일본이 구조적인 문제는 남겨둔 채 표면적인 근대화에 주력한 반면 중국은

---

18) 이에 대해서는 함동주의 「전후 일본 지식인의 아시아주의론」(『동아시아, 문제와 시각』, 정문길 외편, 문학과지성사, 1995)을 참조하였다.
19) 함동주, 앞의 글, 199쪽에서 재인용.

표면상의 혼란 밑에 저류하고 있는 자발적인 힘이 있다고 파악한 대목을 강조했다.[20] 다케우치가 주목한 것은 근대화 과정에서의 '주체성' 문제였다. 그는 이것을 '저항' 개념으로 설명했는데, 이는 어떤 나라가 근대화 과정에서 '아시아적인 것'을 지키고 있는가의 여부 문제와 관련된 것이다. 이로써 후쿠자와에 의해 서열화되었던 일본과 중국의 순서가 역전되었다. 중국은 '일본적 유형'과 대조되는 근대화 유형으로 재평가되었다. 동시에 동아시아에서 가장 먼저 근대화에 성공했던 일본의 강점은 그 표피적인 성격으로 말미암아 오히려 일본의 근대화를 왜곡시킨 원인으로 인식되었다.

그러나 실제 사정은 보다 복잡한 것으로 보인다. 듀이나 다케우치의 주장대로 중국은 서구문명의 수용에 '저항적'이었다. 여기에는 중화문명에 대한 전통적인 자긍심도 작용했다. 그러나 이러한 저항이 근대문명을 보다 주체적으로 수용하게 만든 원동력이라는 추정은 설득력이 부족하다. 실제로 중국이 근대문명을 보다 주체적으로 수용했는가 하는 사실판단이 쉽지 않기 때문이다. 5·4 이후의 중국 근대화 과정이나 마오쩌둥식의 사회주의에 스민 봉건적 잔재를 떠올려 보면 우리는 역사적 판단의 어려움을 실감한다.[21]

그러므로 우리는 일차적으로 서구문명에 대한 저항 여부와 동아시아 각국의 근대화 과정의 왜곡을 각기 다른 차원에서 검토해야 할 필요성을 느낀다. 역사적 사실로 볼 때 서구문명에 대한 아시아적인 것의 저항이 크면 클수록 근대성이 왜곡되었다고 평가하는 것이 보다 일반적인 것이 아닐까? 동아시아 각국의 근대화 과정에서 공통적으로 제기되었던 '동도서기'(조선), '중체서용'(중국), '화혼양재'(일본)와 같은 주장들은 다

20) 竹内好,「방법으로서의 아시아」, 앞의 책(최원식·백영서 편), 78~82쪽.
21) 최원식,「탈냉전시대와 동아시아적 시각의 모색」『창작과비평』79호, 1993년 봄호 참조.

케우치가 말했던 '아시아성' 혹은 '저항'이라는 개념과 얼마만큼의 거리가 존재하는 것일까? 우리가 이와 같은 인식상의 혼란을 인정하는 한 '저항'의 개념으로 올바른 근대 문명의 극복을 말하기는 쉽지 않다. 가령 다음과 같은 다케우치의 발언을 들어보자.

> 메이지 이후의 일본은 서양문화를 받아들여 근대화하였다고 일컬어지는데 이것 자체는 올바르다고 생각합니다. 그것을 받아들이는 방법이 피부의 표면에서 그치고 있다. 기술을 받아들인다고 해도 완성된 것으로서 받아들이고 기술을 만들어내는 과학의 정신이라는 것을 파악하지 않는다는 것입니다.[22]

이러한 논의 방식은 비단 전후의 일본에서만이 아니라 동아시아 각국의 근대사에도 그대로 통용될 수 있는 주장이다. 대부분의 나라가 기술적인 의미의 근대는 받아들였을지언정 그 정신까지 육화하지는 못했던 것이다. 그 동안 이를 근거로 동아시아 근대화의 특수성을 말하였고 그 왜곡의 심각함을 논증해 왔다. 그러나 근대문명을 그 '과학의 정신'에서 받아들이지 못한 것은 중국이나 한국의 경우도 사정이 크게 다르지 않았다. 하물며 '과학의 정신'을 받아들이지 못하게 만든 사상적 원인 속에 그가 상찬했던 '저항'의 개념이 내포되어 있으며 '아시아적인 것'의 많은 요소가 포함돼 있음에랴. 서구문명에 대한 저항의 유무와 근대성의 왜곡 문제를 동일한 차원에서 논의할 수 없다고 한 것은 이를 두고 하는 말이다. 어찌 보면 아시아적인 것을 견지하는 '저항'과 '과학의 정신'은 본시 화합하기 어려운 것이라는 생각도 든다.[23]

---

22) 竹內好, 「방법으로서의 아시아」, 앞의 책(최원식·백영서 편), 87쪽.
23) 이는 단순히 '방법적 차원'의 문제가 아니다. 그 근원에 동양철학과 서양철학의 본질적인 차이가 존재한다는 것은 이미 상식이다. 현재 현대 물리학의 발달과 더불어 이에 대한 탐색이 활발해지고 있는바, 좀더 깊이 있는 논의를 기다려야 할 것이다. 정문길 외편, 『동아시아, 문제와 시각』에 실린 박이문, 「도와 이성」; 프리초프 카프라, 「대립의 세계를

결정적인 문제는 다케우치가 대동아전쟁에 대해 "침략은 좋지 않은 것이지만 그러나 침략에는 연대감의 왜곡된 표현이라고 하는 측면이 있다. 무관심하여 타인에게 맡기고 있는 것보다는 어떤 의미로는 건전하기까지 하다"[24]고 평가하는 대목이다. 이렇게 되면 다케우치는 자신의 의도와 상관없이 전쟁 당시 아시아주의의 이데올로기적 자장 속에 포섭된다.[25] 근대 극복을 초점에 놓고 '근대의 초극'론을 재해석했던 다케우치의 '방법으로서의 아시아'론이 결국 아시아주의의 이데올로기적 측면에 대한 변호로 전환되면서 대동아전쟁의 제국주의적 성격마저 축소 해석하고 말았던 것이다. 동아시아 담론이 짊어져야 할 과제의 중압감이 한층 부각되는 대목이 아닐 수 없다.

③ 여기에서 눈을 돌려 중국의 경우를 살펴보자. 중국은 청말 이래 서구 열강과 일본에 의해 반식민지 상태로 전락했다. 따라서 중국이 일제의 기만적 아시아론인 '동아협동체'론에 강력히 저항한 것은 당연한 일이었다.[26] 그럼에도 중국인 자신에 의해 개진된 아시아주의에 관한 담론에서 자민족 중심주의, 중화 민족주의의 모습을 발견하기는 어렵지 않다. 특히 중국의 경우는 전통적인 '중화사상'이 근대적인 모습으로 변용된 형태를 목격할 수 있는데, 이 역시 일본의 제국주의적 경향과 더불어 동아시아 담론이 돌파해야 할 중대한 과제가 아닐 수 없다. 예컨대 중국 공산당 창당의 주역인 리따자오[李大釗]는 "진정코 중국이 없으면 아시아

넘어서」 참조.
24) 竹內好, 「일본인의 아시아관」. 여기서는 함동주의 앞의 글. 223쪽에서 재인용.
25) 다케우치에 대한 비판은 함동주 앞의 글과 전형준, 「같은 것과 다른 것」, 앞의 책, 제4장 참조.
26) 오자키 호츠미(尾崎秀實)가 고백하듯이 "'동아 협동체'는 확실히 중일전쟁의 진행 과정이 낳은 역사적 산물"이었다. 오자키 호츠미, 「동아 협동체의 이념과 그 성립의 객관적 기초」, 앞의 책(최원식·백영서 편), 37쪽.

가 있을 수 없다고 생각하며 우리 중국인이 진정으로 자립할 수 없다면 아시아인은 세계 속에 존립할 수 없다"고 말했다. 그는 덧붙이기를 중국 은 "그 세력이 전아시아의 문명을 대표할 만하거니와 이는 우리 스스로 자찬하는 바가 아니라 실로 세상이 공인한 바이다. 그러므로 대아시아주 의자는 마땅히 중화국가의 재건과 중화민족의 부활을 관건으로 삼아야 한다"[27]고 주장했다. 여기서 우리는 '중화사상'의 근대적 변용의 한 모습 을 보게 된다.

쑨원[孫文]에게도 이러한 사유방식의 흔적이 발견된다.

중국이 종전에 그렇게 많은 국가와 그처럼 멀리 있는 민족으로 하여금 와서 조공케 하는 데는 어떤 방법을 사용했을까요? 해군이나 육군의 패도를 가지고 그들을 강박하여 조공케 하였습니까? 아닙니다. 중국은 완전히 왕도를 가지고 그들을 감화시켰습니다. 그들은 중국의 덕을 그 리워하며 기꺼이 진심으로 원하여 조공한 것입니다. 그들은 일단 중국 왕도의 감화를 받으면 중국에 한차례 와서 조공하고 마는 것이 아니라 자자손손 조공하러 오려고 합니다.[28]

쑨원은 유럽문명을 '패도霸道'에, 중국문명을 '왕도王道'에 비유함으 로써 서구문명의 침략적 성격을 부각시키고 있다. 그러나 과거 중국과 주변국의 관계를 '중화문명의 우월성'이라는 관점에서 파악함으로써 역 사적 사실을 은폐할 뿐만 아니라 은연중 중화중심주의를 드러내고 있다. 쑨원의 경우처럼 어쩌면 중국인들에게 중화사상은 그 객관화가 불가능 한 것일지도 모른다.

더군다나 전통적인 화이론적 관점에서 본다면 중화사상은 중국의

---

27) 리따자오, 「신아시아주의」, 앞의 책(최원식·백영서 편), 161쪽.
28) 쑨원, 「대아시아주의」, 앞의 책(최원식·백영서 편), 173쪽.

독립과 생존, 그 이상의 것이다. 중화사상의 핵심 개념 중 하나인 '예禮'
에 '평화적 대등관계가 그 개념조차 존재하지 않았다'는 지적은[29] 그런
점에서 매우 의미있는 주장이다. 문명의 우월성이라는 허상 아래 조공체
제로 구성된 중화질서 속에서 국가 간의 대등관계란 애초부터 성립할 수
없었다는 말이다. 결국 중세의 '조공'이 현재의 '영향력' 개념으로 변용,
반복될 가능성은 언제든지 있는 것이다.[30] 명시적이든 암시적인이든 중
화사상이 전제되어 있을 때, 중국인에게 동아시아 담론은 중국 중심주의
의 확대로 읽힐 가능성이 상존한다.

　　사실 이러한 우려는 실제화되고 있다. 이른바 '사회주의식 시장경제'
를 채택한 이래 중국 경제의 비약적인 성장과 국제적 위상 강화는 중화
사상의 새로운 '현재화'이다.

> 20세기 말 지연경제학은 또다시 중국, 즉 '중앙 왕국'에 대해 참신한
> 경제 문화적 의미를 부여하였다. 중국은 세계에서 유라시아 대륙과 태
> 평양 분지의 가장 중심에 위치하고 있을 뿐만 아니라 경제상으로도 유
> 럽과 아시아 대륙의 교량적 위치와 환태평양 경제권의 중심에 위치하
> 고 있어, 세계 무역과 경제 구역의 중추적 위치를 차지하고 있다. (중
> 략) 동시에 중국은 동방문명의 대표이며 중국 한자문화의 원元문화권
> 일 뿐만 아니라 환서태평양 한자 문화권의 고향이다. 또한 범태평양
> 한자 문화권의 요람이기 때문에 중국은 21세기 한자 문명 시대와 동아
> 경제 시대의 심장이다.[31]

　　위와 같은 인식은 중국인들의 과장이 아니라 우리가 발을 딛고 선

---

29) 이성규, 「중화사상과 민족주의」, 앞의 책(정문길 외편), 129쪽.
30) 청일전쟁에서 패하기 전까지 대외적으로 조선이 중국의 속국이라는 사실을 강조했던
　　청의 전략과 현재 남북한 모두와 수교하면서 등거리 외교를 지속하고 있는 중국의 외교
　　전략은 좋은 비교의 대상이다.
31) 宋大慶, 「떠오르는 대중화 경제문화권 구상」, 앞의 책(최원식·백영서 편), 200～201쪽.

현실이다. 문제는 '대중화 경제문화권'이 현실화될 때 중국의 전통적인 중화사상이 동아시아의 안정과 평화로 작용하기가 어렵다는 점에 있다. '동방 문명의 대표'이며 '한자 문화권의 고향'임을 자부하는 중국이 어떤 방식으로든지 자신들을 중심에 두는 지역 질서를 추구하려 할 것이기 때문이다. 점증하는 중국의 영향력을 고려할 때 동아시아 담론은 정치 · 경제적인 영역만이 아니라 사상 · 문화적인 측면에서도 이 같은 중화 중심주의와의 대결을 피할 도리가 없어 보인다. 동아시아 담론은 부상하는 '대중화 경제문화권' 속에서 각 국가 간의 평화적 대등관계를 만들어가야 할 과제마저 짊어져야 하는 것이다.

3. 한국 근대계몽기의 민족주의 – 신채호의 경우

신채호는 한국 근대계몽기 민족주의의 상징이자 그 성과와 한계를 여실히 보여주는 인물이다. 따라서 일국 중심주의를 넘어서는 시각을 모색하는 동아시아 담론의 성격에 비추어 볼 때 신채호는 논의의 대상으로 적절하지 않은 것처럼 보인다. 그러나 역사상 존재했던 아시아주의들이 대부분 자민족 중심주의나 제국주의에서 자유롭지 못했다는 사실은 오히려 민족주의 입장의 동아시아 담론에 대한 관심을 환기한다. 아시아주의로 포장되어 있지 않은 민족주의로 동아시아 담론을 투사할 때 역으로 그 새로운 면모가 조망될 가능성이 있기 때문이다.

신성한 문라주의門羅主義[32]가 백기白旗를 일수壹竪한 후로, 동서육주 東西六洲에 소위 육대강국이니 팔대강국이니 하는 열강이 모두 만강혈

---

32) 먼로주의(Monroe Doctrine) 1823년 미국의 제5대 대통령인 제임스 먼로가 천명한 상호불간 섭원칙에 입각한 외교정책.

성만강혈성(誠滿腔血誠)으로 차(此) 제국주의를 숭배하며 모두 분투쟁선(奮鬪爭先)하여 차 제국주의에게 굴복하여 세계무대가 일 제국주의적 활극장을 성(成)하였도다.

연즉(然則) 차 제국주의로 저항하는 방법은 하(何)인가. 왈 민족주의를 분휘(奮揮)함이 시(是)이니라. (중략) 오호라, 민족을 보존코자 하는 자가 차 민족주의를 사(捨)하고 하(何)를 당취(當取)하리오. 시고(是故)로 민족주의가 팽창적 웅장적 견인적(堅忍的)의 광휘를 양양(揚揚)하면, 여하한 극렬적 괴악적(怪惡的)의 제국주의라도 감히 참입(參入)치 못하나니, 요컨대 제국주의는 민족주의가 박약한 국(國)에만 참입(參入)하나니라.[33]

주지하듯이 신채호의 민족주의는 제국주의의 침략에 맞서기 위한 방략이다. 국가 존망의 기로에서 근대화에 뒤처진 민족으로서 유일하게 동원할 수 있는 무기가 민족으로서의 동질성을 강조하는 민족주의밖에 없었던 것이다. 그런 점에서 신채호의 민족주의는 제3세계에서 흔히 발견되는 '저항적 민족주의'의 전형이라 할 수 있다.[34] 역사에 대한 신채호의 집착도 민족의 정신을 보존함으로써 저항의 근거를 확보하고자 하였던 것이며 이를 신채호는 '국수(國粹)'라는 개념으로 요약했다.[35]

그러나 이러한 특성 때문에 신채호의 민족주의에 전체주의적 성격이 함유되어 있는 것도 사실이다. 무엇보다 신채호가 설정한 민족 개념에는 '집체적 자아'로서의 민족만이 존재할 뿐 개인이 존재할 수 없다. 그의 유명한 '대아(大我)'와 '소아'의 구분법은 바로 민족으로 수렴되는 집체적 자아만을 인정하는 사고를 보여준다.

---

33) 신채호, 「제국주의와 민족주의」 『단재신채호전집』 하권, 단재신채호선생기념사업회, 1975, 108쪽. (이하 『전집』으로 표기함.)
34) 톰 네언, 「민족주의의 양면성」 『민족주의란 무엇인가』(백낙청 편), 창작과비평사, 1995, 233~239쪽 참조.
35) 신채호, 「국수보존설」 『전집』 별집.

소아小我를 논할진대. 아의 이목이 시아是我며 수족이 시아是我니, 일
구각중一軀殼中에 피박被縛한 아我라 시視함에 일격벽一隔壁을 투透치
못하며, 약躍함에 일인장一仞墻을 월越치 못하며, 현미경을 대帶하여
도 대천미진大千微塵을 편찰遍察치 못하며, 화륜차火輪車를 승승乘乘하여
도 일일 천리를 과過치 못하거니와, 대아大我는 하何오 즉 아의 정신
이 시是며, 아의 사상이 시是며, 아의 목적이 시是며, 아의 주의가 시
是니, 시是는 무한 자유자재의 아我니, 왕往코자 하매 필왕必往하여
원근이 무無한 자—아我며 행코자 하매 필달必達하여 성패成敗가 무한
자—아我라.[36]

　　신채호에게는 후쿠자와 유키치에게서 보이는 것과 같은 개인의 평
등과 자유에 대한 강조를 찾기 어렵다. 그의 수많은 계몽담론들이 궁극
적으로 국가의 독립과 민족의 자강으로 귀결되기 때문이다. 역사를 가르
쳐야 하는 이유는 물론이고 교육·종교·실업·심지어 미적 관념조차 애
국심에 수렴되고 있다.[37] 개인[小我]은 민족[大我] 혹은 민족의 정신으로
귀속될 때만이 의미를 지니는 것이다. 그 결과 신채호의 논의에서 서구
적 의미의 근대적 개인은 부재한다. 오히려 중세적 질곡으로부터 해방된
개인을 민족이라는 인식적 지평 위에서 다시 통합하려는 열망이 신채호
의 계몽담론을 관통하는 기본적인 원동력이 되고 있다.

　　여기서 우리는 신채호의 민족주의가 지닌 한계와 그 이념적 경직성
을 느낀다. 그런데 이에 대한 분석과는 별도로 우리의 관심을 끄는 것은
이처럼 투철한 민족주의자인 신채호가 당대의 동양주의 혹은 아시아주
의에 대해 어떠한 판단을 가지고 있었는가 하는 점이다.

---

36) 신채호, 「大我와 小我」『전집』하권. 85쪽.
37)『단재신채호전집』하권의 「歷史와 愛國心의 關係」「新敎育과 愛國」「二十世紀 新東國之英
　　雄」 등 참조.

희희라. 일동一洞이 단결하여 아가我家의 화禍를 구할진대 차此를 구
함이 가하거니와 금속에 불연不然하여 일동一洞의 단결 여부가 아가我
家 흥망에 무관하거늘 도연徒然히 독적毒賊의 후後를 수隨하여 차를
공의共議하면 어찌 노치奴癡가 아니리오. 차로 추推하면 한국인이 차
열국 경쟁시대에 국가주의를 제창치 않고 동양주의를 미몽迷夢하면 시
是는 금일 시대의 인물로 미래 타성세계他星世界의 경쟁을 우憂하는
자와 무이無異며 우차又此 비경중悲境中에 기반탈각羈絆脫却의 도道는
불사不思하고 동양주의를 장仗하면 시是는 파란인波蘭人이 서양주의를
설說함과 무이無異니라.[38]

그는 1909년에 발표한 「동양주의에 대한 비평」이란 글에서 '동양주
의'가 서양(백인종)의 침입을 핑계로 한 일본 제국주의의 야욕임을 간파
하고 이를 주창하는 것을 '노예의 어리석음'이라 평했다. 일본이 주장한
동양주의의 한 축이 당시의 국제정세를 황인종과 백인종간의 인종적 투
쟁으로 파악하는 점에 있었으므로 이러한 판단은 문제의 핵심을 찌른 것
이다.

여기에서 주목할 것은 신채호의 논의가 '국가주의'의 차원을 벗어나
지 않고 있다는 사실이다. 이것은 일본의 '아시아주의'에 대해 중화 중심
주의를 내세웠던 중국의 대응과 다른 것이며 '영성靈性'을 통해 서구 문
명의 단점을 보완하려했던 타고르식의 논의와도 구별되는 것이다. 신채
호의 관심은 철저하게 국가의 독립과 안존에 놓여 있었다. 이는 신채호
가 민족주의자이며 식민지로 전락할 위기에 처한 국가의 지식인이었기
에 당연한 반응으로 보인다. 하지만 역으로 그러한 처지였기에 당시 일
본이 주창하던 동양주의의 본질이 정확하게 포착될 수 있었다는 점도 지
적되어야 한다.[39] 국가주의, 곧 자신이 발을 딛고 선 현실의 문제를 최

---

38) 신채호, 「동양주의에 대한 비평」『전집』하권, 90쪽.
39) 당시의 계몽가들이 사회진화론적인 관점에서 국제 관계를 인식했다는 것은 상식에 속한

우선에 두는 사고에 의해 신채호는 당대 '아시아주의'론의 미망으로부터 벗어날 수 있었던 것이다.

그러나 위의 글은 일본의 문제점을 지적하는 것에 그친 것이어서 논의의 폭이 협소했다. 이에 반해 북경 망명시절 『천고天鼓』(1921. 1)에 기고한 「조선독립 급及 동양평화」는 조선의 독립이 동아시아의 평화에 미치는 영향과 의미를 역사적으로 분석하여 문제의식의 심화와 확장을 보여주고 있다.

> 조선은 예로부터 중국과 왜의 중간에서 서로간의 울타리 구실을 하여서 저들이 서로를 해치지 못하게 만들었던 것은 수천 년 역사가 밝게 증명하는 바다. 수양제·당태종·요태조·금태조 등이 대륙으로부터 일어났지만 그 무력이 압록강의 남북에 그쳐서 일본을 침략하지 못했던 것은 조선이 있었기 때문이다. 또한 오랜 세월 동안 일본의 도적들이 비록 경상도 연안을 침범하였지만 그 해악이 중국에 미치지 못했던 것도 조선이 있었기 때문이다. 조선인이 동양평화에 기여한 공이 역시 큰 것이다.[40]

신채호는 조선의 지정학적 위치가 중국과 일본의 중간에 놓여 있어 두 세력이 서로를 침범하지 못하게 하는 역할을 담당했던 사실을 지적했다. 그는 고려가 몽고에 굴복한 이후 대륙의 세력이 일본에 미쳤던 사실과 임진왜란 때 조선이 일본을 막아내지 못하여 해양의 세력이 명나라에 영향을 미친 점을 들어 한반도의 약화는 단지 한반도의 불행으로 끝나는 것이 아니라 중국과 일본 모두에게도 악영향을 준다는 사실을 환기시키

다. 그러나 이들의 제국주의관이 동일한 모습을 보여주는 것은 아니다. 제국주의를 민족주의의 연속과 발전으로 파악하는 관점이 있었는가 하면, 제국주의에 대한 대항의 동력으로 민족주의를 강조했던 관점이 병존했었다. 전자가 '아시아 연대론'에 대해 긍정적이었으며 결국 친일의 논리로 귀결되었음은 주지하는 바와 같다. 이에 대해서는 전복희, 『사회진화론과 국가사상』, 한울, 1996, 제5장 참조.

40) 신채호, 「朝鮮獨立 及 東洋平和」 『전집』 별집, 251쪽. 원문은 한문으로 되어 있음.

고 있다. 그는 청일전쟁과 러일전쟁도 이런 관점에서 파악하고 있다. 즉 조선의 국력이 약화되면서 대륙과 해양세력이 조선을 무대로 직접 충돌하게 된 것으로 이해하는 것이다. 이러한 논리의 귀결로 신채호는 1921년의 시점에서 일본의 만주침략과 중일전쟁의 발발 그리고 일본 제국주의의 전화戰禍가 아시아와 러시아에 미칠 것을 예언했다.

> 그런데 여러 열국들은 왜가 스스로 방자하게 떠드는 말을 듣고 조선을 병탄하는 것을 허락했으니 역시 올바른 방책이 아니었다. 왜가 이미 바다를 건너 조선을 가졌다. 그런즉 두만강과 압록강을 가볍게 건너 남북만주의 땅을 삼키는 것을 누가 능히 막을 수 있겠는가. 또한 북으로 몽고를 엿보고 서로는 산동을 점령하여 사방 사백조 인민(모든 나라의 국민)을 놀라게 만드는 것을 누가 능히 막을 수 있겠는가. 저들이 이미 조선과 만주를 얻었으니 남으로는 중화를 경영하고 북으로는 시베리아를 침략하여 왜적의 발길이 하루에 만리에 미쳐 징기스칸의 패도霸圖를 금일에 다시 보여주지 않는다고 어찌 알겠는가.[41]

신채호는 일본의 이와 같은 침략행위가 공산화된 러시아 세력의 남하와 동진을 막기 위한 국제적 묵인 속에 이루어지고 있음을 지적하면서 그러한 판단이 왜 잘못된 것인가를 다음과 같이 분석했다.

> 슬프구나, 이런 말을 하는 자들이여. 그들은 하나는 알고 둘은 모르는 자들이다. 만일 과격파(볼세비키)의 신조가 마땅히 진리에 어긋나지 않는 것이 있다면 인류의 마음에 부합하여 비록 왜의 군대를 총총히 세워놓고 적탑의 남쪽으로 방벽을 둘러친다 해도 볼세비키의 형체 없는 탄환을 막을 수 없을 것이다. 이것은 미약한 방어막을 뚫고 아시아의 중원을 날아다닐 것이며 서구의 각지를 돌아다닐 것이니 구구한 일

---

41) 같은 글, 같은 책, 252쪽.

본이 어찌 그것을 감당할 것인가. 만약에 볼세비키 자체가 본래 성공하기 어려운 것이라면 그것은 일본의 야심을 키워 동방을 소란케 할 것이니 편하지 않은 일이 이 뿐이겠는가. 또한 혹은 이 때문에 황인종 각 민족이 군벌과 자산층에 대한 악감정이 촉발되어 볼세비키와 연합하여 혁명의 도화선이 될지 알 수 없는 일이다. 그러므로 열강이 일본을 신뢰하는 것은 실로 올바른 대목이 없는 것이다.[42]

여기서 신채호는 일본을 동원하여 공산주의를 막으려는 의도가 자칫하면 황인종 각 민족에게 자본주의에 대한 혐오를 촉진시킬 수도 있음을 경고하고 있다. 이것은 중국은 물론 한국과 베트남의 공산주의가 기본적으로 제국주의 침략에 대항하는 민족주의적 의식에서 비롯되었다는 사실을 고려할 때 날카로운 통찰이 아닐 수 없다. 이와 같은 분석을 통해 신채호는 조선의 독립이 동양평화의 근본임을 역설한다.

고로 오늘날 동양의 평화를 말하고자 한다면 조선의 독립을 능가할 상책이 없다. 조선이 독립하면 일본은 제멋대로 탐욕을 부리는 것을 그치고 사방을 경영하는 데 그 힘을 수습함으로써 자신의 영토를 보존할 것이요, 러시아의 과격파는 역시 가난하고 약한 민족을 돕는다는 구실을 빙자하기 어렵게 되어 마땅히 그 날개를 접고 적탑의 북쪽에 웅크릴 것이며, 중국 역시 한가한 틈을 얻어 십수 년 동안 혁명으로 말미암아 혼란스러웠던 국면을 정돈할 기회를 얻을 것이니 이것이 동양평화의 요의要義이다.[43]

역사적 안목과 국제정세에 대한 통찰을 통해 신채호는 조선의 독립과 자강이 동아시아의 평화에 기여하는 바를 명확하게 논증했다. 그리

---

42) 같은 글, 같은 곳.
43) 같은 글, 같은 책, 252~253쪽.

고 신채호의 동아시아관과 정세판단은 해방 이후 안재홍의 신민족주의
적 통일관에로 계승되었다.[44] 이것은 식민지시대 민족주의 사상이 이후
어떠한 맥락 속에서 구체화되는지를 확인할 수 있는 주요한 단서의 하
나이다.

4. 결론을 대신하여

이 글에서 필자는 일본과 중국의 경우를 통해 동아시아 담론이 자
민족 중심주의 내지는 제국주의로 귀결되는 역사적 과정을 살펴보았다.
그리고 신채호의 동양인식이 그들과 구별되는 독특한 문제의식을 드러
냈다는 점도 확인했다. 동아시아 담론의 경우로 한정해서 말하면 신채호
의 민족주의는 오히려 아시아주의를 내부에서 허물어뜨리면서 제국주의
에 저항하는 기제로 작용했다. 여기에서 필자는 민족주의에 대한 새로운
관점의 확보와 보다 세밀한 연구가 필요하다는 결론에 도달했다. 역사상
존재했던 아시아주의론을 파행으로 점철시킨 장본인이 자민족 중심주의
였다면 그에 대한 올바른 이해와 극복 없이는 현재 활성화되고 있는 동
아시아 담론의 장래도 불투명할 수밖에 없기 때문이다.

한국의 근대사에서 민족주의가 차지하는 위상은 실로 절대적이었
다. 그러나 정통성을 확보하지 못한 정권에 의해 민족주의가 악용됨으로
써 가장 오염된 이념이 되기도 했다. 이 과정에서 민족주의는 그 자체로
정당한 자기 평가를 받을 만한 기회를 충분히 얻지 못했다. 이 때문에
임지현이 "식민지 시기 민족주의 사학이 견지했던 문제의식이 오늘날의
상황에서는 남과 북 모두에서 그 건강성을 상실하고 체제 이데올로기로

---

44) 안재홍, 「신민족주의의 과학성과 통일 독립의 과제」, 앞의 책(최원식·백영서 편) 참조.

전락했음"을 비판한 것은 충분히 새겨 들을 만하다. 그리고 그의 다음과 같은 충고는 재삼 숙고해 볼 만한 가치가 있다.

> 그러나 바로 이러한 점 때문에 거꾸로 민족주의를 부정해서는 안 된다고 생각한다. 한반도 전체 대중의 정서가 민족주의에 깊이 뿌리박고 있는 한 작금의 조야한 민족주의를 극복하는 진정한 길은 민족적 형식을 살리면서 그 안에 진보적 내용을 채우는 즉 건강한 민족주의를 추구하는 데 있다. 특히 '지구촌화'와 더불어 몰가치적 국제주의가 남한의 새로운 지배 이데올로기로 부상하는 현 상황에서 근원적으로 민족주의를 부정한다면 그것은 건설적인 대안의 모색과는 거리가 멀다. 다시 강조하거니와 민족주의 자체가 아니라 어떤 민족주의냐가 문제이다.[45]

이러한 비판을 경청할 때, 생의 후반기에 민중적 관점으로 전환한 신채호의 행보는[46] 한국 민족주의의 독특한 경향으로써 새롭게 다가온다. 민족주의와 제국주의의 아슬아슬한 균형을 넘어 한반도의 평화가 동아시아 평화의 요체임을 논증한 신채호가 만년에 민중적 관점으로 귀결되었다는 사실은 오늘날 진보적인 민족주의를 건설하는 데 있어서도 신중히 고민해야 할 사항이다.

덧붙인다면, 남북한의 화해무드 속에서 통일논의가 현실로 다가서는 시점에서 우리는 민족주의가 아니면 무엇으로 통일의 역량을 확보할 것인가를 생각해야 할 것이다. 강대국의 첨예한 이해관계로 얽혀 있는 한반도의 통일이 민족적 역량의 총동원 없이 어떻게 이루어질 수 있는가를 고민해야 할 것이다. 감상적 통일논의의 추상성만큼 민족주의를 배제

---

45) 임지현, 『민족주의는 반역이다』, 소나무, 1999, 57쪽.
46) 최원식, 「서양과 일본, 이중의 충격 사이에서」『민족문학사연구』 16호, 민족문학사연구소, 2000. 6 참조.

한 통일논의도 공허할 수 있다. 동아시아 담론의 향방은 이러한 역사적 문제에 대한 대응 속에서 자신의 성격을 구체화할 수 있을 것이며 자신의 정당성을 증명할 수 있을 것이다.

중국 전통 문文 관념의 근대적 대응과 변용
- 짱타이옌章太炎의 「문학논략文學論略」 분석

류준필 柳浚弼

1. 서론

근대로 접어들면서 서양의 문학론이 대거 소개·수용되고 이에 따라 문학을 이해하는 주된 관점에 커다란 변화가 생겨났음은 주지의 사실이다. 서양 문학론의 수용은 때론 문명의 진전을 뜻하기도 하면서 그 영향력을 확대해 나갔다. 이런 과정에서 전통적인 문론文論·문文 관념 등은 전前근대적인 후진성을 상징하는 것으로 폄하되곤 하였다. 그런 한편으로 전통적인 학문이나 문학론 등도 쉽게 쇠퇴하기만 한 것은 아니었는데, 때론 적극적인 대응에 나서기도 하였다. 그러한 사례를 가장 대표적으로 보여주는 존재가 짱타이옌章太炎이라고 할 수 있다.[1]

짱타이옌章太炎은 중국의 전통 학문을 근대로 계승한 대학자로 평가받고 있지만, 그의 작업은 문학 분야에서도 적지 않게 이루어졌다. 특히 『국고논형國故論衡』(1910)에 실린 「문학총략文學總略」은 대표적인 저술에 해당된다. 이 글을 통해 짱타이옌章太炎이 그 당시의 문학 현상에 대해 어떤 태도를 취했는지 확인할 수 있을 뿐만 아니라 전통 학문을 바탕으로 한 학자로서 서구의 문학론에 어떻게 대응했는지 보여준다는 점에서 그 의의가 지대하다. 그런데 짱타이옌章太炎은 이에 앞서 「문학

---

1) 김월회, 「章太炎의 문학이론 연구」, 서울대학교 석사논문, 1990.

논략文學論略」이라는 글을 발표한 적이 있다.

　　1906년 『국수학보國粹學報』 제21기~23기에 걸쳐 짱타이옌章太炎은 장강章絳이란 이름으로 「문학논략文學論略」을 연재하였다. 「문학논략文學論略」은 1910년에 간행하는 『국고논형國故論衡』의 「문학총략文學總略」의 저본이자 짱타이옌章太炎이 본격적으로 자신의 문文 관념을 피력한 첫 작품이다. 아울러, 「문학논략文學論略」은 짱타이옌章太炎 개인에게 가지는 이러한 의미에서뿐만 아니라 당시에 논의되던 다양한 층위의 문론文論에 대한 짱타이옌章太炎의 비판이 적극적으로 피력되어 있다는 점에서, 전기 자료 이상의 가치가 있다. 따라서 「문학논략文學論略」은 짱타이옌章太炎의 문론文論에 도달하는 입구이자 만청晩淸~민국民國의 이행기에 명시적으로 제기되었거나 암묵적으로 공유되던 여러 층위의 문文 관념을 복원할 수 있게 해주는 매개이다.

　　본고는 이런 시각에서 짱타이옌章太炎의 「문학논략文學論略」에 나타난 문文 관념의 성격과 의미를 살펴볼 것이다. 논지를 비교적 선명하게 나타내기 위해 먼저 「문학논략文學論略」에서 제시하는 문文 관념이 어떤 논쟁적 성격을 지닌 것인지 살피고 이어서 짱타이옌章太炎의 문론文論 체계를 재구성한 다음에 짱타이옌章太炎을 통해 확인되는 몇 가지 문론文論 혹은 문학론의 가능성을 새롭게 복원해 보는 순서로 논의를 진행하기로 한다. 아울러 이 과정에서 만나게 되는 특정한 경향이 그 뒤에 루쉰魯迅에 의해서 계승되는 양상의 일단도 덧붙이도록 하겠다.

2. 「문학논략文學論略」 문文 관념觀念 형성形成의 논쟁적論爭的 층위層位

2.1.

「문학논략文學論略」에서 제시된 짱타이옌章太炎 문론文論의 출발점은 『논형論衡·초기편超奇篇』이다. 그 결론은 무척이나 간명하다. '원래 문文이란 경經·사史·자子·집集 일체를 포괄한다'는 것이다. 당송고문파唐宋古文派(아마도 桐城派를 겨냥한 듯하다)처럼 '논설기서비지전장論說記序碑誌傳狀'을 문文으로 인정하는 관념이나, '문필지변文筆之辨'에 근거한 문文 관념, 또는 "한 가지 경서만을 위주로 한 유생儒生의 강술" 기록을 문文으로 이해하는 관념은 정당하지 못하다는 것이 그 부연 내용이다. 문文에 대한 기존의 그릇된 이해와는 달리, 『논형論衡·초기편超奇篇』이 저술되던 당시 최고의 문장으로 평가받은 홍유鴻儒의 문文이 경經·사史·자子에 중심을 두었던 만큼 문文에 대한 올바른 이해는 이러한 특성을 잘 파악하는 데서 시작된다는 뜻이다.[2]

그러므로, 진晉 이후에 형성된 문文에 대한 인식은 왜곡과 퇴락의 과정이다. 진晉 이후의 '문필지변文筆之辨' 논의는 오해에서 비롯된 억지이고, 청대 후반 완원阮元에 의해 제기된 「문언설文言說」은 경전에 대한 일면적이고 불충분한 이해에서 나온 과장으로 규정된다. 완원阮元의 주장이 변형된 형태로서, 문文은 운어韻語(혹은 偶)이고 사辭는 일반 산

---

2) "이 역사·경설·제자 셋은 그 당시 사람들이 최상의 文이라 평가한 것으로, 후세 사람들이 이 세 부분을 문학의 영역에서 제외시켜버리고는 경솔하게도 화려한 문사를 文으로 여기거나 論·說·記·序·碑·誌·傳·狀 등을 文이라 인식한 것과는 차이가 있다. 오직 한 가지 경전에 대해 강설할 수 있는 사람은 여기에 해당되지 않았다. 대개 학관제자들이 문도를 모아 놓고 강의한 것은 모름지기 제시된 책문에 답하기 위한 것으로 그 지어진 글들은 후세의 (경서의 일부만을 보이고는 그 전체적 맥락을 논의하던) 과거 시험과 다를 바 없는 탓에 제외하고 함께 거론하지 않은 것이다. 是歷史經說諸子三者, 彼方目以最上之文, 非如後人擧此於文學之外, 而沾沾焉惟以華辭爲文, 或以論說記序碑誌傳狀爲文也. 惟能說一經者, 則不在此列. 蓋學官弟子, 聚徒講述, 須以發策決科, 其所撰著, 無異於後世之帖括, 是故屛之不與也."

行散行으로 이해하는 소위 '문사이직론文辭異職論'도『초사楚辭』를 위시
한 다양한 근거를 들이대며 억측에 지나지 않는다고 비판하였다. 이 모
든 잘못이 중국의 전통적인 '문文' 관념을 충분히 천착하지 않은 결과에
지나지 않는 것이라면, 사상思想을 계발하는 학설學說과 감정을 움직이
는 문사文辭를 구분하는 논리는 글쓰기 일체를 포괄하는 문文의 의미를
"잡문雜文과 소설小說"의 특성만으로 한정하려는 잘못을 범한다고 비판
하였다.

구체적인 지점들을 따지고 들면 짱타이옌章太炎이 거론하면서 비판
의 표적으로 삼은 대상은 무척이나 다양하다. 그렇지만 크게 보자면 두
가지 경향으로 대별할 수 있다. 하나는「문선文選·서序」의 소명태자昭
明太子—「문언설文言說」의 완원阮元으로 묶이는 부류(①)이고, 다른 하
나는 학설學說과 문사文辭를 구분하려는 부류(②)이다. 실제로 짱타이
옌章太炎이 자신의 문론文論을 전개하면서, 주된 논적으로 설정한 대상
은 이 둘이다.[3] 이러한 사실은 짱타이옌章太炎 당대에 그 영향력이 얼마
나 컸는가 하는가에 상관없이 짱타이옌章太炎 자신이 문文 관념의 재정
립을 추구하면서 정작 주목한 문제가 이 둘이었음을 반증한다.

2.2.

짱타이옌章太炎은 자신이 문제로 삼는 ①의 계통을 설명함에, 먼저
『문심조룡文心雕龍·총술總術』의 유명한 구절 "요즈음 일반적으로 하는
말에, '문文'이란 것이 있고 '필筆'이란 것이 있는데 운韻이 없는 것을 '필

---

3) 이것은 章太炎이 자신의 文論을 전개하는 과정에서 드러나는 논리적 측면에서뿐만 아니라,
실제 서술 분량에서도 확인할 수 있다. 이 두 가지 경향에 대해서는 집중적으로 길게
거론하지만, 唐宋古文派와 그 嫡統을 자처하는 여러 古文家들에 대해서는 거의 언급하지
않았다.

筆'이라고들 하고 운韻이 있는 것을 '문文'이라고들 한다. 今之常言, 有文有筆, 以爲無韻者筆也, 有韻者文也."를 들고, ①의 입론의 출발점이라 하였다. 이에 따르면 문文이란 곧 '유운지문有韻之文'을 가리킨다. 이어 '심사한조沈思翰藻'라는 용어의 출처인 "事出於沈思, 義歸乎翰藻"를 담고 있는 소명태자昭明太子 소통蕭統의 「문선文選·서序」를 거론하였다. 이 글은 『문선文選』을 편찬하면서 경전經典·사서史書·제자諸子 등의 대부분을 제외하는 이유를 밝혔다는 점에서 오래도록 주목된 글이다. 이 두 글에 대해서 짱타이옌章太炎은 기존의 관념이 잘못이었다고 강변한다. 예컨대 『문심조룡文心雕龍·총술總術』의 말은 당시의 시세를 기술한 내용이지 『문심조룡文心雕龍』에 적용된다는 뜻이 아니라고 하였고, 소통蕭統의 견해도 일면적일뿐더러 『문선文選』에 제자諸子에 해당하는 글이 실려 있고 또 당연히 취록되어야 할 운韻이 있는 악부시 같은 작품이 배제되어 있으니, 자기모순이라고 비판하였다. 따라서 문文·필筆의 구분론은 애시당초 그릇된 입론이라는 것이다.

'문필지변文筆之辨' 논의에서 주로 근거로 제시되는 두 글에 대해 비판하였지만, 실상 가장 정면으로 맞서야 할 대상은 완원阮元의 「문언설文言說」이었다. 완원阮元이 청대淸代 손꼽히는 대학자라는 점에서 예사롭지 않기도 하지만 그보다는 완원阮元의 문론文論이 경학經學의 시각에서 제출되었다는 점에서 여느 문장가文章家나 사장파詞章派와는 질적으로 다르기 때문이다. 완원阮元 문론의 핵심은 『역易·문언전文言傳』을 근거로 문文이란 운韻과 우偶(對偶 혹은 儷)를 그 내적 속성으로 한다는 것이었다. 이에 대해 짱타이옌章太炎이 제기한 핵심적인 반론은, 공자孔子의 십익十翼 가운데 「문언전文言傳」만이 문文이라는 논리는 성립할 수 없다는 것이었다. 「단전彖傳」이나 「상전象傳」도 운어韻語지만 문文이란 명칭이 없다고 하였다. 완원阮元 「문언설文言說」의 논리와 같은 층위에서 『논어論語·위령공衛靈公』의 "子曰: 辭達而已矣"라는 구절을 근거로 문文과 사辭를 구별해야 한다는 견해에 대해서도, 『사기史記』·『한서漢書』·『법언法言』에 있는 기록을 제시하며 문文·사辭의 구별은 없었다고 주장하였다.

그 논리적 타당성은 제쳐두고서라도 완원阮元의 「문언설文言說」에 대한 자신의 견해를 제기한 이상, 짱타이옌章太炎으로서는 자신의 논적을 분명히 드러낸 것이다. 그런데 당唐 이후로 거의 위세를 잃었던 진晉 이후의 문필론文筆論을 다시 본격적으로 쟁점화한 완원阮元이 가장 상징적인 존재라면, 정작 짱타이옌章太炎이 「문학논략文學論略」을 집필하던 당시에 짱타이옌章太炎의 문론文論에 맞서는 실제적 존재는 리우쓰페이劉師培였다. 리우쓰페이劉師培는 완원阮元과 같은 의징儀徵 출신이면서 유서 깊은 가학家學(春秋學)을 전수한 인물이었다. 짱타이옌章太炎 스스로도 리우쓰페이劉師培의 학문적 역량을 인정했고 때론 계도를 받기도 하였다.[4] 이런 리우쓰페이劉師培가 공식적으로 ①의 계통을 잇는다고 천명한 이상,[5] 짱타이옌章太炎의 상대는 리우쓰페이劉師培일 수밖에 없다. 비록 「문학논략文學論略」의 본문에서 직접적으로 리우쓰페이劉師培를 거론하고 있지는 않지만, 그 행간의 의미가 구체적으로 리우쓰페이劉師培를 겨냥한다고 보아야 하는 것은 그 때문이다.

2.3.

①에 대한 논의에 이어서 짱타이옌章太炎은 ②에 대한 비판에 나선다. 짱타이옌章太炎에 따르면, ②는 "학설學說과 문사文辭를 구분하려는 시각"으로서, "학설은 사람의 사상思想을 계발하고 문사文辭는 사람의

---

4) 劉師培의 학문에 대해서는, 錢基博, 『現代中國文學史』, 世界書局, 1935, 106~123쪽 참조.
5) 『國粹學報』 1호에 劉師培가 발표한 「文章源始」에는 여러 대목에서 阮元의 「文言說」을 원용하고 있고, 「廣阮氏文言說」은 「文言說」을 劉師培가 새롭게 수정·보완한 글이다.

감정을 움직인다. 學說在個人之思想, 文辭在動人之感情."고 주장한다. 이러한 견해는 전근대적 전통에서 '문학'이 독자적인 영역을 확보하여 분화되지 못하고 여타의 학술·학문 체계에 포함되었다는 비판을 내포한다. 그렇지만, 짱타이옌章太炎이 보기에 ②의 시각은 중국적 전통에서 문文 관념이 어떤 체계를 이루며 어떻게 형성되었는지 하는 문제에 대한 무지의 소산이었다. "그네들의 주장으로는 학설學說 말고는 운韻이 있거나 없거나 간에 문文을 모두 문사文辭라 부를 수 있으며, 감정을 격발시키는 것을 주된 기능으로 한다고 하니, 그 잘못이 이미 심각한 수준이다. 就彼所說, 則除學說而外, 一切有韻無韻之文, 可得稱爲文辭, 而一以激發感情爲主則其誤亦已甚矣."라는 진술에서 그러한 사정을 짐작할 수 있다.

　짱타이옌章太炎의 반론은 이렇다. ②가 옹호하는 문사文辭는 운韻이 있는 문文과 운韻이 없는 문文으로 나뉘어지는데, 감정을 움직이는 것을 위주로 하는 것은 운韻이 있는 문文의 경우라면 비교적 타당성이 인정된다는 것이다. 그러나 이것도 많이 양보해서 그럴 뿐이다. "시詩·부賦·잠箴·명銘·애哀·뇌誄·사詞·곡曲의 부류는 본래 정감과 속뜻을 펼치는 것을 목표로 하기에 억양완전抑揚宛轉이 그 본래적 속성 其他詩·賦·箴·銘·哀·誄·詞·曲之屬, 固以宣情達意爲歸, 抑揚宛轉, 是其職也"이지만, 충간忠諫의 의도가 강한 유가儒家의 부賦는 감정의 차원에서만 논의하기는 어려울뿐더러, 모형毛亨의 『모시고훈전毛詩故訓傳』에는 감정의 움직임과 관련이 있는 흥興만 표방했으니 비比와 부賦는 감정 촉발과 관련시켜 규정할 수 없다고 하였다. 후대의 시부詩賦도 마찬가지인데, "대개 사람을 감동시키는 부분은 본래 관현管絃으로 연주되는 것에 따른 것이지 사구詞句에 국한되어 있지는 않았던 것이다. 蓋其感人之處, 固在被之管絃, 非局於詞句也."라고 하여 음악과의 관련성도 부각시켰다. 이렇게 본다면, 감정感情과의 관련 속에서 문사文辭의 위상을 확립하려는 ②의 시도는 일면을 과장한 것에 지나지 않는다.

운문韻文의 경우가 이렇다면 산문散文[無韻之文]의 경우 사태는 더 심각하다. 짱타이옌章太炎은 산문散文은 학설學說·역사歷史·공독公牘·전장典章·잡문雜文·소설小說의 6개 부문으로 나뉘어진다고 하고는, "운韻이 없는 문文 가운데 오로지 감정을 격발시키는 것만을 숭상하는 것은 잡문雜文과 소설小說뿐 無韻文中, 專尙激發感情者, 惟雜文·小說耳"이라고 하였다. 역사歷史 영역에 포함되면서 여러 사건을 서술하는 각종 "서사문敍事文은 본래 감정을 움직이기에 충분한 것이기는 하지만, 본래는 이것 자체를 위주로 하지는 않는다. 其他敍事之文, 固有足動感情者, 然本非以是爲主."하고는 "서사敍事란 그 사실의 진상眞相을 얻는 데 목표가 있다. 蓋敍事者, 在得其事之眞相耳."고 하였다. 그러므로, 학설學說과 문사文辭를 사상과 감정이란 도식으로 구분하려는 경향은 잡문雜文과 소설小說만을 기준으로 모든 문사文辭를 개괄할 수 있다는 오해와 착각에 다름 아닌 것이 된다.

짱타이옌章太炎이 ①과 더불어 힘써 비판하고자한 ②의 논리는 대개 서양 문학론의 영향 속에서 이루어진 것으로 짐작된다. 좀더 구체적으로는 강호시대江戶時代 이래 규범적 권위를 누리던 한문학(漢詩文을 포함한 漢學 일반)의 전통이 법률法律·제도制度·천문天文·지리地理·의학醫學·병학兵學 등의 실용학을 중심으로 재편되다가 다시 서양의 문물제도와 학술사상을 실학實學으로 규정하고 이 실학實學에 대응되는 새로운 문학文學 개념이 형성되던 명치시대明治時代 일본의 영향이 지대했으리라 짐작된다. 예컨대 일본인의 저술 『수사학修辭學』이 인용된다거나, "일본에서 문文을 논한 것을 보니(……) 서구의 것을 본받으며 아예 희랍까지 거슬러 올라가, '미美'라는 글자 하나로 함부로 완고하게 군다. 吾觀日本之論文者(……) 泰西上追希臘, 以美之一字, 橫梗結噎于胸中."나 "그들은 유럽의 글을 논하면서 스스로 옳다고 여기고는 다시 이를 가지고서 한문漢文을 논한다. 우리 한인漢人 가운데 문文을 모르는 자도 그 말을 따와서 서로 법식을 자랑한다. 彼論歐洲之文, 則可爾而復持此以論漢文. 吾漢人之不知文者, 又取其言以相矜式."고 비판하는 사례를 통해 충분히 확인할 수 있다.

짱타이옌章太炎이 못마땅하게 여기는 ②의 영향력이 당시에 확대 일로를 치닫고 있었겠지만, 그 세력과 관련하여 구체적으로 거론한 대상이 바로 왕구어웨이王國維이다. 물론 왕구어웨이王國維의 이름이 직접 거론되지는 않았다. 다만, 다음과 같은 진술―"혹자가 말하기를 장미壯美라 하고 우미優美라고 하면서 或云壯美, 或云優美" "이를 문文을 논하는 상궤常軌로 여기고 있으니 어찌 잘못된 것이 아니겠는가! 以是爲論文之軌, 不亦過乎!"를 보면 왕구어웨이王國維 식의 문文 이해를 짱타이옌章太炎이 주목하였다는 사실을 쉽게 알아차릴 수 있다. 길게 부연할 필요도 없이 우미優美・장미壯美란 용어는 왕구어웨이王國維가 칸트・쇼펜하우어의 철학을 흡수하면서 설명한 미학론(예술론)에 등장하는 말이다. 짱타이옌章太炎으로서는 미美(혹은 예술)라는 개념을 가지고 중국의 문文 개념을 설명・해석하는 것을 인정할 수 없었다. 문文의 본질이나 실상과 미美라는 용어는 어떤 본원적 관계가 없다고 보았던 듯하다.

3. 짱타이옌章太炎의 문文 관념觀念 재구성再構成

3.1.

그럼 도대체 리우쓰페이劉師培・왕구어웨이王國維가 보여준 가능성을 비판하면서 짱타이옌章太炎이 정립하고자 한 문론文論이란 어떤 성격인가. 짱타이옌章太炎 스스로 "소명昭明이나 후세의 완원阮元이 견지한 주장은 너무 편벽 昭明, 後之阮氏, 持論偏頗"된 것이고 학설學說과 문사文辭를 구분하는 것은 "그 규모가 좀 넓어졌다고는 하지만 그 잘못은 오직 문창妖彰만이 문文이라 여기고 문자文字를 문文의 기준으로 삼지 않았다. 其規模雖稍寬博, 而其失也, 在惟以妖彰爲文而不以文字爲文." 고 하면서, 이어 자신이 인용한 왕충王充의 『논형論衡·초기편超奇篇』은 문文의 범위가 더 확대된 것이기에 비교적 온당하다고 보면서도 "이 또한 구두句讀가 있는 문文일 뿐 구두句讀가 없는 문文은 모른 것 亦但知有句讀文, 而不知無句讀文"이라고 지적하였다. 이것은 쨩타이옌章太炎 본인의 요점이라고 할 만한데, 그 내용을 보면 문文의 경계나 범위에 있어서 소명昭明·완원阮元이 가장 협소하고 그 다음이 '학설/문사文辭' 구분론이고 『논형論衡』의 논리가 가장 넓다는 말이다. 그렇지만 이 또한 정당한 기준에 비추어보면 아직 미비하다는 것이다. 요컨대 쨩타이옌章太炎이 제시하는 문文 개념은 어느 경우보다 경계가 넓혀진 것으로, 협소한 기존 개념을 확장시켜야 한다는 뜻을 담고 있다.

위에서 제시된 몇 가지 용어들, 이를테면 문文·문자文字·문창妖彰·구두句讀 등이야말로 쨩타이옌章太炎 문론文論에서 핵심적인 요소들이다. 하나의 명확한 명제로 정리하면 쨩타이옌章太炎의 문론文論은 이렇게 정식화된다. "문자文字가 대나무나 비단에 새겨졌기에 그것을 일러 문文이라 하고, 그 법식을 논하는 것을 문학이라 한다. 以有文字, 著於竹帛, 故謂之文, 論其法式, 謂之文學." 여기서 쨩타이옌章太炎의 주안점은 "문자文字"에 놓여 있다. 이러한 시각과 대립되는 지점에 위치하는 용어가 문창妖彰이라 하고, 쨩타이옌章太炎은 문장文章을 문창妖彰으로 이해해야 한다는 주장을 부정한다. 쨩타이옌章太炎은 우선 문文과 문妖이 다른 것임을 논한다. 문文은 그 형질形質을 지칭하는 것이고 문妖은 그 화미華美를 지칭하는 것이라 하였다. 문妖이란 문文(형질)이 외적으로 발현된 효과라는 뜻이다. 문妖은 문文에 포함되는 특정한 속성이나 효과이므로 문文이 문妖을 포함할 수는 있어도 그 역은 아니라는 것이다. 그러므로

문학文學을 논의하기 위해서는 문자文字로부터 근본적인 입론이 이루어
져야지 문창炎彰에 근거해서는 안 된다고 하였다.

뒤에 다시 언급하겠지만 문창炎彰이란 용어는 리우쓰페이劉師培가
완원阮元의 「문언설文言說」의 수정 필요성을 제기한 「광완씨문언실廣阮
氏文言說」의 핵심 용어이다. 뿐만 아니라, 쨩타이옌章太炎은 '학설/문사'
구분론의 핵심을 "오직 문창炎彰만이 문文이라 여기고 문자文字를 문文
의 기준으로 삼지 않았다. 惟以炎彰爲文而不以文字爲文."는 데서 찾았
다. 이로 보면 쨩타이옌章太炎이 논쟁적 대상으로 설정한 ①과 ②의 경
향은 모두 문창炎彰이라는 용어에 포섭된다. 쨩타이옌章太炎이 문자文字
를 문文 개념 구성의 기준으로 제시할 때, 그 저변에는 '실질(형질)/효과
(화미)'라는 구분 의식이 작동하고 있다. 리우쓰페이劉師培가 「문언설文
言說」의 계승을 주장하고 왕구어웨이王國維가 초공리성[無用之用]을 근
거로 문학예술의 독자성을 옹호하는 목소리가 쨩타이옌章太炎에게는 그
러한 구도로 정리된 것이다.

다시 쨩타이옌章太炎의 정식 "문자文字가 대나무나 비단에 새겨졌
기에 그것을 일러 문文이라 하고, 그 법식을 논하는 것을 문학이라 한
다. 以有文字, 著於竹帛, 故謂之文, 論其法式, 謂之文學."로 돌아가 보
자. 문文은 두 가지 요건으로 구성되는데, 하나가 문자文字이고 다른 하
나가 "저어죽백著於竹帛"의 "저著" 곧 '새기다'·'기록하다'의 의미이다. 그
런즉 문文이란 문자文字로 적은 것이기만 하면 된다. 다만 그 '저著'의
방식에 따라 종류나 하부 명칭이 마련되는 것뿐이다. 예컨대, 경經이란
죽간竹簡에 쓴 것을 실로 엮은 것을 의미하고, 전傳은 죽간竹簡 몸통의
길이가 경經과 달랐기에 원래 길이를 뜻하는 전傳이란 글자를 쓴 것이
고, 논論은 원래 윤侖으로 대나무를 이어 간책을 만들어 가지런히 늘어
놓은 것을 의미하니 『논어論語』의 논論은 그런 예라고 하였다. 따라서
"그 형질에 따라 이름이 만들어진 것 皆從其質爲名"으로, 문文의 실질성

은 곧 '저著'의 양상과 방식에 따라 마련된 것이다. 애초에 문창文彰의 화미華美와는 상관이 없다는 뜻이다.

　이쯤되고 보면 문文에는 말(언어)과 관련이 있는 문자文字와 말과 관련이 없는 '저著'의 영역이 결합한 모습이다. 여기서 바로 저 유명한 '유구두문有句讀文/무구두문無句讀文'의 변별이 생겨난다.

　　내가 이제 여러 견해들을 살펴보니, 옛날에 서적에 이름을 붙이는 일
　　은, 그 쓰이는 죽간竹簡과 목독木牘에 근거하여 생겨난 것으로, 여기
　　서 말과 문자는 기능이 각기 다르다는 사실을 확인하게 된다. 이 점이
　　문학이 문학이라 불리는 까닭이다.(……) 죽간이든 목독이든 모두 그
　　형질에 따라 이름을 삼은 것이니, 이것이 문자가 말과 구별되는 근거
　　이다. 그렇지만, 문자와 말을 군이 구별해야 하는 것은 무슨 이유에서
　　인가? 문자가 생겨났을 당초에는 본래 말을 대신하는 것을 임무로 하
　　였는데, 그것은 문자의 기능이 언어보다 나았기 때문이다. 대개 언어
　　의 쓰임은 기껏해야 선線을 이루는 정도라서, 비유컨대 마치 허공에
　　새가 날아간 흔적을 퍼뜩 바라보아도 이미 새의 모습은 사라져버리는
　　경우와 같다. 그래서 한 가지 일과 한 가지 뜻이 서로 연관을 이룰 수
　　있으면 말이 감당할 만하지만, 수많은 것들이 모여 있어 난잡하여 정
　　리할 수 없는 경우라면 말의 기능으로 감당할 수 없을 터라 이에 문자
　　에게 의탁하게 된다. 문자의 쓰임은 면面을 이룰 수 있기에, 표表·보
　　譜·도圖·화畵의 방법이 생겨나게 된 것이다. 나열하고 쭉 펼쳐져 있
　　어 입으로는 말할 수 없는 경우를 문자가 맡아서 하는 것이다.[6]

　비록 그 발생론적 연고를 따지면 말에서 연유한 것이 맞지만 이제 문文은 말의 세계를 넘어서는 독자적인 영역을 구축한다. 그게 바로 "표

---

6) 吾今當爲衆說, 古者書籍得名, 由其所用之竹木而起, 此可見語言文學功用各殊, 是文學之所以稱
　文學也.(……) 或簡或牘, 皆從其質爲名, 此所以別文字於言語也. 其所以必爲之別者何也? 文字初
　興, 本以代言爲職, 而其功用有勝於言者. 皆言語之用, 僅可成線, 喩如空中鳥跡, 甫見而形已逝.
　故一事一義, 得相聯貫者, 言語司之, 及夫萬類坌集, 棼不可理, 言語之用有所不周, 於是委之文
　字. 文字之用, 可以成面, 故表譜圖畵之術興焉. 排比舖張, 不可口說者, 文字司之.

表·보譜·도圖·화畵"로 대표되는 '무구두문無句讀文'이다. 말과 문자의
관계를 선線과 면面의 관계로 치환하여 설명한 데서 확인되듯이, 문文은
말이 감당할 수 없는 '시각성'을 확보하였다는 뜻이다. 이로써 짱타이옌
章太炎의 문론文論 체계는 그 전체 구도를 확보하게 된다.

3.2.

장병린은 문文을 '유구두문有句讀文/무구두문無句讀文'으로 대별한
다음에, 유구두문有句讀文을 다시 '유운문有韻文/무운문無韻文'으로 나
누었고, 무운문無韻文을 '학설學說·역사歷史·공독公牘·전장典章·잡문
雜文·소설小說'의 여섯 하위 항목으로 구분하였다. 물론 각각의 항목에
는 또 다양한 세부 항목들이 포함된다. 이에 근거하여 각종 경서나 역사
서들은 독립된 문文으로 분류되는 것이 아니라 각각의 세부 항목으로 분
해된다. 그런데 이렇게 다소 복잡하다 싶을 정도로 다양하게 분류하기는
하지만, 여기서 주목해야 할 사실은 각 항목별 관계이다. 예컨대 학설學
說의 제자諸子는 실로 다양하지만 그 다양한 숫자보다도 "역사·공독·
전장·소설"과 학설의 제자諸子가 관련이 있고 잡문雜文과는 관련이 없
다는 점이고, "스스로 일가一家를 이루거나 혹은 옛 서적에 의거하여 있
는 것들은 모두 실사구시實事求是를 귀결로 하는 或自成一家, 或依附舊
籍, 而皆以實事求是爲歸者" 소증疏證(학설)류인데 이것은 '역사·공독·
전장·잡문·소설' 모두에 관여할 수 있다는 점등이 그렇다.

이런 시각에 서서 짱타이옌章太炎이 제시한 결론은 전장典章의 서
지書志와 학설學說의 소증疏證은 유구두문有句讀文·무구두문無句讀文의
구별 없이 모든 부문에 관여하는 성격에 해당된다는 점이다. 이를테면
서지書志와 소증疏證은 무구두문無句讀文의 표表·보譜·도圖·화畵가 마
련되는 데에 필요한 성격이라는 의미로 이해된다. 뿐만 아니라 "모든 유

구두문有句讀文은 전장典章을 최선으로 삼으며, 학설學說의 소증疏證 역
시 거기에 해당되 凡有句讀文, 以典章爲最善, 而學說科之疏證類, 亦往往
附居其例"는 탓에, "각종 정사正史에 기록된 지志나『통전通典』·『통고通
考』의 부류 正史各志及『通典』·『通考』之屬"인 전장典章의 서지書志와
"글의 진행을 따라 그 뜻을 풀이하거나 옛것을 고증하는 부류 凡隨文解義
及著書考古"인 학설學說의 소증疏證은 어떤 다른 부류의 문사文辭에도
모두 확인할 수 있는 성향으로 규정된다. 앞서 보았듯이 무엇보다 "문文
이란 실질實質적인 것으로 부화浮華와는 거리가 먼 것이고 사辭란 우회
하지 않고 직접적으로 언급함으로써 속에 따로이 남겨두는 것이 없는 것
文皆質實, 而遠浮華, 辭尚直截, 而無蘊籍"이므로, 표表·보譜·도圖·화畵
의 무구두문無句讀文이야말로 그러한 실질성을 가장 잘 보여주는 영역이
라 할 만하다. 그렇지만, 위진魏晉 이후로 부화함과 진기함을 숭상하여
그 본래의 정신을 차츰 상실함에 "사서史書를 짓는 이는 기전紀傳은 지
을 수 있으되 표보서지表譜書志는 지을 수 없게 되어 作史者能爲紀傳,
而不能爲表譜書志"『삼국지三國志』·『후한서後漢書』·『양서梁書』·『진서
陳書』·『주서周書』·『북제서北齊書』·『남사南史』·『북사北史』에는 "오로
지 기전紀傳만 남고 표지表志의 맥이 끊겨버렸다. 惟存紀傳, 而表志絶
焉." 이와 더불어 소증학疏證學이 쇠퇴하는 것도 당연한 현상이라는 것
이다.

　　짱타이옌章太炎이 이처럼 서지書志와 소증疏證을 강조하는 것은 문
文의 본래적 성격인 실질實質을 부각하려는 의도에서 나온 것임은 당연
하다. 그러나, 또한 동시에 서지書志와 소증疏證이 모든 문文의 영역에
다 관여하는 자질이라는 진술에 내포된 다른 의미에도 주목해야 한다.
학술과 문사文辭를 구분하려는 당시의 시도에 대응해서 짱타이옌章太炎
은 "잡문雜文과 소설小說"은 다른 영역에 관여하는 성격이 아닌데도, 그
것만을 기준으로 모든 문文의 성격을 규정하려 한다고 비판하였다. 그렇

다면 문文의 전체 질서나 체계(자신이 분류한 것처럼)를 알고 그 항목
별·영역별 관계를 인식해야 올바르다는 뜻이 된다. 이를 통해 볼 때,
짱타이옌章太炎이 제시한 문文의 분류 체계와 전체 구도를 알기 위해서
필요한 자질이 바로 서지書志와 소증疏證이라고 해도 무방하다. 왜냐하
면 다른 항목들과는 달리 서지書志와 소증疏證은 문文 전체에 관여하는
성격의 것이기 때문이다. 그러므로, 서지書志와 소증疏證은 짱타이옌章
太炎의 문文 체계의 한 항목을 차지하는 일부분이면서 동시에 유구두문
有句讀文과 무구두문無句讀文 전체를 이해하게 해 주는 통로의 기능도
담당하는 것이다. 예컨대, 소설小說은 소설小說에만 해당될 뿐 다른 영
역에 관여하지 않는 것이 원칙이기에 소설小說만 알아서는 다른 영역과
구별되는 소설小說적 글쓰기의 본래 면목에 육박할 수 없지만, 서지書志
와 소증疏證을 알아 그것이 관여하는 여러 영역들을 이해하면 그것이 바
로 문文의 경계이자 전체 영역이기 때문이다. 따라서 짱타이옌章太炎에
게 서지書志와 소증疏證은 문文의 실질성을 증명하는 근거이자 문文의
체계를 이해하는 관건인 것이다.

3.3.

학설學說과 문사文辭를 사상思想과 감정感情을 기준으로 구분할 수
있다는 논리에 짱타이옌章太炎이 반발한 이유는 이런 맥락에서 이해가
된다. 물론 짱타이옌章太炎이 아예 학설學說과 문사文辭가 개념적으로
조차 분리되지 않는다고 생각한 것이라 보기는 어렵다. 그것은 그것대로
충분히 변별할 수 있는 성격의 것이다. 그렇지만 서지書志와 소증疏證의
정신을 강조한 사정을 고려하면서 다소 개략적으로나마 정리하자면, 짱
타이옌章太炎의 문론文論은 결국 학술學術과 문사文辭의 통일을 지향하
는 것이라 할 만하다. 짱타이옌章太炎의 전언은, 문文이란 문자文字를

기준으로 이해해야 하고, 문文의 전체적 체계를 인식하고 그 각 분류 항목간 관계를 통찰해야 한다는 것이거니와, 이를 위해 필요한 최소 자질 혹은 방편이 서지書志와 소증疏證―학술적 능력이라는 말이다. 쌍타이옌章太炎이 자신의 학술적 역량을 발휘하여 복원한 문文 개념과 질서 체계가 바로 이것이라 할 수 있다.

사정이 이러할진대 쌍타이옌章太炎이 품은 이상적인 글[文]이란 결국 학술적學術的 통찰이 전제되어야 씌어질 수 있다. 그 통찰을 통해서만 문文의 체계가 인식될 수 있기에, 쌍타이옌章太炎이 제시한 문文의 체계는 규범적 체계라고도 볼 수 있다. 여기서 문文 달리 말해 '글쓰기'의 문제가 대두된다. 쌍타이옌章太炎의 문론文論은 완성된 글의 기능이나 효용에 대해서 언급하는 것이 아니라, 문文의 전체적 체계나 종류별 체재에 대한 논리이다. 문文의 체계 속에서 다른 종류의 글쓰기 방식과 구분되는 독자성을 지니기 위해서는 어떤 체재 혹은 규범성을 내포하고 있어야 한다. 예컨대 "소설小說 이외의 서사敍事는 직접적인 서술을 숭상하지 비유를 높이지는 않는다. 만약 '피가 흘러 절구공이가 떠내려갔다'고 하거나 '쌓인 창과 갑옷이 웅이산熊耳山만큼이나 높다'라고 한다면 그 글이 비록 공교롭다 한들 올바른 법도를 저버리고 잘못을 범한 것이다. 除小說外, 凡敍事者, 尙其直叙, 不尙其比況, 若云: '血流標杵', 或云: '積戈甲與熊耳山齊', 其文雖工, 而爲僵規改錯矣."고 할 때, 쌍타이옌章太炎이 강조하고자 한 것은 해당 문체文體의 규범적 체재이다. "무릇 문文을 이해한 자는 전장典章·학설學說의 법식을 역사歷史·공독公牘에 적용하고 다시 이를 잡문雜文에 적용하는데 이는 딱 들어맞기 때문이다. 문文을 이해하지 못한 자는 소설小說의 법식을 잡문雜文에 적용하고 다시 이를 역사歷史·공독公牘에 적용하니 이는 이리저리 흔들리며 안정되지 못한 까닭이다. 夫解文者, 以典章學說之法, 施之歷史公牘, 復以施之雜文, 此所以安置妥帖也. 不解文者, 以小說之法, 施之雜文, 復以施之歷

史公牘, 此所以戲骸不安也."는 진술에서도 확연히 목도하는 바이다.

짱타이엔章太炎의 문文 체계가 정립되자, 이제는 글쓰기 자체가 문제가 된다. 이에 대해 짱타이엔章太炎은 아속雅俗과 공졸工拙이라는 틀을 제시한다. "공졸工拙이란 문재文才에 연관된 것이라면 아속雅俗은 궤칙軌則에 달려 있는 문제 工拙者繫乎才調, 雅俗者存乎軌則"라고 하면서, "궤칙을 모르면 비록 문재文才가 있더라도 귀하게 여기기엔 부족하 軌則之不知, 雖有才調而無足貴"고, 따라서 "속俗되면서 공교로우느니工 차라리 아雅하면서 졸拙한 편이 낫다. 俗而工者, 寗雅而拙也."고 하였다. 짱타이엔章太炎이 보기에 시문詩文에 능하다고 하는 자들도 "문文의 의미를 제대로 알지 못하면서 함부로 취해 합치는 것을 능사로 삼고, 아속雅俗을 변별하지 못하면서 공졸工拙을 기준으로 삼는 其不解文義, 而以呑剝爲能, 不辨雅俗, 而以工拙爲準" 폐단이 대부분이다. 이에 "나는 그렇지 않으니, 먼저 훈고訓詁를 구하여 자구字句를 분석한 연후에 글을 지었으며 먼저 체재를 변별하여 그 기준으로 삼을 것을 정한 연후에야 말을 했다. 吾則不然, 先求訓詁, 句分字析, 而後敢造詞也."고 하였다. 그렇다면, '어떻게 쓸 것인가' 혹은 '글을 쓴다는 것은 무엇인가'라는 문제에 대해, 짱타이엔章太炎은 무엇보다 문文의 체재와 궤칙軌則을 아는 것이 우선이라고 답한 것이다. 그럼 그 궤칙과 체재를 안다는 것은 무엇인가? 그것은 문文의 전체 질서와 체계를 안다는 것이고, 그것을 위해서는 서지書志와 소증疏證이 핵심이라는 말이다. 결국 짱타이엔章太炎이 내세우는 바는, 무슨 글을 어떻게 쓰든지 규범이 앞서 존재한다는 점이다.

그렇다면 규범이 되는 문文의 체재는 어떻게 마련되는가. 짱타이엔章太炎은 문文의 체계를 보이는 과정에서, 이미 여러 경서들을 각기 다른 부류로 나누었을 뿐만 아니라 하나의 책을 구성하는 부분들(예컨대 紀傳·書志·年表 등)을 흩어지게 만들었다. 그러니, 경전經典의 권위가 곧 규범을 담당하는 길을 선택하지 않은 것이다. 그런 까닭에 특정한 문체의 특정한 격식을 판별하는 일은 더 어려워졌다고 볼 수 있다. 그렇지만 짱타이옌章太炎은 역사적 사례를 들며, 어떤 규범적 격식을 제시하고 있다. 가령 공독公牘의 아雅를 설명하면서, "공독은 시속을 편하게 하는 것이라 이미 말한즉, 위로는 격령格令에 부합하고 아래로는 시어時語에 적합하며, 꼬이고 기이한 호칭을 쓰지 않고 표상表象의 어사가 없는 이것이 아雅 公牘旣以便俗, 則上準格令, 下適時語, 無屈奇之稱號, 無表象之言詞, 斯爲雅矣"라고 하였다. 이어 근거로 제시한 것이 『한서漢書·예문지藝文志』의 기록이다. 소설小說의 경우도 비슷한데, 그 예증의 자료로 제시한 것이 『사기史記·골계전滑稽傳』·『한서漢書·동방삭전東方朔傳』·『한서漢書·예문지藝文志』·『세설신어世說新語』 등이다. 이로 보면 짱타이옌章太炎이 설정한 규범이 주로 한대漢代를 근거로 하고 있음을 짐작할 수 있고, 짱타이옌章太炎이 중국 역사를 이해하는 기저를 엿볼 수 있게 한다.[7] 그렇지만, 이러한 특성도 결국은 문文의 격식과 규범을 제시하기 위한 방편일 뿐이다.

앞서 짱타이옌章太炎이 진쯤 이후는 문文 관념이 왜곡되고 훼손되는 과정으로 이해했음을 살폈다. 흥미로운 사실은, 짱타이옌章太炎에게는 문文 관념이 역사적으로 변모한다는 인식이 없다는 점이다. 어떤 근원적인 체계를 전제하고, 그 근원에 대한 오해나 무지로 인해 잘못이 생겨났다고 본다. 가령 한漢대의 문文 관념은 어떠했는데 당송唐宋 이후에는 어떻게 변모되었고 명청明淸에 오면 어떻게 달라졌다는 식의 관점이 아니다. 후대의 변화는 객관적인 변모를 의미하는 것이 아니라 왜곡이고 가치의 훼손이다.[8] 이와 마찬가지 양상이 문文의 체계 구성에서도 확인

---

7) 이것은 아마도 章太炎이 古文經學의 계승자라는 사실과 관련이 있다고 판단된다. 이에 대해서는 좀더 세심한 고찰이 필요하다.

8) 달리 고려해야 할 대목도 있다. 章太炎이 어떤 불변의 체계나 근원성을 전제하고 있음은 분명하다. 그렇지만 그 근원성은 언제나 현재적 맥락에 개입하고 있다고 보아야 한다. 그 각각의 계승이나 왜곡이 당대에 존재하고 있었다. 문필지변에 입각한 문선파나 당송고

된다. 하나의 체재와 격식이 역사적으로 변화하여 새로운 모습으로 바뀔 수 있다는 인식은 찾아보기 어렵다. 체재나 격식은 본원적 규범처럼 제시된다. 이에 따라 짱타이옌章太炎 스스로는 학술과 문사文辭를 구분하는 시도에 대해 반대하는 입장이었지만, 결과적으로는 자신도 학술과 문사文辭를 구분하는 것이나 다름없었다. 문文의 격식을 아는 일은 서지書志·소증疏證이라는 학술적 능력이고, 이 능력의 구비 유무에 따라 아속雅俗이 결정되는데, 결국은 아雅만을 인정하기에 학술學術이 문사文辭에 선행하거나 우위에 서야 한다고 믿은 것이다. 자신이 비판한 대상과는 다른 방식으로 학술/문사文辭의 구분론을 폈다고 하겠다.

4. 짱타이옌章太炎 문文 관념觀念의 내포內包와 외연外延

4.1.

짱타이옌章太炎의 문론文論은 문文이라는 매개를 중심으로 중국적 전통의 규범적 체계를 정립하려는 시도로 이해할 수 있다. 여기에 내포된 이상적 글쓰기란 '학인學人=문인文人'이라는 이상적 존재를 통해 실현될 수 있는 것이다. 학인學人의 영역이 문인文人의 영역보다 우위에 위치해야 한다는 판단이 단서로 붙기는 하지만 말이다. 이러한 짱타이옌章太炎 문론文論은 우선적으로 당시 일본을 매개로 유입되어 영향력을 확산하고 있던 서구적 문학론(혹은 그 변형)에 대응하여 제시된 결과물

문의 적통을 자처하는 동성파 등이 자신의 정당성을 역사적 계통 속에서 마련한 것이다. 따라서 晉·南朝라는 역사적 시기는 늘 당대에 현존하는 형태로 존재하였고, 당송 시기도 동성파를 매개로 현재화되어 있었다. 결국 章太炎이 한대의 예를 근거로 제시하였다는 것 자체가 당대의 맥락에 논쟁적으로 개입하는 의미를 가진다고 할 수 있다. 그러할 때, 『문선』의 文 관념이나 당송고문파의 文 관념은 文의 근본적 성격을 오해하고 훼손한 결과가 된다.

이라는 점에서 그 역사적 의의가 자못 크다. 예컨대 왕구어웨이王國維처럼 서양의 철학이나 예술론에 근거하여 중국의 문론文論과 문학을 논의하려 들 때, 그런 태도를 비판하면서, 중국을 논의의 대상으로 삼기 위해서는 문文 개념에 대한 정확한 이해와 문文의 체계의 복원이 필수적이라는 견해를 제기한 것이다. 그 이론의 타당성 여부는 차치하고서라도 실상 이만한 규모로 중국의 전통적인 문文의 체계를 규범적으로 제시한 사례는 짱타이옌章太炎이 유일하지 않나 싶다. 어쩌면 짱타이옌章太炎이 아니고서는 가능하지 않은 일인지도 모르겠다.

짱타이옌章太炎의 이런 특성과 대비해 볼 때, 왕구어웨이王國維가 제시한 경로는 사뭇 다른 양상을 보여준다.[9] 짱타이옌章太炎이 거론한 우미優美·장미壯美에 대한 논의를 왕구어웨이王國維는 1904년에 발표한 「숙본화지철학급기교육학설叔本華之哲學及其敎育學說」과 「홍루몽평론紅樓夢評論」에서 펼친 적이 있다. "지금 한 사물이 있는데 사람으로 하여금 이해관계를 잊게 하고 그것을 즐기는데도 싫증이 나지 않는 정서적 상태를 일러, 우미優美의 감정이라고 한다. 만일 그 사물이 나의 의지에 직접적으로 이로움을 주는 관계가 아니고 그로 인해 내 의지가 파열되어 오직 지력으로만 그 이념을 생각할 수 있다면, 그러한 정서적 상태를 일러 장미壯美의 감정이라고 한다. 今有一物, 令人忘利害之關係, 而玩之而不厭者, 謂之曰優美之感情. 若其物直接不利于吾人之意志, 而意志爲之破裂, 唯由知識冥想其理念者, 謂之曰壯美之感情"(「叔本華之哲學及其敎育學說」)[10]는 대목이 그 사례이다. 뿐만 아니라 고아古雅라는 미적 범주를 설명한 「고아지재미학상지위치古雅之在美學上之位置」(1907)에서

---

9) 王國維에 대한 기존연구로는 류창교, 「王國維 文學批評 研究」, 서울대학교 박사논문, 1996; 이종민, 「근대 중국의 시대인식과 문학적 사유」, 서울대학교 박사논문, 1998을 참조하였다.
10) 王國維, 『王國維文集』, 北京燕山出版社, 1997, 296~297쪽.

는 좀더 자세한 부연을 시도하기도 하였다.

널리 알려져 있다시피, 왕구어웨이王國維의 예술론은 초공리성超功利性·반실용성反實用性 등에 의거한 이론이다. "세상에 가장 신성하고 고귀하면서도, 현재적 쓰임에 관련이 없는 것은 철학과 예술뿐이다. 세상 사람들이 요란스레 그것이 무용하다고 해도 철학과 예술의 가치는 하락하지 않는다. 天下有最神聖·最尊貴而無與于當世之用者, 哲學與美術是已. 天下之人囂然謂之曰無用, 無損于哲學美術之價值也."(「論哲學家與美術家之天職」)[11]는 전제에서, 순수학문·순수예술의 정당성과 독립성을 호소하였다. 이러한 견해는 초기 왕구어웨이王國維가 미학과 교육학에 힘을 기울이는 과정에서 제출된 것이지만, 그 기저에는 새로운 인간학의 정초라는 염원이 작용한 결과이다. 흔히들 '정치가·실업가/철학가·예술가'의 구분을 제시한 왕구어웨이王國維의 논리를 따라 사유를 재구성하곤 하지만, 정작 중요한 점은 왕구어웨이王國維의 예술론이란 결국 인간학의 부산물에 지나지 않는다는 사실이다. 왕구어웨이王國維가 "사람이 짐승과 다른 것은 어찌 순수한 지식과 미묘한 감정이 있기 때문이 아니겠는가? 그렇지만 생활에 대한 욕망은 사람이나 짐승이나 조금도 다르지 않다. 夫人之所以異于禽獸者, 其不以有純粹知識與微妙之感情哉? 至于生活之欲, 人與禽獸無以或異."[12]고 할 때, 인간은 욕망[生活之欲]·지식[純粹之智識]·감정[微妙之感情]으로 구성된다는 인식이 깔려있다. 물론 분명히 천명하지는 않았지만, 지식과 감정의 내부에는 '순수하지 않은 지식'과 '미묘하지 않은' 감정이 함께 포함되어 있을 것이다. 다만, 고통의 원천인 욕망을 제어하거나 초월하게 만드는 영역이 지식에서는 순수한 지식이고 감정 가운데서는 미묘한 감정인 탓에, 그것만을 강조했다고

---

11) 王國維. 上揭書. 242쪽.

12) 上同.

보아야 한다.

왕구어웨이王國維의 문학예술론이 인간학의 부속물이라는 점을 강조하는 이유는, 순수철학·순수예술·순수문학이라고 부르기는 하지만 그 '순수성'이란 사회 내부에서 검증되는 것이 아니라 인간의 내면적 체험에서만 확인된다는 사실 때문이다. 그런 까닭에 왕구어웨이王國維 인간학은 또한 심리학이다. "감정에 대한 최고의 만족은 반드시 문학과 예술에서 구하고 지식에 대한 최고의 만족은 반드시 철학에서 구한다"는 구절에서, 주목해야 할 말은 "만족"이다. 왕구어웨이가 잘 쓰는 비슷한 용어를 더 들자면 위안慰安이 적절하다. 이처럼 문학의 문제를 심리적 체험에 귀속시킬 때, 문학의 차원에서 부각되는 존재는 독자讀者이다. 근대 문학론과 예술론이 지정의知情意의 심리학에 근거하여 성립되었을 때, 주된 고려 대상은 문학을 향유하는 독자의 존재이다. 그리고 독자를 일차적으로 의식하는 그 순간, 문학(작품)은 언제나 '이미 주어진 상태'로 기술된다. 독자가 중심에 두면 문학은 독자 앞에 이미 존재한 상태로 표상되고, 그것을 독자가 향유하는 과정에서의 내적 체험이 문제가 된다. 왕구어웨이王國維의 예술론도 이 틀에 전형적으로 해당된다.

쨩타이옌章太炎이 자신의 문론文論을 제시하면서, 왕구어웨이王國維 식의 논리가 학술學術과 문사文辭를 사상·감정을 기준으로 구분하자는 주장이라면서 반발하였지만 엄밀히 말하자면 그 둘의 논리는 상호간에 맹목에 가깝다. 왕구어웨이王國維의 입장을 좀더 적극적으로 고려하자면, 서구의 인간학적 관점에 기반하여 새로운 근대적 질서를 창출하자는 함의를 담고 있다 할 수 있다. 그것은 인간을 구성하는 다양한 영역을 고루 발달시켜 균형 잡힌 존재로 키우자는 논리로 귀결된다. 왕구어웨이王國維의 예술론이 곧 교육론인 것은 이런 탓이다. 독자가 중심에 설 때 작품은 이미 주어진 상태로 독자에 선행한다고 했는데, 그렇다면 쨩타이옌章太炎의 문론에 내포된 '학인學人=문인文人'이라는 정식에서

문인文人―글을 쓰는 존재(작가)를 향한 시선은 사라진다. 물론 독자讀
者라는 새로운 돌출이 가능하지만 그건 전혀 다른 접근법이다. 쨩타이옌
章太炎과 왕구어웨이王國維가 서로에 대해서 맹목인 지점이 있다고 한
뜻이 이것이다. 근대 이후 다양한 편차가 존재하기는 하지만, 왕구어웨
이王國維류의 문학론이 압도적으로 위세를 떨친 것은 분명하다. 이런 맥
락에서 쨩타이옌章太炎의 문론文論은 새로운 해석을 기다리는 사라진
가능성인지도 모른다.

4.2.

쨩타이옌章太炎과 왕구어웨이王國維의 대립이 중국 전통의 문 관념
내부와 외부의 부딪침이라면, 쨩타이옌章太炎과 리우쓰페이劉師培의 대
립은 중국 전통의 해석을 둘러싼 내부적 충돌이라고 볼 수 있다. 쨩타이
옌章太炎과 리우쓰페이劉師培의 각별한 관계는 널리 알려져 있지만, 문
론文論에 관한 한 두 사람의 입장은 전혀 좁혀지지 않은 것으로 보인다.
「문학논략」이 발표된 『국수학보國粹學報』는 실상 리우쓰페이劉師培가
주도한 것에 다름 아니었다. 비록 발행인은 아니었지만 거의 매호마다
리우쓰페이劉師培의 글이 발표되었다. 『국수학보國粹學報』 1호에 발표
된 글 가운데 리우쓰페이劉師培의 「문장원시文章源始」가 있다. 이 글은
중국에서 문文 관념이 형성되고 변화하는 과정을 전체적으로 조망한 내
용을 담고 있는데, 그 기본 입장은 역시 완원阮元의 「문언설文言說」을
따르고 있다.

거기서 리우쓰페이劉師培는 「문언설文言說」을 근거로 삼아 "문자가
생겨나기는 했어도 죽간에 글씨를 새기는 데 칠하고 새기는 힘이 많이
들고 베끼는 게 쉽지 않아 전파가 어려웠다. 그렇기에 학문을 전하는 것
은 말로 배우고 듣는 데 의존하였다. 또 기억하기 힘드는 것을 염려하여

반드시 우어偶語나 운韻을 섞어 기억하고 외우는 데 편하도록 한 까닭에 말 속에 문文이 있게 되었다. 그런즉 말을 책으로 새기니 책 속에 문文이 있게 되었다. 文字雖興, 勒書簡筆, 有漆書刀削之勞, 抄胥匪易, 傳播有艱. 故學術授受, 仍憑口耳之傳聞. 又慮其艱於記憶也, 必雜於偶語韻文, 以便記誦, 而語言之中有文矣. 卽以語言著書冊, 而書冊之中亦有文."는 주장을 폈다. 이 주장은 꽤 흥미로운데, 문文이란 말 속에 있기도 하고 글 속에 있기도 하다고 보기 때문이다. 그렇다면, 리우쓰페이劉師培가 말하는 문文이란 글로 적은 것을 뜻한다는 짱타이옌章太炎의 문 개념과는 달리 언어 내부의 자질이나 속성을 의미하는 것이 된다. 이것을 리우쓰페이劉師培는 "식飾"이라 하였다. 그러다가 동주東周 이후로는 "말과 글이 분리"되어 "말을 꾸민 것을 문文"이라 하게 되었다고 하였다. 그렇다면 말은 꾸민 것文과 꾸미지 않은 것(文이 아닌 것)으로 나뉘어졌겠는데, "그래서 말을 하는 것에서도 문文과 질質을 구분했으니, 말의 질質은 방언에서 순수하고 故出語亦分文質: 言之質者, 純乎方言者也" "말의 문文은 아언雅言에서 순수한 것이었다. 言之文者, 純乎雅言者也." 그 이후로 다양한 변화가 계속 되었지만, 궁극적으로 문文에 대한 왜곡된 이해로 점철되었다는 게 요지이다.

이상의 내용만 놓고 보더라도, 짱타이옌章太炎과 리우쓰페이劉師培의 문文 이해는 확연히 구분된다. 짱타이옌章太炎이 실질을 근거로 문자文字로 적은 것이 문文이라고 했다면, 리우쓰페이劉師培는 수식修飾을 근거로 문文의 의미를 이해한 것이다. 물론 그 수식이란 운어韻語와 우어偶語를 의미한다. 이를 통해 리우쓰페이劉師培의 문론文論이 언어체의 형식적 층위를 훨씬 부각한 양상임을 확인할 수 있다. 그런 점에서, 후대의 사람들이 소명昭明·완원阮元·리우쓰페이劉師培의 계보를 두고 변문파骈文派 계통이라 지칭하면서, 근대적 문학 인식의 선구라 평가하거나 혹은 형식주의의 비조라 평가하는 것도 나름의 일리가 있다고 하겠

다. 리우쓰페이劉師培가 그 당시에 변문가駢文家로 이름이 높았을 뿐만
아니라, 「광완씨문언설廣阮氏文言說」에서 쨩타이옌章太炎이 논거로 제
시한『논형論衡・초기편超奇篇』을 자신도 거론하면서 그곳의 문文의 용
례는 "전책典冊과 문자文字를 지칭한 것이지, 문체文體를 말한 것이 아
니다. 均指典冊及文字言, 非言文體."고 한 대목을 쨩타이옌章太炎에 대
한 비판으로 이해하고, "문장文章이 반드시 문창妧彰을 위주로 해야한다
는 것을 증명한다. 以證文章之必以妧彰爲主焉."고 결론 내린 사실까지
참조한다면, 더 수긍이 간다.

　리우쓰페이劉師培의 문론文論이 결과적으로 언어체 내적인 특질이
나 더 나아가 문창妧彰—화미華美의 발현에 중심을 둔 것이라 이해하는
것은 꽤 타당해 보인다. 무엇보다 말과 글(언어와 문자) 모두에 적용될
수 있는 문론文論이라는 점에서 그 의의를 인정할 수 있을 듯하다. 예컨
대 리우쓰페이劉師培가 1904년《경종일보警鐘日報》에 발표한 「논백화보
여중국전도지관계論白話報與中國前途之關係」에서 "어언문자지합일語言文
字之合一"을 옹호하면서 백화 사용의 두 가지 장점을 선양하고 두 가지
의혹을 제거하자고 주장한 것은 예사롭지 않다.[13] 근대 문학언어의 형성
에서 핵심적인 문제라 할 수 있는 문언과 백화의 관계를 의식할 때, 리우
쓰페이劉師培의 문文 관념과는 달리 쨩타이옌章太炎의 문론文論에서는
말과 글(언어와 문자)의 관계를 적극적으로 사고할 수 있는 여지가 박약
하기 때문이다. 쨩타이옌章太炎은 문자文字가 말과 공유하지 않는 부분
을 강조함으로써, 말과 문자의 불연속성을 부각시켜 버렸다. 그런 점에
서 쨩타이옌章太炎의 문文에 대한 인식에는 리우쓰페이劉師培의 문론文
論에 내포된 가능성이 존재하지 않는다고 할 수 있다.

---

13) 李妙根 編, 『劉師培論學論政』, 上海: 復旦大學出版社, 1990, 339~342쪽.

4.3.

그렇지만, 리우쓰페이劉師培의 논리에서 그 당시나 이후의 역사적 상황과 관련지을 수 있는 여지가 존재하는 한편으로, 리우쓰페이劉師培에 의해 계승되지 못한 측면도 있다. 이 문제는 소명昭明－완원阮元－리우쓰페이劉師培의 전통 내부에서 발견된다. 리우쓰페이劉師培는 완원阮元의 「문언설文言說」을 계승하는 한편 수정도 가하면서, 완원阮元의 논리를 여사儷詞·운어韻語로 한정하고 문창文彰이라는 개념으로 귀결시켰다. 그렇지만, 완원阮元의 「문언설文言說」에는 리우쓰페이劉師培의 논리만으로는 포착되지 않는 문제성이 포함되어 있다. 단적으로, "㉮반드시 말[詞]은 적게 하고 그 음을 음률에 맞추어 말에 꾸밈을 가함으로써 사람들이 기억·암송하기 쉽게 하여 ㉯내용을 더하거나 고침이 없게 하고자 한 것이다. ㉰또한 사투리나 속어가 그 사이에 뒤섞이지 않게 하여 ㉱의미를 전달하고 행해짐이 멀리 이를 수 있도록 한 것이다. ㉲이것이 공자孔子께서 『역易』에 「문언전文言傳」이라는 편을 지은 까닭이다. 是必寡其詞, 協其音, 以文其言, 使人易於記誦, 無能增改, 且無方言俗語雜於其間, 始能達意, 始能行遠. 此孔子於『易』所以著「文言」之篇也."는 진술을 통해, 완원阮元은 ㉮와 ㉰라는 『역易·문언전文言傳』의 언어체적 특성은 각각 ㉯와 ㉱라는 의도와 깊은 상관성이 있다고 하였다. 그렇다면 완원阮元이 제시한 문文 관념에는, 리우쓰페이劉師培가 제시한 ㉮와 ㉰의 객관적 양상뿐만 아니라, 그러한 특성이 발휘하는 작용(㉯와 ㉱)까지도 내재하는 것이 된다. 리우쓰페이劉師培의 경우 ㉮와 ㉰의 견해를 계승한 것은 분명하지만 ㉯나 ㉱까지 수용하지는 않았다. 이것은 중요한 차이이다.

실상 완원阮元의 진술에서 핵심은 ㉲이다. 요컨대 완원阮元의 「문언설文言說」은 공자孔子가 지었다는 『역易·문언전文言傳』을 논의 대상으로 삼은 글이다. "공자께서 건괘乾卦와 곤괘坤卦에 관한 말[言]을 스스로 '문文'이라 이름하셨으니 이것은 천고문장의 조종祖宗이다. 孔子於「乾・坤」之言, 自名曰'文', 此千古文章之祖也."라는 완원阮元의 진술은 그런 맥락이기에 가능할 터이다. 바꾸어 말하자면, 세상의 원리를 담고 있다는 건괘乾卦・곤괘坤卦는 공자가 대면한 대상이고, 『역易・문언전文言傳』은 글로 남겨진 결과이다. 그 사이에 위치하는 이가 공자이다. 이러한 구도에서 문文의 의미를 파악할 때, 그때의 공자孔子라는 형상은 도덕적 성인聖人이라기보다는 '문文'을 짓는 문인文人으로 부각된다. 이 의미를 완원阮元은 이렇게 해석하고 있다. "「문언전文言傳」의 수백 글자는 거의 구句마다 운韻을 운용하였다. 공자는 이를 통해 건괘・곤괘의 온축된 원리를 밝혔고 사덕四德의 명칭을 해석하였으며, 수사修詞의 뜻을 발휘함으로써 의미의 저편에 있는 말[意外之言]을 표현하기를 희망하였다. 그렇게 함으로써 공간적 거리에 구애받지 않고 누구나 쉽게 기억하고, 시간의 경과에 상관없이 온전한 채로 전해져서 공경公卿과 학사學士가 모두 기억・암송할 수 있게 되어 천지만물天地萬物을 통하고 국가와 심신心身을 경계할 수 있도록 하고자 한 것이다. 「文言」數百字, 幾於句句用韻. 孔子於此發明乾坤之蘊, 銓釋四德之名, 幾費修詞之意, 冀達意外之言. 要使遠近易誦, 古今易傳, 公卿學士皆能記誦, 以通天地萬物, 以警國家身心."

완원阮元의 「문언전文言傳」이 보여주는 가장 큰 특이점은 공자를 문인文人의 시각에서 접근한다는 점이다. 공자가 「문언전文言傳」을 여사儷詞와 운韻을 활용하여 쓴 것은 두 가지 차원에서 설명할 수 있다. 하나는 건괘乾卦와 곤괘坤卦에 함축된 깊은 의미를 남김 없이 밝히기 위한 방편이고, 다른 하나는 시공간의 제약에 구애되지 않고 사람들이 온축된 의미를 제대로 이해할 수 있도록 하기 위한 방편이다. 전자는 무엇을 어떻게 쓸 것인가의 문제가 되고 후자는 누구에게 어떻게 읽히고 왜 읽히는가 하는 문제가 된다. 달리 말하자면, 전자는 글을 쓰는 작가의 문제(대상을 포함)이고 후자는 글을 읽는 독자의 문제(유통을 포함)이다.

전자의 문제에 대해 완원阮元은 「문운설文韻說」에서 다음과 같이 부연한다. "공자가 『역易』을 말한 것을 스스로 문文이라 했는데, 이는 천고 문장의 조종祖宗이다. 「문언文言」은 본디 운韻이 있으며 또한 평측平仄과 성음聲音이 있다. "습조용호도濕燥龍虎覩" 전후로 8구가 어떻게 성음聲音을 이루는가 하면, "용호龍虎"의 두 구句가 위치를 바꿀 수 없는 것은 말할 것도 없고 만약 "용호습조도龍虎濕燥覩"라 하면 성음聲音이 없어진다.(……) 이 어찌 성인의 글은 하늘이 만든 것처럼 은연중 이理에 합당한 것으로 궁리[意匠]의 소산이 아니라고 할 수 있겠는가? 이로 미루어 보건대 자고로 성현이 글을 지을 때에도 궁리[意匠]의 과정을 거침을 알겠다. 이 원칙은 공자에게서 시작되었고 문인文人들은 이를 본받았던 것이다. 孔子自名其言『易』者曰'文', 此千古文章之祖. 「文言」固有韻矣, 而亦有平仄聲音焉, 卽如'濕燥龍虎覩'上下八句, 何等聲音, 無論'龍虎'二句不可顚倒, 若爲'龍虎濕燥覩', 卽無聲音矣.(……) 此豈聖人天成暗合, 全不由於思哉? 由此推之, 知自古聖賢屬文時, 亦皆有意匠矣. 然則此法肇開於孔子, 而文人沿之." 여기서 확인할 수 있듯이, 완원阮元이 생각하는 문文이란 지난한 궁리와 고심의 과정을 거쳐 만들어지는 것이고 그렇기 때문에 글자의 위치나 문文의 조직이 긴밀하게 짜여진 상태를 보여준다. 이것은 결국 문인文人이 글을 쓰는 태도를 의미한다고도 볼 수 있다. 물론 문인의 태도란 결과적으로 드러난 문文을 통해 발현되는 것일 터인데, 운韻·대우對偶·성음聲音 등이 조화를 이루어 완정한 조직체의 모습으로 귀결된다. 이를 두고 완원阮元은 「문운설文韻說」에서 자하子夏의 「시대서詩大序」를 근거로 제시하여, 운韻과 대우對偶의 의미를 성음聲音의 음악적 조화와 기우상생奇偶相生으로 확장시켜 설명한다.

완원阮元의 「문언설文言說」에 담겨 있는 궁극적 전언은 리우쓰페이劉師培의 '문창文彰'만으로 이해하기는 어렵다. 그와는 달리, 공자가 『역

易・문언전文言傳』을 쓴 문인文人으로서의 자세와 의도를 모범으로 삼아
『역易・문언전文言傳』과 같은 글을 쓰려고 하는 사람이 참된 의미의 문
인文人이라는 인식이다. 이렇게 해석하면, 작문作文・위문爲文이라는 행
위는 절대적인 위상을 지니게 된다. 쨍타이옌章太炎의 문론文論에서 제
기된 글을 쓴다는 문인文人의 상像―이미 주어진 격식과 규범을 인식하
고 거기에 부합하는 방식의 글을 쓰는 사람의 차원이 아니라, 혹은 문창
文彰―언어체의 내적인 속성이 외적으로 발현되는 효과라는 의미에 주
목한 리우쓰페이劉師培의 논리 수준이 아니라, 세상의 근본원리를 탐구
하여 인식하고, 그 원리에 조응할 만한 긴밀한 조직물로써 그 깊은 의미
를 다 표현할 수 있는 존재를 문인文人이라고 규정하게 된다. 물론 이러
한 문인의 상像은 철저하게 글을 쓴다는 것은(문인이란, 작가란) 무엇인
가라는 질문에 잇닿아 있다. 완원阮元이 「문언설文言說」과 「문운설文韻
說」에서 주된 비판의 대상으로 삼은 당송고문파들(唐代의 고문운동・당송
팔대가・명대의 당송파 문장가・청대의 동성파)의 산행散行에 대해 문文일
수도 없고 고古는 더욱 아니라고 한 것도 이런 맥락에서 이해할 수 있
다. 혹여 그들이 '문이재도文以載道'라는 주장을 편다면, 그것은 공자가
「문언전文言傳」을 지은 과정과 목적에 더 배치되는 꼴이라 하겠다.

　앞서 보았지만 완원阮元의 「문언설文言說」에 담긴 함의는 여기에
그치지 않는다. 앞서 왕구어웨이王國維가 보여준 독자讀者와의 관련이
새롭게 재조명된다. 공자의 『역易・문언전文言傳』을 규범으로 둘 때, 거
기엔 독자의 문제도 엄연히 의식되고 있다. 다시 인용하면 이렇다. "그
렇게 함으로써 공간적 거리에 구애받지 않고 누구나 쉽게 기억하고, 시
간의 경과에 상관없이 온전한 채로 전해져서 공경公卿과 학사學士가 모
두 기억・암송할 수 있게 되어 천지만물天地萬物을 통하고 국가와 심신
心身을 경계할 수 있도록 하고자 한 것이다." 이제 문文은 교화의 영역
까지도 자신의 내부에 끌어들여야 한다. 말 그대로 이런 경지―세상의

질서와 원리의 발견·거기에 조응하는 문文의 창작·세상 사람들에게의
전파를 모두 포함하는 것이 '문화文化'이고, 그것이야말로 문인文人의 혹
은 문文의 이상이라고 주장하는 것이다.

5. 결론

짱타이옌章太炎의 「문학논략文學論略」을 논의의 대상으로 선택한
것은 거기에 당시의 문文 관념의 다양한 층위들이 폭넓게 들어 있다는
판단 때문이었다. 솔직히 짱타이옌章太炎의 문론文論 체계는 후대로 거
의 계승되지 않았다고 보는 것이 실상에 부합할 것이고, 이와는 반대로
왕구어웨이王國維가 보여준 경로가 다양한 차이에도 불구하고 근대의
주류적 문학관을 구성하는 주류로 성장했으리라 짐작한다. 그렇지만 짱
타이옌章太炎의 문론은 그 의의가 지대하다고 평가해야 마땅하다. 어쨌
든 중국의 전통적 문文 체계를 복원했기 때문이다. 그것이 설사 불완전
하고 때론 복고적이라 할지라도, 당시에 제기되던 다양한 문론 혹은 문
학론에 대응하여 중국의 문화적 전통을 최대한 계승하면서 새로운 발전
가능성을 모색한 결과이다. 그럼에도 짱타이옌章太炎/왕구어웨이王國維
는 각기 몰락과 융성의 두 길을 대표하는 존재라고 하는 게 온당한 판단
일 것이다.
이 둘의 경로와는 달리 제3의 길로서 완원阮元의 「문언설文言說」이
작용했던 듯하다. 그 일면이 리우쓰페이劉師培를 통해 계승된 것은 분명
하지만, 리우쓰페이劉師培는 말 그대로 일면을 수용하고 정작 문제적으
로 해석될 만한 지점은 계승하지 않았다. 리우쓰페이劉師培가 중시하지
않은 그 지점을 인식하고 비록 암시적인 형태로지만 적극적으로 계승하

려고 한 존재가 루쉰魯迅이었다. 루쉰魯迅이 1926년을 전후하여 대학에서 강의한 내용을 담은 『한문학사강요漢文學史綱要』 서론에서 완원阮元 부자父子의 「문언설文言說」·「문운설文韻說」을 잠시 언급하였다. 구체적으로 분석하지는 않았지만, 완원阮元식의 시각이 잠시 나타나기는 했지만 후대에 계승되지 못했다는 골자의 언급이 있었다. 만일 앞서 분석한 대로의 가능성을 루쉰魯迅이 인식한 것이 맞다면, 루쉰魯迅이 동경東京에서 쨩타이옌章太炎의 강의를 듣고서 쨩타이옌章太炎의 문文 이해에 불만을 표한 사실은 그냥 쉽게 지나치기 어려운 장면이라 할 수 있다.

실제로 완원阮元이 암시한 문인文人의 이상형이 루쉰魯迅에게서 확인될 수 있다면, 이는 새로운 가능성으로 해석할 필요가 있겠다. 문文과 문인文人의 의미가 그러하다면, 쨩타이옌章太炎과 강유위康有爲의 학문을 실사구시實事求是와 경세치용經世致用을 구분하는 방식이나 5·4 이후 전개된 국고연구國故研究와 문학운동을 학술과 정치의 대립으로 이해하는 통상적인 구도를 재조정할 단서를 얻을 수 있기 때문이다. 그러한 대립은 문文[文人]의 본래적 성격에 비추어볼 때 허구적이고 작위적인 이분법에 지나지 않기 때문이다. 문인文人은 전문적인 직업인이 아니라 사람이 세상 전체와 관계 맺을 수 있는 최고의 자리에 붙여진 다른 이름이라 하겠다. 그것은 '글을 쓴다는 것이란 무엇인가' 하는 문제를 통해서만 구현 가능한 일이다.

디아스포라와 국문학

이연숙 李姸淑

1. 제도로서의 '국문학'

'국민'의 동질화를 목표로 하지 않는 국민국가는 없다. 그것은 정치적, 경제적, 사회적 영역에만 국한되는 것이 아니라, 언뜻 생각하기에는 정치와는 대단히 거리가 먼 것처럼 보이는, 문화의 영역에서도 마찬가지이다. 흔히들 문학은 언어를 통한 인간의 표현 의지를 나타내는 것이라고 하지만, 국민국가에서 문학의 역할은 그것을 훨씬 넘어선다. 국민국가에서는 문학을, '국민'정신을 응축해서 표현한 것으로 본다는 점에서, 이 사실은 무엇보다도 두드러진다. 개개의 작품들은 개별 작가들의 저작이기도 하지만, 동시에 그 작품들은 역사 및 연대순으로 즐비하게 나열되면서, 동일한 '국민' 의식의 표현으로 간주되는 것이다. 이렇게 함으로써, '국민'의 역사의 문화적 측면으로서 '국민문학'이라는 영역을 만들어가는 것이다.

그렇다면, 어떠한 작품들이 '국민문학'이라는 범주에 포함되는가? 어떤 작품이 가치가 있는지, 그리고 어떤 작품이 '고전'이 되는지를 결정하는 것은, 유감스럽게도, 각각의 작품을 쓴 작가들이 아니라, 후세의 문학사가文學史家와 문학 교육자들이다. 흔히들 '고전'이란 영원한 가치가 있는 작품이라고 하지만, 엄밀히 말하면, 특정한 역사적 문맥 속에서 영원한 가치가 있다고 인정된 작품이라고 해야 한다. 다시 말해서, '고전'

은 인위적으로 나중에 만들어진 것이라는 것이다. '고전'은 작품 그 자체의 가치가 높다고 해서, 혹은 독자들의 수가 많다고 해서 '고전'이 되는 것이 아니다. '고전'으로 인정받기 위해서는, '국민정신'이 전형적으로 표현된 작품임을 공적으로 인정받아야 하는 것이다. 따라서, 무엇이 '고전'인가를 정하는 기준은, 시대에 따라 꽤 많은 변동이 있게 마련이다. 이렇게 해서 '국민정신'을 표현했다고 일컬어지는 '국민적 작품'이 선택되고, 그 작품들이 이어져 '국민문학'이라는 일련의 흐름이 만들어진다.

이와 같은 '국민문학'이라는 이데올로기—감히 이 말을 쓰자면—는, 모든 국민국가에 존재한다. '영문학', '프랑스 문학', '독일 문학' 등등의 틀은 결코 자명한 것이 아니다. 이와 같은 이름들로 불리는 어떤 실체가 존재한다고 생각하게 된 것은, 그리 오래된 일이 아니다. 학문의 레벨에서는 더욱 그렇다. 예를 들면, 케임브리지 대학에 '영문학' 강좌가 생긴 것은, 20세기에 들어와서였다. '영문학'이 학문의 대상이 되기 위해서는, 누구나가 읽을 수 있는 보통의 언어로 쓰여진 작품을 일부러 대학에서 가르칠 필요는 없다는, 고전주의자들의 공격을 물리칠 수 있어야만 했다. 즉, 그리이스어 혹은 라틴어가 아닌, 보통의 시민들이 사용하는 영어로 쓰인 작품들도, 그리이스어나 라틴어로 쓰인 작품들과 마찬가지로 가치가 있다고 설득해야만 했던 것이다.

'국민문학'을 성립시키려면, 자국自國의 문학과 타국他國의 문학을 절단하지 않으면 안 된다. 그 절단의 전형적 방법은, 작가가 그 나라의 국적을 가지고, 작품이 그 나라의 언어로 쓰여졌으며, 또 그 언어가 그 작가의 모어여야 한다는 기준을 만족시켜야 한다.[1]

그런데, 이러한 자국의 문학을 '국문학'으로 부르는 것을, 우리는 지

---

1) 최근 여기저기에서 이 '국민문학'이라는 틀 자체를 재검토하려는 작업이 시도되고 있는데, 이에 대해서는 나중에 자세히 논의하기로 하겠다.

금 너무도 당연하게 여기고 있다. 그러나 '국문학'이라는 명칭에는 이상
한 데가 한두 군데가 아니다. 이것을 단지 조어법의 측면에서만 본다면
'국+문학'에 지나지 않지만, 여기의 '국'은 어디까지 '자국自國'이라는 사
실을 명심할 필요가 있다. 이 같은 용어법은 '국사'·'국어' 등등의 경우
에도 마찬가지이다. 우리들은 '영국의 국문학'이라는 말은 쓰지 않는다.
아무런 수식어도 붙어 있지 않는 '국문학'은 당연히 '한국문학'이 되는 것
이다.

    이와 관련하여, 우리는 일본어에서 '고쿠[國+~]'라는 접두어가 붙
은 일련의 용어들, 즉 '고쿠분가쿠[國文學]', '고쿠시[國史]', '고쿠고[國
語]' 등을 주의 깊게 살펴 볼 필요가 있다. 이들은 모두 메이지[明治] 시
대에 일본에서 만들어진 일본제 한자어로서, 이것들이 일본어에 정착된
것은 근대 일본이 국민국가로서의 제도를 만들어 가던 1880년대 후반이
었다. 예를 들어, 현재 도쿄 대학의 전신인 제국대학에 '고쿠시[國史]과'
가 생긴 것은 1888년이며, '고쿠분가쿠[國文學]과'가 생긴 것은 그 이듬
해인 1889년이다. 그 때까지 '고쿠분가쿠[國文學]과'는 '와분가쿠[和文學]
과'라고 불렸다. 중학교에는 1886년에 '고쿠고[國語] 및 한문과'가 설치
되었고, 소학교小學校에 '고쿠고[國語]'가 생긴 것은 1890년이었다.[2]

    이처럼 '고쿠[國+~]'라는 말이 힘차게 퍼지게 된 배경에는, 당시의
일본에서 국가주의 기운의 고조가 있었다는 사실을 결코 간과해서는 안
된다. 즉, 1889년의 대일본제국헌법 공포, 1890년의 '교이쿠초쿠고[教育
勅語]'의 발포를 정점으로 천황제 국가주의가 점차 자리를 잡아가던 바
로 그 시기에, 이 말들이 정식 학문 용어로 정착되어 갔던 것이다. 우리
는, 이것이 단지 명칭의 문제에만 국한되지 않는다는 사실을 명확히 인
식할 필요가 있다. 이후 이 학문들은 대일본제국을 떠받치는 문화 장치

---

[2] 식민지하의 대만에는 1896년에 '國語 전습소'가 만들어졌다.

로서 매우 중요한 기능을 하였기 때문이다.

이 중에서도 국수주의적인 이데올로기의 냄새를 가장 진하게 풍긴 것은, 역시 '고쿠시[國史]'였다. 이에 따른 당연한 귀결이지만, 요즘 일본의 대학에서 여전히 '고쿠시[國史]과'가 있는 대학은, 오히려 예외에 속한다. 보통은 '고쿠시[國史]'가 아니고 '일본사'이다. 반면, '고쿠고[國語]', '고쿠분가쿠[國文學]'는 여전히 통용되고 있다. 이와 같은, 왜 '일본어'가 아니라 '고쿠고[國語]'인지, 왜 '일본문학'이 아니라 '고쿠분가쿠[國文學]'인지에 대한 물음을 조심스럽게 끝까지 따라가 보면, 그 배후에는 국가주의적인 이데올로기가 도사리고 있다는 것이 금방 드러난다.

물론, 소쉬르가 말한 것처럼 기호의 음성과 의미는 자의적 관계에 있는 것이 사실이다. 따라서 '고쿠시[國史]', '고쿠고[國語]', '고쿠분가쿠[國文學]'는 메이지 시대의 일본에서는 국가주의적인 의미를 품고 있었지만, 음성형식상으로는 같은 것이라 할지라도, 현재의 한국에서는 그와 같은 의미는 없다고 항변할 수도 있을 것이다. 그렇다면, 우리는 '국國+~'이라는 용어를 고수해야 할까? 그리고, 왜 한국과 타이완에만 이 용어들이 남아 있고, 북한과 중국에서는 거의 사용하고 있지 않는 것일까? 어쩌면 '국사', '국문학', '국어'라는 말을 사용하고 있는 한, 국가 중심적인 시각이 모르는 사이에 우리 몸 속에 스며들고 마는 것은 아닐까 자문해 볼 일이다.

국민국가는 모든 것을 '안'과 '밖'으로 구분하려고 든다. 자신의 내부에 있는 것일지라도 이질적인 요소는 '밖'으로 배제하려고 하며, '밖'의 이질적인 요소는 어떻게 해서든지 자신의 내부로 동화시키려고 한다. 거기에는 '배제의 원리'와 '동화의 원리'가 동시에 작용한다. 문학의 경우, 작가의 귀속, 작품의 언어, 작품의 내용이 각각 '국민'의 틀 속에 들어감으로써, 문학은 '국민'을 떠받침과 동시에, '국민'을 표현하는 것으로 간주된다. 이 때부터 자기 나라의 작가가, 자기 나라의 언어로, 자기 나라에 맞는 내용을 쓴 작품이야말로, 자연스럽고 정상적인 문학의 형식이라는 생각이 굳어지게 된다. 문학 작품도 인간과 마찬가지로 '국적'─그것도 단 하나의─을 갖는다는 생각도 동시에 굳어지게 된다. 그러나, 이 같은 사고방식은 국민국가라는 통치 형태가 자명한 것으로 간주된 이후에 성립된 것이라는 사실을 결코 잊어서는 안 된다. 그렇다면, 한국에서 태어나, 한국어를 모어로 하면서도 다른 나라에 이민을 가 살면서, 그 나라의 말로 작품을 썼다고 한다면, 그 작품은 도대체 어디에 속하는 것일까? 이중 국적을 가진 사람이 있는 것처럼, 이중 국적의 문학도 가능한 것이 아닐까?

근대 이후 우리는, 모든 인간 사상事象처럼, 문학도 국가 및 국민별로 분류할 수 있다고 생각해 왔다. 그러나, 지금 세계를 둘러보면, 그 같은 분류가 곤란하거나, 분류 자체가 불가능한 작품들이 속속 탄생하고 있다. 그것을 우리들은 일련의 '포스트 콜로니얼 문학'에서 찾아 볼 수 있다.

2. 포스트 콜로니얼 문학의 전략

영어권에서는 1980년대 이후 구식민지 출신의 작가들이 매우 활발한 활약을 하고 있다. 남 아프리카 출신의 고디마, 카리브해 출신의 나이뽈, 나이지리아 출신의 치누아 아체베 등은 그 대표적인 작가들이다. 또 나이지리아 출신의 쇼인카는 아프리카 사람으로서는 처음으로 노벨상을 받았고, 인도 출신의 살만 라시디, 나이지리아 출신의 벤 오구리는 영국의 대표적인 문학상인 붓가상을 받기도 했다. 미국에서도 자메이카 출신의 킹케이트, 하이티 출신의 단티카, 중국 출신의 에이미 탕, 레이 초우, 베트남 출신의 트린 미하, 인도 출신의 숨빠 라히리, 스필 버크

등이 왕성한 창작 활동을 펼치고 있다. 최근 들어 이 같은 작품과 작가들은 '포스트 콜로니얼 문학'이라고 불리고 있다.

'포스트 콜로니얼 문학'이라고 하면, 우리는 흔히 '제삼세계문학'을 먼저 떠올리는데, 그러나 '포스트 콜로니얼 문학'은 일찍이 '제삼세계문학'이라고 불렸던 것과는 그 배경도, 그 방향성도 전혀 다르다. '제삼세계문학'은 구미의 제국주의에 대항해서 민족해방을 향한 운동에서 생겨난 것이다. 거기에는 타도해야 할 적으로서의 서구 제국주의와, 지켜야 할 것으로서의 민족의 생존과의 대치라는, 아주 선명한 구도가 그려져 있었다. 즉, 제국주의 대 내셔널리즘이라는 도식이 모든 문제를 푸는 열쇠였던 것이다. 그러나, 제2차 세계대전 후 많은 아시아, 아프리카의 나라들은 독립을 달성하게 되었다. 그렇지만, 여전히 구미의 신식민지주의는 신생 독립국들을 종속적인 지위에 두고 있었고, 국내에서는 끊임없는 부족 전쟁, 종교 대립, 이민족 지배, 군사 독재 등등의 비극이 새롭게 대두되었다. 물론 이 같은 사태들은 일찍이 식민지 지배가 없었다면 존재하지 않았을 것들이었지만, 그것만으로는 설명이 되지 않은 부분도 많다. 즉, 독립의 슬로건이기도 했던 토착적 내셔널리즘이, 이 번에는 동화주의와 순화주의로 국민을 동화시키려고 한 데에서 연유한 것들도 적지 않았다는 것이다. 여기에서 다음과 같은 의문이 생긴다. 토착적 내셔널리즘도 역시 이질성을 배제하는 폭력을 내포하고 있는 것이 아닐까, 내셔널리즘이 주장하고 있는 것처럼 식민지 지배 이전의 상태는 과연 때묻지 않은 무구한 세계였을까, 순수한 상태를 상정하고 그곳으로의 회귀를 목적으로 하는 토착적인 내셔널리즘은, 어쩌면 제국주의적 지배와 같은 꼴의 권력틀을 바탕으로 하고 있지는 않은 것일까? '포스트 콜로니얼 문학'이 던진 물음은, 바로 이와 같은 것들이었다.

이것을 문학 고유의 레벨에서는 다음과 같이 말할 수 있을 것이다. 근대 유럽 문학을 보편적인 것으로 보는 모더니즘도, 유럽 문학의 영향을 배제하고자 하는 토착주의도, 주장하고 있는 내용은 대립적이면서도, 사실은 같은 표현의 틀 속에 들어간다고. 즉, 둘 다 안정된 주체가 이미 지시된 현실을 표상해 나가는 프로세스를 자명한 것으로 간주하고 있다는 것이다. '포스트 콜로니얼 문학'은 보편주의도, 토착주의도 모두 거부한다. 표현 주체는 고정적인 아이덴티티에 묶이지 않고, 끝없는 이동에 의해 아이덴티티라는 개념 그 자체를 유동화시켜 가는 것이다. 주체에게는 돌아갈 고향도, 자기를 귀속시킬 안정된 질서도 존재하지 않는다. 그렇다면, 종착점 없는 유랑과 방황이야말로 표현해야 할 대상이 아닌가?

포스트 콜로니얼 문학은 종주국과 식민지, 제국주의와 내셔널리즘, 보편주의와 토착주의라는 흑백 논리를 우위에 두는 일이 없이, 그 대립을 옆으로 밀쳐 가며, 대립이 성립되고 있는 공간 그 자체를 무너뜨려 버린다. 이렇게 해서 포스트 콜로니얼 문학에서는 '하이브리드(잡종성)'와 '디아스포라(이산)'가 중요한 모토가 되고 있다. 원래 이들 용어들은 순화주의와 국민주의의 측면에서 부정적인 낙인이 찍혀 있던 개념이었다. 그러나, 포스트 콜로니얼 문학은 이것을 완전히 역전시켜, '잡종'임과 '이산'에 적극적인 가치를 부여하려고 한다.

그렇다고 포스트 콜로니얼 문학이 관념의 유희는 아니다. 그 배후에는 조국에서 벗어나, 아니 벗어나지 않으면 안되었던, 이민과 난민의 가혹한 현실이 있다. 여기에는 본국에서 빠져 나온 정치적 망명자의 문학도 물론 포함된다. 예를 들면, 2000년에 노벨상을 수상한 화인華人 작가 고행건高行建은, 중국 국내에서 작품을 발표하는 것이 금지되자, 1987년에 프랑스로 망명해, 프랑스 국적을 취득했다. 따라서 고행건은 국적상으로는 '중국계 프랑스인'이 된다.

대표적인 포스트 콜로니얼 비평가인 사이드(E. Said)는 다음과 같이 말하고 있다.

추방/망명의 몸이 되는 것은, 태어난 고향에서 완전히 떨어져 나와, 고립되고, 절연의 상태가 되는 것이라고 일반적으로 생각되지만, 이것은 틀린 생각이다. 그처럼, 마치 외과 수술적인 것처럼 싹 잘라 내어버린다면, 나중에 두고 온 것을 회상하는 일도, 다시 되찾을 수 없다고 포기하고 말기 때문에, 적어도 마음은 편할 것이다. 그러나 실제로는 거의 대부분의 추방자/망명자들에게 있어서 어려운 점은, 고향을 멀리 떠나서 살아야 한다는 것보다는, 오히려 지금의 세계에서는 자기가 추방/망명의 몸이라는 것을 싫어도 생각하게 하는 것에 둘러싸인 채 살아가야 한다는 것이다.

그러면서 사이드는 '추방자/망명자들의 위치는 중간적 상태'라고 덧붙인다.

20세기는 전 세계에 국민국가 제도가 널리 퍼진 시기로서, 이 시기에 이르러 지구상에서 어느 국가에도 속하지 않는 토지는 모습을 감추고 말았다.[3] 그 결과, 이미 앞에서 논의한 것처럼, 국민국가에는 배제와 동화의 시스템이 내재되면서, 국가에서 배제 당한 사람들의 큰 무리가 이 지구상을 유랑하게 되었다. 국민국가의 시스템이 강고해지면 강고해질수록, 거기에서 이탈된 난민, 이민, 망명자가 점점 증가해 간다는 역설적인 사태가 발생한 것이다. '포스트 콜로니얼 문학'이란, 이 같은 유랑과 이산의 현실에서 생겨난, 매우 현대적인 문학 형태인 것이다.

이러한 문학의 가장 전형적인 모습을, 우리는 살만 라시디(Salman Rushdie)에게서 찾을 수 있다. 라시디는 원래 인도 봄베이의 무슬림 가정에서 태어났다. 제이차 세계대전 후에 식민지 인도는 독립을 하기는 했지만, 인도와 파키스탄의 분리 독립이라는 비극적인 대가를 치러야만 했다. 잘 알려져 있는 바와 같이, 인도 독립의 아버지 간디는 이 분리

---

3) 물론 남극 같은 특수한 장소는 제외된다.

독립을 가슴 아파하며 두 종교의 융화에 힘썼으나, 힌두교도인 간디가 이슬람교도에 관대하다고 분개한 국수주의적인 힌두교도에 의해 암살되었다.

이렇게 해서 힌두교의 나라 인도와 이슬람교의 나라 파키스탄이 생겨나게 되었다. 그렇지만, 현실적으로는 두 나라 모두에 이 두 종교의 신자들이 공존하고 있다. 라시디는 독립 후 인도에서 '인도의 이슬람교도'라는 입장이 얼마나 불안정한 것인지를 역설한다. 원래 인도는 갖가지 문명의 요소를 삼켜 버리는 도가니였건만, 인도 정부가 힌디 중심주의를 제창하여 인도 속의 비힌디적인 요소를 배제하려고 하고 있다는 것이다. 라시디는 이와 같은 순화주의를 신랄하게 비판한다. 그렇다고 해서 라시디가 파키스탄에서 안주할 땅을 찾으려고 한 것도 아니었다. 파키스탄에도 인도의 힌디 중심주의에 뒤지지 않는 폐쇄적인 이슬람 원리주의가 있었던 것이다.

라시디는 붓가상을 수상한 『한밤 중의 어린이들』에서는 인도 현대사를, 『수치』에서는 파키스탄 현대사를, '마술적 리얼리즘'이라고 불리는 수법으로 그려냈는데, 그 작품들이 인도와 파키스탄 정부로부터 비난을 사게 되는 결과를 낳았다. 또 『악마의 시』에서는 이슬람교를 모독했다는 이유로, 이란의 '호메이니' 옹으로부터 사형 선고를 받아, 전 세계의 관심의 대상이 되었다. 이 사건으로 라시디는 몸을 숨겨야 했으며, 일본에서는 이 작품을 번역한 사람이 누군가의 손에 의해 살해되기까지 했다.

라시디는 스스로를 '고향'을 상실한 인간이라고 말하고 있다. 그가 쓴 수필의 제목을 빌리자면, 그에게 '고향'이란 현실에 존재하는 '조국'이 아니라, 어디까지나 '상상 속의 고향(imaginary homeland)'이다. 이것은 라시디만이 아니라, 많은 포스트 콜로니얼 작가들에게 공통된 사상이기도 하다. 그들은 현실의 '조국'으로 되돌아가는 것이 아니라—사실 정치적인 이유로 돌아갈 수 없는 이들도 많다—기억 속의 조국의 상흔을 다시 조립해 상상력에 의해 '고향'을 소생시키는 것이다.

이들 포스트 콜로니얼 작가들과 관련하여, 우리는 그들이 사용하는 언어 문제를 생각하지 않을 수 없다. 식민지는 영어, 불어 등의 종주국 언어로 지배해 왔다. 종주국의 언어로 토착 민족은 사회에서 배제되는 한편, 피지배 민족 중에는 종주국의 언어를 익혀 제국주의적인 지배의 말단 업무를 담당하는 사람들도 나오게 된다. 포스트 콜로니얼 문학의 작가들은 일찍이 종주국이었던 나라의 언어로 자기 표현을 하기는 하지만, 그것은 식민지 시대에 강요된 종주국의 언어를 그대로 순종적으로 사용하는 것이 아니다.

라시디에 의하면, 포스트 콜로니얼 문학의 작가들은 지배 언어였던 언어를 역이용해, 제국의 '중심—주변'이라는 모델을 전복시키려 하고 있다고 한다. 이제 '영어'는 영국 사람들이나 미국 사람들만이 독점하는 언어가 아니다. 인도 사람이나 아프리카 사람들이 자기들식으로 영어를 '유용(appropriate)'해 버림으로써, 영국과 미국의 언어적 지배를 안 쪽에서 무너뜨리려는 것이다. 즉, 영어라는 언어를 아시아와 아프리카의 시점에서 '잡종화'해 버리고 말자는 것이다. 그러나, 이 같은 전략은 지배권 속에 다시 회수되고 말 위험성을 내포하고 있다는 것이 지적되지 않으면 안될 것이다. 사실, 아시아와 아프리카의 포스트 콜로니얼 문학의 작가들은, '영어'를 점점 풍요롭게 해 준다는, 지배 권력 쪽의 여유 있는 감사를 받고 있기도 하다. 이처럼 문화제국주의적인 압력에 어떻게 대항할 것인가가, 포스트 콜로니얼 문학이 짊어지고 가야 할 짐 중의 하나이다.

3. 경계선상의 '재일在日문학'

이렇게 길게 '포스트 콜로니얼 문학'에 대해 언급한 것은, 한국과 일본이라는 두 나라 간의 관계라는 시점에서만이 아니라, 좀더 큰 문맥 속에서 '재일在日문학'을 파악해 보고 싶어서였다. '재일在日문학'이 곧 '포스트 콜로니얼 문학'이라고 말하고 싶지는 않다. 다만, '재일在日문학'이 일본문학과 한국문학[4]의 틈바구니에 끼어서 조심스럽게 숨을 죽이며 있을 필요가 없다는 것, '재일在日문학'이야말로 포스트 콜로니얼 문학의 문맥에서 파악한다면, 현재 문학의 본류에 속한다는 것만은 지적해 두고 싶다.

일찍이 '재일在日문학'은, '디아스포라'의 문학이라고 논해진 적이 있었다. '디아스포라'란, 원래 고대 이스라엘에서 예루살렘 신전이 파괴된 후에, 세계 각처에 퍼진 이산 유태인을 가리키는 말이었다. 그러다가, 요즘은 그 의미가 확대되어, '조국'에서 추방된 민족의 모습을 가리키는 말이 되었다. 이 때 '디아스포라=이산'이라는 말에는, 언젠가는 '조국'으로 귀환해야 하며, '조국'에서 추방된 상태는 과도기적인 일시적 상태에 지나지 않는다는 뜻이 포함되어 있다. 포스트 콜로니얼 문학은, 이 같은 '고향 상실'을, 아이덴티티가 '결여'된 상태가 아니라, 자기의 실존을 생성하는 장소로 받아들일 것을 가르쳐 주었다. 그런데, 포스트 콜로니얼 문학에 앞서서 '재일在日문학'이 바로 이것을 추구해 왔던 것이다.

재일 조선인들 사이에서, '재일在日'이라는 말은, 여러 가지 의미를 포함하고 있다. 한반도에서 태어나 일본에 건너 온 1세들은, 일본에 있는 것(在日)을 언젠가는 본국으로 돌아가야 할 일시적인 일로 생각해 왔다. 그러나, 일본에서 태어나 일본어를 모어로 하면서 자라난 2세, 3세,

---

4) 조선문학이라고 하는 편이 더 정확한 표현이겠지만, 여기서는 일단 한국문학이라고 하겠다.

4세가 재일 조선인들의 중심이 되면서, '재일在日'의 의미는 점차 변하게 되었다. 즉, '재일'이란, 본국으로의 귀환도, 일본 사회에로의 동화도 아닌, 재일 조선인의 삶의 방식을 가리키는 것이 된 것이다. 그러므로, "재일'을 살아간다'는 말은, 본국 지향도 아니고, 일본 지향도 아닌, 새로운 아이덴티티가 모색되고 있다는 것을 뜻한다. '재일문학'은 바로 이와 같은 '재일'의 삶의 방식을 배경으로 해서 탄생한 것이다.

일찍부터 '재일'의 적극적인 가치를 주장했던 김시종金時鐘은 다음과 같이 말한다.

> 조선이란, 결코 '구체물로서의 실상'이 아니다. 즉, '조선'이라는 명칭은 총체와 사람의 추상에 불과하다는 것이다. 몇 번이고 말하지만, 한마디로 재일 조선인이라고는 하나, '1, 2세'는 이미 주체가 아니다. '3, 4세'는 진작부터 '1, 2세'가 생각하고 있는 이들과 다르다. 이미 거기에는 자기 나라, 고향에 대한 갈망 등이 있을 수 없다. 존재하는 것은 자의식으로서의, 총체 속의 추상으로서의 조선이 있을 뿐이다. 이 전후 세대의 내부에서 꿈틀거리며, 구하고 있는 것이, 실은 '자신에게 조선이란 무엇인가' 하는, 상상을 초월한 반문인 것이다.

김시종은 기나긴 모색 끝에, "재일'이 이미 하나의 조선'이며, '고유의 문화에서 떨어져 나간 '재일'을 사는 것이, 떳떳하지 못한 것도 아니고, 마이너스도 아니며, 조선에 없는 것을 길러 가며 사는 삶의 방식'이라고 단언하기에 이른다. 이와 같은 결론에 도달하기까지는, 살을 깎아 내는 고통과 번민이 있었음은 물론이다.

'재일'에게서 가장 절실한 물음은, 자신들에게 있어서의 '고향'과 '말'이란 무엇인가 하는 것이다. 한 번도 가 본 적이 없는 한반도가 '고향'일까, 아니면 태어나서 자라난 일본이 '고향'일까, 조선말을 못하면서도 '조선 사람'일 수가 있을까, 옛날 지배자의 말을 '모어'로 받아들여야 하는 것일까, 조선 사람이 일본어로 작품을 쓴다고 하는 것은 도대체 무엇을 의미하는 것일까? '재일문학'의 모든 국면을 붙어 다닌 것이 바로 이 같은 물음이었다.

『이카이노猪飼野 시집』,[5] 『광주光州 시편』 등의 시집을 낸 김시종은, 1929년에 태어나 식민지 시기의 조선에서 소학교 시절을 보냈다. 당시 이상적인 '황국皇國소년'이었던 어린 시절을, 그는 다음과 같이 회상하고 있다.

> 나는 종전이 될 때까지 자기 나라말이라는 것을 몰랐습니다. 나와 같은 세대의 사람들의 대부분은 당시의 나와 그리 다르지 않았다고 생각합니다. 물론 듣는 것은 어느 정도 할 수 있었습니다. 그러나, 조선 글자 '가나다'의 '가'도 몰랐습니다. 그것은 비참함을 넘어서 해괴한 것이었습니다.
> 내 일본어는 무척이나 과중한 규제 속에서 길러진 것입니다. 그러나, 종전이 되어 조선이 일본의 쇠사슬에서 벗어났다는 것과, 내가 과중한 규제에 의해 몸에 익힌 일본어를 포기하는 것은 등질의 것이 아니었습니다. 이런 제가, 요람기의 꿈을 한껏 품고 있는 일본어를, 버리려는 의도는 추호도 없습니다. 그게 아니고, 과중한 규제에 의해 몸에 익힌 일본어를, 일본인을 향한 최대의 무기로 나는 구사하고 싶습니다.

재일 조선인에게 말이란 무엇인가 하는 물음에, 가장 예민하게 반응하고, 뛰어난 고찰을 남긴 이가, 대작 『화산도』로, 한국에도 널리 알려진 소설가 김석범金石範이다. 김석범은 다음과 같이 말한다.

재일 조선인은 말에 겁을 먹고 있는 존재라고 할 수 있다. 일본말을 몰라서가 아니다. 오히려 의식하고 있는 이들에게는 모국어를 모른다

---

5) 이카이노는 재일 조선인들이 밀집해서 사는 지구를 가리킨다.

고 하는 끝없는 불안과 꺼림칙함에서 자유롭지가 못하다. 그리고 재일
의 생활에서 몸에 익힌 단 하나의 말이며, 전부인 일본말에 대해서도,
조선 사람이기 때문에 직감적이고 위화감을 갖는 존재인 것이다.

김석범에 의하면, 일본어가 재일 조선인에게 '폭력적'인 것은, 모국
어를 빼앗기고 일본어를 강요당했었기 때문만도 아니고, 일본어가 민족
멸시를 안고 있는 말이기 때문만도 아니라고 한다. '문제는, 그 일본어
의 폭력성에 대해, 재일 조선인이 (모국어를 모르기 때문에) 일본어로밖
에 대항할 수 없다고 하는 상승 관계가, 말의 억압적인 구조가 되어, 다
시 그들을 짓누르는 데에 있다'는 것이다.

이러한 곤경에서 빠져 나가기 위해서는, 재일 조선인은 일본어를
사용해서 일본어로부터 자유로워진다는, 대단히 역설적인 영위를 계속
하지 않으면 안 된다. 그러나, 그것은 일찍이 지배자의 말이었던 일본어
를, 피지배자였던 조선 사람이 환골탈태해서 새로운 언어로 재생시켜야
하는, 말도 안되는 꿈이기도 했다. 김석범은 다음과 같이 토로한다.

지배자의 말을 써서 거기서 자유로워지는 것은 어떤 것일까. 그것은
적의 무기를 빼앗아 그것으로 적을 넘어뜨려야 하는 게릴라 전법과 비
슷해서, 말을 버리지 않는 한 활로는 거기서밖에 찾을 수 없다. 그것은
일본어에 의해, 그 일본어가 가지고 있는 주박력을 잘라 내고, 자기 해
방을 달성하는 매우 모순된 방법이다. 즉, 그것은, 잘되면 일본어를 거
꾸로 이용하는 역설적인 관계가 성립한다는 의미인 것이다.

이렇게 해서 김석범은, '문학이, 일본어를 사용하고 있음에도 불구
하고 나를 구할 수 있다면, 그것은 그것이 허구에 의한 보편과 연계가
있기 때문이다. 허구야말로 말에 갇혀 있는 나를 열어 주는 것이며, 일
본어를 통해서 '조선'으로 나를 이어 주는 길이기도 하다'라고, 의미심장

하게 말한다.

그러나, 김석범은 '조선'을 반론 불가능한 '성역'으로 세워, 거기에서 일본의 '차별', '편견'을 고발하는 태도는 취하지 않는다. 하나의 민족성 (일본)에서, 다른 하나의 민족성으로 이동하는 것이 아니고, 어디까지나 '조선'을 통해서 '보편'으로 연결해 가는 길, '보편으로 쭉 뻗어 가기 위한 독자성'을 모색해 나가는 것이다. 그러나 한편으로, '보편이라는 안전지대'를 붙잡고 있으면, 이 번에는 '민족적 형식이 갖고 있는 메카니즘의 힘을 경시하는 결과를 초래하는 위험'에 빠져, 오히려 '무의식 속에서 일본어의 지배에서 재차 자유롭지 못하게' 되고 마는 것이다.

김석범이 '허구'에 집착하는 것은, 일본문학의 전통 가운데에 '단가 短歌적 서정'과 '사소설私小說'의 전통에 매우 비판적이기 때문이다. 사소설은 소설에서 허구를 배제하고, 표현을 '작자=나'라는 감정의 발로와, 영탄의 한숨에 의해 왜소화하고 말기 때문이다. 그것은 단지 '일본적인 것'을 거부하는 것만은 아니다. 김석범에게 있어서 문학의 임무란, 상상력에 의해 자립성을 획득하는 세계를 창조하는 것이다. 그것은 현실에서의 도피를 의미하는 것이 아니라, 현실에 대치하는 세계를 창조하는 것이다. 그럼으로써 비뚤어진 현실을 허구측에서 역조사逆照謝하여, 현실 세계를 뿌리로부터 근본적으로 비판할 수 있기 때문이다. 그것이 '제주도 4·3 봉기'를 다룬 대작 『화산도』의 의미이다.

'재일'로서의 표현자는, '진실'을 발견하기 위해서 보편과 특수, 일본어와 조선어, 허구와 현실, 자기와 타자 사이를 끊임없이 왕래해야만 한다. 그것은 끝이 없는 여행이며, 모순에 가득 찬 방황이지만, 이 끝없는 방황이야말로 '재일 조선인 문학'의 근거가 된다. 김석범에 따르면, '움직이는 것, 살아 있는 것에 모순을 포함하지 않는 자유란 있을 수 없다'고 한다. 그러므로, '재일문학'이란, 경직된 틀의 주박에서 끊임없이 벗어나려고 하는, '움직이고 있는 것', '살아 있는 것'의 다른 이름이다.

사실, "'재일 조선인 문학'은 일본과 일본문학의 발전에 기여했다"고 말해지고 있는데, 이에 대해 김석범은 분노를 금치 못하고 있다. 그는, "재일 조선인 문학이 일본의 문학계에 시민권을 얻었다고 하는 것은, 무엇을 의미하는 것일까. 존재 영역의 확장인가, 아니면 풍화의 촉진인가"라는 물음을 내던진다. 김석범은 재일문학이 일본어로 씌어지고 있는 것을 부정하는 것이 아니라, '자명한 것으로서의 일본문학'이라는 틀에 의문을 던진 것이다.

김시종도, 김석범도 스스로를 '고향 상실자'로 규정한다. 그렇지만, 아무리 현실에서 멀리 떨어져 있을지라도, 그들은 '고향=조선'의 생생한 모습을 그려 낼 수가 있었다. 그것은 그들의 자아의 가장 깊숙한 곳에, '조선'이 살아 있었기 때문이다. 그러나, 그런 모습조차도 그릴 수 없는 2세 이후의 세대들은 또 다르다. 오히려 '고향'이 자기들에게 서먹서먹한 얼굴을 하고 쳐다보는 비극 앞에, 그들은 서지 않으면 안되었던 것이다. 이 문제를 진지하게 받아들여 표현 속에 정착시킨 작가가 바로 이양지李良枝였다. 그는 소설 '유희'로 아쿠타가와[芥川]상을 받으면서 많은 주목을 받았으나, 아쉽게도, 1992년에 37살로 요절하고 말았다.

이양지가 늘 생각했던 것은, 재일 조선인이 과연 '우리' 속에 들어갈 수 있는가 하는 문제였다. 소설 '유희'는 서울에 한국어를 배우러 간 여학생 유희가 고민하는 모습을, 같은 하숙집에 있는 한국인 여성 '내'의 눈을 통해서 그린 작품이다. 유희는 어느 날, 이 한국인 여성에게 다음과 같은 고민을 털어놓는다.

우리 나라라고 쓸 수 없어. 이번 시험이, 이런 위선의 마지막이고, 마지막으로 해야 한다고 생각해. 중세 국어의 훈민정음 시험이었어. 답안 용지를 쓰고, 그런 가운데 우리 나라라고 쓰는 부분에 와서, 더 이상 쓰질 못했어. 저번에도 이런 일이 있긴 했지만, 이번에는 손이 얼어붙은 것 같았어. 네 글자뿐인데도 쓸 수가 없었어. 본국 학생들은 거침

없이 답안 용지를 써내려 가. 옆에서, 뒤에서, 앞에서, 볼펜 연필 소리
가 났어. 머리가 빙빙 돌면서, 쓰러질 것 같았어. 귀가 울렸고, 눈앞이
흔들렸어…… 난 썼어. 누구라는 것도 확실히 모르지만, 아첨하는 기
분으로 우리 나라라고 썼어. 나는 문장 속에서 네 번이나, 같은 말을,
같은 느낌으로 썼어. 거짓말쟁이, 아첨쟁이, 누군가가 말할 것 같아 조
마조마해 하면서 답안지를 다 썼어…… 세종대왕 님. 누군가 했더니,
세종대왕이었다. 빨리 집에 가서 대금소리를 듣고 싶었어. 세종대왕은
신뢰하고 있어. 존경하고 있어. 그래도, 바로 지금, 이 한국에서 쓰고
있는 한글은 싫어서, 견딜 수가 없어. 그래도 우리 나라라고 썼어. 쓰
면 칭찬을 받지. 세종대왕은 보고 있어. 아시고 계셔.

이 절규는, 오로지 유희가 자기 자신을 '우리'라는 용광로 속에 던지
지 못한 데에서 비롯된 것이다. '우리 나라', '우리 말'이라는 단어가 그
녀에게는 어떤 의미도 갖지 못하는 물질적 음성에 불과했던 것이다.

이양지의 작품은, 말과 주체와의 괴리 및 거기에서 파생되는 분열
적인 신체 감각이 기조를 이루고 있다. 등장 인물들에게, 말은 늘 타자
의 말의 인용이 되고, 그럼으로써 '나' 그 자체는 자신과 타자 사이에서
끊임없이 분열해 간다. 이 비극적인 상황을 이양지처럼 섬세하게, 그리
고 치밀한 문체로 묘사한 작가는 없다.

재일 조선인 교육학자인 윤건차尹建次는, 이양지 문학이 "'나'의 세
계에 내폐內閉해, '재일' 및 민족 과제로 넓혀 가지 않는다"고 하면서,
"'재일'의 젊은 문학자와 일본인의 '감성'은 차별, 멸시, 원한, 반성, 죄의
갚음 등을 결락시킨 것에서 일치점을 찾을 수 있다"고 신랄한 비판을 가
하고 있다.[6] 확실히, 이양지의 문학은, "'나'의 세계에 내폐內閉해" 있어
서, 숨쉬기조차 힘들 정도로 답답하다. 그러나, 이 답답함은, 그가 늘
경계선을 응시하고, 육체를 배반하지 않는 말을 갈망했기 때문에 한층

---

6) 윤건차, 『재일을 사는 것이란』, 이와나미[岩波] 서점.

깊어진 것이다. 글의 소재로 '정치적'인 것만을 다루는 것이 '재일문학'의
존재 증명은 아닐 것이기에 더욱 그렇다.

　이양지의 문학은, 한국과 일본이라는 두 개의 거울 사이에서 고민
하는 '재일'의 모습을 무척이나 성실하면서도 자세하게 그려냈다. 문학이
란 본디 판에 박힌 답을 내는 것이 아니다. 자명성을 떼어 내고, 열려진
물음을 던지는 것이야말로, 창조적인 문학만이 할 수 있는 귀중한 임무
가 아닐 수 없다. 이러한 의미에서, 우리들은 한국문학, 일본문학에서
'재일문학'을 볼 것이 아니라, 오히려 '재일문학'에서 '국문학'이라는 틀에
갇혀 있는 한국문학, 일본문학을 재검토해야 하지 않을까.

3부 동북아 공존공영의 관계 모색

동북아질서와 한반도 평화체제

김성주 金成柱

1. 들어가는 말

탈냉전시대에 들어 국가안보에 대한 인식이 변하고 이에 대처하는 국가들의 행위도 크게 달라졌다. 특히 새로운 국제질서의 조정과정에서 발생한 9·11 테러는 불량집단에 의한 대량살상의 가능성과 비대칭적 안보개념을 확대시켰다. 미국을 비롯하여 많은 국가가 위협의 요인이 감지되면 테러예방을 위해 선제공격도 불사한다는 입장에 공동보조를 취하고, 대량살상무기를 보유하거나 확산시키고자 하는 테러집단의 어떠한 행위도 결코 용납하지 않겠다는 강한 의지를 천명하였다.

이러한 와중에 북한 핵문제가 또 다시 국제사회의 뜨거운 감자로 등장하였다. 이라크전쟁 이후 북한, 미국, 중국은 베이징에 모여 북한 핵문제 해결을 위해 극적인 3자회담을 개최했으나 서로의 입장을 확인하는 수준에 머물렀다. 이 회담에서 북한은 '핵무기 보유사실'을 외교적 카드로 활용하려는 기민함을 보였으나, 1993~4년의 상황과는 달리 북한의 이러한 외교적 행태는 큰 효과를 얻지 못하고 있다. 이후 수차의 6자회담이 개최되었으나 모든 것이 불확실하다.

현재 한반도 정세는 북한 핵문제로 경색국면에 빠져 있으며 냉전체제의 긴 터널이 아직도 한반도의 미래를 어둡게 하고 있다. 노무현정부 출범 이후 남북한 관계도 답보상태에 있다. 한반도 냉전체제 해체는 여하히 남북한이 정전체제를 평화체제로 전환시키느냐에 달려 있다. 남북한은 "이 땅에서 한국전쟁과 같은 동족상잔의 역사가 절대로 되풀이되어서는 안 된다"는 역사적 책무를 안고 있다. 1999년 6월 15일과 2002년 6월 29일 서해에서 남북한 해군간 교전은 전쟁의 가능성을 최소화하고 한반도에서의 평화체제를 구축하는 작업이 얼마나 절실한가를 단적으로 보여주고 있다.

이에 필자는 본 논문에서 (1)동북아질서를 개관하고 (2)정전체제의 형성과 변천과정을 검토한다. 이에 따라 (3)남북한 관계의 실질적 함의 속에서 평화체제의 구축 가능성을 분석하고 (4)한반도 평화체제 구축을 위한 전제들을 논의한다.

그러나 한반도 평화체제 논의의 주체는 분명 남북한 당사자이며 외적 환경은 한반도 안정과 통일을 위한 필요조건이지 충분조건은 아니라는 점에서, 필자는 남북한간 접근과 관계개선을 통한 평화체제 구축의 방법을 모색하고 있다.

2. 동북아 지역질서의 변화

1990년대 '냉전의 거대한 빙하'가 동유럽 사회주의 국가들의 분열과 함께 녹기 시작하고, '힘의 논리'는 '타협의 논리'로 전환되었으며, 사회주의 경제체제는 자본주의 시장경제체제로 흡입되는 등 국제사회는 '대변혁기'에 접어들었다.

이에 따른 국제질서의 구조적 변화는 불가피하였다. 절대무기를 포함한 군비확산과 세기적 공황에 따른 인류 미래의 불확실성에 대한 공통인식의 팽배로, 극한적 대립구조와 상호간 불신감은 이제 더 이상 국제문제를 풀어가는 방법이 될 수 없었다. 각국은 국제적 안정과 협력을 위해 변화하는 국제질서에 탄력적으로 대응하는 방법을 체득體得해야만

했다.

소위 탈냉전체제로 이해되는 새로운 환경 속에서 국가들은 군비경쟁보다는 국가발전과 경제협력의 문제에 자신의 외교 역량을 집중해야만 했다. 그러나 '차가운 전장'에서 '뜨거운 시장'으로의 전환과 국가간 대립·갈등은 국제·지역 정세를 더욱 복잡하게 만들었다. 경제협력은 동북아 지역에서도 중요한 문제가 되었다. 산업화의 초기단계에 머무르고 있는 북한이나 어느 정도 경제력 향상을 보이고 있는 중국은 외부투자와 지원을 지속적으로 유지하기 위해 갈등구조를 완화시키고 안정구조를 형성해야 하였다. 이는 기존의 이분법적인 냉전적 틀이 동북아 정세에 맞지 않음을 의미한다.

그러나 동북아는 새로운 환경에 쉽게 적응하지 못하는 한계를 안고 있었다. 동북아에는 양자관계와 개별국가 수준의 상호방위체제로 얽힌 안보구조가 여전히 강력히 작동하고 있으며, 국가간 불신 역시 이 지역의 갈등 해소를 어렵게 만들고 있기 때문이다.[1]

이러한 환경에서, 북한의 핵문제[2]와 새로운 미사일체제개발은 동북아 정세를 불안하게 만들었다. 1994년 10월 21일 제3단계 고위급회담을 통해 북한과 미국은 「기본합의문」에 공식 서명함으로써, 북한의 「핵확산금지조약」(NPT) 탈퇴(1993년 3월) 이후 지루하게 끌어왔던 '북핵문제'에 대한 해결의 실마리를 마련하였다. 북한은 '핵카드'를 이용한 '벼랑끝 외교'를 통해 소기의 성과를 거두었으며, 미국 역시 이 결과를 바탕으로

---

1) 김성주, 「90년대 소련의 대한반도정책 전망과 대응방향」, 국제문제조사연구소, 『정책연구』, 제100권 3호, 1990, 123쪽; 김재철, 「냉전의 종언과 동아시아 군사질서의 변화: 일본과 중국의 패권경쟁?」, 경남대 극동문제연구소 편, 『동아시아 신질서의 모색』, 서울프레스, 1996, 129쪽.

2) 북한의 핵무기 개발문제와 관련된 자세한 논의는 김성주, 「핵과 한반도: 과거, 현재, 그리고 남북한의 선택」, 이우진·김성주 공편, 『현대한국정치론』, 사회비평사, 1996, 663~714쪽 참조.

NPT체제의 재연장 협상을 자신의 구도대로 이끌어갈 수 있었다.[3]

북—미간 '북한핵' 및 경수로문제의 후속 협상과 타결로, 이 지역의 안정이 어느 정도 보장되는 듯했다. 그러나 이후 일련의 사건들과 노동 2호, 대포동 등 중장거리 미사일 발사 실험 시도는 이 지역에서의 평화 구도의 착근을 불투명하게 만들었다. 이를 통해 북한은 미국과의 직접대화를 위한 또 다른 '벼랑끝 외교'를 시도하였으며 실질적인 대화 당사자인 남한을 배제하고자 했다.

이러한 상황에서 또다시 북한 핵문제가 제기되었으며 한반도의 상황은 그 어느 때보다 불투명하다.[4] 남북한 관계뿐만 아니라 주변국들과의 관계도 매우 유동적이다.

3. 한반도 정전체제의 성격변화

한국전쟁은 우리 민족사에 있어 엄청난 인적·물적 황폐화뿐만 아

---

3) 김영수, 「북한정권의 국제적 위상과 전망: '핵카드외교'를 중심으로」, 이우진·김성주 공편, 위의 책, 747~749쪽.
4) 최근 북한의 핵관련 발언을 정리하면 다음과 같다.
  • 2002. 10. 4 제임스 켈리 국무부 차관보가 협상차 방북했을 때 김계관 외무성 부상은 "농축우라늄 개발프로그램을 갖고 있다"고 북한의 핵개발을 시인.
  • 2003. 4. 18 베이징 3자회담 직전 북한 외무성 대변인은 "8000여개의 폐연료봉 재처리 작업까지 마지막 단계에서 성공적으로 진행되고 있다"고 밝히고 이를 3월 초 미국 등 유관국들에 정식 통보했다고 밝힘.
  • 2003. 5. 12 조선중앙통신은 노무현 대통령의 미국방문 직전 "미국의 악랄한 대조선 적대시 정책과 핵압살 책동에 의해 조선반도 비핵화 공동선언은 백지화됐다"고 밝힘.
  • 2003. 6. 6 북한 외무성 대변인은 노대통령의 일본방문 당일 "우리는 국제법 절차대로 핵무기전파방지조약(NPT)에서 탈퇴했고, 국제원자력기구(IAEA)의 담보협정(핵안전협정)의 구속에서도 벗어난 지 오래다"라고 회견.
  • 2003. 9. 3 최고인민회의는 김정일 국방위원장을 재추대하며 "미국이 대북 강경정책을 철회하지 않고 불가침조약을 체결하지 않을 경우 핵억지력을 증가시키겠다"고 결정
  • 2003. 10. 2 북한 외무성 대변인은 "8000여 개의 폐연료봉에 대한 재처리를 완료했고, 확보한 플루토늄은 핵억지력을 강화하는 방향으로 용도를 변경시켰다"고 밝힘.
  『동아일보』, 2003. 10. 3 참조.

니라 상호간 심적 불신과 갈등을 심화시켰다. 지루하고도 소모전적인 전쟁을 조기에 종결하고자 남한을 제외하고 북한·미국·중국 등 참전국들은 협상테이블에 마주앉았다. 밀고 당기는 협상 끝에 참전국들은 1953년 7월 27일 정전협정을 체결했다. 3년여를 끌던 동족상잔의 전쟁은 승자도 패자도 없이 정전협정으로 마무리되었으며 갈등의 불씨는 내면화되었다.

참전국들 간 체결된 정전협정은 50여 년 동안 남북한 관계를 규율하는 유일한 법적 문서 역할을 하고 있다. 국제법적 차원에서 정전협정의 당사자는 북한·미국·중국이며, 한반도는 유엔군의 통제를 받는 준전시 상태에 있다.

그러나 지난 반세기 동안 국제·지역 환경은 엄청난 변화를 거듭해 왔다. 한국군의 실질적인 역할 신장, 주한 유엔군 사령부의 무용화, '판문점 남북 군사정전위원회'(이하 군정위) 대표의 한국군 장성 배치, 중국의 군정위 철수, 북한의 폴란드·체코 중립국 감독위 대표단 축출 및 사무실 폐쇄 등[5]으로 정전협정은 실질적·내용적으로 변했다.

특히 주목할 만한 것은 중국의 군정위 대표단 소환이다. 1994년 9월 2일 중국은 "군정위 대표단을 소환하기로 결정했다"고 발표했다. 이에 대해 관련국들은 북한의 권력승계문제가 아직 공식화되지 않았으며 북·미간 전문가회담의 결과가 주목되고 있는 미묘한 상황에서 야기된 중국의 이중적 외교 행태를 비판했다.

당시 중국대표단의 소환조치는 북·미 전문가회담에 앞서 북한이 송호경 외교부 부부장을 중국에 급파하여 군정위 철수를 강력히 요청, 중국이 이를 받아들임으로써 이루어진 것으로 판단된다. 북한대표단의 철수로 군정위 활동이 사실상 중단된 상태에서 중국대표단의 소환은 불

---

5) 『동아일보』, 1995. 5. 4.

가피한 조치였으나, 중국은 새로운 평화협정이 체결되기 전까지 정전협정은 유효하고 협정 당사자들의 협정 내용은 반드시 준수해야 한다는 입장을 표명했다.

중국이 판문점 군정위에서 중국대표단을 철수(1994년 10월 28일)함으로써 북·미간 '휴전협정체제의 평화협정체제로의 전환'을 위한 기반조성을 제공하여 양자간의 연결고리 역할을 하고자 한 사실과, 당시 북한의 전쟁불사 주장과 비무장지대의 무력화에 반대해 정전협정의 준수를 강조한 것은 남북한의 입장을 고려한 이중정책이었다.

현재 군정위의 역할은 유명무실화되어 있다. 1999년 6월 15일과 2002년 6월 29일 서해에서의 남북한 해군간 교전시 군정위는 아무런 역할을 하지 못했다. 북한은 유명무실한 군정위보다는 미국과의 대화가 보다 실질적이라는 판단을 하고 있었기 때문이다.

이제 전쟁의 가능성이 상존하고 있는 한반도에서 여하히 평화체제를 구축하느냐 하는 문제가 주요한 쟁점으로 부각되고 있다. 남북간 경제협력과 민간교류가 안고 있는 한계점이 드러나고 있기 때문이다. 여기에 유엔사가 설정한 북방한계선(NLL) 문제도 매년 분쟁의 대상이 되고 있다.

남북한이 전쟁의 위협을 인지하고 있는 상황에서 평화체제구축에 대한 논의는 새삼스러운 것은 아니다. 남한은 남북한 상호간 협의 하에 평화협정의 체결을 검토해왔으며, 북한 역시 오래전부터 정전협정의 평화협정으로의 전환을 강조했다.[6] 그 일환으로 남북한은 1972년 「7·4남북공동성명」을 발표한 바 있으며 1991년 12월에는 「남북한 사이의 화해와 불가침 및 교류협력에 관한 합의서」와 「한반도 비핵화 공동선언」에

---

6) 이에 대한 자세한 논의는 윤덕민, 「한반도 평화체제 구축-평화협정의 쟁점사항을 중심으로」, 성균관대학교 국가경영전략연구소 춘계학술회의, 『동아시아 질서와 국가안보』, 2002. 4. 25, 97~110쪽 참조.

서명했다. 또한 후속 조치로 남북한은 1992년 9월 「판문점 연락사무소 구성 운영에 관한 합의서 및 군사·경제·사회·문화교류 협력 등 3개 공동위 구성에 관한 합의서」를 채택·발효시켰다.

또한 평화체제 구축에 대한 공동성명이 채택되지는 못했지만 2000 년 남북정상회담에서도 이에 대한 깊은 논의가 있었다. 이후 2000년 9 월 25~26일 제주도에서 제1차 남북국방장관회담이 개최되었고 동년 11 월 28일 제1차 남북군사실무회담을 시작으로 수차에 걸쳐 군사·안보관 련 논의가 진행된 바 있다.

이렇듯 남북한간에는 평화체제 구축 논의를 위한 출구가 열려 있 다. 그러나 국내외적 상황변화와 함께 이를 실행하려는 남북한간 의지가 결여되어 있다. 특히, 북한이 남한을 배제한 채 미국과 직접 평화협정을 체결하려고 하는 데 문제가 있다.[7] 북한이 핵 카드를 십분 활용하여 북·미간 평화협정을 체결하려고 한 점은 이를 잘 반증한다.

그러나 북한이 남한을 배제한 채 미국과 평화협정을 체결하려고 하 는 것은 현실성이 없다. 북한은 우선 남한과의 직접 대화를 통해 한반도 평화체제 구축의 문제를 적극적으로 수용해야 한다. 이러한 점에서, 앞에 서 언급한 남북국방장관회담, 남북군사실무회담 등은 한반도 평화체제의 구축을 위한 전前단계 조치로서 중요한 의미를 갖는다. 또한 남북한간 평 화협정이 우선 체결되어야 함은 민족적 긍지에도 합당한 조치이다.

---

7) 60년대 북한은 남북한간 평화협정을 강력히 주장하였다. 그러나 70년대 이래 북한은 의도 적으로 한국을 제외한 북-미간의 평화협정체결을 고집하고 있다. 이는 북한이 주한미군의 철수, 주한미군의 전술핵무기 보유, 팀스프리트훈련 등의 논의를 위한 실질적인 당사자가 미국임을 인지하고 있기 때문이다.

4. 6·15 정상회담 이후 남북한관계

1) 한반도 문제의 '자주적' 해결 증대

통일이 민족 차원에서 문화적 동질성의 회복이든, 생산양식의 차원에서 경제공동체의 건설이든, 이념적 대립의 극복 차원에서 정치공동체의 확보이든 여기에는 선결되어야 할 인식구조가 있다. 분단은 남북한간의 적대적 관계와 남북한 각각의 체제 내에서의 냉전질서라는 성격을 갖지만 이는 미국, 중국, 일본, 러시아(구 소련)를 중심으로 한 주변국들과의 관계 속에서 설정되어 왔다는 점이다. 다시 말해, 분단구조라는 기형적 역사의 형성과 그 진행과정은 주변국들의 이해관계의 산물이라는 사실이다.

이제 한반도 문제의 '자주적' 해결을 위한 인식구조의 변화가 필요하다. 이러한 점에서 6·15 남북정상회담은 매우 중요한 의미를 갖는다. 6·15 남북정상회담은 1971~73년, 1984~85년, 1990~92년 등 세 차례에 걸쳤던 남북한간 대화 국면에서 체험한 남북협상의 교훈을 진일보시켰다. 대화국면 제4기에 해당하는 남북정상회담은 기존의 협상과는 달리 남북관계의 개선이 한반도의 긴장완화와 평화공존, 그리고 북한체제의 개방과 개혁의 가장 중요한 전제조건이라는 사실을 보여주었다.[8] 또한 남북정상회담을 통해 북한정권의 개방의 결과로 기대되는 남북관계의 정상화 및 평화체제구축은 북한의 대남한 관계의 개선에서부터 시작될 수 있다는 사실을 확인하였다.

이러한 차원에서 6·15 정상회담 공동선언문 제1항의 "통일문제를 그 주인인 우리 민족끼리 서로 힘을 합쳐 자주적으로 해결한다"는 선언

---

8) 박형중, 「남북정상회담의 성과」, 통일연구원 제37차 국내학술회의 발표논문, 2000. 6. 27. 13~15쪽.

은 지금까지의 남북한간의 협의나 약속들과는 상이한 함의를 지닌다. 남
북한 정상이 천명한 자주의 정신이라는 것은 결국 한반도 문제의 '민족
내부화'의 노선이라고 할 수 있다. 이는 김대중 정부의 '햇볕정책'의 핵
심이 한반도 문제에 있어서의 한국의 주체적 역할의 확보에 있음을 확인
하고 있다.[9] 아울러 남북정상회담은 한반도가 2차대전 이후 경험해온
기형적인 역사의 복원을 뜻하며, 동시에 김구, 김규식 이후 단절된 남북
협상파의 주체적 역량이 다시 역사의 전면에 등장하는 과정으로 볼 수
있다.[10]

2) 북한의 '국제사회화' 확대

    냉전시대 북한은 주체사상과 자력갱생의 기치를 내세우며 대외관계
에 폐쇄성을 보였고 사회주의권과 제3세계 국가와의 관계 증진에 치중
했었다. 그러나 1980년대 국제사회의 대변혁 속에서 북한의 대외정책은
상당히 위축되었다. 전반적인 세계경제의 위축은 사회주의권을 강타하
였으며 북한도 예외일 수는 없었다. 사회주의권의 붕괴, 제3세계 국가와
의 상호간 협력의 한계 등은 북한의 입장을 더욱 어렵게 만들었다.
    긴장완화기 북한은 체제 위기와 경제난을 극복하기 위해 적극적으
로 국제사회에 접근하였다. 북한은 1973년 이래 업저버 자격으로 남한
과 함께 유엔 산하 부속기구, 특별기구 그리고 비정부간 기구 등 많은

---

 9) 통일부 해설자료, 2000.
10) 이호재 교수는 김대중 대통령의 방북에 의한 남북정상회담을 김구, 김규식 이후 단절되
    었던 남북협상파의 재등장으로 설명하고 있다. 그는 김대중 대통령 전임자들의 경우들
    도 모두 남북대화를 원하기는 하였지만 그들의 경우는 기본적으로 이승만 대통령의 '승
    공 통일정책' 혹은 '북한 흡수통일정책'을 계승하고 있다는 차원에서 남북협상 정책으로
    서는 많은 한계점을 가지고 있었다고 지적하고 있다. 이호재, 「정상회담의 영향과 의미」
    『남북정상회담과 패러다임의 전환』, 고려대학교 아세아문제연구소주최 심포지엄. 6.
    26. 11~16쪽.

국제기구에 참여해왔다. 그러나 북한의 참여는 실질적이기보다는 남한과의 대립 속에서 국제사회로부터 고립을 탈피하기 위한 성격이 강했다.

1991년 9월 17일 남북한이 유엔에 동시 가입함으로써 한반도 문제는 새로운 국면에 접어들었다. 남북한 유엔 동시 가입은 국제적인 제도화에 의한 남북한간 안정 추구, 유엔과 다른 국제기구 내에서 정치적 부담이 없는 상호간 접촉 기회, 남북한간 군사적 대립의 완화와 긴장해소의 기회 확대, 남북한간 협력 및 화해에 의한 평화적 접촉 등을 가능하게 만들었다. 그러나 남북한 유엔 동시 가입은 남북한 관계개선에 매우 제한적으로 작용했다. 남북한이 안고 있는 냉전적 구조들이 유효하게 작동하고 있었기 때문이다.

이제 북한의 개방정책은 한반도 환경과 밀접한 관련을 가질 수밖에 없게 되었다. '통미봉남'정책에 따른 북미간 관계개선이 한반도 문제의 실질적인 당사자인 남한을 배제한 채 커다란 효과를 거둘 수 없다는 것을 북한 스스로도 인식했다. 이러한 점에서 6·15 남북정상회담은 북한의 정책 변화에 중요한 전기를 마련했다. 6·15 남북정상회담은 북한의 '국제사회화'를 촉진시켰다. 남한의 적극적인 지원과 자신의 필요성에 따라 북한은 단계적으로 국제사회에 발을 내딛고 있다. '특수국가'로 분류되었던 북한이 '국제사회화'를 통해 '보통국가(normal state)'로 전환하고 있는 것이다. 이는 북한이 국제사회의 일원으로서 보편적인 책임과 의무를 갖게 됨을 의미한다.

6·15 남북정상회담을 전후하여 북한은 대미 일변도의 외교에서 벗어나 이탈리아(2000년 1월), 호주(2000년 5월), 필리핀(2000년 7월), 영국(2000년 12월), 네델란드·벨기에(2001년 1월), 캐나다·스페인(2001년 2월), 독일(2001년 3월) 등 미얀마를 제외한 ASEAN 9개국과 EU 15개 회원국 중 11개국과 정식 수교를 맺었으며 다른 국가와도 관계개선을 위해 적극적인 접근을 시도하였다. 또한 북한은 전통적인 우방인 중국,

러시아와 협력관계의 복원 및 강화를 추구하였다. 북한은 1999년 6월 김영남 최고인민회의 상임위원장을 단장으로 대규모 사절단을 중국에 파견했으며 2000년 5월과 2001년 1월에는 김위원장이 직접 중국을 방문했다. 아울러 2000년 2월 북한·러시아간 최대 현안인 「조·러 친선·협조조약」을 체결하고, 7월에는 푸틴 대통령이 북한을 방문하여 공동선언문을 통해 양국 간 새로운 발전과 대외관계에서 상호간 이해와 협력을 천명했다. 또한, 2002년 8월 23일 북한·러 양국 정상은 블라디보스토크에서 시베리아횡단철도(TSR)와 한반도종단철도(TKR)의 연결사업 등 경제협력 확대에 합의했다.[11]

2000년 7월 27일 북한은 남한의 지원에 힘입어 동아시아 다자간 안보협의 기구인 아시아지역안보협의체(ARF: ASEAN Regional Forum)에 가입했다. 또한 2003년 아시아·태평양경제협의회(APEC: Asia Pacific Economic Council) 회의에서 김대통령은 북한의 가입을 적극 추천했다.

문제는 한반도 문제에 있어 중요한 고리를 형성하고 있는 미국과의 관계를 어떻게 정리하느냐에 초점이 모아진다. 북한은 미국과의 관계개선을 위해 적극적인 자세를 보였다. 미사일문제로 교착상태에 빠져 있던 북미관계를 타결하기 위해 김위원장은 2000년 10월 말~11월 초 전격적으로 북한 내 서열 3위인 조명록을 특사로 미국에 보냈다. 이에 대한 답방으로 올브라이트 미 국무장관이 평양을 다녀왔다. 북한과 미국은 미사일 문제를 포함 전반적인 의제에 대해 폭넓은 논의를 했으며 진행과정을 조절하였다.

그러나 부시 행정부의 등장과 함께 북미관계는 새로운 조정국면을 맞이하였다. 2001년 3월 미국 지도자들의 강성발언이 계속되면서 북미관계는 급속히 냉각되었다. 미국은 철저한 '국가이익'과 아직도 상당 수

---

11) 『동아일보』 2002. 8. 23.

준의 '냉전적 사고'에 기반하여 대외정책을 조명하려는 경향을 보여주었다.[12] 북한은 이에 대응하여 "그 누구도……조국을 자주적으로 통일하려는 우리 민족의 의지와 지향을 꺾을 수 없다"[13]고 천명하면서 "우리는 전쟁을 바라지 않지만 피하지도 않는다"[14]며, "우리의 자존심을 건드리는 자들은 절대로 무사할 수 없다"[15]고 주장했다. 북미관계의 교착으로 남북관계가 경색되고 제5차 남북장관급회담도 북한에 의해 일방적으로 연기된 바 있다.

보수성이 강한 부시 대통령은 북미관계의 전반적인 재검토와 사안별 엄격한 상호주의(quid pro quo)를 강조하였다.[16] 부시 행정부는 한·미·일의 정책공조와 김대통령의 한반도 긴장완화 정책을 지지하면서도 북한정권에 대한 정확한 현실인식, 대북 검증(verification)과 점검(monitor), 북한의 재래식 무기를 포함한 무기확산 활동 주목 등을 강조하며 북한의 대응양식을 주시하였다. 그러나 미국은 9·11 테러 이후 국가안보의 기본틀을 바꾸고 '신국가안보정책'에 따라 해외 주둔군의 성격, 배치 등을 재정립하고 있다. 이에 따라 '동북아전략보고서'에 따른 정책분석[17]과 1999

---

12) 과거 냉전시대 미국의 세계전략의 대표적 설계자라고 할 수 있는 Spykman, Kennan 등과, 이들과는 조금은 다른 입장에서 역시 냉전적 사고의 기초를 제공하고 있는 Lippman의 글들에서 주장되고 있는 미국의 국가이익과 냉전 이후의 대표적인 전략가들인 Nye, Ikenberry, Huntington 등이 제기하고 있는 미국의 국가이익은 국가 이익 정의의 근거, 구체적 목표, 실현 방법, 그리고 정책 수단 등의 관점에서 별다른 차이를 보이고 있지 않다. G. John Ikenberry, "Why Export Democracy?: The 'Hidden Grand Strategy' of American Foreign Policy is reemerging into plain view after a long Cold War Hibernation," *The Wilson Quarterly*, 1999, Vol. 23, No. 2, pp. 56–66; Samuel P. Huntington, "The Lonely Superpower," *Foreign Affairs*, 1999, Vol. 78, No. 2, pp. 35–49; Joseph. Jr. Nye, "Redefining the National Interest," *Foreign Affairs*, 1999, Vol. 78, No. 4, pp. 22–31.

13) 『로동신문』 2001. 3. 15.

14) 『로동신문』 2001. 3. 17.

15) 『로동신문』 2001. 3. 17.

16) 전영대·김정렬·김선빈, 2001. "미국 부시행정부의 정책 기조와 시사점." 삼성경제연구소. 3. 4.

17) EASR는 미국의 대한반도 장기목표가 '비핵, 민주, 화해 및 궁극적으로 통일된 한반도를 겨냥한 한반도 분쟁의 평화적 해소'라고 밝힌 바 있다. 미국무성 보고서, *The United States*

년 9월의 페리보고서의 정책기조들이 전략·전술적 차원에서 재조정되고 있다. 미국은 단기적으로는 북한의 핵무기 확보 방지 및 장거리 미사일 개발/실험/배치/수출 중단을 최우선적 정책목표로 삼고 있으며, 중장기적으로는 북한에 대한 영향력 유지 및 관리능력 강화를 통한 한반도의 안정 유지, 중국의 경제/군사 대국화에 대비, 한-일과의 방위협력체제 강화 등을 구상하고 있다. 미국은 저비용, 관리의 효율성, 대내 여론의 확보 등의 차원에서 한반도 위기관리 정책을 펴나갈 것이지만, 동시에 표면에 드러나지 않는 실질적인 국가이익의 차원에서는 한-미, 북-미, 미-일 등의 양자적(bilateral)인 협력구도를 구축하고자 시도하고 있다.

최근 6자회담의 교착과 북미관계의 경직화는 북핵문제 해결을 포함 동북아 안정에 불안감을 주고 있다. 부시의 재선과 2기 정권의 출범으로 북미관계가 어떠한 방향으로 전개될지 미지수이나 지금까지의 기조가 당분간 유지될 가능성이 높다. 대통령 취임식에서 부시는 자유를 억압하는 국가에 대해 언급하면서 자유의 중요성을 강조하였다. 여기에서 남한의 역할은 매우 중요하다. 이러한 맥락에서, 과거 햇볕정책의 지속적 추구, 북한을 불량국가에서 제외시키는 문제, 북미관계개선에 대한 적극적 자세 등 북한을 국제사회로 이끌기 위해 노무현정권의 부시행정부에 대한 설득외교가 필요하다.

3. 한반도 '평화체제' 구축 가능성 증대

한반도의 지정학적 의미는 현실 국제정치에서 중요한 역할을 담당하는 행위자들의 이해가 모두 개입되어 있다는 점이 고려되어야 한다.

Security Strategy for the East Asia-Pacific Region: East Asian Strategy Report, 1998.

다시 말해, 한반도는 미국, 중국, 일본, 그리고 러시아의 이해관계가 각
국의 입장과 정도의 차이에도 불구하고 다양한 형태로 얽혀있는 곳이다.
따라서 이곳의 안정이 동북아 평화유지의 핵심적 관건이며, 한반도의 평
화정착은 이들 주변 강대국들의 이해관계의 조정을 전제로 하고 있음을
뜻한다.[18)]

　　동북아 평화정착을 위한 제도적 장치로 유럽과 같은 '집단적 안보협
력체제'의 실현이 쉽지 않다. 이에 대해 학자들은 동북아는 개별국가 수
준의 상호방위체제로 얽힌 안보구조가 강력한 작용력을 행사하고 있다
는 점을 지적하고 있다.[19)]

　　그러나, 양자간 상호방위체제에도 불구하고, 동북아 국제질서의 중심
축으로 부상한 미국과 중국은 새로운 세력균형의 최적점(optimal point)을
찾고자 노력하고 있다. 지난번 미·중 군용기 충돌사건으로 야기된 양국간
의 갈등은 부시 미 행정부의 출범에 따른 새로운 힘의 균형점을 찾고자
하는 단적인 예이다. 그러나 미국은 2020년대 경제·군사 대국으로 급부
상할 것으로 예상되는 중국에 대해 소위 '건설적 참여정책(constructive
engagement)'을 통한 협력과 동시에 견제를 겨냥하는 정책을 추구함으로써

---

18) Shuja는 미국의 입장에서 한반도가 가지는 전략적 가치를 이들 4강 사이의 이해관계라
　　는 측면에서 설명하고 있다. 따라서 비록 한반도가 미국의 사활적 이해(vital interest)가
　　걸린 지역은 아닐지라도 동북아 지역의 안정적 질서를 위한 'A Major Politico-Strategic Issu
　　e in US' Far East Policy'라는 점에서 동북아에서 가장 중요한 전략적 가치를 지니고 있다
　　고 주장한다. Sharif M. Shuja, "Washington's Asia Policy," *Contemporary Review* (April 1999), pp.
　　173-175.
19) 냉전 이후 동북아 지역에서 제도적 다자주의의 발달을 위한 전망과 문제점을 다룬 많은
　　글들 중에 가장 빈번하게 인용되는 초기의 글들은 Richard K. Betts, "Wealth, Power, and
　　Instability," *International Security*, 1993/4, Vol. 18, No. 3, pp. 34-77; Aaron L. Friedberg, "Ripe
　　for Rivalry: Prospects for Peace in a Multipolar Asia," *International Security*, 1993/4, Vol. 18, No.
　　3, pp. 5-33 등이 있다. 이 문제를 언급한 최근의 논문으로는 김성주, 「주변국의 대한반도
　　정책과 남북한」, 성대 사회과학연구소, 『사회과학』, 제38권 1호, 2000, 95~122쪽; James
　　Sperling, "Zones of Amity, Zones of Enmity: The Prospects for Economic and Military Security in
　　Asia," *Journal of Asian and African Studies*, 1998, Vol. 33, No. 1, pp. 1-19 등을 참조 바람.

동북아 정세의 안정화를 추구하고 있다.[20]

　햇볕정책의 궁극적 과제는 남북한간 정전체제를 평화체제로 전환하는 데 있었다. 이는 냉전구조를 타파하기 위한 중요한 메커니즘의 구축을 의미한다. 6·15 남북정상회담 이후 한반도에는 제한적이기는 하지만 평화적 분위기 더 나아가 평화체제를 유인하는 여러 가지 조짐들이 나타났다. 2000년 9월 25~26일 제주도에서 제1차 남북국방장관회담이 개최되고 남북군사실무회담과 남북경협실무접촉 등이 이루어졌다. 남북한 공동의 경의선 복원 추진, 북한 군부의 남한 방문 등은 한반도의 평화체제 구축을 위한 단초들이었다.

　남북한간에는 이미 「남북기본합의서」라는 제도적 장치가 있다. 이의 복원과 이를 바탕으로 남북한은 평화체제의 구축을 위해 노력을 해야 한다. 그러나 한반도 '평화체제'의 구축은 북한의 안전을 보장하는 속에서 그 가능성을 발견할 수 있을 것이다. 북한이 불량국가라는 이름 하에 생존의 위협을 받고 있는 한 핵과 미사일 개발을 중지하지는 않을 것이며 이에 따라 한반도 '평화체제' 구축의 논의도 공전할 것이기 때문이다.

5. 한반도 평화체제 구축의 전제

　국제/지역환경의 변화에 따른 남북한 관계의 개선이 현실화되기 위

---

20) 냉전 이후 미국의 지속적인 세계 패권국으로서의 역할을 확보하기 위하여 중국과의 관계를 어떻게 설정하여야 하느냐 하는 문제는 미국 내 여론 선도자들(opinion leaders) 사이에서 주된 논의를 불러일으키고 있는 사안이다. 거시적인 관점에서 중국을 과거의 대소련 정책의 경우처럼 '봉쇄'의 대상으로 보아야 한다는 관점과, 세계 평화를 위한 '동반자'적인 입장에서 보아야 한다는 관점으로 양분되고 있다. 이 논쟁에 대한 많은 글들 중에서 가장 대표적인 것으로는 Robert S. Ross, "Beijing As a Conservative Power," *Foreign Affairs*, 1997, Vol. 76, No. 2, pp. 33-41; Richard Bernstein and Ross H. Munro, "The Coming Conflict with America," *Foreign Affairs*, 1997, Vol. 76, No. 2, pp. 18-32이 있다.

해서 남북한은 다각적인 접촉을 통해 협력관계를 제도화의 수준으로 확대시키고 더 나아가 평화체제 등과 관련된 논의구조를 구축할 필요가 있다. 이러한 인식 하에 한반도 평화정착을 위한 대전제들을 논의하고자 한다. 그러나 아래의 논의들은 사안과 상황전개의 탄력성에 따라 단계적 혹은 동시적으로 진행될 수밖에 없다.

1) 동북아 역학관계에 대한 전략적·실용적 사고

탈냉전시대 동북아의 지정학(geopolitics)적/지전략적 외연外延은 '해양세력'인 미국과 '대륙세력'인 중국간의 대결 국면으로 볼 수 있다. 과거 일본과 구소련이 이 지역에서 미국과 무력 갈등을 빚었던 이유는 무엇보다도 일본과 소련이 '해양세력'으로 부상하고자 함으로써 태평양 지역에서의 확고한 지위를 누리고 있는 '해양세력'인 미국과의 갈등이 불가피하였기 때문이다.[21] 하지만 중국의 경우는 역사적으로 오랜 기간에 걸쳐 대륙세력으로서의 지위를 확보해왔다. 20세기의 냉전의 역사는 그 역사적 재생산 과정에서 역설적으로 동아시아 지역에서의 중국의 굴절된 역사를 어느 정도 회복시켜주었고, 동남아에서의 중국의 상대적 우위는 상당히 확보된 상태라고 볼 수 있다.[22] 동남아에서의 중국의 이해가

---

21) Ross는 미국이 '해양세력'으로서의 지배적 지위를 누리는 것이 지정학적으로 불가피한 국가적 특성이라고 설명하면서 태평양과 대서양을 둘러싼 막강한 해군력이 미국의 패권을 가능케 하는 주요 구성요인이라고 설명하고 있다. 역사적으로 '대륙세력'인 중국이 만약 한반도와 일본에 상대적 지배권을 행사하고자 한다면 이는 미국에게 중국의 태평양으로의 영향력 확대로 받아들여져 미국과의 충돌이 불가피한 결과를 낳겠지만 현재로서는 그럴 가능성은 극히 낮다고 설명한다. 따라서 양국간의 '협력자'적인 동반관계는 보수적인 시각에서의 '미-중 갈등론'의 주장에도 불구하고 앞으로도 지속될 것이라고 보고 있다. Robert S. Ross, "The Geography of the Peace," *International Security*, 1999, Vol. 23, No. 4, pp. 81-118.

22) 중국의 굴절된 역사란 19세기 이후 20세기 중반까지 서양 세력에 의해 수난을 겪었던 중국의 근대화 과정을 말하는 것이며, Ross는 1949년 중국 공산화 이후 세계 정치의 냉전적 구조가 이런 중국에게 한편으로 국제 사회에서 자존심을 회복시켜주는 계기로 작용하

미국에 의해 위협받지 않는 한 중국은 동북아 지역에서의 미국과의 불필요한 갈등을 피하고자 할 것이다. 특히 최근 중국이 최우선 국가정책으로 삼고 있는 '국가 근대화' 작업의 성공적인 수행을 위해서도 동북아에서 미국과 대결국면이 조성되는 일을 원하지 않고 있다. 따라서 미·중은 동북아 지역에서 '해양세력'과 '대륙세력'으로서의 지정학적 이해관계로 서로를 위한 공존전략을 모색할 것이다. 양국가간 전략적 이해관계는 평화적인 동북아 질서를 필요로 한다. 이는 앞에서 밝힌 바와 같이, 중국이 최우선의 국가전략으로 삼고 있는 지속적인 국가 근대화 작업은 이 지역에서의 안정을 발판으로 한 지속적인 경제성장을 충분조건으로 간주하고 있기 때문이다.

앞으로 남북한간의 대결국면이 종식되고 평화로운 관계가 정착된다면 이는 결과적으로 한반도에서의 어느 한 국가에 의한 절대적인 지배력의 종결을 의미하며, 아울러 6·15 정상회담 선언문의 제1항에 천명된 '자주'의 상징성이 지니는 함의가 보다 구체적이고 실질적인 의미로 해석될 수 있다.

미국에게 있어서 한반도는 동아시아의 중요한 전략적 요충지이긴 하지만 사활적 이해관계(vital interest)가 걸린 지역은 아니다. 미국에게 한반도는 동북아에서 자국의 이익을 확보하는 데 있어서 필요조건의 하나일 뿐 충분조건은 아니다. 그러나 한반도를 중심으로 한 동북아 지역의 안정을 위해서는 미국의 적극적 혹은 일정 정도의 역할이 중요하다는 점을 부정할 수는 없다. 이것이 한반도가 안고 있는 현실적 딜레마이다.

미국은 2000년 6월 19일 북한에 대한 경제제재 조치를 '상당 부분' 완화한다는 국무성의 공식 논평을 발표하였다. 하지만, 정책적 선택에서

였다고 설명하고 있다. 이것은 물론 미-소간의 양극구조 속에서 중국이 동아시아의 역학관계를 자국에게 효과적으로 이용한 결과이다. Robert S. Ross, "The Geography of the Peace," *International Security*, 1999, Vol. 23, No. 4, pp. 83-90.

볼 때, 미국은 오히려 앞으로 더욱 구체적인 대북한 지렛대를 확보한 셈이며 북한의 경제 재건을 위해서는 미국이 이후 현실적으로 결정적인 이니셔티브를 쥐고 있다는 선언의 가시화로도 해석되었다.

또한 2000년 6월 말 방한한 올브라이트 미 국무장관은 김대통령이 방북 중 주한 미군의 지속적인 주둔은 비단 한반도의 안보를 위해서 뿐만 아니라 동북아의 안보 확보를 위해 필요하다는 점을 김위원장에게 인식시킨 것에 대해서 높이 평가한다고 언급하였다. 이에 앞서 미국은 앞으로 북한을 더 이상 '불량국가(rogue state)'로 규정하지 않을 것이며, 대신 '우려국가(state of concern)'로 규정할 것이라고 발표하였다. 이는 결과적으로 북한의 대미 관계 정상화의 근거를 대내외에 공표한 효과를 가져오게 한 변화들이다. 그러나 부시 미 행정부의 출범과 '악의 축' 발언 이후 북미관계가 소원한 국면에 빠져 있다. 미국과 북한의 상호간 접근 가능성의 발언에도 불구하고, 제2기 부시정권의 출범 취임사에서도 나타나듯이 새로운 갈등의 양상도 보인다.[23]

한반도의 긴장완화와 동북아의 세력균형을 위해서는 전통적인 한미간의 공조체제가 유지되어야 한다는 점에서는 이론異論이 없다. 그러나 일본의 자위대 강화는 우리에게 시사하는 바가 크다. 기본적으로 일본은 자위대의 능력을 적정 수준으로 강화하지 않고서는 미-일 군사협력이 무의미한 것으로 이해하고 있다. 일본은 중국과 미국간 세력균형의 최적점을 활용하여 동북아에서의 불필요한 긴장고조를 피하려 노력하겠지만,[24]

---

23) Stephen Noerper, Pacific Forum, 전략 및 국제문제 연구소(2000. 7. 11); 부시 행정부는 북한, 이란, 이라크, 리비아, 쿠바 등을 불량국가로 규정하였다(『세계일보』 2001. 5. 3). 2005년 1월 18일 콘돌리자 라이스 국무장관 지명자 후보는 북한, 이란, 쿠바, 미얀마, 벨로루시, 짐바브웨 등 6개국을 '폭정의 전초기지'로 거명했으며 1월 20일 취임식에서 부시대통령은 '자유의 확산'과 '폭정의 종식'을 강조하였다.

24) 중국과 미-일 공조체제간의 긴장관계에 대한 자세한 논의는 Thomas Christensen, "China, the US-Japan Alliance, and the Security Dilemma in East Asia," International Security, 1999, Vol. 23, No. 4, pp. 49-80 참조. 이 글에서 크리스텐슨은 중-일간의 안보딜레마는 여러 가지

미-일간의 동맹전략이 효과적으로 기능하기 위해서는 자위대의 강화는 필연적인 조건이라고 이해하고 있다.

이러한 동북아 환경 속에서 남북한 지도자들은 선린외교, 전방위 외교, 혹은 전략적 동반자관계 등을 확대해 이를 효과적으로 활용하는 전략적 사고를 배양해야 한다. 이는 실리적인 국가정책과 깊은 연계성을 가지고 있다. 예를 들어 주한미군문제, 미국의 미사일정책 등은 미국의 대한반도 정책의 관점을 넘어 미국의 대동북아 정책의 관점에서 인식해야 한다. 또한 남북한이 자주적 단결에 기초한 평화공존 전략을 통해 북한체제에 위협 요인이 될 수 있는 주변국의 군사전략을 긍정적 방향으로 변화시켜 나갈 수 있도록 해야 한다. 남한의 대북정책은 이러한 점에서 전략적이고 실용적인 측면을 갖는다.

2) 체제구축

(1) 남북한간 협력체제의 제도화

그 동안 남북한간 협력은 인적·물적 교류와 남북경협을 통해 지속적으로 진행되어 왔다. 정경분리의 원칙과 탄력적 상호주의에 따른 김대중 정부의 햇볕정책은 남북협력관계를 한 단계 높은 차원으로 끌어올렸다 해도 과언이 아니다.

남북정상회담과 남한의 주도적인 경제협력 등의 포용정책이 북한정권을 궁극적으로 '순화(moderate)'시키기 위함이라는 정부의 지속적이고 인내심 있는 설득이 병행되어야 한다. 남한 정부의 대북정책이 북한 정권의 호전성과 대남 통일전선 전략을 '합법화(legitimate)'시키는 것이 아

이유에 의해서 불가피하다는 판단 하에 동북아 지역에서의 미국의 적극적인 개입정책을 주장하고 있다.

니라 결과적으로 한반도 통일과정으로의 성공적인 출발이라는 가시적인 효과를 보여주어야 한다. 따라서 일회성이 아닌 지속적이고 신뢰성 있는 정부의 제도적인 후속조치가 뒤따라야 한다. 북한도 이에 상응하는 조치를 취해야 한다. 이는 결과적으로 북한 정권이 책임있는 국제사회의 '보통국가'로의 지위를 회복하는 구체적인 과정이 될 것이다.

남북정상의 역사적 만남과 적극적 관계개선에도 불구하고 많은 비판론자들은 현실적인 상황보다 더 높은 기대치를 부여하고 있는 것 같다. 남북한 관계 증진의 과정을 더 빠른 속도로 진행시키고자 하는 성급함도 한 몫을 하고 있는 것 같다. 남한 사회 일각에서 제기되고 있는 국군포로문제, 납북자문제 등에 대한 정부의 소극적인 대응, 대북지원에 대한 여야 간 불협화음, 남한 내부의 갈등 등은 남한 정부가 안고 있는 현실적 사안들이다.

또한 일부 학자들은 지난 6·15 남북정상회담이 남북한 긴장완화와 평화체제 구축에 관한 합의가 없었음을 비판하고 있다. 그러나 수차에 걸쳐 서울과 평양에서 진행된 남북장관급회담은 부분적으로 구체적이고 실효성 있는 결과를 도출하기 위한 과정으로 평가할 수 있다. 판문점 연락소의 상설화 합의와 경의선 복원 공동추진도 남북한간 상호이해와 신뢰성을 증진시켜줄 수 있는 구체적인 방안이다. 또한 앞으로도 지속될 남북한 이산가족의 상봉 역시 인도적 차원을 넘어 남북한이 공동체의 인식을 공유할 수 있는 계기를 마련해주고 있다.

한편, 북한은 강성대국론의 구체적 요소인 총체적 '국가경쟁력'의 개념과 '군력'과 '정치사상적 위력'의 선행조건으로서 '경제력'의 중요성을 강조하였다. 김정일 위원장은 '혁신'과 '근본적 전환'에 기초한 '신사고'를 역설하면서 경제영역에서 '종자론'[25]의 철저한 구현을 요구하였다. 이는

---

25) 김정일의 문학예술에서 '종자'란 작품의 핵이며 사상적 알갱이로서 '종자론'은 작품의

북한이 '신사고'에 기초해 생산성 강화와 경제력 회복에 주력하고 있음을
의미한다.

그러나 2001년 4월 5일에 개최된 북한 최고인민회의 제10기 제4차
회의에 남북간에 旣 합의된 투자보장, 이중과세방지, 청산결제, 상사분
쟁해결 등 4개 합의서가 안건으로 상정되지 않은 점은 주목해야 할 부분
이다.[26] 김대통령은 베를린선언을 통해 도로·항만·철도·전력·통신 등
사회 인프라 건설과 농업기반시설 등 대대적인 지원을 약속했으나 현재
지원상태는 비료 및 쌀·옥수수 수십만 톤에 머무르고 있으며 전력 지원
도 지지부진한 상태이다.[27]

이러한 모든 논의들이 이제는 보다 구체적인 제도의 수준으로 향상
되어야 한다. 국내외적 환경의 변화에도 불구하고 제도적 장치를 통해
지속화할 수 있는 방안을 마련하는 것이 필요하다. 과거와는 달리, 상당
히 많은 부분에서 제도적 장치를 확보하기는 했지만 아직 미흡한 부분이
많기 때문이다. 이는 남북 상호간 신뢰성 회복과 실질적인 협력의 증대,
더 나아가 한반도 평화체제의 수립을 위한 근간이 될 것이다.

(2) 아시아적 다자주의의 확립

기능적 통합을 가능케 한 제도주의가 발달한 유럽의 경우와는 달리
동북아는 물론 아시아 지역 전반에 걸쳐 제도적 다자주의(institutional
multilateralism)는 아직 성공적인 사례를 보이지 못하고 있다.[28] 아시아

핵이 작품의 내용에 일관성 있게 녹아들어 있어야 한다는 의미로 해석된다. 또한 경제분
야에 있어 '종자론'은 새로운 김정일식 사고방식과 변혁의 논리가 모든 사업분야에서
핵심적인 고리로 작용해야 한다는 점을 의미한다. 민주평통 정책연구자료 2001. 제27호,
39쪽에서 재인용.

26) 『연합뉴스』. 2001. 4. 5.

27) 『중앙일보』. 2001. 4. 24.

28) James Sperling. "Zones of Amity, Zones of Enmity: The Prospects for Economic and Military Security
in Asia." *Journal of Asian and African Studies*. 1988. Vol. 33. No. 1. pp. 1-19.

국가들 사이에 제도적 다자주의가 성숙하지 못하고 있는 가장 주된 이유
는 두 가지로 분석된다.

하나의 이유는 근대적인 국제관계의 진화단계가 유럽 국가들과 차
이를 보이고 있기 때문이다. 근대적인 국제체제를 수세기 동안 경험한
유럽과 그렇지 못한 아시아 국가들 간의 경험이 다르기 때문에 서구적
개념의 제도적 다자주의는 한계를 가질 수밖에 없다.[29]

또 다른 이유는 아시아 역내 국가들 간 상대적 이익에 대한 과민한
집착 때문이다.[30] 유럽연합(The European Union)의 태동과정에서 보인
국제문제의 원만한 '국내화(domestication)'가 아시아 국가들 사이에서는
이루어지지 못한 상태에서, 아시아 국가들은 국내 이슈와 국외 이슈의
엄격한 단절을 경험하고 있다. 이는 결과적으로 아시아 국가들 사이에서
의 신뢰와 협력에 커다란 장애요인으로 작용하고 있다.

그럼에도 불구하고 그동안 동북아의 안보 유지에 핵심적 역할을 담
당해온 미국은 향후 미-일, 한-미 등의 전통적 안보관계 유지에 계속
해서 지속적인 노력을 기울이며[31] 동시에 미국은 APEC, ARF 등 아시아
지역에서의 다자간 경제 및 안보협력 발전에 개입하려는 노력을 적극 시

---

29) 유럽 국가들이 근대 국가체제 형성과정에서 경험한 수많은 전쟁의 역사, 특히 20세기
양차대전의 경우는 제도주의의 정착을 위한 비용으로 간주하기에는 그 대가가 너무나
컸다. 이런 차원에서 아시아 국가들의 국제관계는 오히려 긍정적으로 평가될 수도 있다.
하지만, 많은 국제정치 학자들이 21세기 아시아의 국제관계를 과거 유럽이 경험하였던
세력균형의 투쟁장으로 예상하고 있는 상황에서 오늘날의 유럽의 제도적 정착에서 배울
수 있는 교훈이 있다면 무엇일까 하는 차원에서의 문제제기이다. 이에 관한 논의는 Berry
Buzan and Gerald Segal, "Rethinking East Asian Security," *Survival*, 1994, Vol. 36, No. 2, pp.
3-21 참조.

30) 국가이익의 '상대적' 혹은 '절대적' 이익에 대한 설명과 이것의 국제관계 이론으로의 적용
에 대한 논의에 대해서는 Robert Powell, "Absolute and Relative Gains in International Relations
Theory," *American Political Science Review*, 1991, Vol. 85, No. 4, pp. 1303-1320; Alexander Wendt,
"Collective Identity Formation and the International State," *American Political Science Review*, 1994,
Vol. 88, No. 2, pp. 384-396 참조.

31) 이에 대한 자세한 논의는 미국무성 보고서, *The United States Security Strategy for the East Asia-Pacific
Region: East Asian Strategy Report*, 1998 참조.

도하고 있다. 미국이 초강대국 지위를 충분히 활용하여 동북아에서의 안
보 역할을 지속적으로 수행함과 동시에 북한이 국제사회의 정상적인 일
원으로 진입한다면 아시아 지역에서의 다자주의는 상당한 진전을 보일
것이다. 동북아의 다자주의적 논의에 거부반응을 보여왔던 중국도 최근
이에 대해 긍정적인 반응을 보이고 있다. 동북아 환경 속에서 중국의 입
장이 강화된 증거이기도 하다.

이런 맥락에서 6·15 정상회담 이후 남북한의 움직임은 아시아형의
다자주의가 태동할 가능성을 함축하고 있다. 향후 국제사회가 보편적인
틀 속에서 국가들의 역할을 요구한다면 북한 역시 다자주의적 논의에 대
해 외면만은 하지 않을 것이다. 최근 북한의 전방위 외교는 이러한 점에
서 암시하는 바가 크다. 그러나 중요한 점은 한반도 문제에 대해서는 남
북한을 중심축으로, 주변 국가들의 연계고리를 보조축으로 하는 양자적
다자주의 논의구조가 형성되어야 한다는 것이다.[32] 다시 말해 외교, 군
사, 경제 등에 따라 사안별로 2+α (2+2, 2+4, 2+2+2 등등) 형태의 방
안을 강구할 필요가 있다.

(3) 남북한간 '미니 데탕트체제'의 확립

한반도에는 '한반도 문제의 한반도화'라는 기본적인 명제에도 불구
하고 '한반도 문제의 국제화'라는 이중적 논리가 작용하고 있다. 미·
중·일·러, 특히 미·중의 안전보장 장치의 마련은 한반도의 안정과 평
화정착에 중요한 의미를 부여하고 있기 때문이다.

이러한 상황에서 한반도 평화정착을 위해 남한이 최우선적으로 선
택하여야 과제는 북한을 국제사회의 책임 있는 구성원으로 참가할 수 있

---

32) 최대석, 「동북아 다자안보협력체제 구축과 한반도 평화」, 성균관대학교 국가경영전략연
　　구소 춘계학술회의, 『동아시아 질서와 국가안보』, 2002. 4. 25 발표 논문.

도록 지원하는 일이다. 북한의 '국제사회화'와 한반도의 '긴장해소'는 서로 분리될 수 없는 동전의 앞뒷면으로 필요·충분조건의 성격을 가진다.

북한의 국제사회로의 진입에 대해 학자들 간에 긍정적 혹은 부정적인 평가가 엇갈리고 있다. 긍정적인 시각에서는 북한의 '국제사회화'가 궁극적으로 북한 자체에 변화를 가져올 것이며 한반도의 평화와 안정에 크게 기여할 것이라는 점이다. 북한이 국제사회의 일원으로 나아가면서 국제적 책임과 의무로부터 일정 정도 역할을 할 수밖에 없기 때문에 남북한 관계에 있어서도 상당한 탄력성을 가질 것이라는 예측이 가능하다. 반면, 부정적인 시각에서는 북한 자체의 변화가 가시적으로 검증하기엔 모호한 점이 많으며 외치를 통한 내치의 단속이라는 정치적 수사이기 때문에 보다 엄격한 분석과 주의가 필요하다고 지적한다.

그러나 북한이 체제위기 극복과 경제회생을 위해 합리적인 선택을 하고 있다는 점에 유의할 필요가 있다. 북한은 자국의 존립을 확보하고자 하는 국가합리성에 따라 외부에 반응해왔다고 볼 수 있다. 현시점에서 북한이 선택할 수 있는 것은 국제사회에 문을 열고 자신의 입지를 강화하는 일이다. 따라서 북한 정권이 스스로의 국가존립을 국제사회에서 보장받을 수만 있다면, 예상보다 손쉽게 남북관계의 평화정착은 가능할 것이다. 이런 점에서 북한의 ARF 가입은 한반도의 '긴장해소'와 북한의 '국제사회화'라는 두 가지 목표를 충족시켜줄 수 있는 의미 있는 성과로 평가된다.

한반도의 긴장완화와 북한의 국제사회 진출은 북한의 개방이 성공할 수 있는 전제조건이다. 1978년 개혁·개방 정책을 시작할 때 중국은 미국과 사실상 전략적 동맹관계에 있었다. 중국에게는 서방으로부터의 대내외 안보위협이 존재하지 않았으며, 또한 중국은 경제정책 추진에 필요한 자본·기술 도입 그리고 생산된 상품의 시장 확보라는 측면에서 미국을 비롯한 서방과의 관계를 손쉽게 형성할 수 있었다.

　마찬가지로 북한이 추구하는 개방정책이 실효성을 거두기 위해서는 한반도를 중심으로 한 동북아 지역에서의 안보 위협의 장치들을 제거하는 것은 남북한이 추구하는 평화공존을 위한 필요조건인 동시에 충분조건이다. 이를 위해서는 남북한간의 신뢰구축과 평화정착을 위한 한반도에서의 '미니 데탕트'체제의 실현이 필요하다. '미니 데탕트'체제는 한반도 평화체제 수립이전에 남북한, 미, 중 등이 상호보장 환경을 형성하고 '건설적 동반자관계'를 구축하는 것이다.

　'미니 데탕트'의 실현을 위해서는 남북한 사이의 공동이익의 확대라는 인식이 구체적이고 현실적인 차원에서 구축되어야 한다. 현재 남북한은 지역단위로는 최고 수준의 군사력을 보유하고 있다. 이는 남북한 상호간의 안보딜레마를 심화시키고 있으며 군사부문의 막대한 투자를 요구하고 있다. 1998년 남북한·미·중은 '4자 회담' 3차 본회담에서 「평화체제 구축 분과위」와 「긴장완화 분과위」 등 2개 분과위 구성에 합의했다. 또한 6·15 남북정상회담 이후 수차례에 걸쳐 개최된 남북군사실무회담은 남북한간 군사적 갈등을 해소시킬 수 있는 대화의 장을 마련하였다. 그러나 이의 선언적 의미를 넘어서 실질적인 논의를 위한 구체적 아젠다의 개발이 시급하다.

　이제 한반도에서의 군축과 국가예산의 효율적 배분을 위해 남북한은 상호간 직접적·실질적 대화를 모색해야 한다. 남북한은 군사력 적정선과 군비의 효율적 이용방안 등에 대한 합리적인 대안을 수립하여 협상에 임해야 한다. 이를 위해 남북한은 신뢰구축의 핵심 사항인 '남북군사공동위원회'를 설치하고,[33] 이를 바탕으로 국방장관 회담의 정례화, 군사직통전화 개설, 군사공동위 개최, 전방에 집중 배치된 북한 병력의 단계적 후방 철수, 대규모 부대 이동과 군사연습 통보, 남북 군축문제 등에

---

33) 문정인, 「남북정상회담 이후 한달을 경과하면서」『조선일보』, 2000. 7. 15.

대한 논의 및 합의가 필요하다.[34] 이에 따라 다소 비공식적일지라도 「평화합의문」이나 「평화의정서」에 합의해야 한다.[35] 이는 남북한간 「평화협정」 체결을 위한 전단계가 될 것이다. 또한 남북한 각각의 전통적 우방국가와 동맹관계를 유지하는 것이 남북한 사이의 공동이익의 증대와 반드시 모순관계에 놓이는 것은 아니라는 점을 인식할 필요가 있다.

6. 맺음말

한반도라는 지리적 공간에서 냉전구조가 재생산되어온 시간이 길었고 그 비용이 막대하였다. 지금까지 한반도 문제가 동북아 지역의 안정과 평화를 위한 핵심적 사안이었음에도 불구하고 남북한은 상대적으로 주변국들의 이해관계에 능동적으로 대처해오지 못했던 것이 사실이다.

현재 우리는 냉전구조 '재생산'에서의 역할은 주변적이었지만 '해체'에서의 역할은 중심적일 수 있다는 자신감을 회복하고 있다. 이는 남한 정부의 지속적인 대북 포용정책과 북한의 대남한 인식의 전환이 결합한 결과라고 보아야 한다. 남북한은 한반도에서 상호간 관계개선의 진전과 그로 인한 평화체제의 정착이 없이는 어떤 외교적 성과도 가변적일 수밖에 없다는 점을 인식해야 한다. 다시 말해, 한반도 평화는 궁극적으로 남북한간 신뢰구축과 군비감축 등으로 이루어질 수 있으며 국제적 지지는 보완적 성격을 띠고 있다는 점을 잊어서는 안 된다.

결론적으로, 한반도 긴장완화와 평화체제의 구축은 시행착오나 오류로 인한 반복된 정책이 있을 수 없는 고도의 정치력과 복잡한 국제 역

---

34) 정성장, 「최근의 북미, 남북한 관계와 한국정부의 과제」, 세종연구소, 『정세와 정책』, 2001. 4. 20.
35) 윤덕민, 「한반도 평화체제 구축-평화협정의 쟁점사항을 중심으로」, 성균관대학교 국가경영전략연구소 춘계학술회의, 『동아시아 질서와 국가안보』, 2002. 4. 25 발표논문.

학구조를 지닌 '과정상의 대상'이다. 그 동안의 경험으로 우리는 남북한 간의 인식의 격차가 크다는 것을 잘 알고 있다. 한국전쟁이라는 동족상 잔의 비극은 이에 결정적인 영향을 끼쳤다. 한반도는 아직도 정전체제 하에 있다. 한민족의 미래는 적대와 전쟁이 아닌 공존공영과 평화의 유 지에 달려 있다. '정전체제의 평화체제로의 전환'을 위해 상당 기간 인식 의 공유를 위한 노력이 필요하다. 이를 위해 남북한은 협력체제의 제도 화 수준을 높이고, 아시아적 다자주의를 통해 평화의 분위기를 고양시키 며, 남북한간 '미니 데탕트체제'를 구축하는 작업을 선행해야 한다.

세계화와 국가주권: 공존을 향한 중국의 탐색[1]

김재철 金材澈

1. 서론

세계화는 국가주권의 쇠퇴를 초래하는 것으로 간주된다. 세계화의 급격한 확산에 주목하는 학자들― 이 글에서는 '세계화론자'들로 호칭― 은 초국가적 경제 연계의 창출과 신자유주의의 확산을 핵심으로 하는 현 단계의 세계화가 지난 수백 년 동안 국제무대에서 권력을 장악해온 국민 국가의 주권에 심대한 도전을 제기한다고 주장한다. 세계화가 진행됨에 따라 자신이 선호하는 정책을 형성하고 추구하는 국민국가의 능력은 약화되고 또 궁극적으로는 소멸될 것이라는 주장이다. 이러한 현상은 모든 국가에 공통적인 것으로 간주되며, 국가들 사이에 존재하는 다양성은 무시된다.[2]

이러한 주장은 중국에 적용될 때 매우 흥미로운 질문을 유발시킨다. 중국은 그 동안 자국의 독립과 주권을 확보하고 유지하는 데 강한 집념을 보여왔다. 국가주권의 유지와 보호는 공산중국의 성립과 함께 중

---

1) 『국제정치논총』 40집 3호(2000)에 실렸던 글을 전재한 것임.
2) 세계화가 국가주권에 충격을 가한다는 주장은 다 열거할 수 없을 정도로 많다. 그 가운데 Kenichi Ohmae, *The End of the Nation State* (New York: Free Press, 1995); Susan Strange, *The Retreat of the State* (Cambridge: Cambridge Univ. Press, 1996); and Jan Aart Scholte, "Global Capitalism and the State", *International Affairs*, 73:3(1997), pp.427-452 등이 이러한 주장을 비교적 분명한 형태로 제시하고 있다.

국 대외정책의 핵심적 관심사 가운데 하나로 자리잡았고, 지난 20여 년 동안 진행된 대외개방 과정에서도 중국은 국제경제체제에의 참여조건과 과정을 통제하려는 노력을 보여왔다.[3] 이러한 중국에서도 세계화는 이 제 피할 수 없는 추세로 간주되며 또 세계화에 적극적으로 참여하려는 의지가 표명된다. 중국이 국내의 반대를 무릅쓰고 세계화를 상징하는 WTO에 가입했다는 사실이 그 대표적인 증거이다.[4] 이러한 중국의 세 계화에의 참여는 중국에서 오랫동안 추구되어 온 국가주권에 대한 관심 이 쇠퇴할 것임을 의미하는가?

이 글은 이러한 질문에 답하기 위해 세계화에 관한 중국의 논의를 분석하고자 한다. 세계화에 관한 중국의 관심은 1997년 동아시아에서 경 제위기가 연쇄적으로 발생하면서 본격적으로 촉발되었고, 1999년 11월 에 WTO 가입을 위한 미-중합의가 이루어진 후 봇물처럼 확산되고 있 다. 이 글은 세계화에 관한 중국 내의 논의들을 검토함으로써 중국이 세 계화를 어떻게 인식하고 또 세계화에 어떻게 대응하려 하는가를 고찰하 고자 한다. 세계화에 관한 중국 내의 논의들에 대한 검토는 중국에서 세 계화와 국가주권간의 관계가 세계화론자들의 주장과 분명하게 다르게 설 정됨을 보여준다.

세계화에 관한 중국의 논의들은 세계화가 국가주권에 끼치는 영향 에 특히 민감한 관심을 보인다. 물론 이처럼 세계화를 국가주권의 문제 와 연관시키는 것은 비단 중국만의 특성은 아니다. 세계화에 관한 중국

---

3) 대외개방의 과정을 통제하려는 중국의 노력에 관해서는 Elizabeth Economy and Michel Oksenbe rg (eds.), *China Joins the World: Progress and Prospects* (New York: Council on Foreign Relations Press, 1999)를 참조.

4) 중국이 WTO에 가입하기로 합의한 것은 중국이 여태까지 취해온 얕은 통합(shallow integrati on)에서 깊은 통합(deep integration)으로 정책을 변화시키기 시작했음을 의미하는 것으로 해석된다. Joseph Fewsmith, "China and the WTO: The Politics Behind the Agreement", *NBR Analysis*, 10:5, Essay 2, 2. (http://www.nbr.org/publications/analysis/vol10no5/essay2.html)

의 인식을 세계화론자들의 인식과 구별짓는 것은 중국에서 세계화가 철저하게 국민국가라는 틀을 통해 인식된다는 점이다. 중국에서 세계화란 세계화론자들의 주장하는 바처럼 상호의존적 세계의 출현으로 이해되기보다 상대적 우위를 향한 국가간 경쟁의 결과로 간주된다. 다시 말해 중국에는 세계화에의 참여가 자국의 경제에 폐해를 끼칠 수 있다는 우려가 강하게 존재한다. 이처럼 세계화가 국민국가라는 틀을 통해 인식됨에 따라 세계화에 대한 대응 또한 국민국가라는 틀을 통해 모색된다. 세계화에 관한 중국의 논의들은 세계화에 참여하면서도 동시에 국가주권을 계속해서 유지할 것을 주장한다. 국가주권의 유지는 세계화의 혜택을 실현시킬 전제로 간주된다. 이러한 세계화에 관한 중국의 논의는 세계화와 국가주권간의 관계에 관한 세계화론자들의 주장을 비판적으로 검증할 기회를 제공한다.

다음에서는 우선 세계화론자들이 제시하는 세계화가 국가 주권에 끼치는 영향을 검토함으로써 중국의 시각을 대비시킬 기준을 설정하게 될 것이다. 다음으로 이 글은 세계화에 대한 중국의 인식을 세계화론자들의 인식과 비교하여 검토하고, 계속해서 세계화 시대에 국가주권을 유지하려는 중국의 탐색을 세계화에 대한 중국의 대응책을 통해 고찰하게 될 것이다. 마지막으로 이 글은 중국의 사례가 세계화와 국가주권간의 관계에 제시하는 함의를 간략하게 검토하고 끝을 맺게 될 것이다.

2. 세계화와 국가주권의 쇠퇴: 세계화론자들의 주장

세계화란 생산, 분배, 유통, 투자 등에서 급속하게 심화되고 있는 초국가적 연계를 지칭한다. 20세기 말의 세계에는 경제적 자원이 개별 국가의 국경을 넘어 자유롭게 이동하는 현상이 급속하게 확대되고 있다.

가령, 세계교역은 국내교역 증가율이나 세계생산 증가율을 앞지르는 속도로 증가해왔다. 이처럼 세계교역이 급속하게 확대되면서 실질적으로 세계 모든 경제를 포함하는 세계시장이 출현했고, 세계 교역액은 역사상 그 어느 때보다 높은 수준에 도달했다. 대외직접투자는 세계 교역액보다 더 빠른 속도로 증가하고 있다. 초국적 기업들은 생산원가를 낮추기 위해 더 적합한 생산지를 찾아 생산설비를 계속해서 이동시키고 있고, 나아가 하나의 제품을 생산하는데 필요한 여러 생산 단계를 다양한 국가에 배치시킴으로써 초국적 생산네트워크를 형성하기에 이르렀다. 이에 따라 초국적 생산이라는 새로운 형식이 수출이라는 전통적 수단을 대체하여 해외시장을 개척하는 수단으로 등장하고 있고, 또 세계교역은 전지구적으로 형성된 생산네트워크내의 상품이동이라는 성격을 강화해 가고 있다. 마지막으로, 그리고 아마도 가장 중요하게, 금융체제 또한 국제화되고 있다. 자본의 이동은 교역의 확대보다 더 빠른 속도로 진행됨으로써 지구적 규모의 일체화된 자본시장을 형성시키고 있다.

이러한 초국적 연계의 창출과 심화는 통상 자본의 이익 극대화 전략의 결과로 간주된다. 자본은 이윤확대를 위해 그 활동영역을 계속해서 확장시키려는 속성을 갖고 있다. 기업은 저임금의 노동력, 낮은 세금, 그리고 더 넓은 시장 등을 찾아 지리적인 유동을 추구하는데, 이러한 기업의 경제적 공간을 확대시키려는 노력이 생산과 자본의 세계화를 급격하게 진행시켰다. 이와 함께 최근 본격화되고 있는 정보기술 혁명이 세계화를 위한 기술적 기반을 제공했다. 가령, 정보통신 기술의 발전은, 운송기술의 발전과 함께, 통신과 운송비용을 감소시킴으로서 기업의 자원배치 최적화 전략을 현실적으로 가능하게 만들었다. 이러한 점에서 세계화란 그 동안 계속되어온 자본의 국제화가 현단계에서 표출된 것으로 볼 수 있다. 그러나 현단계의 세계화는 이제까지 자주 지적되어온 국제화나 상호의존의 심화와는 근본적으로 다른 측면을 내포하는 것으로 제시된다. 세계화론자들은 현단계에서의 세계화의 핵심으로 탈영토성을 제시한다.[5] 즉, 국제화가 단순히 국가간 교류의 증대를 의미하는 데 반해 현단계의 세계화는 경제적 연계가 국경을 초월하여 전지구적 규모로 확장되었음을 의미한다는 것이다. 또한 세계화는 경제적 행위의 탈영토화와 함께 경제체제의 동질화까지를 내포하는 것으로 간주된다. 즉, 세계화는 세계 모든 지역에서의 경제활동이 동일한 제도, 정책, 그리고 규칙에 의해 작동되는 것을 상정한다. 대표적으로 무역, 조세, 투자 등에 관한 규정은 WTO나 G-8과 같은 다자기구를 통해 점차 동질화되고 있다는 것이다.

이러한 세계화는 정치적으로 커다란 파급효과를 갖는데, 그 중에서도 특히 국민국가에 충격을 가하는 것으로 제시된다. 세계화론자들은 세계화와 국민국가간의 대립과 충돌을 상정하면서,[6] 세계화가 국민국가를 중심으로 형성된 기존의 구조를 해체시키고 새로운 세계질서를 형성시키고 있다고 주장한다. 새로운 질서 하에서 국민국가는 자신이 선호하는 정책을 형성하고 추구할 수 있는 능력을 크게 상실한다. 이러한 현상은 경제 분야에서 특히 분명한 것으로 제시된다. 세계화와 이로 인해 창출된 경제적 연계는 경제정책에 대한 국민국가의 결정권을 제약하며, 이에 따라 개별 국가가 그 시민의 사회경제적 복지를 보호할 수 있는 권위와 역량은 약화된다. 세계화의 진전과 함께 많은 서구 민주주의 정부들이 저이자율과 재정적자를 통해 국내의 경제를 부양하고 실업을 해결하려는 노

---

5) Strange(1996), pp. 430-431 and Scholte(1997), pp. 427-52.
6) 물론 세계화와 국가주권의 관계에 관한 모든 논의가 이에 동의하는 것은 아니다. 세계화가 국민국가의 쇠퇴를 가져올 것이라는 주장에 대한 반론으로는 Peter Evans, "The Eclipse of the State? Reflections on Stateness in an Era of Globalization", *World Politics*, 50(October 1997), pp. 62-87; Linda Weiss, "Globalization and national governance: antinomy or interdependence?", *Review of International Studies*, Vol. 25(December 1999), pp. 59-88 등을 참조. 세계화와 국가주권간의 관계에 관한 이론적이고 일반적인 논쟁을 자세하게 검토하는 것은 이 글의 목적 밖이다.

력을 자제하는 등 경제에 대한 개입을 축소시키고 있다는 사실이 세계화가 개별 국가의 정책에 제약을 가하는 대표적인 사례로 거론된다.[7]

세계화가 국가주권의 쇠퇴를 가져오는 이유로는 여러 가지가 제시된다. 우선, 세계화의 핵심인 시장화가 국가의 간섭을 축소할 것을 요구한다. 세계화는 국민국가에 대해 자국의 국경을 넘어서는 경제활동에 대한 주권 행사를 자제할 것을 요구하고 국내적으로도 탈규제와 민영화를 요구한다. 이에 따라 자유로운 유통과 구조조정에 장애가 되는 요소는 더 이상 존재하지 않게 된다는 것이다. 이러한 요구는 무엇보다 초국적 기업으로부터 온다. 세계화시대 초국적 기업은 국민국가를 압박한다. 분산된 생산 활동과 정보통신 기술의 발달로 생산요소를 지리적으로 자유롭게 배치할 수 있게 된 초국적 기업은 이동(exit)이라는 위협을 통해 국민국가와의 협상에서 우위를 점하고 자신에게 불리한 규정을 변화시키고 세율을 인하할 것을 요구한다. 초국적 자본 또한 국가의 권위에 도전을 제기한다. 세계화와 함께 금융교역과 채권시장 등의 규모가 급격하게 확대되었다. 1990년대 중반 세계금융센터에서 하루에 이루어지는 외환거래는 1조 달러를 넘어섰는데 이는 전세계 정부의 외환보유액 합계보다 많은 것이다.[8] 이처럼 초국적 자본이 급속하게 성장함에 따라 이제 세계금융시장이 국가를 대신하여 국제적 자본을 배치하는 주역으로 등장했다. 그 결과 심지어 서구 선진국가들마저도 자신의 환율을 안정적으로 유지하고 자본을 유치하는 데 있어서 세계금융시장의 도움을 필요로 하게 되었고, 2차대전 이후 국민국가의 재정정책을 지탱해온 이자율과 환율이라는 정책의 효율성은 약화되었다.

---

7) 세계화가 국가주권에 충격을 가한다는 주장은 비단 신자유주의 진영에 한정되지 않는다. 세계체제론의 시각에서도 세계화의 핵심은 '국민국가 프로젝트의 부식'으로 파악된다. 이수훈, 「글로벌 자본주의와 전지구화」, 한국정치학회 발표논문, 1994. 7. 18, 11쪽.

8) Vincent Cable, "The Diminished Nation-State: A Study in the Loss of Economic Power," *Daedalus*, 124(Spring 1995), p. 27.

　　이러한 '밑으로부터의' 압력에 더하여 점증하는 국제적 규칙과 경제
적 제도의 형성과 같은 '위로부터의' 압력 또한 국민국가의 주권에 제약
을 가한다고 주장된다. 앞에서 지적한 것처럼, 현재의 세계화는 세계 어
느 곳에서나 동일하게 적용되는 규칙과 제도의 확립을 추구한다. 세계화
론자들은 이를 법제화되고 규범화된 세계시장을 추구하는 초국적 기업
과 초국적 자본의 선호를 반영하는 것으로 간주한다. 즉, 이들 초국적
세력의 존재와 작동이 각국의 법률체계를 표준화시킬 것을 요구하는데
이것이 세계적 차원에서 체제의 동질화를 유도하고 있다는 것이다. 이러
한 규칙과 제도의 동질화에 따라 국민국가는 세계시장에 진입하면서 자
국의 경제활동을 규제할 수 있는 권한을 제약당한다는 것이다. 그러나
세계화론자들의 주장에 비판적인 학자들은 이러한 위로부터의 압력이
국가의 역할에 대한 미국과 영국의 사상적 선호를 반영한다고 반박한
다.[9] 즉, 국가는 시장의 안정적 운영을 위한 최소한의 규제만을 시행함
으로써 시장이 자율적으로 운영되고 발전하도록 허용해야 한다는 사상
을 갖는 미국과 영국이 세계경제의 공식 규칙을 제정하는 과정에서 주도
적 작용을 함으로써 현재의 세계경제질서의 성격을 결정하는 데 영향을
끼쳤다는 주장이다. 그 대표적인 예로 이들은 미국이 무역자유화와 금융
시장에서의 탈규제화를 통해 초국적 경제행위자의 활동반경을 확장시키
는 데 중요한 작용을 했다는 사실을 지적한다.[10] 이것은 세계화가 특정
국가에 의해 주도되었으며 이들이 자신이 선호하는 결과를 창출하기 위

---

9) Evans(1997), pp. 63-74.
10) 이 외에도 선진국은 심지어 초국적 기업들이 해외에서 진행하는 투자나 경제활동이 성
　　과를 거둘 수 있도록 하기 위해 그 지역의 정치적 안정을 확보하려 노력하기도 한다.
　　자국 기업들이 해외시장을 개척할 수 있도록 하기 위해 아프리카에서의 정권교체를 추
　　진한 미국의 노력에 관해서는 James Petras and Morris Morley, "Contesting hegemons: US-French
　　relations in the 'New World order'", *Review of International Relations*, 26:1(January 2000), pp. 49-67을
　　참조.

해 적극적인 노력을 수행함을 보여준다는 것이다.

어쨌든 세계화는, 세계화론자들의 주장에 따르면, 국민국가가 종합적 거시정책을 독자적으로 시행할 수 있는 능력을 점차 약화시킨다.[11] 이제 한 국가의 기본적 경제정책은 그 국가가 아니라 국제경제에 의해 결정된다. 다시 말해 한 국가의 경제정책 결정권은 점차 국가간 연합이나 초국가 조직으로 이관되고 있다. 가령 한 국가의 교역정책은 WTO와 같은 국제기구의 영향을 받는데, 이러한 현상은 세계화의 진전과 함께 더 심화될 것으로 간주된다. 이처럼 외적 규칙의 중요성이 커지면서 국민국가의 대내외적 최고성은 도전을 받고 있으며, 국가의 작용은 궁극적으로 소멸될 것으로 간주된다.[12]

3. 세계화에 대한 중국의 인식

중국에서 세계화ㅡ또는 중국에서 선호되는 것처럼 '경제 세계화'ㅡ라는 용어가 사용되기 시작한 것은 1990년대 초반의 일이었지만,[13] 이 시기 세계화의 의미는 지금과 다르게 이해되었다. 90년대 초반 중국에서 세계화란 정보혁명과 기술발전에 따른 경제활동의 국제화를 의미했

---

11) Scholte(1997), 443.

12) 한편 세계화론자들처럼 세계화가 국가주권에 영향을 끼친다는 점을 인정하면서도 그 정도에 있어서 이견을 보이는 시각도 있다. 이러한 시각은 국민국가의 쇠퇴보다 변형을 제시한다. 즉 국민국가는 세계화에도 불구하고 계속해서 생존할 것이지만, 크게 변화한 형태로 남을 것이라는 주장이다. Michael Mann, "Has globalization ended the rise and rise of the nation-state?", *Review of International Political Economy*, 43:3 (Autumn 1997), pp. 472-496; Peter F. Drucker, "The Global Economy and the Nation-State", *Foreign Affairs*, 76:5(Sep./Oct. 1997), pp. 159-171 등을 참조.

13) 한 자료에 따르면 서구의 세계화 이론이 중국에 최초로 체계적으로 소개된 것은 1990년대 초 미국 듀크 대학의 중국전문가인 덜릭(Arif Dirlik)의 "세계화시대 자본주의"라는 주제의 강연을 통해서였다. 胡元梓·薛曉源 주편, 『全球化與中國』(北京: 中央編譯出版社, 1998), 1쪽.

고,[14] 서구에서 강조되는 탈영토화나 경제활동에 관한 제도와 규칙의 전 세계적 동질화라는 인식은 결여되어 있었다. 중국에서 세계화가 '경제의 일체화(經濟一體化)'라는 서구식 의미로 이해되기 시작한 것은 동아시아 국가들에서 경제위기가 연쇄적으로 발생한 1997년 이후였다.[15] 동아시 아 국가들에서 경제위기가 연쇄적으로 촉발되고 세계경제의 일체화가 그 원인으로 지목되면서 중국에서 세계화에 대한 관심이 급격하게 확산 되기 시작했던 것이다.[16] 이후 중국에서 전개된 세계화에 관한 논의는 중국에서 세계화의 추동력과 영향이 세계화론자들의 주장과 분명히 다 르게 인식됨을 보여준다.

중국에서도 세계화는 기본적으로 생산력 발전의 결과로 간주된다. 세계화는 이윤을 극대화하려는 자본의 노력의 결과로, 초국적 기업은 규 모의 효율과 분업의 효과를 좇아 해외로 투자를 하는데 이러한 노력의 결과 자원배치가 전세계적 규모에서 이루어지고 생산과 경영에서 초국 적 협조가 창출되었다는 것이다.[17] 이러한 세계화는 기본적으로 자본주 의의 출현과 함께 시작되었고 다시 2차대전 후 급격하게 발전해온 경제 적 흐름의 연장선상에서 이해된다.[18] 여기에다 운송과 정보통신기술 혁 명이 상품·노동·자본 등의 교류를 대대적으로 촉진시킴으로써 초국적 기업이 비교우위를 찾아 생산시설을 자유롭게 유동시킬 수 있는 현실적 조건을 제공했다는 점도 인정된다.

---

14) 『國際形勢年鑑』(1993), (中國大百科全書出版社上海分社), 21쪽.
15) 동아시아 경제위기는 "중국으로 하여금 세계화가 발전도상국에 끼친 충격을 더 직접적으로 느끼게 한" 계기로 간주된다. 房寧·王小東·宋强, 『全球化陰影下的中國之路』(北京: 中國 社會科學出版社, 1999), 334~335쪽.
16) 중국은 동아시아 경제위기를 금융위기로 규정한다. 가령, 李鵬은 러시아 언론과의 회견 에서 동아시아 위기는 주로 금융분야에서 발생한 것으로 전면적 경제위기라고 부르기 어렵다고 주장했다. 『人民日報』, 1998. 2. 19.
17) 張琦, 「挑戰前所沒有」 『國際貿易』, 2000년 4기, 11쪽.
18) 伍貽康·黃燁菁, 「經濟全球化和世界多極化」 『世界經濟與政治』, 1998년 12기, 6~7쪽.

　이처럼 중국에서도 세계화는 기본적으로 경제적 논리를 통해 설명 되지만, 세계화가 단순히 생산력 발전의 결과로만 인식되지는 않는다. 세계화에 대한 중국의 인식에서는 에반스(Evans)가 지적한 현재의 세계 화에 개재되어 있는 사상적 배경이 특히 중시된다. 세계화에 관한 중국 의 논의들은 세계화 추세 뒤에 숨어 있는 권력과 지배를 향한 국가간 경 쟁을 강조한다. 다시 말해 세계화는 특정 국가의 의도의 소산이라는 인 식이다. 여기서 특정 국가란 미국을 위시한 서구의 선진 국가를 지칭한 다. 세계화에 관한 중국의 논의들은 세계화를 미국이 세계의 패권을 차 지하려는 전략으로 간주한다. 따라서 이들에게 있어서 세계화가 주창하 는 '일체화'란 실질적으로 '미국화'에 다름 아니다.[19] 이처럼 세계화를 미 국이 세계질서를 주도하려는 노력으로 간주한다는 것은 중국이 세계화 를 국민국가간 경쟁이라는 전통적 국제관계의 작동원리를 통해 파악하 고 있음을 의미한다.

　미국이 세계화의 배후에서 추진 작용을 하고 있다는 인식은 다시 세계화의 영향에 대한 중국의 시각에 영향을 끼친다. 중국에서는 세계화 가 기회와 위험을 동시에 제공하는 양날을 갖는 칼(雙刃劍)로 간주된 다.[20] 한편으로 세계화는 세계 각국의 경제발전에 기회를 제공하는 세계 경제 발전의 활력소로 간주된다. 자유롭고 개방적인 무역과 투자정책은 국가들 간의 자유로운 자원이동에 장애가 되는 요인을 제거함으로써 경 제를 발전시킬 기회를 제공한다는 것이다. 개별 국가는 세계화에 참여함 으로써 자원배치의 합리화를 기하고 생산성을 제고시킴으로써 경제발전 을 촉진시킬 수 있다. 이처럼 세계화가 발전의 기회를 제공하는 것은 개

---

19) 唐任伍, 「"全球一體化'的神話, 發展中國家的陷穽」『世界經濟與政治』, 1998년 12기, p. 14. 한편 세계화가 미국화라는 주장에 대한 매우 드문 반박으로는 海聞, 「經濟全球化與中國的選擇」 『中國國情國力』, 2000년 2월, 32~33쪽을 참조.

20) 張伯里, 「論世界經濟全球化, 兩極分化與開放戰略的若干問題」『中共中央黨校學報』, 4권 1기(2 000년 2월), 49쪽.

발도상국(개도국)에게도 해당되는 것으로 간주된다. 세계화는 개도국에게 외국자본과 선진기술을 도입하고 선진 관리경험을 학습할 수 있는 기회를 제공할 뿐 아니라 새로운 시장을 개척할 수 있는 기회도 제공한다.[21]

동시에 세계화는 상당한 위험을 동반한다고 이해된다. 세계화의 위험은 개도국에게 특히 분명한데, 세계화는 개도국의 주권과 경제의 정상적 발전을 위협하는 것으로 간주된다. 그 원인은 세계화가 미국 등 서방 강대국에 의해 추진된다는 사실에서 찾아진다. 세계화가 강대국에 의해 추진되기에 세계화의 규칙과 제도 등이 모두 강대국에 의해 제정되며, 이렇게 제정된 세계화의 규칙과 제도는 서방 선진국의 이익과 선호만을 반영한다는 것이다. 가령 WTO나 세계은행, 그리고 IMF 등과 같은 국제경제기구는 서방 선진국의 지배를 받는 것으로 간주된다.[22] 이렇게 제정된 세계화의 규칙은 표면적으로는 공정한 것처럼 보이지만 실질적으로는 개도국에게 불공정하기에 세계화는 선진국과 개도국간의 격차를 더욱 확대시킬 것으로 간주된다. 이처럼 세계화가 개도국에 도전을 제기함을 보여주는 대표적인 사례로는 동아시아 경제위기가 거론된다.

나아가 서구 선진국은 세계화의 규칙을, 세계경제에 대한 자신의 주도권을 유지하는데 이용하는 외에, 개도국의 내정에 개입(干涉)하는 수단으로도 활용한다고 간주된다. 즉, 서방의 선진국들은 세계화를 통해 자신의 가치관, 정치체제, 행위준칙 등을 수출함으로써 타국의 내정에 간섭하려 한다는 것이다. 그 대표적 사례로 세계화와 함께 서구의 개입주의가 더욱 분명해지고 있다는 사실과 이러한 개입이 관련국가의 동의에 근거하기보다 인권과 같은 서구적 가치에 기반한다는 사실이 거론된

21) 肖楓, 「世界經濟的'全球化'與中國應採取的戰略」『國際問題硏究』, 2000년 2기, 6쪽.
22) 張伯里(2000), 51쪽.

다. 이처럼 일체화로서의 세계화는 서구 국가가 개도국의 결정권을 박탈
하고 세계를 지배하려는 전략으로 간주된다.[23]

이러한 세계화에 내재된 양면성은 세계화의 전개과정을 결정짓는
것으로 인식된다. 중국에서 세계화는 피할 수 없는 객관적 추세로 간주
된다. 하지만 그 과정은 순탄하기보다는 매우 길고 갈등적일 것으로 간
주된다. 이것은 세계화가 잠재해 있던 기존 갈등을 현재화시킬 뿐 아니
라 새로운 갈등 유발하기 때문이다. 이러한 갈등 역시 국민국가라는 틀
을 통해 파악된다. 세계화에 관한 중국의 논의들은 세계화가 세계경제
발전에 원동력을 제공하지만 이러한 혜택이 모든 국가에 동등한 정도로
제공되지는 않을 것으로 본다. 오히려 세계화는 국가간 (그리고 국내적으
로도) 불평등과 빈부격차를 심화시킴으로써 국민국가들 간의 이익을 둘
러싼 경쟁을 더욱 가열화시킬 것으로 간주된다.[24] 다시 말해 세계화는
각국간 경제적 연계를 강화시키겠지만 민족국가들 간의 이익갈등을 종
식시키기보다 무역마찰과 경쟁을 더욱 증가시킬 것이라는 인식이다. 이
러한 국가이익을 둘러싼 갈등은 선진국과 개도국 사이에만 진행되는 것
이 아니라 심지어 선진국 사이에도 존재하는 것으로 간주된다. 세계화에
도 불구하고 개별 국가간의 경쟁이 더욱 심화되고 있음을 보여주는 사례
로는 세계화가 확대되는 가운데도 무역분쟁이 계속되고 있다는 사실이
지적된다.[25]

세계화를 국민국가의 틀을 통해 이해하는 중국의 태도는 초국적 기

---

23) 이러한 의미에서 세계화는 서구 선진국이 개도국을 상대로 설치한 함정으로 간주된다. 唐任伍(1998), 15쪽.
24) 伍貽康·黃燁菁(1998), 7쪽.
25) 세계화 시대에 자국의 이익을 보호하려는 국민국가의 노력을 보여주는 증거로는 미국의 무역보호정책이 자주 지적된다. 즉, 미국은 세계화로 인해 제3세계의 값싼 상품이 미국 노동자들의 취업 기회를 박탈하는 결과가 초래되는 것을 방지하기 위해 노동과 환경표준을 무역제재의 근거로 삼으려 한다는 것이다. 韓德强, 「反經濟全球化思辨」 『國際貿易』, 2000년 4기, 19쪽.

업에 대한 시각에서도 찾아볼 수 있다. 중국에서는 초국적 기업이 진정
으로 국적을 초월하는가에 대해 회의적인 시각이 지배적이다. 초국적 기
업의 활동범위가 세계화되면서 더 많은 제품이 여러 국가의 분업을 통해
완성되지만 이러한 초국적 기업도 궁극적으로는 특정 국가에 소속된다
는 것이다. 모든 초국적 기업의 연구·개발·투자에 관한 결정은 특정
국가에서 이루어지는데, 이처럼 기업의 핵심적 정책과 관련된 결정이 이
루어지는 국가가 그 기업의 '모국'이 된다. 이러한 기업의 '모국'은 자국
의 초국적 기업이 해외에서 경제활동을 원활하게 수행할 수 있도록 지원
한다.[26] 가령, 서구 국가들은 자국의 기업이 타국에서 그 국가의 기업들
과 조세나 노동법 적용 등에서 동등한 대우를 받도록 지원한다. 한편 이
러한 지원을 받는 초국적 기업은 다시 그 '모국'의 이익을 증진시킨다는
것이다.

　이처럼 중국에서 세계화는 국민국가라는 토대 위에 추진되고 또 전
개되는 것으로 인식된다. 세계화에 관한 중국의 논의들은 세계화가 국가
이익을 소멸시키고 세계를 하나로 만들기(大同) 보다 현실적 이익을 둘
러싼 민족국가들 간의 충돌을 격화시킬 것으로 간주한다. 세계화에도 불
구하고 개별 국가는 자신의 경제력을 증강시킴으로써 타국과의 경제교
류와 경쟁에서 유리한 지위를 취득하려 할 것이고, 이에 따라 자신의 이
익을 확대하려는 개별 국가의 노력은 더욱 가속화될 것이라는 인식이
다.[27] 이처럼 세계화가 자신의 이익에 대한 개별 국가의 추구를 더욱 강
화시킴에 따라 세계화에 대한 개별국가의 저항이 초래되고,[28] 그 결과
세계화의 과정은 갈등적일 수밖에 없다는 것이다. 다시 말해 세계화 시
대에도 국가이익은 국제경쟁에서 가장 근본적인 것으로 남을 것이며, 따

---

26) 李濱, 「經濟全球化與國家的作用」『世界經濟與政治』, 1997년 12기, 8쪽.
27) 高德步, 「全球化還是民族化? 論世紀之交的世界經濟趨勢」, 胡元梓·薛曉源 주편(1998), 228쪽.
28) 陳德照, 「經濟全球化對中國的機遇與挑戰」『國際問題硏究』, 1999년 제3기, 11쪽.

라서 세계화는 국제협력 속에서 국가이익을 보호해야 하는 과제를 제기한다는 것이다.

한편 세계화에 긍정적인 측면과 부정적 측면이 공존한다는 인식은 다시 세계화에 대한 개별 국가의 대응이 중요하다는 지적으로 이어진다. 경제 세계화가 한 국가에 도전이 되는지 아니면 기회로 작용하는지는 그 국가가 어떻게 대처하는가에 달려 있다는 것이다.[29] 다시 말해 세계화가 개별 국가에 끼치는 영향은 보편적이기 보다 국가의 대응에 의해 결정된다는 인식이다. 이처럼 개별 국가가 세계화에 대한 대응책을 통해 그 영향을 조절할 수 있다는 주장은 개도국에도 해당되는 것으로 간주된다. 개도국은 세계화 과정에서 벗어날 수 없지만, 동시에 자신의 객관적 조건과 주관적 노력에 의해 어느 정도는 자신의 운명에 영향을 끼칠 수 있다는 것이다.[30] 특히 개도국은 세계화에 진입함에 있어서 '자국의 특성'에 근거해야 하는 것으로 간주된다.

4. 세계화와 국가주권의 공존을 향한 탐색

세계화에 대한 중국의 인식이 국민국가라는 틀을 통해 이루어짐에 따라 세계화에 대한 중국의 대응 또한 국가를 중심으로 모색된다. 세계화에 대한 중국의 논의들은 세계화에 대한 대응으로 세계화가 제공하는 이익을 추구하면서 동시에 그에 내재된 폐해를 피할(趨利避害) 것을 제시한다. 구체적으로 논의들은 중국이 한편으로는 세계화에 적극적으로 참여하여 세계화가 제공하는 혜택을 누려야 한다고 강조하면서도 다른

---

29) 伍貽康·黃燁菁(1998), 7쪽.
30) 房寧·王小東·宋强(1999), 334쪽.

한편으로 세계화라는 흐름에 압도당하지 않기 위해서는 국가주권을 유지해야 한다고 강조한다. 즉, 세계화에의 참여와 국가주권의 유지가 동시에 추구되고 있는 것이다. 이처럼 이익을 추구하고 폐해를 피하려는 중국의 전략은 경제 세계화에 적극적으로 참여할 것을 주장하면서 동시에 "대외개방과 독립자주 및 자력갱생간의 관계를 정확하게 처리하고 국가의 경제안보를 보호해야 한다"는 강택민江澤民의 강조에서 단적으로 나타난다.[31]

세계화에 참여할 필요성에 관한 한 중국 내의 이견은 크지 않다. 동아시아 경제위기 직후 한때 세계화에 대한 부정적 인식이 제기되기도 했으나 점차 세계화를 현실로 인정하고 또 세계화에의 참여가 경제발전에 도움이 된다는 인식이 지배하기 시작했다. 이러한 변화에는 동아시아 금융위기는 "경제 세계화가 세계경제 발전의 객관적 추세로 어느 누구도 회피할 수 없으며 모두가 참여해야 함을 보여준다"는 강택민의 언급이 계기로 작용했다.[32] 세계화에 대한 중국의 논의들은 강江의 이러한 입장을 충실하게 반영한다. 중국의 분석가들은 세계화에 참여하는 것이 중국의 이익에 부합된다고 주장한다. 구체적으로 중국은 세계화에 참여함으로써 선진 과학기술과 관리방법을 습득하고 세계시장이 창출해낸 생산요소의 자유로운 이동이라는 기회를 활용하며 외자와 기술도입을 통해 경제를 발전시킬 수 있다는 것이다.

세계화에의 참여가 중국의 경제발전에 기여할 것이라는 증거로는 20여 년에 걸친 중국의 개방정책이 제시된다. 개방정책과 그에 따른 경제의 급속한 발전은 중국에게 외부와의 경제교류가 경제발전의 기회를 제공한다는 신념을 가져다 주었고, 이러한 신념은 다시 앞으로의 경제발

31) 「高擧鄧小平理論偉大旗幟, 把建設有中國特色社會主義事業全面推向二十一世紀」『新華月報』,
    1997년 10기, 16쪽 참조.
32) 『人民日報』, 1998년 3월 10일.

전 또한 세계경제와 떨어져 진행될 수 없다는 주장으로 이어진다.[33] 이러한 개방정책의 성과에 대한 확신이 중국 지도자들로 하여금 여러 가지 국내적인 어려움에도 불구하고 WTO 가입을 위해 상당한 양보를 결정하도록 만들었다. 그 동안 중국에는 지도부로 하여금 미국에 실질적인 양보 조치를 취하는 것을 어렵게 만드는 많은 이유가 존재하는 것으로 간주되어 왔다.[34] 무엇보다도 WTO 가입을 위한 실질적인 양보는 가뜩이나 취약한 국유기업을 극심한 경쟁에 노출시킴으로써 실업, 주택, 연금, 의료보험 등의 분야에서 연쇄적 문제를 초래하는 등 사회적 불안을 야기할 수 있는 것으로 간주되어 왔다. 그러나 중국 지도부는 1999년 WTO 가입에 필요한 미국의 지지를 얻기 위해 상당한 양보를 결정했다.

이러한 결정은 경제 세계화에 참여하겠다는 중국 지도부의 의지를 보여준다. 중국 지도부는 WTO 가입이 그 동안 중국 경제를 보호해왔던 장벽들을 제거시킴으로써 중국경제에 충격을 가하겠지만 궁극적으로는 중국의 경제발전에 기여할 수 있다고 판단한 것으로 보인다. 구체적으로 중국 지도자들은 WTO 가입이 중국에서 시장경제체제를 확립하는데 기여할 것으로 판단했다. 즉 WTO 가입은 국유기업이나 금융과 같은 부문에서의 시급한 개혁을 촉진시키고, 또 산업구조의 조정을 촉진시키는 등 자원배치의 효율성을 제고함으로써 중국경제 전체의 경쟁력을 강화시킬 것이라는 기대였다. 이것은 중국 지도부가 세계화를 경제개혁의 심화라는 국내적 목표를 달성하는 데 활용하려 함을 의미한다. 이러한 국내적 효과 외에도 중국 지도부는 WTO 가입을 통해 국제적 규칙을 제정하는 데 참여함으로써 자국의 이익을 보호하고 또 국제사회에서 자국의 지위를 제고시키려 한다.

---

33) 『人民日報』, 1997년 8월 28일.

34) Phillip C. Saunders, "Supping with a Long Spoon: Dependence and Interdependence in Sino-American Relations", The China Journal, 43(January 2000), p. 76.

그러나 중국이 세계화에 참여하기로 한 것이 곧 자신의 경제적 운명까지 세계경제에 위탁하려 함을 의미하지는 않는다. 지난 20여 년에 걸친 세계경제에의 참여와 그에 힘입은 경제발전에도 불구하고 세계화에 대한 중국의 논의들은 세계경제체제와의 일체화 또는 세계경제 규칙의 전면적 수용을 상정하지 않는다. 오히려 세계화에 관한 중국의 논의들은 세계화가 제공하는 것으로 간주되는 모든 혜택을 누리기 위한 전제조건으로 국가주권의 유지를 강조한다.[35] 국가주권을 세계경제로부터 자국의 이익을 보호하는 수단으로 간주하는 중국의 경향은 역사적 경험에서 유래한다. 중국은 19세기 중반 이후 서구 열강의 강요 아래 자본주의 세계경제에 문호를 개방했다. 그러나 이러한 세계경제와의 교류는 중국에게 민족경제의 저발전과 '민족적 수모'를 가져왔고, 이러한 경험을 통해 중국은 세계경제와의 교류가 경제적 착취로 이어질 수 있으며, 이러한 부정적 결과를 방지하고 혜택을 누리려면 세계경제와의 교류에 간섭하고 또 그 과정을 통제해야 한다는 신념을 갖게 되었다. 이러한 신념은 1978년 이후 추진된 세계경제와의 교류에 개입하고 또 그 과정을 통제하려는 중국의 노력에서 분명하게 표출되었다.[36]

물론 이것은 세계화에 관한 중국의 논의들이 세계화가 중국의 국가주권에 전혀 영향을 끼치지 않을 것이라고 보고 있음을 제시하지는 않는다. 세계화가 국가주권에 일정 정도의 제약을 가할 것이라는 점은 중국에서도 인식된다. 한 국가가 세계화에 참여한다는 것은 곧 국제적 규칙을 수용함을 의미하기에 세계화는 국가주권의 존중과 내정 불간섭을 핵심으로 하는 지금까지의 국제관계에 도전을 제기할 것이라고 간주된

---

35) 李忠杰, 「新世紀中國全球戰略構想」 『中共中央黨校學報』, 4권 1기(2000년 2월), 32쪽.
36) 대외개방을 주도한 鄧小平은 중국이 역사로부터 얻어야 할 교훈은 중국이 외부세계로부터 배우면서도 외국에게 종속되지 않는 것이라고 강조했다. 「中國共産黨第十二次全國代表大會開幕詞」 『鄧小平文選』(제3권), 1~4쪽.

다.[37] 국가의 주권 가운데서도 국가의 경제정책 결정권이 특히 제약을 받는 것으로 간주되는 것은 중국에서도 마찬가지다. 외국과의 경제교류가 심화됨에 따라 경제정책의 결정도 점차 대외경제관계에 의해서 영향을 받게 될 것이기에 대외 경제정책과 개입 조치를 독자적으로 결정할 권한은 약화될 수밖에 없다는 것이다. 이러한 지적과 함께 주권에 대한 인식과 태도상의 변화를 촉구하는 주장도 조심스럽게 제기된다. 한 논의는 주권의 개념은 역사적인 것으로 변화하기에 세계화시대의 주권개념은 대외경제교류가 거의 없던 시기의 국가주권 개념과 동일할 수 없다고 주장한다.[38] 이제 주권이란 절대적인 것이라기보다 국제사회의 조약, 규범, 관례의 제약을 받는 제한적인 것으로 간주된다.[39] 이러한 변화와 함께 심지어 국가주권과 국가이익을 구분하고 주권을 국가이익에 귀속시키는 등 주권문제에 대해 유연성을 보일 필요가 있다는 주장도 제기된다. 한 국제문제 전문가는 주권과 경제이익 간에 충돌이 발생할 때는 어느 이익이 더 큰가를 판단하여 그 취사를 결정해야 한다고 주장한다.[40]

이처럼 세계화와 함께 국가주권이 점차 국제규칙이나 국제조직의 제약을 받게 될 것임을 인정하면서도, 세계화에 관한 중국의 논의들은 세계화시대에도 국가주권이 계속해서 국제관계의 가장 중요한 측면으로 남을 것이라는 입장을 견지한다. 경제적으로 국가주권을 유지하는 것은 저발전과 종속을 피하고 세계화의 혜택을 실현하는 전제로 간주된다. 한편 정치적으로 국가주권의 유지는 정권의 존립을 위한 전제로 간주된다.[41] 세계화에 관한 중국의 논의들은 세계화가 국가주권을 약화시킬 것

---

37) 李鋼, 「全球化時代的國際政治和經濟關係及我國的對策」『世界經濟與政治』, 1999년 제9기, 27쪽.
38) 朱景文, 「關于法律與全球化的幾個問題」, 胡元梓・薛曉源 주편(1998), 117쪽.
39) 楊玄山, 「干涉主權論, 絶對主權論與限制主權論」『世界經濟與政治』, 2000년 3기, 22쪽.
40) 閻學通, 『中國國家利益分析』(天津: 天津人民出版社, 1997), 290쪽.
41) 서방국가들이 1989년 천안문 사태를 강제 진압한 것을 명분으로 중국에 대해 경제제재를

이라는 주장을 일부 강대국의 패권욕을 반영한 것에 불과한 것으로 간주
한다.[42] 즉, '주권 쇠퇴론'은 서구학자들이나 초국적 기업이 자국이나 자
신의 이익을 증진시키려는 의도에서 제기한 것이라는 인식이다. 여기서
도 중국의 분석가들은 미국의 의도에 특히 주목한다. 국가관계에서 주권
의 최고성이 위협을 받게 된 가장 중요한 이유는 냉전이 종식된 이후 국
제체제에서 상대적 지위가 강화된 미국이 자신의 이익과 가치관에 근거
하여 국제행위의 준칙을 제정하게 된 때문이라는 것이다.[43] 나아가 이들
은 미국이 타국의 주권을 부정하면서도 자신의 주권은 매우 강조하고 심
지어 자신의 주권을 타국에 강요하려 한다는 사실에 주목한다. 그 구체
적인 사례로 자국으로의 이민을 규제하려는 미국의 움직임이나 자국의
기업을 보호하기 위한 반덤핑 조치 등이 거론된다. 이러한 사례들은 세
계화시대에도 국가주권이 소멸될 수 없음을 보여준다는 것이다.

　　국가주권에 대한 추구는 국가의 역할에 대한 강조로 이어진다. 세
계화가 경제에 대한 국가의 개입 기능을 약화시킬 것이라는 세계화론자
들의 기대와 달리 중국에서는 국가의 역할과 정책이 세계화를 추진하고
또 세계화의 혜택을 누리는 데 필수적인 요소로 간주된다.[44] 가령 중국

가하자 중국의 최고지도자였던 鄧小平은 타국의 내정과 사회제도에 간섭하지 않는 것을
국제질서의 가장 중요한 원칙으로 내세워 대응했다. 鄧小平, 「中國永遠不允許別國干涉內
政」『鄧小平文選』(제3권), p.359 참조. 이러한 국가주권에 대한 추구는 江澤民에게도 계승
되는데, 그는 집권 후 처음 개최된 1992년의 중국공산당 제14차 대회에서 "민족의 이익과
국가주권에 관련된 문제에 있어서 우리는 어떠한 외부의 압력에도 절대로 굴복하지 않는
다"고 선언한다. 江澤民, 「加快改革開放和現代化建設步伐, 奪取有中國特色社會主義事業的更
大勝利」『十四大以來重要文獻選編』(上), (北京: 人民出版社, 1996), p.35 참조. 이러한 江의
입장은 1997년에 개최된 중국공산당 제15차 대회에서 다시 반복된다. 江은 연설에서
타국의 내정에 간섭하려는 시도를 비판하고 각 국가는 자신의 상황에 맞는 제도를 선택
해야 한다고 주장했다. 「高擧鄧小平理論偉大旗幟, 把建設有中國特色社會主義事業全面推向
二十一世紀」『新華月報』, 1997년 10기, p.20 참조.
42) 李萬才, 「試論國家主權和國際法的關係」『世界經濟與政治』, 2000년 1기, 62~65쪽.
43) 李鋼(1999), 27쪽.
44) 국가의 역할에 대한 중국의 강조에는 자국의 국력에 대한 자신감도 작용한다. 즉, 세계화
로 인해 국가의 역할이 쇠퇴하더라도 강대국은 여전히 중요한 작용을 할 수 있는데 중국

의 WTO 가입이 경제에 대한 정부의 개입을 불가능하게 만들 것이라는 외부의 주장과 달리,[45] 중국에서 WTO 가입은 정부가 경제에 대한 개입을 포기하는 것으로 해석되지 않는다. 오히려 WTO 가입에 관한 중국의 논의들은 WTO 가입이 가져올 다양한 경제·사회적 문제들을 해결하기 위해서 정부의 거시적 조절능력이 강화되어야 한다는 주장을 제기한다. 가령, 한 논의는 시장개방이 국내산업에 과도한 충격을 끼치는 것을 방지하기 위해 정부의 대책이 필요하다고 주장한다. 나아가 이 논의는 WTO도 개별 회원국가에 대해 유치산업을 보호하기 위한 유연성 있는 조치를 취할 여지를 제공한다고 주장한다.[46] 이처럼 국가가 계속해서 적극적인 작용을 해야하는 이유는 세계화가 본질적으로 국가간 경쟁의 한 형태이기 때문이다. 즉, 세계화가 국가간 경쟁을 더욱 첨예하게 만들 것이기에 세계화 시대 중국에서 국가의 작용은 약화될 것이 아니라 증대되어야 한다는 것이다.

중국에서 국가는 '경제안보'를 달성하는 주체로 간주된다. 경제안보란 탈냉전기 중국에서 새로운 안보개념으로 등장한 것으로 "한 국가의 경제적 생존과 발전이 직면한 국내외적 환경, 국제경쟁에 참가하는 능력 및 그것이 가져오는 국제정치적 지위와 능력"을 지칭한다.[47] 세계화는 이러한 경제안보의 중요성을 더욱 제고시키는 것으로 간주된다. 즉 경제가 개방되면 될수록 외부의 충격에 더욱 노출되기에 경제안보의 필요성도 커진다는 것이다.[48] 국가는 이러한 경제안보를 유지함에 있어서 중요한 작용을 하는데, 이 사실을 보여주는 사례로는 동아시아 경제위기가 거론

은 이미 이러한 강대국 대열에 들어섰다는 인식이다. 房寧·王小東·宋强(1999), 198쪽.

45) James Petras, "China in the Context of Globalization", *Journal of Contemporary Asia*, 30:1(2000), p. 114.

46) 周茂清, 「 '入世'與國內産業的合法保護」 『産業經濟』, 2000년 5기, 53~56쪽.

47) 樊瑩, 「經濟全球化與國家經濟安全」 『世界經濟與政治』, 1998년 5기, 13쪽.

48) 楚樹龍, 「冷戰後中國安全戰略思想的發展」 『世界經濟與政治』, 1999년 9기, 14쪽.

된다. 중국이 다른 동아시아 국가들과 달리 경제위기를 피할 수 있었던 것은, 물론 중국의 금융체제 개방이 아직 초기 단계에 머물렀던 때문이기도 했지만,[49] 정부의 적절한 대응이 있었기 때문이라는 것이다.[50]

　　경제안보를 지키기 위해 국가는 세계화 과정에 개입하고 또 그 과정을 자신의 역량에 맞는 수준으로 통제해야 하는 것으로 제시된다. 즉 세계화에의 참여는 자국의 능력과 실제에 근거하여 점진적으로 진행되어야 한다는 기대이다. 대폭적인 개방이 가져올 수 있는 부정적 현상에 대한 중국의 우려는 매우 분명하다. 경제적으로 감독관리체제가 아직 완비되지 않은 상태에서 경제에 대한 국가의 관리권을 취소시킬 경우 그것은 매우 위험한 결과를 초래할 수 있는 것으로 간주된다.[51] 만약 중국정부가 경제를 시장조절에만 맡기고 정책을 조정하려는 노력을 하지 않는다면 중국은 서구 선진국의 초국적 기업이 노동집약적 산업과 사양산업을 이전시키는 장소가 될 뿐이고 세계화가 가져다 줄 것으로 기대되는 산업구조의 개선과 같은 혜택을 누리기는 어려울 것이라는 주장이다.[52] 이러한 결과는 다시 경제 사회적 혼란을 가져옴으로써 정부의 통제력을 약화시킬 것이라는 우려로 이어진다.

　　또한 국가는 경제안보를 실현하는 중요한 수단인 국제 경쟁력을 강화시키는 주체로 인식된다. WTO 가입에 따른 중국의 대응조치에 관한 논의들은 대응의 가장 중요한 주체로 산업계나 개별기업에 앞서 정부를 지목한다. 정부는 WTO 가입이 제공하는 기회를 이용하고 또 그것이 제기하는 도전에 대응하는 기초를 마련해야 한다는 것이다. 이것은 정부가

49) 木然, 「世界多極化與經濟全球化」 『編譯參考』, 1998년 12기, 『新華月報』, 1999년 2기, 96~97쪽.
50) 蕭灼基, 「吸取東亞金融危機敎訓, 保持我國經濟平穩發展」 『中國金融』, 2000년 2월, 31쪽.
51) 唐任伍(1998), 19쪽.
52) 陳德照(1999), 11쪽.

중국의 산업과 기업이 세계화가 제공하는 기회를 이용하여 발전을 이룩
하고 세계화의 위험을 해소할 수 있는가의 여부를 결정짓는 중국의 거시
적 환경을 통제하기 때문이다.[53] 국가는 무엇보다도 '민족경제'를 육성해
야 한다고 간주된다. 즉, 세계화에도 불구하고 민족경제가 경제발전의
중추가 되어야 한다는 인식은 계속되고 있는 것이다. 가령, 한 논의는
대외무역을 촉진시키면서도 동시에 내수를 확대시켜 교역의존도를 낮출
것을 주장한다.[54] 아울러 정부는 민족경제를 육성하기 위해 산업정책을
계속해서 시행해야 하는 것으로 기대된다. 즉, 정부는 열세분야에 투자
함으로써 기술발전을 촉진시키고 기업들 간의 협력을 촉진시키는 작용
을 해야 한다는 것이다. 단지 이제 이러한 조치는 과거와 같이 무차별적
으로 이루어지기보다 선별적으로 진행되어야 하는 것으로 간주된다. 또
한 정부는 외국 투자의 도입이나 초국적 기업의 진입이 중국 기업의 성
장에 방해가 되지 않도록 통제해야 하는 것으로 간주된다.

　　국가가 세계화에의 진입과정과 조건을 통제해야 한다는 기대는 이
미 실천에 옮겨지기 시작했다. 대표적으로 중국정부는 금융분야에서의
규제를 앞장서 주장해오고 있다. 세계화론자들에 따르면 금융의 국제화
는 개별 국가로 하여금 이탈에 대한 우려에서 국제자본에 대해 엄격한
규제기준을 적용하는 것을 어렵게 만든다.[55] 그러나 이러한 기대와 달리
중국은 금융분야에 대한 규제에 적극적이다. 이처럼 금융분야를 규제하
려는 중국의 노력은 동아시아 경제위기에 대한 중국의 진단과 밀접한 관
련을 갖는다. 중국은, 앞에서 지적한 것처럼, 동아시아 경제위기를 금융

53) 薛榮久, 「定位WTO: 中國WTO硏究與對策思考」『國際貿易』, 2000년 2기, 8쪽.
54) 沈驥如, 「新世紀經濟全球化的趨勢和我國的對策」『世界經濟與政治』, 2000년 4기, p.41. 한편
　　이러한 민족경제에 대한 강조는 대외개방을 시행하고 외자를 도입하는 동시에 민족기업
　　의 발전을 촉진시키는 데 중점을 두어야 한다는 의미에서 자력갱생과 다르다.
55) David Held and Anthony McGrew, "The End of the Old Order? Globalization and the Prospects
　　for World Order", *Review of International Studies*, 24(1998), p.239.

위기로 간주하며 이러한 인식에서 국가가 금융분야에 개입하고 관리해야 한다고 주장한다. 금융분야를 통제하려는 중국의 노력은 크게 두 가지로 구성된다. 우선, 중국은 세계적 투기자본에 대한 규제를 주장한다.[56] 동아시아에서 경제위기가 발생한 1997년 말에 개최된 APEC 정상회담에서 강택민은 국제투기자본의 충격에 공동으로 대응함으로써 양호한 금융환경을 유지하는 것이 모든 국가에게 이익이 된다고 주장함으로써 투기자본을 규제할 필요성을 제기한 후,[57] 계속해서 국제자본에 대한 규제의 필요성을 강조해오고 있다. 아울러 중국은 국내적으로 금융분야의 자유화를 추진하기 전에 강력한 통제체제를 건립하고 또 엄격한 절차와 구체적 규칙을 제정해야 한다는 입장을 견지한다. 중국에서 WTO 가입은 곧바로 금융개방을 의미하는 것으로 이해되기보다 개방을 위한 전제조건에 불과한 것으로 간주된다. 금융개방이 실제로 이루어지기 위해서는 거시경제의 안정과 국내 금융체계의 건전한 운영이 확보되어야 하며, 이러한 조건이 충족되지 않은 상태에서는 금융자유화를 허용하거나 진행해서는 안 된다는 입장이 견지된다.[58]

또한 경제의 운용에 계속해서 개입하려는 입장도 분명하다. 무엇보다도 중국정부는 WTO 가입을 위한 협상을 진행하는 과정에서 특별하고 차별적인 조치를 취할 수 있는 권한을 허용해줄 '개도국 지위'를 확보하는 데 전력했다. 다시 말해 중국정부는 이미 WTO 가입을 위한 협상 과정에서부터 WTO의 의무 수용과 자국경제 보호라는 두 개의 상충적 요구를 조화시키려 했다. 이러한 노력의 결과로 도출된 미-중합의는 중

56) 龐中英,「國際金融體系醞釀改革」『人民日報』, 1998. 4. 9 참조.
57)「江澤民在亞太經合組織第五次領導人非正式會議上的講話」, (1997. 12. 25.), 『新華月報』, 1998년 1기, 102쪽.
58) 秦月星,「關于中國從加入WTO到開放資本帳戶進程的思考」『世界經濟與政治』, 2000년 4기, 35~37쪽; 唐任伍(1998), 19쪽.

국정부에게 자국의 경제에 대한 개입을 통해 개방이 가져올 수 있는 충격에 대비할 수 있는 여지를 부여했다. 가령 중국정부는 개도국 지위를 취득함으로써 관세나 보조금 지급 등에서 독자적인 조치를 취할 수 있는 권한을 부여받았고, 이를 통해 전략산업을 보호할 수 있는 여지를 갖게 되었다. 자국의 경제에 개입해온 지금까지의 행태를 근거로 판단할 때 이러한 규정은 중국정부가 계속해서 경제에 간섭하는 근거로 작동할 것으로 보인다. 실제로 주용기朱鎔基 총리는 2000년 3월에 개최된 9기 3차 전국인민대표대회에 행한 업무보고에서 WTO 가입으로 중국에게 주어질 기회를 활용하기 위해 수출상품의 구조를 조정하고 적극적으로 시장을 개척하며 시장 개척에 필요한 경영기제를 확립하겠다는 의지를 표명함으로써 세계화에 관한 중국의 논의들에서 제기된 정부의 역할과 관련된 기대가 현실화될 것임을 보여주었다.[59] 이와 함께 경제에 개입하려는 정부의 실무조직들의 의지도 표명되고 있는데, 대표적으로 국가방직공업국은 WTO 가입 이후에도 섬유산업을 계속해서 지주 산업으로 육성하겠다는 방침을 표명한 바 있다.[60]

5. 결론

이상의 논의는 중국에서 세계화와 국가주권간의 관계가 세계화론자들의 주장과 다르게 이해됨을 보여준다. 세계화가 국가의 쇠퇴를 가져올

---

59) 『人民日報』, 2000. 3. 17.

60) *China Economic Review*, March 2000, p.24. 한편 경제에 대한 정부의 이러한 개입은 형태상의 변화를 경험할 것으로 보인다. 세계화에의 참여와 함께 중국에서도 경제에 대한 정부의 개입이 국제적 규칙과 관례에 부합되는 방식으로 진행되어야 한다는 인식이 점차 강화되고 있다. 이것은 중국에서 경제에 대한 정부의 개입조치가 자국의 현실에 부합되면서 동시에 국제적 규칙과 관례에 부합되는 형태를 띨 것임을 제시한다.

것이라는 세계화론자들의 기대와 달리 중국에서 세계화는 국민국가라는
틀을 통해 인식된다. 세계화에 관한 중국의 논의들은 세계화가 민족의식
이나 민족이익을 소멸시킴으로써 국가 없는 상호의존적 세계의 출현을
의미하기보다 국가간 경쟁을 더욱 심화시킬 것이라고 이해한다. 이러한
인식에서 출발하여 세계화에 관한 중국의 논의들은 세계화에 참여할 것
을 주장하면서도 동시에 세계화에의 참여가 자국의 경제에 대한 착취로
귀결되지 않고 혜택을 가져오도록 만들기 위해서는 국가주권을 유지할
필요가 있다는 세계화와 국가주권의 공존을 주장한다. 반면에 세계화가
국가주권을 약화시킬 것이라는 주장은 특정 국가의 의도를 반영하는 것
으로 간주된다. 즉 탈냉전으로 세계의 주도권을 쥐게 된 미국이 자신의
이익을 확대하려는 시도에 다름 아니라는 인식이다.

　세계화와 국가주권을 공존시키려는 중국의 노력은 중국이 세계화가
제공하는 혜택을 누리면서도 그것이 제기하는 폐해를 피하려는 의도를
갖고 있음을 보여준다. 이러한 의도는 다시 국가의 적극적인 역할에 의
해 실현되는 것으로 상정된다. 다시 말해 중국에서 국가는 세계화 과정
에서 경제에 대한 통제권을 잃고 소멸될 대상이라기보다는 세계화 과정
을 관리하고 통제할 주체로 간주된다. 국가는 자국의 산업을 보호하고
국제적 투기자본을 규제하는 등 자국의 경제를 세계화로 인한 급격한 충
격으로부터 보호할 뿐 아니라 자신의 경제가 국제적인 경쟁력을 갖도록
보증하는 등 경제안보의 중추로 작동할 것으로 기대된다. 이러한 기대는
부분적으로나마 이미 실천에 옮겨지기 시작했다.

　이러한 세계화에 관한 중국의 논의와 입장은 중국이 처한 복잡한
처지를 반영한다. 중국은 지난 20여 년에 걸친 경제성장으로 부국강병
이라는 목표에 대한 자신감을 증강시켜가고 있으며, 이러한 목표를 완성
하기 위해서는 세계화에 참여할 필요가 있다고 간주한다. 그러면서도 중
국은 여전히 자신의 경제적 취약성을 인식하고 있으며, 이러한 인식에서

세계화가 제공하는 혜택을 실현하기 위해서는 국가주권이 필요하다고 간주한다. 이처럼 국가주권을 세계경제가 제공하는 혜택을 실현하는 전제로 간주하는 중국의 인식은 역사적 경험에서 연원한다. 한 세기 전 중국이 세계경제와 진행한 교류의 경험이 현재 진행되고 있는 세계화에 대한 인식에도 영향을 끼치고 있는 것이다. 이러한 인식이 중국으로 하여금 자신의 주권에 대한 도전이 세계화 그 자체에서 연원한 것이기보다는 자신의 이익을 침해하려는 미국의 의도에서 연원한 것으로 간주하게 만들었다.

중국의 사례는 세계화가 국가주권에 끼치는 영향이 세계화론자들의 주장처럼 직접이고 보편적이라기보다 개별 국가의 특성에 의해 매개됨을 제시한다. 다시 말해 세계화는 개별 국가가 작동해야 하는 국제적 환경을 변화시키지만, 이러한 환경상의 변화가 곧바로 개별 국가의 선택을 결정짓지는 않는다. 개별 국가는 변화된 환경에 대응함에 있어서 독자적으로 판단하고 또 대응하려 한다. 이처럼 세계화에 대한 개별국가의 대응이 그 국가에 의해 선택된다는 사실은 개별국가에 대한 세계화의 영향이 모든 국가에서 똑같은 형태로 표출되기보다는 다양하게 표출될 가능성을 제시한다.[61] 물론 중국의 규모와 국력이 중국으로 하여금 세계화에 대해 선택적으로 대응하도록 만들었을 가능성을 배제하기 어렵겠지만, 설령 이것이 사실이라 할지라도 개별 국가, 또는 최소한 일부 개별국가가 세계화에 대한 대응에 있어서 선택의 여지를 갖는다는 사실이 완전히 부정되는 것은 아니다.

세계화와 국가주권의 공존을 향한 중국의 탐색이 실현될 수 있을 것인가는 시간을 두고 지켜볼 문제이다. 한편으로 세계화의 거센 물결이 국가주권을 유지하려는 중국의 의지에 충격을 가할 가능성을 상정해볼

---

61) 이러한 주장은 Mann(1997)에서 찾을 수 있다.

수 있다. 세계화에 대한 중국의 참여가 중국의 경제발전을 더욱 촉진시킬 경우에 세계경제와의 진정한 일체화에 대한 중국 내외의 요구와 압력이 증가할 것이고 이에 따라 경제에 대한 중국정부의 권한은 더욱 제약될 수 있다.[62] 그러나 다른 한편으로 지난 20여 년에 걸친 세계경제에의 성공적인 참여에도 불구하고 중국에서 국가주권에 대한 추구가 약화되지 않고 있다는 사실은 중국이 앞으로도 세계화에의 참여와 국가주권의 유지라는 상충적인 목표 간의 균형을 유지시켜갈 가능성을 제시한다. 특히 현 지도부에게 있어서 국가주권의 유지가 권력의 유지와 밀접하게 연계되어 있다는 사실은 국가주권을 유지하려는 노력이 계속될 가능성을 제시한다. 실제로 중국이 최근 들어 적극적으로 추진하고 있는 '동반자 외교'나 '다극화 외교'는 개별 국가의 주권의 유지를 그 핵심내용으로 하는데, 이는 중국 지도부가 국가주권을 유지하기 위해 국제적 협력까지를 모색하고 있음을 보여준다. 어쨌든 세계화 시대에 국가주권을 유지하려는 중국의 노력이 성공할 수 있을 것인가는 세계화와 국가주권간의 관계를 보여주는 중요한 사례가 될 것이다.

---

62) 반대로 중국이 세계화로 인한 경제적 충격을 감당하지 못할 경우에도 정치권력에 대한 도전이 제기되고, 그 결과 세계화에의 진입과정을 관리하려는 지도부의 노력은 좌절을 겪을 수 있다.

일본과 동아공동체 담론

한상일 韓相一

1. 일본 근현대사와 동아시아

일본은 지리적으로나 문명적으로 또는 역사적으로 동아시아권에 속해 있다.[1] 그러나 '서양의 충격'을 받기 시작한 19세기 중엽 이후 일본의 근현대사는 동아시아의 한 구성원이 되는 것을 거부하고 '서양'의 대열에 끼기 위한 '따라잡기의 역사'였다. 후쿠자와 유키치의(福澤諭吉)의 '탈아입구론脫亞入歐論'이 상징적으로 보여주고 있는 것과 같이 국민국가로 출범한 일본은 문명의 중심을 중국에서 서양으로 돌리고 강력한 '서양화' 정책을 추진했다. 서양의 대열에 참여하기 위하여 일본은 서양식 제도와 양식을 수용하고 부국강병의 길을 모색했다. 국민통합을 바탕으로 근대화를 이룰 수 있었던 일본은 서양과 더불어 자신이 속해 있는 동아시아를 식민지의 대상으로 삼았다. 일본은 메이지(明治)라는 국민국가를 창출한 이래 반半세기도 안되는 짧은 시간 안에 중국과 러시아와의 전쟁에

---

1) 전통적으로 '동아시아' 또는 '동아'라 함은 중국에서 기원하는 한자, 유교, 율령제, 대승불교 등과 같은 문화적 요소를 공유하며, 中華사상을 이념적 지배 질서로 받아들였던 근대 이전의 소小세계를 의미하고 있다. 즉 문명의 기원으로서의 중국과 그 중국과 동일 문명권을 구성하는 조선과 일본을 포괄하는 지역으로서 중국문명권을 지칭하는 것이다. 그러나 스테판 다나카의 연구가 보여주고 있는 것과 같이 근대 이후 '서양'에 대치되는 개념으로서 일본이 만들어낸 '동양' 또는 '동아'는 중화주의를 객체화시키고 중국의 위상을 격하시켜 일본을 아시아의 맹주로서 새로운 질서를 세우기 위한 개념으로 인식됐다. Stefan Tanaka, *Japan's Orient: Rendering Past into History*(University of California Press, 1993).

서 승리함으로서 동아시아의 패자로 등장했고, 1910년 이르러서는 대만, 사할린 반도의 남반부, 팽호열도, 관동주, 한반도를 식민지로 하는 식민 제국을 건설할 수 있었다. 그러나 일본이 서양을 따라잡기 위하여 추구한 제국주의적 근대화와 식민지 확장은 안팎에서 모순과 한계가 드러났고, 전쟁을 통한 '근대의 극복'을 시도했으나 결국 패망으로 이어졌다. 개국 이후 패망에 이르기까지 일본에게 있어서 동아시아는 식민지와 지배의 대상이었다.

태평양전쟁 이후에도 일본은 여전히 동아시아의 일원이기를 거부했다. 7년간의 점령통치를 끝내고 자주독립국가로 세계무대에 등장한 일본은 미국의 후견 아래서 다시 서양(미국)을 따라잡고 서양과 대등한 위치에 서기 위한 전략을 택했다. 정치적으로나 경제적, 그리고 문화적으로 일본은 서양을 모델로 삼고 서양을 따라잡기 위하여 온 힘을 다했다. 그 결과 패전 후 30년 만에 일본은 또다시 세계 제2의 경제대국으로 성장할 수 있었다. 1980년대의 마지막까지만 해도 일본에게 있어서 동아시아는 여전히 경시의 대상이었고 상품의 시장과 원료 공급원이었을 뿐이다.

그러나 냉전이 끝나고 세계질서가 재편성되기 시작한 1990년에 들어서면서부터 일본은 아시아를 새로운 눈으로 바라보기 시작했다. 과거의 인식, 즉 '식민지', '시장', '원료 공급원'으로서의 동아시아가 아니라 '더불어' 살아갈 대상으로서 동아시아를 설정하고 공동체 구상을 모색하게 되었다. 특히 일본 지식인 사회에서 아시아에 대한 관심이 높아지면서 '동아시아'라는 지역에 위치하고 있는 중국, 대만, 한국, 일본 등을 하나의 지역적 실체로 만들어야 한다는 담론이 활발하게 진행되고 있다.

그러나 최근 일본 지식인 사회에서 논의되고 있는 동아공동체 담론은 새로운 것은 아니다. 앞에서도 지적한 것과 같이 일본 근현대사의 흐름은 기본적으로 서양을 따라잡기 위한 역사였다. 그럼에도 불구하고 지난 150여 년의 근현대사를 되돌아보면, 한국, 중국, 일본을 하나의 협동체로 만들어 가야 한다는 '일본발日本發' 동아공동체론은 최근의 논의를 포함하여 세 차례에 걸쳐 두드러지게 나타고 있다. 최초의 것은 메이지[明治]유신을 전후한 19세기 후반부에 나타난 아시아연대론이 그것이고, 두 번째는 1930년대 후반에 나타난 동아협동체론이다. 그리고 세 번째가 최근에 등장하고 있는 동아공동체론이라 할 수 있다. 물론 오늘 진행되고 있는 동아공동체 담론은 그 이념과 양상을 달리하고 있으나, 19세기 말의 아시아연대론과 30년대의 동아협동체론은 지향하고 있는 목표가 같을 뿐 아니라, 20세기 초와 1930년대의 동아시아 질서를 확정짓는 중요한 이념적 바탕으로 기능했던 특수한 종류의 '역사적 조형물'이라 할 수 있다.

이 글에서는 과거 역사에 나타났던 일본의 동아시아 인식의 형태였던 아시아연대론과 동아협동체론을 간단히 살펴보고, 이어서 최근 일본에서 지적 담론으로 등장하고 있는 동아시아공동체론의 의미와 내용과 구상, 그 실천 가능성을 찾아보고, 미래에 대한 전망을 시도하기로 한다.

2. 아시아연대론

동아시아를 하나의 공동체로 만들어 가야 한다는 '신화'의 시발점이라고도 할 수 있는 아시아연대론은 19세기 말 일본에서 태동했고, 이 연대론의 대전제는 서양으로부터의 압력과 이로 인한 위기의식이다.[2) 아

---

2) 아시아연대, 또는 대아시아주의에 관하여는 비교적 많은 연구가 이루어졌다. 대표적인 것으로서는, Marius B. Jansen, *The Japanese and Sun Yat-sen*(Harvard University Press, 1954); 竹内好, 『アジア主義』(筑摩書房, 1963); 古屋哲夫 編『近代日本のアジア認識』(京都大學, 1994); 한상일, 『아시아연대와 일본제국주의』, 오름, 2002.(이 책은 도서출판 까치에서 1980년 출간한 『日本帝國主義의 한 研究-大陸浪人과 大陸膨脹』을 보완한 것이다) 참조.

시아연대론은 19세기 중반부터 구체적으로 나타난 서양의 압력으로부터 아시아를 해방하고, 동양의 평화와 질서를 아시아인 스스로가 확립하며, 동아시아 민족이 누릴 수 있는 공영의 생활권을 설정한다는 것을 목표로 하고 있었다. 그리고 이를 위해서 동아시아의 이웃 국가인 한국, 중국, 일본은 서로 긴밀한 연대를 맺어야 한다는 것이다.

연대론을 촉진시킨 중요하고 결정적인 요인은 페리(Matthew C. Perry)의 내항과 그후 이어진 불평등 조약의 틀 속에서 전개된 서양과의 관계에서 나타난 위기의식이었다. 근대 일본의 대표적 지식인인 후쿠자와 유키치의 표현을 빌리면 "구미와의 교제는 우리 일본에게 있어서는 폐병과 같은 것"이었다. 그는 "개항장에서는 무역이 이루어지고 있지만 상업의 실권은 서양인들의 손 안에 있고", "영국과 미국의 군함은 일본해를 오가며 우리들의 가슴을 서늘하게 하고 있지만 우리의 군비는 아직 그들을 대적하기에는 크게 부족"했다. 즉 일본은 독립국임에도 불구하고 "무역의 권리도 모두 우리에게 있지 않고, 재판의 권한도 우리 정부가 자유롭게 행사할 수 없는 것"이 현실이었다.[3]

위기의식은 위기극복을 위한 대처 방안을 모색케 했다. 이를 위하여 일본은 한편으로는 서양화를 본격적으로 추진하면서, 다른 한편으로는 공통의 위기상황에 있는 중국과 한국과의 연대, 즉 아시아연대를 통한 위기극복의 대안을 구체적으로 모색했다. 이러한 연대의 이념은 막말 이래 '순치보거脣齒輔車(脣亡齒寒, 輔車相依)'라는 비유로 설명되어 왔다. 일본과 이웃 국가인 한국이나 중국은 '입술과 이, 위턱뼈와 아래턱뼈'와 같이 뗄 수 없는 관계로서, 입술이 없으면 이가 시리듯이 동아시아 3국 중 한 나라가 망하면 다른 나라의 존립도 위태롭기 때문에 독립을 보전

---

3) 福澤諭吉「亞細亞諸國との和戰は我榮辱に關するなきの說」(1875), 慶應義塾 編,『福澤諭吉全集』(岩波書店, 21, 1959), 20, pp. 146-147.

하기 위해서는 위턱뼈와 아래턱뼈가 서로 의지하고 있는 것과 같이 도와야 한다는 것을 의미하고 있다. 즉 한국이나 중국이 서양의 세력권 안에 놓이게 되면 일본의 존립 역시 위태롭게 될 수밖에 없다는 동생공사同生共死의 운명공동체적 관계를 뜻하는 것이었다. 서양 제국주의라는 공동의 적과 맞서기 위해서 일본은 같은 피압박적被壓迫的 상황에 있는 한국이나 중국과 긴밀한 관계를 맺어야 한다는 뜻을 내포하고 있었다.

이러한 순치보거의 논리를 보다 정당화하고 강화하는 근거는 지리적 근접성과 '동종동문同種同文'의 논리였다. 지리적으로 인접해 있을 뿐만 아니라, 불교와 유교, 그리고 한자로 이어지는 동일한 문명권과 인종적으로 뿌리가 같은 일본이 서양의 중압이라는 위기를 극복하기 위하여 한국이나 중국과 긴밀히 협조해야 한다는 연대론은 "적절한 정당성을 확보"할 수 있었다.[4] 유신 직후인 1869년 이와쿠라 토모미(岩倉具視)는 메이지 정부의 실권자인 산죠 사네토미(山條實美)에게 제출한 한 정책보고서에서 일본이 택해야 할 국가 진로는 동일한 문명권에 속해 있는 인접 국가와의 연대를 그 대안으로 제시하고 있었다. 그가 한중일 세 나라는 "예부터 서로 우호적 관계를 맺어온 사이로서, 비록 중국의 국세가 쇠미해졌고, 조선이 약해졌지만", 세 나라는 동아시아에 인접해 있는 같은 문명권에 속한 나라이기 때문에 "속히 옛날의 우호적 관계를 다시 구축하여 병립鼎立의 세를 이루어야 한다"는 점을 강조한 것은 결국 동종동문의 논리를 바탕으로 한 연대를 의미했다.[5]

동일한 문명과 운명공동체적 위기의식을 바탕으로 한 연대론은 당시 주변 아시아 여러 나라의 혁명아와 개혁가들로부터 대단히 호응받는

4) Peter Duus, "Japnn's Wartime Empire: Problems and Issues", Peter Duus, Ramon Myer, and Mark Peattie ed., *The Japanese Wartime Empire, 1931-1945*(Princeton University Press, 1966), p. xxi.
5) 岩倉具視, 「外交・會計・蝦夷地開拓意見書」, 芝原拓自 編, 『日本近代思想大系, 12・外交觀』(岩波書店, 1988), p. 9.

이념으로 등장했다. 물론 청일전쟁 이전의 동아시아의 질서체계는 중화사상에 근거해서 이 지역을 중국의 영향권 하에 있는 하나의 세계로 인식하고 있었기 때문에 연대에 대한 이념이 존재하지 않았다. 그러나 청일전쟁 후 새로운 세계질서에 눈을 뜨면서 캉유웨이(康有爲), 량치차오(梁啓超), 쑨원(孫文) 등에서 볼 수 있는 것과 같이, 아시아연대론은 한때 중국의 통일과 개혁을 가능케 할 수 있는 대안으로 보였다. 조선에서도 19세기 말 개화사상이 대두하면서 김옥균, 박영효, 유길준 등과 같은 개화파 세력은 일본과의 연대를 통하여 개혁을 시도하거나, 일진회의 이용구와 같은 인물은 일본과의 '합방'을 위해 행동했다. 뿐만 아니라 인도의 스브하스 찬드라 보스(Subhas Chandra Bose)나 필리핀의 에밀리오 아귀날도(Emilio Aguinaldo) 등과 같은 혁명아들도 연대의 사상에 매혹되어 일본인들과 협력하여 자국의 통합과 개혁을 꿈꾸기도 했다. 그러나 아시아연대를 통한 '안으로 개혁과 밖으로 독립'이라는 '이상'은 한낱 '환상'에 불과했다. 일본은 연대를 내세우고 강조하면서 연대의 상대인 이웃 국가들을 침략과 식민지의 대상으로 삼았기 때문이었다.

　　서양에 대항하기 위한 순치보거의 연대라는 대의명분의 이면에는 일본의 독립보전을 위한 아시아 지배와 아시아의 지도자라는 맹주 의식이 함께 하고 있었다. 즉 동양의 선각자인 일본은 시대에 뒤진 한국과 중국, 그리고 아시아의 다른 국가들은 일본의 지도를 받아야 하고 일본을 중심으로 뭉쳐야 한다는 것이다. 동아시아의 이웃인 한국과 중국은 외형적으로는 '연대'의 대상이었으나 실질적으로는 '지배'의 대상이었다. 1890년 상해에 일청무역연구소를 설립하여 중국 전문가를 양성한 대륙낭인의 선구적 인물인 아라오 세이(荒尾精)는 일본이 인식하고 있었던 위기의식과 연대와 지배의 논리를 다음과 같이 설명하고 있다. 즉 한국과 중국과 시베리아를 시찰한 아라오는 "러시아의 시베리아 철도가 완성되면 조선과 중국은 이미 조선인과 중국인인 것이 아니고, 입술이 없어

이빨이 시려 우리만이 베개를 높이고 동방에 편안히 누워 있을 수 없다"고 경고하면서, 일본은 "오직 조선부식을 완결할 뿐만 아니라, 나가서 청국을 고무진작하여 일대 혁신을 단행하고 재정과 병권은 물론 정치와 인사의 실권을 장악함으로서 황국皇國의 국광과 국위를 신장"할 것을 역설했다.[6] 한국과 중국은 결국 일본이 지배해야 할 이웃이었다.

뿌리가 같은 문화와 인종, 같이 살고 같이 죽는 운명공동체, 아시아 공동의 번영을 지향한다는 동아연대론은 실제로는 동아시아 민족의 단결을 방파제로 하여 일본이 처한 위기를 극복하려 하였고, 독립보전과 대륙웅비를 위하여 일본은 연대라는 이름으로 이웃 국가의 희생을 강요해왔다. 그러므로 선린과 연대를 표방한 아시아연대론이 행동에 있어서는 결국 일본이 직면한 위기극복과 동아시아로 세력을 확장하는 수단이었고, 대륙 진출의 이데올로기적 위장으로 활용됐음을 볼 수 있다. 그런 의미에서 최초의 동아시아 연대론은 신채호가 비판하고 있는 것과 같이 "국혼을 찬탈하는 수단"이었고,[7] 리따쟈오(李大釗)가 표현하고 있는 것 같이 "중국병탄주의의 은어隱語"였다.[8]

3. 동아협동체

1930년대에 접어들면서 일본은 또다시 국가적 위기에 직면하게 된다. 메이지유신을 전후하여 일본이 맞은 위기가 서양체제에 진입하려는 과정에서 나타난 위기였다면, 30년대 후반부의 위기는 서양과의 모순과 서양으로부터 고립되는 과정에서 나타난 위기였다.

---

6) 井上雅二, 『巨人荒尾精』(左久良書房, 1910), pp. 145-147.
7) 申采浩, 「동양주의에 대한 비판」『大韓每日申報』, 1909. 8. 8, 10.
8) 李大釗, 「大亞細亞主義與新亞細亞主義」『國民雜誌』, 1권 2호.

근대화에 성공할 수 있었던 일본은 연대의 대상으로 설정했던 한국과 중국을 지배의 대상으로 치환하고 이 지역을 식민지화하기 위한 국가정책을 적극적으로 추진했다. 청일전쟁에서의 승리를 기점으로 하여 일본은 그 세력을 대륙으로 확장해나갔다. 그러나 삼국간섭(1905)을 통해서 서양 열강의 지원 없이 대륙으로의 팽창이 불가능하다는 것을 절실히 체험한 일본은 영국과의 동맹(1902)과 미국의 협조(태프트-가츠라 비밀협약, 1905)를 확보함으로서 영국과 미국으로부터 대륙 진출을 사실상 인정받았다. 그리고 러일전쟁에서 승리한 일본은 아시아의 패자로 등장했다. 메이지시대가 막을 내리는 1912년에 일본은 대만, 사할린 반도의 절반, 팽호열도, 한반도, 중국의 일부인 관동주를 식민화함으로서 명실상부한 식민지 제국을 건설했다.

다이쇼(大正)기를 맞은 일본은 한편으로는 정당을 근거로 한 의회민주주의의 꽃을 피웠고, 또 다른 한편으로는 제1차 세계대전을 계기로 경제적 발전을 이룩할 수 있었다. 일본은 다이쇼기에 이르러 정치적으로 의회민주주의, 경제적으로 자본주의, 사회적으로 산업사회를 실현함으로서 메이지 이후 국가목표로 설정했던 '서양'를 따라잡는 듯했다. 그러나 정치는 부패로, 경제는 불황으로, 그리고 사회는 방향을 잃은 혼돈의 상태로 변하고 있었다. 도쿠토미 소호(德富蘇峰)의 표현을 빌리면 "중심을 잃어버린 시대"였다.[9] 관동대지진(1923), 금융공황(1927), 3월 쿠데타 음모(1931), 혈맹단사건(1932), 그리고 2. 26사건(1936)이 그 정점을 이룬 소화昭和유신운동은 국내의 정국을 더욱 불안하게 만들었고 정당을 중심으로 한 의회민주주의에 대한 불신을 크게 증폭시켰다.[10]

일본을 더욱 위기상황으로 몰고 간 것은 국제사회로부터의 고립이

---

9) 德富蘇峰,「國民試鍊の時」『蘇峰文選』(民友社, 1915), p. 1376.
10) 한상일, 『일본의 국가주의 – 소와유신과 국가개조운동』, 까치, 1988.

었다. 메이지유신 이후 일본은 서양체제에 연착륙함으로써 강대국으로 부상할 수 있었다. 그러나 대전 후 일본은 점차 서양체제에서 분리되는 현상을 보였고 서양과 대결구도를 만들어 나갔다. 제1차 세계대전 후 일본은 강대국의 압력에 의하여 산동반도를 중국에 반환해야 했고, 시베리아 원정은 실패로 끝났다(1922). 미국은 서태평양에서 일본의 해군력 축소를 요구했고, 이민의 차별대우를 했다. 그리고 미국은 만주사변 후 중국대륙에서 일본의 군사행동 확대를 강력히 경고했다. 영국 또한 미국과 공동보조를 취하면서 세 번이나 연장되었던 영일동맹의 갱신을 거부했다(1921). 또한 중국대륙에서 요원의 불길처럼 번져가는 반일反日 민족주의는 일본이 중국에서 확보하고 있었던 전략적 지위와 경제적 투자를 위협했다. 그리고 1938년부터 시작된 중국과의 전쟁은 결국 일본으로 하여금 영미체제와 결별케 만들었다.

안과 밖에서 전개되고 있는 이러한 내우외환은 일본에 커다란 위기감을 주었다. 다시 일본은 위기 탈출을 위한 돌파구를 아시아와의 연대에서 찾았다. '동아협동체'가 바로 그것이었다. 일본 지식인 사회는 1938년 중일전쟁이 시작할 때부터 동아협동체론을 일본의 국가진로 담론으로 제기하고 나섰다.[11] 교토학파가 제기한 '근대의 초극'과도 맞물려 있는 동아협동체론은 그동안 세계를 지배해온 유럽중심의 세계사관에서 벗어나 동아시아 독자적 질서 구축이 필요하다는 것에서부터 시작하고

---

11) 동아협동체에 관한 지식인의 담론은 1937년과 41년 사이에 일본 평론계를 휩쓸었다. 당시의 『中央公論』과 『改造』는 매호 이에 관한 담론을 게재하고 있었다. 이론에 관하여, 蠟山政道, 『東亞と世界』(改組社, 1941 참조). 이 책은 료야마가 1938년 이후 동아협동체에 관하여 발표한 시론들을 모아서 1941년 책으로 출판한 것이다; 加田哲二, 『東亞協同體論』 (日本靑年外交協會出版部, 1939); 杉原正己, 『東亞協同體の原理』(モダン日本社, 1939). 동아협동체와 이의 실천적 집단이었던 昭和硏究會에 관한 연구에 관해서는 酒井三郎, 『昭和硏究會 - ある知識人集團の軌跡』(株式會社テイビーエス・ブリタニカ, 1979); Miles W. Fletcher, *The Search for a New Order: Intellectuals and Fascism in Prewar Japan*(University of North Carolina Press, 1982) 참조.

있다. 마르크스 철학자로서 동아협동체론에 철학적 근거를 제시한 미키기요시(三木淸)는 '서양인의 세계사'라는 것은 동양을 제외한 '유럽사'를 의미하고 있었고, 유럽사를 지배해온 '근대적 원리'인 자유주의와 자본주의가 그 한계에 도달했다고 평가하고 있었다. 따라서 자유주의와 자본주의를 바탕으로 한 유럽 중심의 세계사는 이미 실패로 끝났기 때문에, 동양은 유럽사를 추종할 것이 아니라 동양을 중심으로 한 세계사를 만들어야 한다는 것이었다. 그러나 미키에 의하면 "동양이라는 세계는 서양과 같은 통일을 이루지 못한 세계였다. 공통의 종교도 없고, 공통의 정치형태도 갖추지 못했고, 그리고 공통의 문화도 갖고 있지 못한 내면적 통일이 거의 없는 세계"였다. 그러므로 동양이 필요로 하는 것은 '통일'을 이루는 것이었고, 중일전쟁(支那事變)은 '동양의 통일'을 완수하기위한 첫걸음이었다. 동양의 통일, 즉 동아협동체를 구축하는 것은 결국 일본민족에게 부여된 '세계사적 과제'이고, 중일전쟁은 이를 근본적으로 해결하는 '세계사적 의의'를 가지고 있었다.[12]

그러므로 동아협동체론은 먼저 중일전쟁을 정당화하는 것으로부터 시작하고 있다. 동아협동체론의 대표적 이론가의 한 사람이었던 료야마마사미치(蠟山政道)는 중일전쟁은 "보통 국제전쟁의 경우에서 흔히 볼 수 있는 영토나 자원이나 시장을 획득한다는 계산을 초월한 전쟁"으로서 '성전'이고, '동양의 항구적 평화의 틀'을 만들기 위한 것이고, 그리고 일본과 중국의 '근원적 제휴'를 위한 것이었다. 료야마에 의하면 지나사변 支那事變의 본질은 "동양의 일본이 처음으로 서구제국의 지도와 간섭에서 벗어나 독자적 입장에서 대동大同세계의 사명을 자각한 것"으로서 "세계에 대한 동양의 각성이고, 동양의 통일이라는 세계사적 의미"에 있

---

12) 三木淸,「支那事變の世界史的意義」『現代思想』, v. 25-10, pp. 32-36. 이 짧은 글은 미키가 1938년 7월 7일 昭和硏究會에서 비공개리에 발표한 것이다.

다는 것이었다.[13]

　파국을 보이고 있는 자유주의와 자본주의를 바탕으로 한 서양 중심의 세계사를 극복하고 동양 중심의 세계사를 만들어가기 위해서는 무엇보다 먼저 중국, 만주국, 일본을 하나의 정치, 경제 공동체로 통일하는 것이었다. 그러나 '동양의 통일'을 어렵게 만들고 있는 가장 큰 장애물은 내셔널리즘, 특히 일본을 향해서 불태우고 있는 중국의 민족주의로 규정하고 있다. 가다 데츠지(加田哲二)가 인정하고 있는 것과 같이 민족주의는 "최근의 지나支那에 있어서 가장 중요한 정치적, 경제적 주의이고 운동"이고, 이는 "일본을 향한 것"이었다. 그러나 일본에 대한 저항을 본질로 하고 있는 이러한 민족주의는 근본적으로 잘못된 것이고, 따라서 이를 극복해야 한다는 것이었다.[14] 중국에서 전개되고 있는 반일 내셔널리즘을 강하게 비판하고 있는 료야마에 의하면 일본의 대륙 발전과 그 선상에서 나타난 지나사변은 일본 민족주의의 확대가 아니라, 자본주의를 바탕으로 한 서구의 제국주의에 대결할 수 있는 '지역적 운명공동체', 즉 지역적 협력 국방과 경제체제를 건설하기 위한 것이었다.[15] 따라서 지나사변의 본질은 일본이 영토를 확장하기 위한 것이 아니라 공동방위체제를 구축하는 것이고, 대륙경제경영의 원리 또한 식민정책이 아니라 협동경제의 원리라는 것이었다. 지역적 운명공동체의 원리는 "동양이 동양으로서 세계사적 사명을 각성하고, 그 동양의 통일을 실현해야만 할 지도원리이고, 잘못된 민족주의에 의하여 만들어진 동양의 비극을 초극할 수 있는 사상적 무기"라는 것이었다. 따라서 중국은 편협한 민족주의를 극복하고 일본-만주-지나의 연합협동체제 구축, 즉 동양의 통일에 협조해야 한다는 것이었다.

---

13) 蠟山政道, 「東亞協同體の理論」『改造』, 1938. 11.
14) 加田哲二, 『東亞協同體論』(日本靑年外交協會出版部, 1939), pp. 169-227.
15) 蠟山政道, 앞의 논문.

　　민족주의를 넘어서 중국과 만주와 일본을 통일한 지역적 운명공체로서의 동아협동체를 구축하기 위한 방안의 하나로서 국가연합(confederation)과 연방(federation)이라는 2중 구조의 건설 방안을 제시하고 있다. 즉 제1단계로 다민족을 포함하고 있는 중국이 지향해야 할 신체제는 중앙정부의 권한을 한정하고 나머지 일체의 권한을 지방정부에 위임하는 연방체제로 개편하고, 다음 단계로 일본과 만주가 국가연합의 협동체를 구축하고, 그리고 연방체와 연합체를 묶어 하나의 정치·경제 공동체, 즉 동양의 통일을 이루는 것이었다. 물론 여기에는 일본이 그 중심에 있었다. 이는 마치 다루이 도키치(樽井藤吉)가 일본은 먼저 조선과의 합방을 성사시키고, 이어서 청국과 연합한다는 대동합방론大東合邦論의 또 다른 모습이다.[16]

　　그러나 동아협동체론은 결국 일본의 중국 침략을 정당화하고 합리화하기 위한 수단이었을 뿐이다. 1938년 11월 3일 일본군이 광동廣東과 무한武漢을 점령한 것을 계기로 일본은 중일전쟁을 '성전'이라고 선언하고, 이는 동아시아의 영원한 안정 확보를 반드시 필요한 '신질서 건설'을 위한 것이라고 성명서를 발표했다. 그리고 12월 12일에는 "일만지日滿支 삼국은 동아신질서 건설이라는 공동의 목적을 위하여 결합하고, 상호의 선린우호, 공동방위, 경제제휴를 실시"한다는 것을 재확인함으로써 동아협동체라는 이름 아래 중국침략을 합리화했다. 그리고 이는 결국 대동아 경영권의 논리로 발전했다.

---

16) 아시아의 연합과 통합을 강조하고 있는 다루이의 『대동합방론』은 그 대안으로서 세 단계를 제시하고 있다. 즉 첫 단계는 일본과 한국이 합하여 대동大東이라는 합방국을 세우고, 둘째 단계는 대동국과 중국과 연합하고, 셋째 단계로 남양 제도를 포함한 대아시아연방을 실현한다는 것이다. 『復刻·大東合邦論』(長陵書林, 1975) 참조.

4. 동아시아공동체

1990년에 들어서면서부터 일본 지식인 사회에서는 동아공동체에 관한 논의가 활발하게 진행되고 있다. 이러한 지적 경향에는 냉전의 해체와 사회주의권의 몰락, 유교 문명을 바탕으로 한 한국, 일본, 중국, 말레이시아, 싱가폴 등 동아시아 국가들의 자본주의 수용과 발전, 90년대에 나타난 아시아 국가의 금융위기와 동아시아 지역협력체 구상, 그리고 유럽의 EU와 북미의 NAFTA에서 볼 수 있는 지역주의(regionalism)의 강화 등과 같은 것이 그 배경을 이루고 있다. 또한 이념적으로 포스트모더니즘에 대한 관심이 깊어지면서 서양의 지배에 대한 기저가 되는 근대성이나 발전 또는 과학과 이성에 대한 비판적 성찰이 대두했고, 동양적 사유와 논리체계에 대한 관심이 높아지면서 '아시아적'인 것에 관심이 깊어졌다.

21세기를 내다보는 국가 진로의 하나로서 90년대부터 일본 지식인 사회에 등장하고 있는 동아시아공동체 담론은 중국, 일본, 한반도, 대만(동남아시아)을 묶어 하나의 경제 및 정치공동체를 구축한다는 것이다. 이러한 공동체를 '동북아시아 공동의 집', '동아공동체', '동아시아 번영체' 등 다양하게 표현되고 있지만, 이것이 지향하고 있는 목표는 21세기의 동아시아 공동의 번영과 발전을 위해서는 20세기의 일그러진 역사를 극복하고 국민국가의 단위를 뛰어 넘는 공동체를 구상하고 구축해야 한다는 것이 그 핵심이라 할 수 있다.[17]

---

17) 이와 관련하여 출판된 단행본으로는 다음과 같은 책들이 있다. 大沼保昭, 『東亞の構想-21世紀東アジアの規範秩序を求めて』(筑摩書房, 2000); 松本健一, 『竹內好"日本のアジア主義"精讀』(岩波書店, 2000); 森嶋通夫, 『日本の選擇-新しい國造りにむけて』(岩波書店, 1995); 『日本にできることは何か-東アジア共同體を提案する』(岩波書店, 2001); 姜尙中, 『東アジア共同の家をめざして』(平凡社, 2001); 西川長夫, 『增補・國境の越え方-國民國家序說』(平凡社, 2001); 和田春樹, 『新地域主義宣言・東北アジア共同の家』(平凡社, 2003).

그러나 이러한 발상은 20세기를 마감하면서 일본이 직면한 위기와 무관하지 않다. 90년대는 세계사, 동아시아사, 그리고 일본사적인 측면에서나 다 함께 심대한 변화를 체험한 시대라 할 수 있다. 세계사적인 측면에서는 한 세기에 걸쳐서 실험해본 사회주의는 실패로 끝났고, 소련에서 시작된 '개혁'과 '개방'의 바람은 결국 사회주의체제의 몰락을 가져왔다. 소련연방의 해체, 동유럽 사회주의체제의 변화, 베를린 장벽의 붕괴와 독일의 통일, 그리고 냉전의 종식으로 이어졌다. 제2차 세계대전 이후 국제질서를 지배해온 냉전이 종식했으나 인류가 기대했던 평화는 도래하지 않고 있다. 오히려 국제사회는 어떤 면에서는 냉전시대보다 더 불안정한 상황에 처해 있고, 지역·인종·종교분쟁과 대형화된 테러가 인류를 불안하게 만들고 있다. 또한 세계화가 거스를 수 없는 대세임에도 불구하고 EU의 성공은 세계화 속에서 지역화가 강화되고 있는 모순된 현상을 보여주고 있다.

동아시아사적 측면에서도 상당한 불안정이 지속되고 있다. 냉전의 발원지라고도 할 수 있는 한반도는 냉전이 끝났음에도 불구하고 여전히 냉전이 고도로 남아 있다. 재개와 중단의 반복 속에서 남북대화가 이어지고 있으나 남북의 대결구도는 좀처럼 완화되지 않고 있다. 뿐만 아니라 북한의 핵개발을 둘러싼 상황 전개는 한반도는 물론 동아시아를 대단히 불안하게 만들고 있다.

북한과 일본의 관계도 정상적인 관계로 진전하기보다는 후퇴하는 모습을 보여주고 있다. 북한은 일본이 1952년 국제사회에 주권국가로 재등장한 후 아직도 관계정상화를 이루지 못하고 있는 유일한 국가이다. 더욱이 북한은 일본이 식민지로 지배했던 한반도의 일부이라는 점을 감안할 때 북한과 비정상적 관계는 일본으로 하여금 '식민지 죄의식'에서 자유롭지 못하게 하는 요인이기도 하다. 북한과의 관계개선을 위한 노력은 가네마루 신[金丸信]의 북한방문(1990) 이후 본격적으로 추진됐다. 북한과 일본은 서로를 필요로 했으나 아직까지 별다른 성과를 거두지 못했다. 새로운 돌파구를 마련하기 위한 고이즈미 수상의 평양방문(2002. 9) 당시 김정일의 일본인 납치 인정은(13명 납치, 8명 사망, 5명 생존) 문이 열리는 듯했던 북일관계를 완전히 닫아버렸다. 일본인 납치문제는 일본인의 반북한 감정을 극대화시켰고 일본 내 북한지지 세력을 궁지로 몰아넣었다. 전후 일본의 사회주의 편향의 진보적 지식인들은 '이상할' 정도로 50년대 이후 북한체제에 호의적이었다. 그들은 무비판적으로 북한의 발전을 사실 이상으로 인정하려 했고, 김일성 주체사상을 높이 평가했고, 북한을 보다 인도적이고 평화지향적인 것으로 인식했다.[18] 그러나 80년대 후반 이후 북한의 경제적 어려움, 냉전 후 국제사회에서의 고립, 핵무기 개발 등은 북한 지지자들의 명분을 약화시켰고, 납치 인정을 계기로 일본 전체가 '북한 때리기'로 돌아서면서 북일관계는 더욱 어렵게 되었다.

중국의 빠른 성장 또한 동아시아의 중대한 변수로 작용하고 있다. 80년대에 들어서면서 개혁개방정책을 적극적으로 수용하고 자본주의의 본질이라 할 수 있는 시장경제를 과감하게 받아들이면서부터 중국은 고도경제성장을 지속하고 있다. 톈안먼[天安門]사건(1989)에서 볼 수 있었던 것과 같이 정치적 문제가 있음에도 불구하고 중국은 지속적인 고도경제성장 속에서 공산주의와 자본주의를 적절하게 혼합한 체제를 잘 유지하고 있다. 몰락했던 19세기와 20세기의 전반기와 달리 중국은 다시 세계의 중심 국가로 도약하면서 경제적 발전과 더불어 군사력을 강화하고 있고, 화교들이 왕성하게 활동하고 있는 동남아시아 국가들과의 지역협력에 적극적인 자세를 보이고 있다. 중국의 명실상부한 대국화와 화이사상의 대두는 한때 중국을 침략했던 일본에게는 우려가 아닐 수 없다.

냉전의 종식은 일본사적인 측면에서도 많은 변화를 자극하고 있다.

---

18) 한상일, 『일본지식인과 한국』, 오름, 2002, 207~293쪽.

제2차 세계대전 후 형성된 냉전적 국제질서와 구조는 아이러니컬하게도 전쟁에서 패한 일본에게는 대단히 유리한 환경을 만들어 주었다. 전후 일본은 미국의 '핵우산' 밑에서 방위분담을 최소로 줄이고, 의회민주주의와 효율적인 관료체제 안에서 규격화된 대량생산형의 공업화를 확대하면서 국가의 억압으로부터 자유를 확대하는 민주주의 체제를 확립했다. 그리고 '평화헌법'을 내세워 일본은 다른 강대국과 달리 국제분쟁에 있어서 정신적으로나 물질적으로 참여하는 것을 최소한으로 억제하고, 자원과 능력을 경제발전에만 투입했다. 그 결과 일본은 세계 제1의 채권국가로 성장할 수 있었다. 그러나 시혜적이었던 냉전적 국제질서와 구조가 끝나면서 그동안 일본을 이끌어왔던 소위 '55년 체제'가 붕괴됐고, 이는 정치적 불안정으로 이어졌다. 또한 적절한 구조조정의 실패와 시장개방의 지연은 그동안 지속적 안정성장을 유지했던 경제에 타격을 주었고, 일시적 현상으로 진단했던 경제침체는 만성적 현상으로 계속되고 있다. 정치적, 경제적 불안은 사회적 불안으로 확산됐다. 이시다 히데다카(石田英敬)가 지적하고 있는 것과 같이 90년대는 "일본사회 전반에 위기의식이 확산되고 있고, '이렇지 않았는데'라고 일본인들이 자신감을 잃은 잃어버린 10년"이었고[19], 강상중의 표현을 빌리면 '끔찍한 10년'[無殘な10年]이었다[20]. 뿐만 아니라 걸프전 당시 130억 불의 전쟁비용을 부담했음에도 불구하고 일본이 국제사회로부터 당한 '국가적 모욕'은 국가 그 자체와 국가 진로에 대한 회의를 확대시켰다.

90년대에 나타난 이러한 국내외 변화는 일본으로 하여금 새로운 국가 진로를 모색케 했고, 그 대안의 하나로 이웃 아시아와의 연대를 강화하는 동아시아공동체 담론이 등장했다. 논자에 따라서 조금씩 다르기는

---

19) 石田英敬,「失われた十年の祭り」『世界』, 2001. 1.
20) 姜尙中, 『東北アジア共同の家をめざして』(平凡社, 2001), p. 19.

하지만 대체로 공동체의 구성원은 중국, 일본, 남북한, 대만을 중심으로
하고 있다. 이 네 나라에 특히 역점을 두고 있는 이유는 모두가 한자권,
유교권에 속해 있기 때문에 한자를 축으로 한 문화권으로 비교적 짧은
기간 안에 복귀할 가능성이 크기 때문인 것으로 판단하기 때문이다. EU
의 발전과정을 중요한 모델과 교훈으로 삼고 있는 동아시아공동체는 동
아시아 경제공동체(EAC)→동아시아 정치공동체(EAU)→동아시아 연합
국(USEA)[21], 한반도의 평화정착→환경, 경제, 문화공동체 형성→정치,
안보공동체 수립[22], 또는 먼저 한반도를 영세중립화하여 동아시아에 평
화체제를 만든 다음 경제, 정치, 문화의 영역에서 통합을 추진한다는 것
이다[23].

　물론 이러한 실천적 방안은 대단히 초보적 단계일 뿐만 아니라 거
칠고 또한 현실과 먼 거리에 있음은 사실이다. 그러나 하나의 실마리를
제공하고 있다는 데서 중요한 의미를 지니고 있다. 특히 공동체 구축을
위해서 필요한 조건으로 탈脫민족주의와 한국의 역할을 공통적으로 제
시하고 있음은 주목할 만하다.

　국민국가의 초월을 전제로 하고 있는 동아시아공동체가 국민국가를
뛰어 넘기 위해서는 국민국가를 떠받들고 있는 가장 강력한 힘이라 할
수 있는 민족주의(nationalism)의 극복이 필수적이라 하겠다. 즉 동아시아
공동체를 구축하기 위해서는 이 지역에서 역사적으로 강하게 분출하고
있는 민족주의를 어떻게 관리하고 극복할 수 있을까 하는 것이 가장 중
요한 과제라는 데 같은 견해를 보인다. 내셔널리즘은 '마물魔物'이라고
정의하고 있는 강상중은 공산당 선언의 표현을 빌려 "한 마리의 요괴가
동북아시아를 배회하고 있다. 내셔널리즘이라는 요괴가. 일본, 중국, 한

21) 森嶋通夫, 『日本の選擇』(岩波書店, 1995).
22) 和田春樹 이원덕 역, 『신지역주의선언·동북아시아 공동의 집』, 일조각, 2004.
23) 姜尙中, 앞의 책.

국 등 곳곳에서 내셔널리즘이 발호"하고 있다는 것이다. 그리고 "내셔널리즘의 전압을 높이지 않는 틀을 나라 안팎으로 만들어가는" 것이 동북아 공동체 구축의 핵심이고 이 시대를 살아가는 정치가가 풀어야 할 가장 큰 과제라는 것이다.

그러나 '특수한' 역사적 배경을 가지고 있고 아직도 민족주의의 힘에 '절대적'으로 의존하고 있는 동아시아에서 EU에서 볼 수 있는 것과 같이 일국 민족주의를 극복하고 국민국가를 넘어선다는 것은 대단히 어려운 과제이고 많은 인내가 필요한 작업이라 하지 않을 수 없다. 이에 관해서는 복잡한 이론적 설명이 필요치 않다. 오늘 우리 앞에서 벌어지고 있는 현상이 이를 잘 설명해주고 있다. 즉 일제 식민지시대가 종식된 지 반세기가 지난 오늘에도 '친일파 인물'들을 가려내서 사회적으로 응징하려고 하는 '한국적' 상황, 식민지 지배를 정당화하면서 '국민의 역사'를 만들어가고 있는 '일본적' 현상, 그리고 고구려 역사를 중국 역사의 일부로 편입시키려 하는 '중국적' 시도를 고려할 때 자국 내셔널리즘을 극복하고 국민국가를 넘어서 하나의 공동체를 만들어간다는 것은 '적어도' 가까운 장래에는 여전히 '환상'이라는 것을 잘 보여주고 있다. 한국, 중국, 일본의 동아시아 3국에서 전개되고 있는 오늘의 역사는 '민족'과 '내셔널리즘'을 떠나서 이루어질 수 없음을 보여주고 있다. 그런 의미에서 동아시아에 있어서 국민은 앤더슨의 '상상의 공동체'나 홉스봄의 '만들어진 것'이 아니라 역사와 문화를 근거로 한 '현실적 실체'임을 부인할 수 없다.

탈민족주의와 함께 논의되고 있는 또 다른 중요한 요소는 한국의 역할이 강조되고 있다는 점이다. 공동체 구축을 위한 한국의 역할 강조는 상당한 타당성을 지니고 있다 하겠다. 역사적으로 볼 때 한국은 한·중·일 3국 문화의 매개체이자 중심축으로 기능했던 측면이 있으며 앞으로도 지리적으로나, 정보·자본 혹은 문화의 소통에 있어서 양국의 가교 내지는 중심축으로서 위치를 설정할 수 있다. 동북아시아 각국이 공존공

생하며 협력해가기 위해서는 매개체와 중심이 필요하다. 그 중심이 한반
도임을 강조하고 있는 와다 하루키(和田春樹)는 그 이유로서 한반도는
동아시아 전체의 운명을 좌우하는 긴장과 대결의 장이고, 따라서 한반도
에 평화와 화해가 확립된다면 동북아시아 전체의 평화와 협력이 가능해
지고, 한국에서 민주화 혁명을 실현시킨 국민적 에너지는 동북아시아에
서 정치적 에너지의 중심이 되고, 중국·구소련권·일본·미국 등에 거
주하고 있는 600만에 가까운 디아포라스(재외 한국인)가 공동의 집 구축
에 중요한 역할을 할 수 있다는 것을 들고 있다. 그는 "남북한이 서로
접근하고 혁신된 나라를 만들어 이웃에 새로운 메시지를 보낸다면 동아
시아, 나아가 세계를 통일하는 역할을 할 것"라고 강조하고 있다.

5. 공동체 구축과 일본의 역할

　오늘 진행되고 있는 세계화는 거스를 수 없는 대세이다. 지난 20세
기가 서구문명 중심의 세계화였다면, 현재 진행되고 있는 세계화는 물리
적인 국경을 넘어서 다양한 영역에서 다양한 세력들이 제휴관계 관계를
맺는다는 점에서, 그리고 이 관계가 국민국가 중심의 질서 체계를 벗어
나서 작동됨으로서 그 질서체계를 급격하게 약화시키고 있다는 점에서
그 이전의 국제화와는 그 내용과 형태가 다르다. 이 세계화는 기존의 국
가주의나 국가간의 협력이라는 틀을 벗어나 자본, 정보, 기술의 보다 자
유로운 이동과 제휴를 가능하게 하고 있다.
　그러나 다른 한편으로 지역화 또한 하나의 대세이다. 이는 세계화
의 질서로 급격하게 편입되는 것을 피하면서 완충지대로서의 지역통합
및 지역간 통합을 의미한다. 앞에서도 지적한 것과 같은 ASEAN, EU,
NAFTA, APEC 등과 같은 것이 그것이다. 이는 급격하게 진행되고 있는
세계화 속에서 이에 효율적으로 대처할 수 있는 방안을 모색하는 과정에

서 새로운 협력과 경쟁 관계를 다층적으로 모색한 결과물들이다. 특히
유럽연합 12개국은 2002년 1월부터 자국의 화폐를 폐기하고 유로화라는
공통화폐를 사용함으로서 경제공동체의 성공된 모습을 보이고 있을 뿐
만 아니라, 2004년부터 회원국이 25개국으로 확대되면서 미국에 일대일
로 대응할 수 있는 정치공동체를 지향하고 있다.

　한·중·일이 중심을 이루고 있는 동아시아는 세계화라는 대세 속에
서 슬기롭게 지역화를 만들어가는 노력을 게을리 해왔음을 부인할 수 없
다. 아직 한·중·일 세 나라는 지역협력체제도 갖추지 못하고 있다. 앞
으로 이러한 상태가 어느 정도 더 계속된다면 동아시아는 그 면적, 인
구, 자원, 경제·무역 규모 등에서 EU나 NAFTA와 대등한 하나의 축으
로 작동할 수 있음에도 불구하고 동아시아는 미국과 유럽이라는 두 개의
거대한 지역 불럭에 흡수되는 비운을 겪게 될지도 모른다.[24)]

　물론 기술의 발전과 교통, 통신, 운수의 상호의존성이 긴밀해지면
긴밀해질수록 국민국가의 존재성이 약해지고, 내셔널리즘이 약화되면서
초국경적인 공동체 구성의 필요성이 강하게 대두하게 되는데, 이러한 경
향은 동아시아에서도 예외는 아니다.

　그러나 특수한 역사적 과거를 지니고 있는 동아시아에서 공동체 구
축에는 많은 어려움과 난관이 기다리고 있다. 예컨대 EU나 NAFTA와 달
리 동아시아에서는 공통의 정치이념이나 제도를 바탕으로 하고 있지 못
하다. 한국과 일본은 민주주의를 채택하고 있음에 반하여 북한은 세습독
재를 지속하고 있고, 중국은 여전히 공산주의를 바탕으로 하고 있다. 또
한 자유민주주의와 시장경제와 공산주의와 통제경제를 조정해야 할 과제
를 안고 있다. 뿐만 아니라 일본의 천황제 또한 장애물로 기능할 여지가

---

24) 권용혁, 「동아시아 공동체의 가능성 모색」 『동아시아 사상과 민족주의』(이학사, 2003),
　　7~36쪽.

남아 있다. 그러나 동아시아에서 공동체 구축에 무엇보다 중요하고도 근본적인 장애물은 여전히 강력하게 동아시아 국가들을 지배하고 있는 뿌리 깊은 자국 중심의 내셔널리즘과 과거의 유산으로 인한 상호불신이라 하지 않을 수 없다. 특히 일본 민족주의의 '이중성二重性'은 일본에 대한 이웃의 불신을 더욱 강화하고 있다. 사카모토 교수가 적절하게 표현하고 있는 것과 같이 일본의 민족주의는 "서양제국주의에 대한 방어적 민족주의인 동시에 동아시아에서는 일본제국주의를 위한 공격적 민족주의"였고, 바로 그런 연유로 "침략행위를 정당한 방어로 여기는 자기기만적 요소"가 일본민족주의 속에 뿌리 깊게 존재하고 있다.[25) 전후에도 지속되고 있는 이러한 '자기기만적 요소'는 일본의 신뢰성에 의문을 제기하고 있다.

동아시아공동체 구축을 위해서는 각국의 내셔널리즘이 내적인 측면에서 보다 약화되고 개방적으로 변화할 필요가 있으며, 이와 동시에 사유와 행위 그리고 문화의 다원성이 확대될 수 있는 수평적이면서도 열린 네트워크형 소통모델을 구체화하는 데 서로 협력하고 노력해야 할 것이다. 이를 위해서는 무엇보다 일본의 역할이 절대적이라 하지 않을 수 없다.

일본의 적극적인 참여와 주도 없이 동아시아에서 공동체 구축은 현실적으로 의미가 없다. 지난 90년대가 일본으로서는 잃어버린 시간이었다고 하지만, 그럼에도 불구하고 일본은 여전히 세계 제2의 경제대국이고, 이러한 일본의 지위는 적어도 21세기 전반기에는 지속될 것으로 전망할 수 있다. 또한 정부개발원조(ODA)는 미국을 능가하여 세계에서 가장 많이 제공하는 나라이고, 군사적인 측면에서도 그 예산을 기준으로 세계 제3위고 동아시아에서는 1위에 지위에 있다. 또한 일본은 정보, 지식, 과학기술 등의 영역에 있어서도 동아시아의 그 어느 나라보다 훨씬

---

25) 사카모토 요시카즈(坂本義和), 「평화와 민주주의를 향한 동북아시아의 전환」, 서울대학교 국제대학원 공개강좌 『아시아와 세계』, 2004. 10. 7.

앞서가고 있다. 뿐만 아니라 일본은 19세기에서 20세기 전반에 걸쳐 작은 섬나라에서 근대 산업국가로 발돋움 했고, 최소한의 사회적 충격 속에서 서양문명을 수용하고 체제를 안정시킬 수 있었고, 그리고 20세기 후반은 패전의 잿더미에서 세계 제2의 경제대국으로 성장할 수 있었던 역사적 경험과 자산을 가지고 있는 국가라는 점을 기억할 필요가 있다. 이러한 역사적 경험과 자산을 긍정적으로 활용할 때 비로소 공동체구성이 가능하고 그 공동체가 활력 있게 작동할 수 있을 것이다.

일본이 공동체 구성에 주도적 역할을 하고 일본이 가지고 있는 역사적 경험과 자산이 동력으로 작동하기 위해서는 한·중·일 사이의 상호신뢰가 무엇보다 먼저 확보되어야 한다. 그러나 한국과 중국은 여전히 일본을 신뢰하지 못하고 있다. 역사적으로 볼 때 일본은 한번도 주변 이웃과 공동의 번영을 위하여 노력했던 경력이 없다. 전전에는 영국과 연대하여 부국강병을 만들어가면서 이웃을 침략의 대상으로 삼았고 희생을 강요했다. 전후에는 미국에 의존해서 경제대국으로 성장하면서 이웃을 시장과 원료 공급원 이상으로 삼지 않았다.

이 지역에서 일국 내셔널리즘이 강화되고 있는 것은 신뢰성의 결핍과 밀접하게 연관되어 있다. EU가 오늘에 이르기까지의 현상과 과정을 설명하면서도 우리가 때대로 간과하고 있는 것은 그 밑에 깔려 있는 상호신뢰감이라 할 수 있다. EU가 경제공동체를 넘어 정치공동체를 지향할 수 있는 가장 중요한 자산은 독일과 이웃, 특히 프랑스와 신뢰관계를 구축할 수 있었기 때문이다. 만일 독일이 제2차 세계대전이 정당한 것이라고 주장하고, 나치의 비인도적 행위를 부정하고, 자국 중심적으로 역사해석을 고집하고, 그리고 국민의 역사를 만들어 가야 한다고 강조했다면 결코 EU는 가능하지 않았을 것이다. 지난날의 잘못된 역사를 단지 "과거의 것으로 끝낼 수 있는 것이 아니고", 또한 "먼 훗날 수정되거나 없었던 것으로 만들 수 있는 것이 아니라는 것"과, "누구나 지난날에 대하여 눈을 감고 외면하는 자는 현재에도 눈을 감는다"는 바치츠제커(Weizsacker)적 역사인식과 확신, 그리고 그것을 입증하기 위한 중단 없는 행동이 있었기 때문에 가능했다는 점을 우리는 깊이 성찰할 필요가 있다.[26]

　21세기에 접어들면서 다시 논의되고 있는 동아시아 공동체 구상이 또다시 하나의 '환상'으로 끝나지 않기 위해서는 지난날의 역사적 교훈을 소중히 여기고, 동아시아를 지배하고 있는 불신을 바탕으로 한 민족주의를 불식해야 할 것이다. 그리고 이를 위해서는 일본의 주도적 역할이 필요하다.

---

26) Richard von Weizsacker, President of the Federal Republic of Germany, *in the Bundestag during the Ceremony Commemorating the 40th Anniversary of the End of the War in Europe and National Socialist Tyranny*, May 8, 1985.

동북아 국제정치의 역사와 정형화

- 미·중·일 삼국관계의 세력균형

박인휘 朴仁輝

1. 머리말

　무릇 '지역연구'는 분석의 수준, 연구 방법론, 교차학문적 연구주제, 준거틀의 효율성 등의 관점에서 총체적인 성격의 사회과학 연구 분야이다.[1] 동북아 지역연구 역시 이러한 어려움으로부터 자유롭지 못하다. 특히 동북아 지역연구는 학문적 및 정책적 중요성에도 불구하고 다른 영역의 지역연구와는 달리 종합학문으로서의 거시적인 분석이 일천한 현실이다. 직접적인 비교에는 무리가 있겠지만 유럽지역연구나 동남아지역연구 등이 가지는 교차학문적 시도들과 비교해볼 때 동북아 연구는 차별적인 학문 영역간 진입장벽이 높고 이로 인해 지역연구의 기형적인 발달이 이루어지고 있다고 해도 과언이 아닐 것이다.[2] 이러한 문제점은 탈냉전기 이후 급속히 진행되고 있는 동북아 국가들간 외교안보 관계의 중요성, 경제통합의 가속화, 그리고 사회문화적 교류의 급증 등을 고려해볼

---

1) 김웅진·김지희 편,『비교사회연구방법론: 비교정치·비교행정·지역연구의 전략』, 한울, 2000); 김지희·김웅진 편,『비교지역연구전략: 방법론적 성찰』, 인간사랑, 2003.

2) 유럽 및 동남아 지역연구의 대표적인 입문서로는 이종원, EU(유럽연합)론: 현황, 미래, 국별 연구와 비지니스』, 해냄, 1998; 박사명,『동남아 정치변동의 동학: 안정과 변화의 갈림길』, 한울, 2004. 동아시아 지역연구와 관련하여 교차분석적 접근법, 통합분석틀의 모색 등을 통해 이 지역연구의 대표적인 성과로 평가받는 역작으로는, Peter J. Katzenstein and Takashi Shiraishi, ed., *Network Power: Japan and Asia* (Ithaca, NY: Cornell University Press, 1997)가 있다.

때 안타까운 학문적 현실이 아닐 수 없다.

사회과학적 분석을 전제로 '국제관계' 연구의 분석 대상으로서 '동북
아 지역'은 세계정치 수준의 일반적인 작동원리와 동북아적 특수성에서
야기하는 지역정치 수준의 구조적인 작동원리간의 균형 잡힌 시각을 요
구한다. 유럽 중심의 서구문명 국가들은 수세기에 걸쳐 상대적으로 유니
버설한 국제정치원리와 지역적 조건들을 상호의존 시키면서 안정적인
국제관계 관리의 지혜를 터득해왔다. 이해 비해 동북아- 광의로는 동아
시아- 지역은 세계정치와 동북아정치간의 간극이 역사적으로 순화되지
못했음은 물론 근대국제질서가 지역적인 차원에서 완전히 정착된 역사
가 일천하기 그지없다.[3] 국제관계 연구에서 역사의 일천함이 외교관계
의 불안정성을 필연적으로 야기하지는 않지만 특정지역의 역내 국가들
간 관계의 제도적 안착이 이루어지기 위해서는 상당한 수준의 시간이 경
과되어야 한다는 데에는 일반적으로 동의한다.[4]

동북아 국제관계에 대한 효율적인 연구가 이루어지기 위해서는 무
엇보다도 동북아 국제관계의 역사적 궤적을 살펴보고 이로 인한 역내
'국제정치'의 구조적인 요인들을 구체적으로 밝혀내는 작업이 필요하다.
이러한 연구의 진행은 두 가지 관점에서 중요한 함의를 가진다. 첫째,
동북아 국제관계가 안고 있는 글로벌한 수준의 국제관계 작동원리로부
터 구분되는 독립적인 원리들을 찾아내는 관점에서 의의가 있다. 흔히
우리나라에서의 국제관계 연구는 사회과학 분야 중에서 대표적으로 서
구학문세계의 종속적인 영역에 머물러 있다는 평가를 받는다.[5] 국제관

---

3) 일부 학자들이 동북아 국제관계의 불안정성을 현대적 외교관계의 짧은 역사에 기인한다고
   주장하는데 가장 대표적인 논문으로는 Barry Buzan and Gerald Segal, "Rethinking East Asian
   Security", *Survival* 36:2(1994).
4) Stephen D. Krasner, ed., *International Regimes*(Ithaca, NY Cornell University Press, 1983).
5) 대표적인 주장으로는 박건영·전재성, 「국제관계이론의 한국적 수용과 대안적 접근」『국제
   정치논총』 42:4(2002).

계 연구의 현실적인 학문적 정체성－강대국 중심 분석틀, 사건 선도적
특성, 안정 지향적(보수적) 세계관 등－을 고려해볼 때 일정 부분 불가
피한 비난이 아닐 수 없다. 이러한 비난으로부터 벗어나기 위해 동북아
국제관계의 독립적인 구조적 특성을 밝히기 위한 분석은 지속적으로 이
루어져야 할 것이다.

둘째, 우리의 국가이익이 적극적으로 실현되기 위해서는 동북아 국
제관계의 역사 및 전망에 대한 명확한 인식이 전제되어야 한다. 통상 세
계 4대 열강으로 압축되는 우리의 지정학적 환경을 고려할 때 이들 주변
국들과의 관계에서 우리의 국가이익을 주도적으로 실천하는 작업은 무
한히 어려운 전략적 고민의 연속일 수밖에 없다. '외세활용'의 전략을 추
진하기 위해서는 먼저 우리 주변 강대국들의 국가이익을 정확히 인식하
고 이를 바탕으로 한 이들 국가들간의 세력관계 변화에 항상 주목하여야
한다.[6] 그러기 위해서는 미국, 중국, 일본으로 대표되는 동북아 주요 국
가들의 외교 목표 및 이들 간의 역학관계에 대한 정확한 인식과 판단이
선행되어야 할 것이다.

이 글의 목적은 이상과 같은 배경에서 동북아 국제관계의 근대적인
정착을 설명하고, 이후 전개과정에서 정형화된 미국, 중국, 그리고 일본
의 삼국간 세력관계를 분석하는 데 있다. 여기에는 미·중·일 삼국간 세
력관계가 동북아 국제관계의 핵심적인 구성을 이루고 있다는 이해가 전
제되어 있다. 구체적으로 제2차 세계대전 이후 동북아 국제관계의 정착
과정, 냉전기 동안 미·중·일 삼국간 세력관계의 작동 원리, 현재 동북
아 안보의 주요 현안, 그리고 우리의 국가이익과 동북아 안보구조간 상
호 의존성 등을 논해보고자 한다.

---

6) 하영선 편, 『21세기 한반도 백년대계: 부강국가를 넘어서 지식국가로』, 풀빛, 2004.

2. 근대 동북아 국제질서의 정착

1) 전후 동북아 국제관계의 완성

'근대 동북아 국제질서'의 기원과 발전과정을 분석함에 있어서 '근대'라는 표현은 연구자에게 명확한 개념정의를 제공하지는 않는다. 즉, 다양한 학문분야에 따라 '근대'를 이해하는 방식은 다소 차이가 있는 것으로 이해된다. 본 연구와 관련하여 근대적 국제질서는, 근대적인 시장을 중심으로 한 국가가 국제정치의 핵심적인 행위자로 등장하게 된 이후의 국제적 질서를 의미한다. 시장을 관리하는 방식이 자본주의적 접근이었냐 사회주의적 접근이었냐 하는 문제는 이 글에서는 논외로 한다. 다만 시장의 자율성을 존중한 접근이건 혹은 철저하게 국가의 통제 하에 놓건, 아니면 이 둘의 조합을 통한 시장관리적 접근을 시도했건, 동북아 지역에 국가 중심적 국제질서가 정착된 것은 2차 대전 이후라는 시각에는 큰 이견이 없을 것이다.

1945년 아시아 지역에서 미국과 일본과의 대전이 종식되고 이를 계기로 미국은 초강대국으로서의 지위를 확보하기 위한 전략적 선택에 직면하게 된다. 동아시아 지역에서 미국의 국가이익을 구체적으로 확보하기 위해서 미국은 일본의 경제복구와 이를 활용한 자본주의 연대구축이 필연적이었다고 판단하게 된다. 구체적으로 케난(George Kennan), 마샬(George Marshall), 애치슨(Dean Acheson) 등과 같은 미국의 전략가들은 이러한 입장을 견지한 것으로 알려져 있다. 하지만 당시 맥아더(MacArthur) 사령관은 일본사회에 대한 총체적인 개혁을 대일본 정책의 핵심 내용으로 판단하고 있었다.[7] 당시 맥아더의 정책은 전범들에 대한 확실한 책임

---

7) Roger Buckley, *US-Japan Alliance Diplomacy, 1945-90* (Cambridge, UK: Cambridge Studies in International Relations, 1992), ch. 2.

추궁, 대기업 중심의 경제질서 해체, 강력한 토지개혁, 각종 법제도 정비 등을 구체적인 내용으로 하였다.[8] 맥아더의 입장에서는 이러한 근본적인 조치들은 궁극적으로 일본의 군국주의화 및 사회주의화 가능성을 동시에 원천적으로 차단하는 필수조건으로 받아들이고 있었던 것이다.

소위 냉전의 기원과 관련한 논쟁에서 1947년은 핵심적인 함의를 가진다.[9] 기능적인 차원에서 냉전의 기원을 가능케 하였던 47년을 기준으로 냉전 초기를 넘어서면서 워싱턴 정가의 우려는 일본 사회의 근본적인 개혁보다는 구소련의 공산주의 팽창에 더 큰 위협의식을 가지게 되었고, 미국의 대동아시아 정책 역시 이러한 관점에서 재조정된다. 소위 '역코스(Reverse Course)'로 알려진 미국의 전략은 일본 관리에만 국한된 것이 아니라 미국의 세계전략이 동북아적 상황에서 구체적으로 축약된 냉전사고의 결과였던 것이다.[10] 일본의 산업화 억제까지도 고려하면서 '민주화'와 '비무장화'에 초점을 맞추었던 미국은 48년에 접어들면서 동아시아에서의 적대세력을 일본이 아닌 소련으로 재규정하기에 이른다.

2차 대전의 종전과 함께 동북아 – 광의로는 동아시아 – 에 근대국가에 의한 근대국제질서가 자리잡기 시작하였지만 이와 동시에 동아시아에는 냉전의 역사가 시작된다. 동아시아에서의 적을 일본이 아닌 소련으로 규정한 미국은 그간의 적대적 대일정책에서 극적인 전환을 보였다. 이는 전후 유럽과 세계경제의 부흥을 위한 프랭클린 루즈벨트의 다자주의 전략(소위 '리가전통')이 미국의 거대한 산업력, 군사력을 바탕으로 한

---

8) Thomas Christensen, "US-Japan Relations and China's Strategic Thinking 1948-51", (www.fas.harvard.edu/~asisctr/archive/TR_Christensen.htm, 검색일 2004년 12월 10일), pp. 1-2.

9) 냉전의 기원과 관련하여 대체적으로 세 가지 기원설이 논의되고 있는데, 19세기 기원설, 1917년 볼세비키혁명 기원설, 그리고 1947년 트루먼 독트린 기원설이 있다. 자세한 설명은 참고, L. H. Gann & Peter Duignan, *World War II and The Beginning of the Cold War* (Stanford: Hoover Institute, 1996).

10) T. Christensen, 앞의 글.

일방주의적 권력행사로 전환됨을 의미하는 것이다.[11] 역코스의 전략적
목표는 일본경제의 부활을 통한 소련과 공산권의 확산 저지와 자본주의
세계체제의 발전에 있었다.[12]

48년 대통령 선거에 대한 부담을 강하게 느꼈던 트루먼의 입장에서
는 공화당으로부터의 비난을 피하기 위해 오히려 더욱 강경한 대공산권
외교전략을 채택한 경향이 없지 않다.[13] 수정주의 관점의 용어를 빌리
면, "이중봉쇄(Double Containment)" 전략을 통해 일본의 경제성장을 도
모하였고 결과적으로 일본에 대한 미국의 확실한 개입을 통해 일본이 미
국의 동아시아적 이해관계에 부합하여 궁극적으로 이 지역에서 미국의
국가이익을 충실히 반영할 수 있도록 하였던 것이다.[14]

이 과정에서 특히 미국에게 문제가 되었던 것은 20년대 이후 줄곧
긴밀한 관계에 있던 일본과 중국간의 경제교류에 대한 대책이었다. 미국
식 자본주의의 대리인으로서의 일본이 사회주의에 성공한 중국과 긴밀
한 경제관계에 놓이는 것은 받아들이기 어려운 현실이었던 것이다. 미국
은 당시 일본 경제의 중요한 원료공급지이자 수출시장으로서의 역할을
담당하고 있던 중국 특히 만주지방- 대신 동남아 지역을 일본 경제권
에 편입시켜주기로 결정하게 된다.[15] 이와 같이 일본의 대동남아 투자
및 경제통합은 이 시기부터 오랜 기원을 가지고 있었고, 동시에 60년대
이후 미국이 인도차이나 반도의 공산화를 '도미노 이론'의 논리로 적극

---

11) 소위 '리가전통' vs. '얄타전통'과 관련한 논쟁은 냉전 초기 미국의 대외전략의 선회를
설명하는 의미 있는 주제이다. 여기에 대한 자세한 설명과 이것이 동아시아 안보에 미치
는 함의와 관련하여서는 참고, 김영호, 「동아시아와 케난의 딜레마」『한국과 국제정치』
14:1(1998), 241~69쪽.
12) 이혜정, 「미국세기의 논리: 이차대전과 미국의 대영역」『한국정치학회보』 35:1, 2001.
13) T. Christensen, 앞의 글.
14) Bruce Cumings, *Parallax Visions: Making Sense of American-East Asian Relations* (Durham, NC: Duke University Press, 2002), ch. 2, 3.
15) T. Christensen, 앞의 글, pp. 5-6.

개입하고자 하였던 배경에는 이처럼 일본경제에 대한 부정적인 영향과 이로 인한 미국의 대동아시아 전체 전략 수행의 차질에 대한 우려였다는 의미를 가진다.

한편, 미국은 궁극적으로 일본과 군사동맹(1951년)을 체결하기까지 정책 결정자들 사이에서의 이견은 물론 국내 여론의 대일 거부감이 심각하게 표출되었다. 주지하는바 중국의 공산화와 한국전쟁은 이러한 관점에서 근대 동북아 국제관계의 초기 정착과 관련하여 중요한 함의를 가진다. 1949년 10월 오랜 내전이 종식되고 중국에 사회주의 정권이 들어서게 되었지만 당시 트루먼 행정부는 즉각적인 거부감을 공식화하지는 않았다. 물론 이는 미국의 입장에서 당시 중국의 공산화에 대한 전략적 대응이 아직 완성되지 못했기 때문이며 여기에는 소련 공산주의에 대한 봉쇄전략이 대중국 외교관계에 어떻게 작용할 것인가에 대한 판단의 과정이었다고 여겨진다. 특히 당시 미 국무부를 중심으로 중국을 외교적으로 승인하고자 하는 움직임이 있었던 것이 사실이었고, 이러한 접근은 50년 초 당시 미국의 가장 절친한 동맹국이던 영국이 중국을 외교적으로 승인한 사실에 영향 받은 바가 크다고 하겠다.[16] 결국 50년 6월 한국전쟁의 발발과 이에 대한 미국의 대응전략은 근대 동북아 국제질서를 완성하는데 결정적으로 기여하였던 것이다.[17] 결국 47년 후반기부터 50년 겨울까지의 기간 동안 구축된 미국의 동북아 전략과 개입은 이 지역 주요 국가들의 외교관계의 일정한 방향으로 마무리되었고, 이렇게 정착된 동북아 질서는 데탕트가 전개되는 70년대 초기까지 지속되기에 이른다.[18]

---

16) T. Christensen, *Useful Adversaries : Grand Strategy, Domestic Mobilization, and Sino-American Conflict 1947-58* (Princeton, NJ: Princeton University Press, 1996), ch. 4.

17) Robert Jervis, "The Impact of the Korean War on the Cold War", *Journal of Conflict Resolution* 24:4 (1980), pp. 563-92.

18) 1951년 샌프란시스코 Peace Treaty는 소위 'Double Containment'라는 수정주의자들의 해석과 함께 일본의 안보와 경제적 성장을 책임지는 결과를 가져왔다. 이어 1952년 미국의 주선

2) 미국의 개입과 동북아적 이해관계

앞 절에서 살펴본 초기 정착과정에서 알 수 있듯이 동북아 지역에서 근대국가가 핵심 행위자로 등장한 근대 국제관계 형성에서 미국의 개입과 대동북아 전략은 이 지역 국제질서 이해에 핵심적인 내용을 이룬다. 물론 광의의 개념에서 미국의 대아시아 개입은 역사적으로 훨씬 오랜 기간 동안의 분석을 요구한다. 특히 19세기와 20세기 초까지 미국은 동아시아에서 세력을 행사하던 여러 열강들 중에서 비교적 한계적 지위에 머물러 있었으나 30년대 이후 가장 중요한 강대국 행위자로 등장하게 된다. 이와 관련한 미국의 동아시아 개입의 역사적 원형에는 크게 두 가지설명이 가능하다. 하나는 미국의 국가성 자체의 변화— 경제성장, 군사강대국, 세계 대전 등— 가 동아시아 지역을 포함하여 미국 대외전략의 가장 주된 원인으로 작용하였다는 설명이다.[19] 또 하나는 동아시아 국제관계의 역학관계가 미국의 적극적인 개입을 초래한 면이 크다는 설명이다. 이 두 설명을 종합하면 미국의 동아시아 개입은 '고도의 전략적 선택'이라는 측면과 함께 동아시아 지역 안보체계에서 야기한 '지역 자체 세력균형'의 실패라는 측면이 모두 중요하게 고려되었다는 설명이다.[20]

분명한 사실은 45년 이후 국제질서에서 헤게모니 국가로서의 지위를 확보한 미국이 오늘날에 이르기까지 지속적으로 창출해내고 있는 동북아 지역에서의 국가이익이 무엇인가 하는 점이다. 국제정치의 작동원리를 규준하고 물질적 가치의 흐름과 문화적 가치의 상징성을 책임지는

으로 일-대만 수교가 체결되었다. 중국의 입장에서 일본과의 경제관계 상실은 치명적인 손실을 가져왔는데, 이는 궁극적으로 서구 '자본주의와의 단절'을 상징하게 되었다. 따라서 결과적으로 미국의 한국전 참전은 중국에게 핵심적인 국가이익의 위기와 보호라는 설명이 가능한 것이다.

19) 김기정, 『미국의 동아시아 개입의 역사적 원형과 20세기 초 한미관계 연구』, 문학과 지성사, 2003. 4장.

20) Bruce Cumings, 앞의 글, ch. 3.

국가에게 국제관계 이론가들은 헤게모니적 지위를 부여하였다. 논란의 여지가 있지만 헤게모니 국가의 존재가 국제정치의 작동원리에 일정한 안정성을 부여하면서 국제정치 현실에 긍정적인 역할을 담당하고 있다고 생각하는 현실주의 계열의 학자들은 소위 현존하는 국제사회의 파워 국가가 양산해내는 힘의 과잉을 당연시하면서 거기서 유래하는 비대칭의 국제적 힘의 분배를 운동법칙이라고 설명하는 경향을 보인다. 동북아 지역은 이러한 미국적 영향력으로부터 가장 민감하게 반응하였던 지역이고 동시에 현재에도 그러하다.

미국의 동북아적 이해관계는 굳이 수정주의적 관점을 수용하지 않는다고 하더라도 2차 대전 이후 개방적 세계경제레짐을 구축하려 한 패권국가로서의 이해관계를 잘 설명해주고 있다. 후술하겠지만 동북아 국제관계의 핵심축이었던 미일관계에서 설명해보자면 일본은 패권국이 제공하는 공공재(자유무역레짐)를 선택적으로 이용할 수 있었고, 산업구조의 고도화와 수출 확대를 이룰 수 있었다. 참고로 일본 수출시장 구성의 경우 1930년대 60%이상을 점했던 조선, 중국 등 대아시아 수출 비율이 크게 축소된 반면 대미 수출이 이를 상쇄하게 된다. 소위 '국제정치경제적' 설명에 의거하면 자유무역레짐의 창출 및 유지와 잉여생산물의 흡수는 패권국가의 가장 중요한 의무조항 중 하나였음을 잘 증명한 것이다.[21]

동북아 국제관계에서 중국을 한계화시킨 냉전 초기 미국의 외교전략은 일본과의 자본주의 연대를 통해 향후에도 지속적으로 미국의 동북아적 국가이익을 창출하는 것이었다. 이 과정에서 상비군의 지원을 전제로 한 군사적인 개입은 효과적으로 동반되었는데, 미일군사동맹 및 한미군사동맹 그리고 동남아 국가 일부와의 군사관계는 이러한 군사적 장치

---

21) 이혜정, 앞의 글.

들의 핵심을 이루었다.[22]

한편, 탈냉전기 미국의 대외정책은 Neo-Wilisonianism(전 세계적인 차원의 군사적, 경제적, 문화적 통합)의 거대한 실험이라는 설명이 가능하다. 특히 클린턴은 대표적인 Neo-Wilsonian에 해당한다고 볼 수 있는데,[23] 이 경우 19세기 말의 문호개방정책 정신이 21세기를 넘어서면서 시장과 자유민주주의의 전 세계적 확산으로 설명될 수 있을 것이다. 한마디로, 미국의 동아시아적 이익은 경제적으로 미국이 견인하는 자본주의 발전의 핵심 에너지원으로서 그리고 안보적으로 거대한 유라시아 대륙의 효과적인 관리에 필수불가결한 전략적 요충지라는 의미를 갖는다.

미·중·일 세력관계라는 차원에서 보자면 동아시아 정치는 미국과 중국간 대결국면을 중심축으로 하고 여타의 문제들도 이 중심축을 구심점으로 정책 대안들을 개발해 나갈 것으로 보인다. 전략적인 고민이라는 차원에서 중국과의 대결을 미리 앞당기는 우를 범하지도 않을 것이고, 중국을 방치하여 반미연대의 구심점이 되는 것을 묵과하지도 않을 것으로 보인다.

3. 미·중·일 세력관계와 보편성의 원리

1) 미·중·일 세력관계의 역사적 변천

동북아 국제관계는 미·중·일 삼국간 세력균형의 변화에 따라 역사적인 변화를 경험하였다. 앞서 약술한 바와 같이, '얄타 합의 정신'이 깨

---

22) 이상현, 「한미동맹 50주년의 성찰과 한미관계의 미래」 『국가전략』 9:1, 2003.

23) Robert G. Sutter, *The United States and East Asia : dynamics and implications* (Lanham, MD : Rowman & Littlefield, 2003), ch. 1.

지고 군사적 대결을 상징하는 미소간 냉전 대결 국면이 시작된 47년 이후부터 현재에 이르기까지 동북아 국제관계는 크게 4개의 시기로 나눠 볼 수 있다. 제1기는 냉전이 동북아에서 구조화되기 시작한 47년부터 미중간 외교관계가 실질적으로 회복되는 72년까지로 볼 수 있다. 이 시기 동안에는 일본에 대한 미국의 전략적 재평가, 미일군사동맹과 이로 인한 일본의 산업화, 일본의 독자외교 실종에 따른 미·중·일 비대칭적 삼국관계 등의 특징들이 발견된다. 특히 이 시기는 전술한 바 이들 삼국이 처음으로 근대국가로서 외교관계를 맺게 되었고 이를 계기로 동북아 근대국제질서의 형성이라는 의미를 부여할 수 있다. 앞서 언급한 바와 같이 이 기간 동안 한국전쟁과 일본 경제의 부활은 특별한 함의를 갖는다. 왜냐하면 이 두 사건은 미·중·일 삼국관계의 비대칭성을 가능케 하는 결정적인 단초가 되었기 때문이다. 즉, 49년 이후 중국의 존재는 구소련으로부터 파생하는 공산화 확장 위협의 연장선에서 이해되었고 이로 인해 일본에 대한 미국의 전후 구상이 대거 수정되는 안보질서가 정착된 것이다.

데탕트의 진행 이후부터 냉전 종식까지는 동북아 국제관계 2기로 이해할 수 있을 것이다. 1972년부터 1990년까지 해당하는 이 기간 미·중·일 세력관계라는 관점에서 가장 의미 있는 변화는 미국에 의한 중국의 전략적 가치 인정의 결과 미·중·일 관계의 부분적 균형 회복이 이루어졌다는 점이다. 물론 이 같은 일정한 균형 회복은 여전히 냉전이라는 거대 분석틀의 하부구조라는 한계를 벗어나지는 못한다. 여전히 일본은 대중관계의 독자성을 확보하지 못하였고 미국은 미소경쟁이라는 국제정치 축을 중심으로 미·중·일 관계의 성격을 규정하고자 하였다. 그럼에도 불구하고 오키나와 섬의 반환이나 중일 국교관계 회복 등은 역내 안보 환경에 중요한 영향을 미친 사건이었다.[24]

동북아 국제관계 제3기는 탈냉전기 직후부터 미일 군사관계의 '뉴가

이드라인'이 이루어진 1997년까지로 볼 수 있다. 1990년부터 1997년 동안은 냉전 종식에 따른 미국의 대세계 및 대동북아 전략가치 조정기로 대표된다. 구체적으로 미국의 입장에서 보자면 탈냉전기라는 새로운 안보환경에 적응하기 위해 일본을 어떻게 활용할 것인가 하는 문제와 중국의 국가 근대화에 대한 장기적인 비전을 수립하는 시기였다. 즉, 동맹 파트너로서의 일본의 전략가치 재평가와 '중국기회론' vs. '중국위협론'과 관련한 논쟁이 핵심적인 내용을 이루었다. 흥미로운 사실은 미국이 뚜렷한 정책적 목표를 가시화하지 않은 상태에서 미·중·일 역학관계는 기본적으로 냉전기 기간의 구도로 다시 돌아가게 된다는 점이다. 즉, 일본을 지역 안보 유지 지렛대로 계속 활용한다든지, 한반도 문제와 대만 문제 등에 있어서 중국의 입장을 한계화한다든지 하는 특징을 보인다. 여기서 북한이 이 시기를 자국의 주권 보장의 기회로 적극 활용하고자 핵개발 프로그램을 구체화하였다는 사실은 참고할 만하다.

동북아 국제관계 4기인 1997년부터 현재(궁극적으로 2025년까지로 예상됨)까지는 미국에게 있어 미일군사동맹 변화(탈냉전적 공고화), 중국의 경제성장에 대한 구체적인 대응전략 모색이 이루어지고 있다. 미국의 입장에서 보자면 21세기 미국 중심의 '탈근대' 국제체제를 안착시키기 위해 대글로벌 전략을 동북아 지역으로 연계시키는 작업이 구체화되고 있다.[25] 대테러전쟁이 미중관계에서 가지는 함의, 미국이 북한의 핵 보유에 대해 견지하는 일관된 입장, 일본 군사 강대국화에 대한 관용 등이 대표적인 예라고 하겠다. 결과적으로 동북아는 미국에 사활적 이해가 걸

24) James Lilley, *China Hands: Nine Decades of Adventure, Espionage, and Diplomacy in Asia* (NY: Public Affairs, 2004), ch. 3; Michael Schaller, "Detente and the Strategic Triangle: Or, Drinking Your Mao Tai and Having Your Vodka, Too," in Robert S. Ross & Jiang Changbin, ed., *Re-examining the Cold War: US-China Diplomacy, 1954-73* (Cambridge, MA: Harvard University Press, 2001).
25) 전재성, 「탈냉전 이후 미국의 동맹전략의 변화와 전망」, 2004년도 한국국제정치학회 하계 학술회의 발표논문.

린 지역으로 평가되고 미·중·일 삼국 관계의 불균형성이 과거보다 더
욱 완화된 것처럼 보이긴 하지만, 결국 미국은 이 지역에서 일본과의(한
국을 포함하여) 동북아 민주주의 연대를 발판으로 자국의 이해관계를 지
속적으로 추구하겠다는 의지를 갖고 있는 것으로 분석된다.

2) 공조와 갈등 구조의 재생산 : 삼국관계와 한국의 국가 정체성

두 가지 관점에서 논의가 지속되어야 할 것으로 보인다. 첫째, 그
렇다면 역사적 시기를 달리하면서 우리가 발견할 수 있는 미·중·일 삼
국관계의 일관된 작동 원리는 무엇인가? 둘째, 동북아 국제관계의 시기
적 단계마다 우리나라의 주요 국가이익은 무엇이었고 그에 따른 국가 정
체성의 변화는 어떻게 진행되었는가?

첫째, 우리가 삼국관계에서 발견할 수 있는 가장 보편적인 특징은
미·중·일간 세력관계를 결정짓는 가장 핵심적인 행위자는 바로 미국이
라는 사실이다. 전후 국제질서에서 미국이 차지한 패권적 지위를 고려할
때 지극히 당연한 발견이라고 할 수 있겠지만, 지역안보구도가 세계안보
구도와 일치를 보이지 않는 사례가 그리 드문 것만은 아니다. 예를 들어
중동정치의 경우 미국의 강대국적 지위가 이스라엘이나 다른 아랍국가
들보다 결정적인 행위자 국가로 군림하게 만들었다고 보기 어렵다. 또
다른 발견은 지속적으로 미·중·일 관계는 미일 대 중국이라는 비대칭
적 속성을 보였다. 물론 미일 밀착 관계를 미국의 선택으로 보아야 할지
일본에 의한 선택의 결과로 보아야 할지 속단하는 것은 어렵다. 비단 일
본의 정치경제적 성격과 중국의 정치경제적 성격 그리고 역사적 반감을
고려할 때 중일간 밀착관계가 어려운 점은 인정되나, 그렇다 하더라도 2
차 대전을 전후로 한 미국과 일본의 반목과 대결구도를 상기해보면 미일
동맹의 성공적인 운영 역시 쉽게 설명할 수 있는 것은 아니다.

그리고 소위 국제정치 이론에서 말하는 '지역에 의한 세력균형'이 동북아-크게는 동아시아-지역에도 적용된다는 설명이 가능할 것이다. 유럽의 경우 독일의 성장과 부흥은 지정학적 특성 및 주변 선진국에 의한 견제 등이 작용하여 자연스러운 세력균형에 놓이게 되지만, 동아시아에서 일본의 경우 일본의 부상을 견제할 세력이 존재하지 않는다는 논리이다.[26] 물론 이 논리는 지금의 시점에서 중국의 경우에도 적용할 수 있을 것이다. 결과적으로 전후 질서 이후 지속적으로 미일관계는 이 지역 안보를 담당하는 가장 중요한 작동기구였다는 사실을 확인할 수 있다. 일본은 탈냉전기 이후 대중국 외교에서 일정한 독자성을 회복하였음에도 불구하고 의도적으로 거리를 두고 있는 것이 아니가 하는 의구심을 갖게 만들고 있다. 중국의 국가정체성이 어떻게 변화할지 모르는 상황에서 당분간 미일관계의 유지가 자국의 외교이익 실현에 더욱 도움이 된다고 판단했음은 물론, 국내정치적으로도 강대국화(혹자는 이를 우경화로 표현)에 대한 일본 내 리버럴들의 정치적 공격을 해결하기 위해 미국의 존재를 효과적으로 활용하는 것이 아닌가 하는 설명이 가능할 것이다. 요약하면, 미·중·일 관계는 기본적으로 미일 대 중국이라는 비대칭구도, 미국이 나머지 관계-중일관계, 미일관계, 미중관계-모두를 결정짓는 핵심 변수였다는 점, 그리고 냉전기/탈냉전기를 포함하여 일본의 경우 대외 관계에서 아시아적 정체성보다는 미국을 활용한 탈아시아적 정체성을 보였다는 점 등이 주목된다.

두 번째 질문의 경우 우리나라는 동북아 국제관계 1기인 45~72년의 시기에 전근대적 문제(민족국가수립)를 해결하고자 하는 시도가 있었고(한국전), 권위주의 정권의 집권에 의한 수출지향적 산업구조로의 전

---

26) 장달중·임수호, 「부시행정부의 패권전략과 동아시아의 안보딜레마」 『국가전략』 10:2, 2004.

환이 진행되었다. 분단국가로서의 불안정성이 최소한의 산업화와 도시화로 인해 다소 해소되는 시기였기도 하다. 미·중·일 삼국관계 속에서 외교적 독자성은 전무하였고 모든 외교적 이익은 대북한과의 대결구도와 냉전구조의 한반도적 적용에 의한 한미관계에 의해 좌우되었다. 이 시기 우리의 국가이익은 '국가적 생존(주권확립)'과 '경제적 생존'을 확보하는 것으로 압축된다.

제 2기인 72~90년은 대북한 체제경쟁에서 남한의 우위 확보가 공고화되었던 시기이다. 비록 논쟁의 여지가 있지만 소위 산업화 세력에 의한 자본주의 발전은 민주주의 출현의 중요한 밑거름이 되었고, 산업화와 민주주의 진행은 대외적으로 한국의 국제적 지위를 제고시키는 효과적인 기제였다.[27] 이 시기 동안 우리의 가장 중요한 국가이익은 '제도적 민주주의'와 '시민적 민주주의'를 정착시키는 것이었다.[28] 우리는 혁명을 통한 급속한 민주주의나 보수주의 세력의 친위쿠테타에 의한 위로부터의 민주화가 아니라, 산업화 세력과 민주화 세력에 의한 협의적 민주주의를 출범시켰다.[29] 그리고 냉전 이완기의 시기를 활용하여 대북한 화해정책을 전면에 내세웠지만 남북관계의 긴장을 해소하지는 못했다.

제 3기인 90~97년 동안의 대외관계에 있어서 우리나라의 국가적 정체성은 한 마디로 탈냉전기적 안보환경의 변화를 한반도적 차원에서 실현하고자 하는 다양한 시도로 표현된다. 결과적으로 얘기하면 안타깝게도 그러한 시도는 그다지 성공적이지 못했다. 한반도에서의 분단구조 해체는 일정한 수준에서 남북한간의 전략적 공조를 전제로 한다는 귀중

27) 김선혁, "Civil Society and Democratization", in Charles K. Armstrong, ed., *Korean Society: Civil Society, Democracy, and the State* (New York: Routledge, 2002).
28) 임혁백, 「한국권위주의의 실패와 한국민주주의의 공고화: 제도, 문화, 엘리트」『국제정치논총』, 35:1, 1995.
29) 임혁백, 앞의 글.

한 교훈을 깨닫게 하였고, 분단구조의 세 가지 수준(대내적 수준, 남북한 간 수준, 초한반도적 수준)에서 동시에 분단해소 노력이 이루어지지 못할 경우 한반도 평화정착은 어렵다는 중요한 교훈 또한 얻게 된다.[30] 한미 관계의 자율성을 확보하고자 하는 노력이 있었지만 그에 따른 부작용이 더 많았는데, 불필요한 반미감정의 발전, 미일동맹 강화에 대한 해석, 대북협상에서 배제 등이 대표적인 예라고 본다.

　　마지막으로 우리나라는 97~현재(제 4기)에 이르러 냉전기와 확연히 구분되는 동북아 안보환경에 놓이게 되었다. 무엇보다도 주목할 만한 것은 미국이 추구하는 세계질서가 초주권적 이데올로기와 탈근대적 도덕담론을 통한 새로운 패권 담론을 추구하고 있다는 점이다. 상대 국가의 주권에 대한 제도적, 구조적 침해를 통한 영향력의 확산이라는 전통적인 제국 건설이 아닌 공간과 시간을 재구성한 탈근대적 제국으로서의 실험을 시도하고 있다. 일본에 대한 재신임, 전통적인 '정전론'이 아닌 '선제공격론'의 대두, 테러로부터 상대적으로 안정적인 동북아 역시 비대칭적 위협과 관련한 국제안보 논쟁에 적극 참여하게 된 점, 중국의 강대국화에 대한 이중적 대응전략, 그리고 무엇보다 북한의 위협에 대한 위기의식과 국제안보적 함의가 대표적인 변화라고 하겠다. 이 시기 우리의 국가이익은 남북정상회담을 대표로 남북한 긴장의 실질적인 완화에 있었다. 이것이 대미, 대일, 대중 관계에 미친 함의는 또 다른 논쟁을 제공하였지만 이 기간 동안 우리국가의 외교안보적 정체성은 남북한간 대결의식을 실질적으로 감소시켰다는 사실을 부인할 수는 없을 것이다.

---

30) 박명림, 「한국에서 민주주의와 통일문제의 성찰: 지속, 변화, 전망–시민사회, 남북관계, 국제조건을 중심으로」『Smog』, 창간호, 2001.

3) 새로운 세기와 동북아 지역 안보의 상징성

21세기 국제질서 관측의 핵심은 미국 중심의 단극체제(Unipolarity)
의 지속성 여부와 관련되어 있다. 단극적 질서는 군사 영역과 비군사 영
역간에 차별성을 보이면서 '일초다강 一超多强'적 세력관계의 틀 속에서
2025년 경까지 지속될 것으로 전망된다. 미국이라는 하나의 초강대국과
다수의 강대국간 관계의 성격이 어떻게 전개될 것인지는 매우 중요하다.
즉, 미국이 다른 2등 국가들과 맺는 권력관계가 어떠한가 하는 얘기인
데, 현실적으로 미국이 이들 국가들을 확실히 제압할 수 있는 압도적인
국력으로 2등 국가들간 반미연대 결성이 불가능한 수준인지, 혹은 2등
국가들과 미국간 관계가 일정한 세력균형을 전제로 한 불확실한 힘의 우
위 형태인지는 국제정치 작동원리라는 차원에서 대단히 중요한 의미를
갖는다.

일정 수준에서 지역별 '차서 강국(lesser power)'의 등장은 불가피할
것이고 미국은 이들을 활용하는 국제협력체제를 구축할 것이다. 현실적
으로 동북아 지역의 경우 미일동맹은 이 지역 안보유지를 전제로 한 양국
간 대표적인 지역협력체제라고 볼 수 있다. 이외에도 미국은 NATO, 이
스라엘/사우디, 호주, 인도/파키스탄 등의 국가들과의 협력을 전제로 효
율적인 네트워크를 구성하였고 이는 전략적 요충지인 소위 '불안정성의
원호(arc of instability)'에 대한 효과적인 관리를 가능케 할 것이다.[31]

동북아 국제질서는 서구문명과 비교해볼 때 여러 가지 의미에서 차
별적인 근대국제질서 형성과정을 경험하였는데, 한 마디로 유럽의 경우
처럼 동등한 국가들 간 상호작용의 결과가 아니라 다분히 일방적인 서구
체제의 확산과 전파의 결과라고 볼 수 있다. 동북아에는 아직까지 냉전기

---

31) 박인휘, 「대테러전쟁 수행 이후 미국의 동맹전략 변화와 전망」『국제문제조사연구』4:3,
2004, 11쪽.

의 양자적(bilateral) 방식을 통한 주요 안보 문제 해결 전통이 남아 있다. 이러한 전통은 '파편화된 양자관계의 복층질서(fragmented array of bilateral relationship)'라는 형태로 제도화되어 있다. 이러한 제도화의 한 가운데 미국이 자리잡고 있는데 주지하는바 미국은 냉전기를 통해 동북아 국가로서의 정체성을 상당 부분 확보하였다.

소위 칸트적 관점에서 평화의 조건이라고 할 수 있는 '자유민주주의(liberal democracy),' '경제적 상호의존(economic interdependence)' 그리고 '다자적 제도(multilateral institution)'가 동북아에는 부재한다. 여기에는 여러 가지 이유가 있겠지만 가장 중요하게는 유럽문명 국가들과는 비교할 수 없을 정도로 근대국제질서 편입의 역사가 짧다는 점에 주목할 필요가 있다.[32] 결과적으로 이 지역은 아직도 안보딜레마(security dilemma)가 상존하고 있는데, 구체적으로 전근대적/근대적 성격이 혼재하고 있는 대만 문제 및 한반도 분단 등이 이 지역의 주요 안보 현안으로 자리잡고 있다. 이 지역 국가들간 관계의 제도적 상시화 부재는 근본적으로 이런 문제들에 대한 대처 방안을 빈약하게 만들고 있다.[33]

동북아 안보 구조의 가장 중요한 사안은 향후 중국의 부상에 따른 미국과의 충돌가능성과 관련된 문제들이다. '세계 공장'으로서의 중국 근대화의 의미를 부인할 수도 없고 그렇다고 중국 강대국화에 따른 국제안보 불안 요인의 심화에 대처하지 않을 수도 없는 일이다. 이와 관련하여 중국의 경제성장이 중국으로 하여금 국제사회에서의 자신의 역할과 관련하여 어떠한 변화를 가져다 줄 것인지, 그리고 이에 대한 미국의 반응이 어떠할지가 주목된다. 특히 미국의 향후 대동북아 전략과 관련하여 '세력

---

32) Buzan and Segal, 앞의 글; Aaron L. Friedberg, "Ripe for Rivalry: Prospects for Peace in a Multipolar Asia", *International Security* 18:3(1993/4), pp. 13-16.

33) A. Friedberg, 앞의 글; Richard Betts, "Wealth, Power, and Instability; East Asia and the United States after the Cold War", *International Security* 18:3(1993/4), pp. 66-75.

균형정책(Defensive Realism)'과 '세력극대화정책(Offensive Realism)' 사이에서의 정책적 선택이 주요 관심사로 부각되고 있다.[34] 한반도 평화통일 과정, 한미동맹 정체성, 미일동맹의 생명력, 북핵 문제 해결 등 우리의 핵심 외교 과제가 결국은 어떤 형태로든 중국의 부상과 관련되어 있음을 간과해서는 안될 것이다.

4. 각국의 대외전략과 동북아 질서의 상호의존성

1) 미국, 중국, 일본의 동북아전략

미국의 대동북아 전략은 세계전략과의 연계성 속에서 파악할 수 있다. 특히 부시 행정부는 미국적 평화 추구를 적극 구현하고 있는데, 이들의 이념적 구성은 윌슨 우익주의자(Wilsonians of the right)와 잭슨 일방주의자(Jacksonian unilateralists)의 연합세력으로 알려져 있다.[35] 미국이 추구하는 일반적 국가이익은 대량살상무기 확산 방지, 지역패권국가의 등장 저지, 유라시아에서 강대국들간의 안정 유지, 중동지역의 평화와 지역 내 영향력 확보 및 유지, 세계경제성장 등으로 알려져 있다. 대동북아 전략은 이러한 국가 이익들의 실현과 관련하여 실현될 것으로 전망된다.

이러한 국가이익을 동북아 지역에 포괄적으로 적용할 수 있고, 특히 이 지역에서는 북한 문제 및 대만 문제 해결을 통한 패권 강화를 추

---

34) 공격적 현실주의(Offensive Realism) vs. 방어적 현실주의(Deffensive Realism)와 관련한 이론적 소개에 대해서는 Stephen Brooks, "Dueling Realism," *International Organization* 51:3(1997), pp. 445-77.

35) 부시 행정부의 신보주의 이데올로기와 관련한 자세한 설명은 권용립, 『미국의 정치문명』, 삼인, 2003.

구할 것은 물론 중국의 경제성장이 미국 중심적 세계경제질서에 효과적으로 종속될 수 있도록 외교적 노력을 기울일 것으로 전망된다. 동일한 논리로서 작금의 대테러전쟁 역시 궁극적으로는 중국을 효율적으로 봉쇄하는 결과를 낳을 것이다. 대테러 전쟁이 동북아적 차원에서 갖는 중요한 함의의 하나는 어떤 형태로든 중동의 반미주의와 중국이 연계되는 상황은 미국에게 최악의 시나리오라는 점이다.[36]

현재 미국은 동북아, 중앙아시아, 동남아시아 등 유라시아 전역에 군사적 교두보를 확보한 상태로 한국, 일본, 호주 등의 동맹 파트너들과의 네트워크 강화로 동아시아의 mini NATO화를 계획하고 있다. 특히 미국은 이 지역에서 군사적인 문제와 경제/사회적인 문제를 철저히 분리하고자 하는 노력을 기울이고 있다. 이와 관련하여 현동맹체제의 향후 필요성을 어떻게 정당화시킬 것인가? 하는 문제가 주요 과제로 남는다.

중국은 탈냉전기 이후 90년대 초중반에 적극 시도하였던 '다극화 외교전략'이 일단 실패한 것으로 평가하고 있다.[37] 특히, 9·11 이후 중국은 미국과의 전략적 동반자 관계를 추구하고 있는데, 이러한 입장은 기본적으로 중국의 경제발전을 위해서는 미국의 자본, 기술, 시장이 절대적으로 필요함은 물론 동북아 지역에서의 안보 유지가 자국의 경제성장에 필수적인 전제조건임을 인식하였기 때문인 것으로 알려져 있다. 동시에 여전히 미국의 압도적 힘을 현실적으로 인정하면서도 세계정치적 힘의 '극성(polarity)'을 분산화하기 위한 노력을 지속하고 있다. 물론 이런 분산화 전략이 성공적으로 추진되기 위해서는 대내외적 조건이 충족되어야 하는데, ① 대내적으로 지속적인 경제성장과 미국에 대한 최소한의

36) 장달중·임수호, 앞의 글, 12~13쪽; 양준희, 「비판적 시각에서 본 헌팅턴의 문명충돌론」 『국제정치논총』 42:1, 2002.

37) 이태환, 「중국의 안보전략」, 송대성 편, 『주변국 안보정책과 우리의 대응전략: 9.11 테러 사태 이후』, 세종연구소, 2003.

군사억지력 확보, ② 대외적으로 다른 국가와의 전략적 반미연대가 필요하다고 판단하고 있다.

중국은 90년대 이후 안보 개념의 '포괄성'을 강조하고 있다. 이러한 변화의 배경으로는 국제사회에서 '중국위협론(China Threat)'이 대두됨에 따라 이를 적극 해소하는 것이 국익에 도움이 된다고 판단한 것으로 보인다. 동일한 전략적 사고의 연장에서 '다극화전략'이 예상처럼 성공하지 않자 미국 일방주의에 효과적으로 대응하는 한편 동아시아 지역에서 지도국으로서의 이미지를 확산시키고자 하는 외교목표를 추진 중에 있다. 특히 실용주의 외교노선 강조가 두드러지고 있다. 대표적으로, 경제성장을 위해 강대국들과 우호적인 국제정치적 관계를 유지하려고 노력한다. 구체적으로 지역적, 세계적 국제 다자 포럼에 적극적으로 참여하고 있으며, 특히 미국과는 우호적인 관계를 유지하여 중국의 성장에 방해하지 못하도록 하는 외교전략 개발에 심혈을 기울이고 있다. 한반도 문제 등 역내 안보 현안에 적극 협조하고 있는 가시적 노력도 결국은 이러한 외교적 전략의 배경에서 비롯된 것이다.

일본의 동북아 전략은 기본적으로 '보통국가론'과 '시민강대국론(Global Civilian Power)' 역할 사이의 접목을 시도하는 데 있다.[38] 미국 중심의 세계질서를 인정하고 그 위에서 일본의 역할 확대를 모색하고 있으며 미국이 추진하는 '일본을 아시아의 영국화' 정책에 적극 협력하고 있다. 군사적으로 일본은 97년 '미일신안보지침' 이후 미일 안보협력체제의 범위는 초아시아적 성격으로 전환하고 있다. 구체적으로 99년 '주변사태법', 2001년 '테러대책 특별조치법', 2003년 유사법제(무력 사용사태 대처법, 자위대법, 안전보장회의 설치법) 통과를 통해 9·11 이후 국제안보 분야에서 일본 역할을 확대하고 있다. 한마디로 미일동맹은 미국의

---

38) 손열, 「역사 속에서의 21세기 일본」 『일본연구논총』 14, 2002, 21~34쪽.

대아시아 네트워크의 핵심 역할로 평가할 수 있다.

소위 '친미입아親美入亞' 전략을 통해 일본 외교의 실험이 동시에 이루어지고 있는데 구체적으로 미국과의 동맹관계를 강화하면서 동시에 아시아 국가들과의 협력관계를 도모하고 있다. 이는 현실적으로 미국의 외압을 적절히 이용하여 국내적으로 필요한 개혁을 실행함은 물론 국제적인 공간으로 역할을 확대하고자 하는 전략으로 풀이된다.

2) 미·중·일 관계와 동북아 주요 안보 현안

(1) 한반도 문제

한반도 분단구조는 기본적으로 3중 구조(대내적 구조, 남북한간 구조, 국제적 구조)로 이루어진다. 역사적으로 미국과 중국의 이해가 첨예하게 충돌하는 시기에는 한반도 문제가 위기에 직면하였던 점을 고려할 때 미중간 전략적 공존이 한반도 문제 해결에 절대적으로 필요하다고 본다. 특히, 미중관계와 관련하여 대중 강경론자는 예외없이 대북 강경론자라는 사실은 미·중·일 삼국관계의 안정이 북한 문제 해결의 필수적인 전제 조건이라는 점을 잘 설명하고 있다. 따라서 9·11 이후 미중간 일정한 협조 체제가 이루어지고 있는 현시기를 한반도 평화정착에 적극 활용할 필요가 있다. 물론 부시 행정부의 대북 강경 입장이 쉽게 바뀔 것이라고는 생각하지 않지만 2004년 선거에서 재집권에 성공한 지금의 공화당 정부는 어떤 형태로든 새로운 로드맵을 작성하여 한반도 문제의 해결을 시도할 것으로 보이고, 그렇다면 지금부터 이후 2~3년이 한반도 평화정착과 관련해 중요한 시기라고 생각한다. 한편 일본은 한반도가 중국의 영향 하에 놓이지 않도록 외교 노력을 경주하고 있는데, 일본의 외교 목표는 기존의 미일동맹을 바탕으로 한반도, ASEAN 등과 외교적 협조체제 강화를 통해 중국의 영향으로부터 일정한 거리를 두고자 함에 있

는 것으로 보인다. 따라서 한반도 평화정착은 이들 삼국간 전략적 이해
관계에 대한 정확한 진단과 전략적 사고를 반드시 필요로 한다.

(2) 대만 문제

대만 문제의 심각성은 많은 전문가들에 의해서 확인되고 있다. 만
약 대만이 독립 선포를 시도한다면 중국의 무력 사용은 거의 확실시되고
있고 이에 따른 미국의 개입 역시 불가피할 것으로 보인다.[39] 따라서 대
만 문제는 미중관계의 불안정성을 시험하는 대표적인 리트머지 시험지
이다. 중국은 티벳 등지와 함께 대만 문제를 주권문제로 인식하는 반면
미국은 동북아 지역안정이라는 관점에서 이해하고자 한다. 미국은 공식
적인 '하나의 중국 정책(One China Policy)'에도 불구하고 현상유지적 정
책을 선호하고 있다. 미국과 일본은 기본적으로 대만 문제가 중국을 견
제하는 가장 효과적인 외교 수단이라고 판단하고, 따라서 경제적으로는
중국과 적극 협조하되 안보, 환경, 인권 등의 영역에서는 중국을 한계화
시키는 외교전략을 구사할 것이다. 중국의 근대화 전략이 향후에 얼마만
큼 성공하느냐에 따라 미국과 일본의 입장에서 대만 문제는 중국의 경제
성장을 대가로 한 협상 카드가 될 수 있을 것으로 보인다.

(3) 미중간 세력 전이 시나리오

동북아 국제관계의 불안정성을 고조시킬 가장 중요한 변수로는 향
후 미국과 중국간 역내 패권대결이 지목되곤 한다. 물론 중국에 대한 전
략적 평가에 대한 의견은 대단히 다양하게 전개되고 있는데, 일부의 견

---

39) Glosny, Michael A. 2004. "Strangulation from the Sea? A PRC Submarine Blockade of Taiwan", *International Security* 28:4, pp. 125-160; Ross, Robert S. 2002. "Navigating the Taiwan Strait: Deterrence, Escalation Dominance, and U.S.-China", *International Security* 27:2, pp. 48-85.

해를 따르면 미국 중심의 보수주의 시각이 '자기예언적(self-predictive)' 진단을 통해 중국을 국제안보의 위협 요인으로 사전에 설정해 놓음으로써 궁극적으로는 미국 패권의 정당성을 강화하고자 하는 데 그 목적이 있다는 주장이 있다.[40] 이러한 중국 성장에 대한 음모론적 측면을 인정한다고 하더라도, 최소한 우리는 세 가지의 시나리오를 상정해볼 수 있다.[41] 첫째, 향후 미국의 지속적인 개입을 전제로 중국이 산업화에 성공함은 물론 이를 발판으로 군사 현대화에 성공한다면 이러한 세력균형의 변화는 동북아 지역안보에 가장 불안한 영향을 미칠 것이라는 시나리오다. 이 경우 미국은 기존 동맹체제를 더욱 강할 것이고 한반도 및 대만은 미국과 중국간 세력대결의 격전지가 될 것이다.

두 번째 시나리오는 미국의 지속적인 개입을 전제로 중국의 산업화 성공과 이의 결과로써 중국 내 시민사회의 등장을 경험하는 경우이다. 이 경우 중국사회는 점진적으로 민주화의 경로를 밟게 될 것이고 동북아에도 유럽식의 강대국 협조체제 정착이 가능할 것이다. 또한 미·중·일 간 세력관계의 균형이 실질적으로 이루어지고, 이들 삼국은 국제 및 지역안보를 위한 책임의식을 공유할 것이다. 한편 미국의 세계적 및 지역적 리더십은 더욱 공고화될 것이다.

마지막 시나리오는 미국이 동북아 개입에 포기 혹은 적극 개입의

---

40) R. Ross와 T. Christensen은 미국의 대중국 전략과 관련한 서로 상반된 주장을 내놓고 있는 대표적인 학자들이다. 이들의 주장을 비교해볼 수 있는 논문들 중에서 대표적인 것만 소개하면 *Foreign Affairs*와 *International Security*에 실린 글이 있는데 이들을 비교하면서 읽으면 흥미있는 대조가 될 것이다. 참고, Robert S. Ross, "China II: Beijing as a Conservative Power", March/April 1997 *Foreign Affairs*; Thomas Christensen, "Chinese Realpolitik: Reading Beijing's World View", September/October *Foreign Affairs* 1996. 그리고 R. Ross, "The Geography of the Peace; East Asia in the Twenty-First Century", *International Security* 23:4(1999); T. Christensen, "China, the U.S.-Japan Alliance, and the Security Dilemma in East Asia", *International Security* 23:4(1999).

41) 미중관계의 미래 시나리오에 관련한 연구들은 상당히 진행된 실정이다. 대표적으로 김우상, 「미중관계의 미래와 동아시아의 안보 질서 전망」『국제정치논총』40:4, 2000; 김태현, 「동북아 질서의 변동과 한반도」『국제지역연구』11:1, 2002; 김태호, 「중국의 부상과 동북아 질서 변화」, 백종천 편, 『국제질서 전환기의 국가전략』, 세종연구소, 2002.

수위를 낮추고 중국이 산업화 및 군사 현대화에 성공하는 경우를 상정해 볼 수 있다. 중국은 대만 문제 해결을 위해 무력 사용을 감행하는 한편 한반도에 친중국 정부수립을 위해 노력할 것으로 전망된다. 이러한 시나리오 하에서는 중국을 중심으로 한 아시아 질서 재편이 급속도로 이루어질 것으로 보인다.

(4) 중국 문제의 확산

미국에게 중국은 '세계의 공장'과 '미래의 대결자'라는 두 가지 평가가 공존하고 있는 것으로 보인다. 당연히 미국은 이 두 가지 중국의 정체성 중에서 국제정치적 환경 변화에 따라 선별적인 접근을 시도할 것이다. 이 과정에서 한 가지 의미있는 발견은 부시 행정부 1기 동안의 대중국 정책이 상당히 성공한 것으로 평가할만하다는 점이다. 부시 1기 4년 동안에 진행되었던 두 차례의 대규모 전쟁(아프카니스탄 전쟁과 이라크전쟁)은 해석에 따라 궁극적으로 중국을 겨냥했다는 설명이 가능하다. 특히 이라크 전쟁과 관련하여, 석유자원 수급에 대한 미국의 편집증적 집착을 이라크 전쟁의 주요 발발 원인으로 이해하고자 하는 사람들은 결국 미국의 대중동 장악력 유지는 중국 경제성장의 패턴과 방향성을 미국에 상당 부분 종속시키기 위한 필연적인 선택이었을 것이라는 전략적 고려에 주목하고자 한다.

결국 21세기의 상당 기간 동안에도 미국의 동아시아적 정체성을 유지할 개연성은 상당히 높은데, 여기에는 현재 중국의 입장에서 달리 무슨 특단의 대안이 있을 수 없다는 데에 기인한다. 2025년경까지 예상되는 중국의 국가 근대화 사업은 동북아의 평화와 안보를 핵심적인 전제조건으로 요구하고 있다는 데 중국의 딜레마가 있는 것으로 보인다. 현실적으로 미국·일본의 자본과 이들의 구매력이 없이는 중국 경제성장 프로젝트는 추진되기 어렵다는 사실을 중국 지도부는 너무도 잘 알고 있을

것이다. 결과적으로 중국은 미래의 시점에서 미국의 헤게모니적 힘에 맞
설 수 있는 유일한 대결세력으로 성장할 것으로 평가됨으로써 중국 국력
의 미래상과 관련한 논쟁은 이에 따른 미국의 전략적 선택, 일본의 군사
강국화 가능성, 한반도의 평화와 향후 통일 한국의 위상 등의 문제들과
깊은 연관성을 가질 것이다.

5. 맺음말: 우리의 국가이익과 미·중·일 관계

우리나라가 처한 지정학적 특수성에 대한 고민은 우리의 선현들에
게서도 발견할 수 있다. 19세기 말 소위 위정척사의 논리와 문명개화의
논리가 첨예하게 맞섰을 때 동북아에 드리워진 국제정세의 흐름은 우리
의 국운을 외면하였다. 과다한 근시성에 몰입한 위정척사는 '명분지상주
의'에서, 또 과다한 원시성에 몰입한 문명개화는 '효율지상주의'에서 헤
어나지 못했던 것이다. 이후 이어진 참담한 개화의 실패와 국망의 역사
는 결국 지금의 관점에서 반추해볼 때 그것은 외교전략 비전과 실천력의
부재에 다름이 아니다. 그렇다면 현시점에서 우리의 국가이익은 무엇이
고 이를 실현하기 위한 외교안보의 전략적 고려 사항은 무엇인가?

우리의 국가이익은 한반도적인 수준, 동북아적인 수준, 그리고 글
로벌 수준에서 각각 도출해볼 수 있다. 한반도적 관점에서의 국가이익은
남북한 갈등 구조를 영구히 청산하고 한반도에 민족통일의 염원을 이룩
하는 것이다. 동북아적 수준의 국가이익은 주변 강대국들이 한반도에 대
한 영토적 야욕을 갖지 못하게 할 정도의 국력을 갖춤은 물론 이를 바탕
으로 동북아 국가들간 공존과 번영을 함께 추진할 수 있는 지역안보구조
를 정착시키는 일이다. 글로벌한 수준의 국가이익은 세계자본주의 발전
에 뒤쳐지지 않기 위해 세계시장과의 근접성을 항상 유지하며, 보편적인

초인류적 가치들을 우리 사회에 효과적으로 적용시키는 일일 것이다.

　이상의 국가이익 실현을 위해서는 다음의 몇 가지 사항을 전략적으로 고려하여야 한다. 첫째, 미·중·일 삼국관계의 안정성은 한반도 평화정착의 필수전제 조건임을 명심하여야 한다. 물론 우리의 국가이익 실현을 위해 상대적으로 거대한 국력을 소유한 국가들간의 외교관계를 좌우한다는 것은 불가능한 일이다. 다만 역으로 미·중·일 삼국관계에 일정한 안정성이 발견될 때는 한반도 평화정착을 구체화하기 위한 최적의 시점이라는 설명이 가능하다. 따라서 미일동맹의 효율적 작동이 당연시되고 미중간 외교적 협력이 강조되는 이즈음이 남북한 대결 구도를 청산할 수 있는 최적의 시기로 보인다. 다만 미국의 대테러 전쟁이라는 탈근대적 국제질서 수립에 몰두해 있다는 점이 다소 걸림돌로 작용하고 있긴 하지만, 전세계적인 규모의 반미연대의 가능성이 희박하고, 중국의 근대화 전략이 국가 최우선 과제로 다루어지며, 일본의 대미 및 대중 외교관계에서 독자적인 목소리를 내는 것이 아직은 부담스러운 상황이 한반도 평화정착의 적기라고 생각한다. 구체적으로 지금부터 5~10년의 기간에 어떤 형태로든 남북한 대결구도는 청산되어야 한다.

　다음으로 동북아 국가들간 지역안보 유지를 위한 공동의 노력이 가시화되어야 한다. 물론 중국의 사회주의 정체성이 다른 행위자 국가들의 정치적 신념과 상충하는 경우 현실주의적 관점에서 지역안보협의체는 오히려 안보 딜레마를 야기할 수도 있겠지만, 상시 대화 채널에 의한 효율적인 네트워크 관리가 이루어진다면 지역안보논의기구 출범은 반드시 이루어져야 한다고 본다. 많은 국제정치학자들이 북핵 문제 논의를 위한 현재의 6자회담이 좋은 출발이 될 수 있을 것이라고 설명한다. 심정적으로는 동조할 수 있지만, 현실적으로 6자회담의 대화 모멘텀을 지속적으로 유지한 것은 대단히 어려운 일이다. 따라서 미국의 포함을 전제로 군비경쟁 자제, 경제성장, 거시경제정책, 환경, 교육, 노동력 이동, 문화교류,

테러 등은 이들 국가간 공동의 국가이익을 창출하는 좋은 아젠다가 될 수 있다고 본다.

세계적 수준에서의 국가이익과 관련하여서는 세계자본주의 경쟁에 적극 참여함은 물론 선진자본주의의 자본과 기술을 언제든지 활용할 수 있는 선진산업구조를 갖추는 일일 것이다. 지금까지의 경우 우리의 자본주의 발전은 사실 미국의 동맹국이라는 지위에서 파생하는 이득에 기인하는 바 적지 않았다. 향후에는 한·미·일 공조체제를 통한 자본주의 연대가 더욱 필요하다고 생각한다. 어차피 우리가 미국과 일본보다 부유한 국가가 된다든지 혹은 이들 국가보다 선진화된 산업구조를 갖는다는 것은 가까운 장래에는 불가능한 일이다. 따라서 차제에 차별화된 산업구조를 바탕으로 세계시장에서의 분업구조를 적극 활용할 필요가 있으며 한미 및 한일간 자유무역협정(FTA)을 적극 도입할 필요가 있다고 본다. 또한 안보분야에서 '한미안보연례회의(SECOM)' 같은 '한미경제연례회의(가칭)' 출범을 적극 권장하는 바이다.

탈냉전기에 접어든 지 이제 불과 10여 년, 동북아 국제관계의 자율성의 역사는 지극히 일천하다. 일천한 역사는 국제관계의 역사적 궤적을 추적하고 거기에 근거한 전망을 추론하기가 그만큼 어렵다는 얘기다. 45년 이후의 동북아 국제관계를 요약해 보면, 세력 균형자로서의 미국의 역할, 미중을 축으로 한 패권대결의 가능성, 문화적 차별성을 극복한 미일간 동맹규범의 형성, 한반도 문제와 대만 문제에 대한 성공적인 해법 찾기 등의 갈등 요인들의 집합적으로 존재하는 안보복합구조라는 사실을 발견하게 된다. 적어도 지금까지 미·중·일 3국 관계에는 상대적 힘의 균등한 배분을 추구하는 세력균형과 여기에 대항하는 맞균형의 형성을 중시하는 전통적인 구조적 현실주의적 안보논리가 개입할 여지가 별로 없어 보인다. 이러한 관측은 적어도 2025년경까지 지속될 것으로 추측된다.

그렇다면 우리에게 놓인 외교전략적 선택은 구체적으로 무엇인가? 한 마디로 미・중・일 삼국관계의 세력관계 변화에 항상 주목하여야 한다. 동시에 이들 국가의 주요 외교전략을 정확하게 인식하고, 여기에 대처해서 우리의 국가 에너지를 효율적으로 동원하고 이를 극대화시킬 리더십을 발굴해야 한다. 미국의 경우 우리의 전략적 판단은 미국 국력에 대한 정확한 예측에 근거하여야 한다. 즉, 미국 패권의 생명에 대한 집요한 탐구가 이루어져야 한다. 중국의 경우 지역패권으로서의 변모 가능성에 대한 예측이 필요하다. 이와 함께 과연 중국이 패권프로젝트를 가동시킬 프로그램을 만들어낼 수 있을까 하는 문제에 우리의 외교적 관심을 집중시켜야 할 것이다. 일본의 경우 정상국가와 강대국가의 경계는 무엇인가 하는 질문이 주어진다. 일본 스스로 정상국가로서의 역할 설정을 어떻게 할 것인지, 과연 어떠한 모멘텀에 의해 강대국가로서의 전환을 꾀할 것인지 등에 대한 정확한 판단이 필요하다. 그리고 가장 핵심적으로, 이러한 질문들에 대한 해답과 한국의 국가이익간의 공통분모를 도출해내야 할 것이다.

4부 동아시아 평화공동체 형성을 위한 사상적 기초

통일 이후 민족동질성 회복과 유교의 역할

김성기 金聖基

1. 들어가는 말

유교는 어떻게 사회적 실천에 관한 견해를 밝힐 수 있을 것인가? 사회의 소금은커녕 자기의 정체성도 확보하지 못하고 사라져 가는 입장에서 말이다. 하기야 유교가 죽었다는 말이 나온 것은 어제오늘의 일이 아니다. 1980년대 민주화운동으로 존경받던 김성식 교수가 사망했을 때 어느 일간지는 "마지막 선비……"라는 제호를 뽑지 않았던가? 유독 우리만 그런 것도 아니다. 그 즈음 대만에서 당대 신유가를 대표하던 리앙수밍(梁漱溟)이 사망했을 때도 "최후의 유가……"라는 표현이 등장했었다. 그리고 지금도 최후의 선비는 죽어가고 있다. 최후의 기독교인은 없고, 최후의 불교도도 없고, 최후의 가톨릭 신부도 없는데 유가는 그런 식으로 자주 최후를 맞고 있다. 그것은 자기의 역할을 망각한 유교에 대한 질책일 것이다.

그러나 전통문화의 중요한 부분을 차지하는 유가사상은 오늘날 다시금 '자아 정체성 회복'에 대한 요구와 '현대적 의미'에 대한 답변을 요구받고 있다. 더구나 실천의 문제에 관한 유교측의 입장표명이 강하게 요구된다. 이에 유교측에서는 성실한 답변들을 제시해야 할 사회적 의무를 지게 되었다. 이러한 사회적 요구를 염두에 두면서 이 글에서는 유교의 사회적 실천을 위한 시론을 제시하고자 한다. 그리고 그 주제는 통일

문제로 국한시켰다. 이를 통하여 유교의 민족사적 위치를 다시금 확인하고, 유가도 당당히 통일의 대열에 선도적 역할을 자임해야 할 당위성과 타당성이 있음을 주장하고자 한다. 그런 다음에 이를 바탕으로 이후의 실천운동에 입지를 마련해 보고자 하는 것이다.

그런데 유교의 통일과제에의 참여 문제는 현재 유교의 사회적 역할 등으로 미루어 볼 때 한계를 가질 수밖에 없다는 현실적 고민이 있었다. 그러나 이제 유림측에서도 민족통일유림협의회를 창립하고 본격적으로 통일운동의 과제에 참여할 수 있게 되었으니 매우 뜻 있는 일이라 생각된다. 통일의 성취는 우리 민족 전체의 염원이요 민족과 개인의 장래 운명이 달린 중대한 과업이다. 더욱이 최근에는 남북정상회담의 성사를 계기로 한반도의 통일이 먼 훗날에나 이루어질 사건이 아니라, 당장 우리 앞에 닥쳐올 수도 있는 현실적 문제로 인식되기에 이르렀다. 따라서 통일과정도 점진적·단계적으로만 전개되는 것이 아니라, 급진적으로 전개될 가능성도 있으므로 이에 대비해야 할 필요성에 직면하게 되었다.

한편, 통일 가능성이 커지고 그 시기도 가까워지고 있다는 예상이 현실화됨에 따라 가장 관심이 집중되는 것은 통일한국의 미래상이다. 통일의 성취가 민족의 장래에 끼치는 의미를 생각해볼 때 통일의 성취 과정은 말할 것도 없고 통일 후에 다양하게 야기될 문제와 과제들에 대하여 검토하고 그에 대한 대비책을 준비하는 일이야말로 통일의 추진 과정을 순조롭게 진행시키는 일이며 통일 이후 민족공동체 내에서 구성원들 사이의 실질적 통합을 원활하게 이룰 수 있는 첩경이다.[1] 통일의 과정에서는 남북한간의 현저한 경제적 격차, 가치관과 사고방식의 차이, 생활관습이나 행동양식의 차이 등 기본적인 문제에서부터 주민의 이동, 군사, 경찰, 재산권, 외교, 법 제도, 정치적 청산, 교육개혁과 통합문제 등

---

1) 김경웅 외, 『통일문제 이해』(서울: 통일교육원, 2000년), 271쪽 참조.

구체적 사안에 이르기까지 다양한 문제가 드러날 것이다. 따라서 각 분야별 현황과 예측 가능한 문제의 발생 유형을 정확하게 파악하고 통합을 준비하는 차원의 대책을 마련하는 것이 중요한 과제라 하겠다.[2] 그렇다면, 우리는 통일의 미래상을 어떻게 모색할 것인가?

이 글은 유교철학이 현대사회에서 담당해야 할 사회실천의 가능성을 가늠해보고 그 현대적 의미를 생각해보기 위하여 씌어졌다. 특히 한국 사회가 당면하고 있는 중요한 문제 중 하나인 통일의 과제에 대한 유교의 역할을 모색하는 것에 초점을 맞추었다. 여기서 말하는 통일의 과제는 통일을 위한 준비 과정과 통일 후의 민족통합의 과정을 포함하는 포괄적 개념으로 정의할 수 있다. 따라서 본문에서는 통일의 준비 과정에서 통일 후 민족통합에 이르기까지, 특히 민족 동질성 회복이라는 측면에서 유교의 역할을 조명해 보고자 한다.

본문에서는 통일의 과제와 관련하여 민족 동질성 회복의 문제를 중심으로 통일의 미래상을 그려봄으로써 통일을 위한 본질적인 준비 작업과 연관지어 보고자 한다. 그리고 통일 한국을 준비하고 통합을 이루어 나가는 데 가장 중요한 것은 민족 동질성의 회복을 통한 현 시점의 이질성 극복이라 할 수 있으므로 이를 위한 유교의 역할을 살펴보겠다. 남북한 간의 이질성을 극복하기 위한 매체로서 민족의 정신적 공유물인 전통문화가 매우 중요함을 밝히고 그 중 유교의 위상을 살펴본 다음, 유교가 통일 후에 민족 통합을 기할 수 있는 보편적 가치의 역할을 담당할 수 있는지에 대하여 논의하고자 한다.

---

2) 상동. 278쪽.

2. 민족 동질성의 확보, 그 출발점

남북한은 분단된 지 50년이 넘으면서 심각한 이질화를 경험하고 있다. 남북한 간 문화적 이질성을 초래한 최대 요소는 해방 전후의 이데올로기 대립과 분단으로 인해 분리된 독자적 생활 패턴이다. 상반되는 철학·신념 체계와 민족 상잔의 경험은 상호 반목을 가중시켰고, 남북한의 권력 집단이 독재 체제의 연장을 위해 분단 상황을 이용하였던 통치 행태는 이러한 남북한 이질화를 더욱 심화시켰다. 이러한 심각한 이질화를 극복하고 민족공동체를 건설하는 것이 통일의 주요 과제이다. 그런데 지금까지의 통일에 대한 논의는 주로 정치적·경제적 측면에 치중되어 왔다. 그러나 통일문제는 정치·경제·사회·문화 등 모든 측면에서의 통합을 뜻하는 다차원적인 개념이다.[3] 그렇기 때문에 통일은 다양한 차원에서 접근되어야 하고, 남북주민들의 일상생활을 대상으로 하는 범위로까지 확장되어야 할 필요가 있다.

이러한 맥락에서 남북한 사회의 통합운동은 통일에 대한 새로운 접근으로 주목을 받고 있다. 그 이유는, 사회통합은 온전한 의미에서 체제의 통합을 이루게 하고, 정치와 경제를 받쳐주어 유연하게 하는 역할을 하며, 무엇보다도 주민의 구체적인 생활현실과 긴밀하게 연관되기 때문이다.[4] 사회통합을 이루는 과정에서 가장 중요한 지표는 동질성의 문제이다. 사회적 동질성은 통합에 기여할 수 있고, 사회적 동질성이 높을수록 통합 지향적 계획이 성공하기 쉽다. 여기서 남북한 사회의 동질성의 모색을 통한 사회 통합의 과정을 거쳐 남북한의 통일을 지향하는 작업의

---

3) 조형, 「남과 북이 더불어 사는 연습」 『민족의 화해와 통일을 위하여』(서울: 심지 1997), 144쪽 참조.
4) 최연실, 「남북한 가족에서의 가족중심의식과 남북한 사회의 통합」, 남북한 가족문제를 위한 토론회(1997. 10. 12~13) 발표논문집, 1쪽.

의의를 찾을 수 있을 것이다. 문제는 남북한 사회의 어떤 측면에서 이러한 동질성을 확보하느냐 하는 것이다.[5]

어쨌든 통일이 갖는 다양한 차원으로 인해 정치·경제적 영역에서만 논의되던 이전과 달리, 통일에 대한 사회·문화적 접근이 점진적으로 강조되는 추세에 있다는 주장에 주목할 필요가 있다. 이를 통하여 남북한 간에 상존하고 있는 이질적인 요소들을 희석시킬 수 있고, 향후 통일과 함께 발생할지 모르는 여러 가지 부작용과 충격에 대한 예방을 할 수 있으며, 통일로 인한 충격에 대한 완충 역할도 함께 수행할 수 있을 것이라고 보기 때문이다. 여기서 우리는 사회통합에 있어서 문화적 요소가 차지하는 중요성에 주목할 필요가 있다.

통합에 있어서 문화적 요소가 차지하는 중요성에 대하여 갈퉁(J. Galtung)은 진정한 의미의 정치통합을 위해 가치의 통합과 이해관계의 일치가 중요한 조건이 되어야 한다고 지적하였다. 문화적 동질성의 확보는 공통된 가치관과 공통의 이해를 포함하는 개념으로서 분열된 사람들 간의 부단한 접촉과 커뮤니케이션의 정도가 증대되는 것을 통해 공통된 가치관과 세계와 역사에 대한 공통된 인식을 향유함으로써 가능해질 것이다.[6]

독일 통일의 경험에서도 볼 수 있듯이 정치체제의 구조적 통합인 정치적·제도적 통일이 이루어진 이후 이질화된 두 체제에서 살아온 남북한 주민들 간에 의식과 사고 방식이 통합되고 다양한 사회적 균열이 치유되는 과정이 요청된다. 급진적 통일보다 교류, 협력을 통해 상호 신뢰를 회복하는 점진적, 단계적 통일을 주장하는 이유 중 하나도 바로 남북한 간의 이질성에 따른 간격을 가능한 한 사전에 극복함으로써 통일

---

5) 최연실, 위의 논문, 2쪽.
6) 이인정, 「남북한 사회, 문화 통합과 전통 문화의 역할」(이온죽 편, 『남북한사회통합론』 175쪽) 참조.

이후 예상되는 후유증을 원만히 해결하자는 데 있다.

> 남북한 문화교류에 대한 한 설문조사(문화발전연구소, 북한의 문화정책
> 과 남북문화교류의 방향, 1993)에서 전통문화 분야의 교류는 그 중요도
> 에 있어서 우선 순위 1위였다. 그것은 분단으로 인해 쌓인 남북한 주
> 민들의 감정적 대립을 해소시키고 나아가서 민족 동질성 회복과 민족
> 공통성의 끈을 잇는 가교 역할에 전통문화가 가장 적합할 것이라는 기
> 대 때문일 것이다.[7]

　민족공동체는 남북한 주민 모두가 민족적 동질성을 바탕으로 공동
의 가치관과 신념에 입각하여 민족 단위의 생존과 번영을 지향하여 집단
생활을 영위하는 생활공동체이다. 이러한 민족공동체는 생산·분배·거
래 행위의 단일권 형성을 의미하는 '경제공동체', 사회적 가치규범 및 행
위 그리고 문화의 공유를 의미하는 '사회·문화공동체', 여기에 궁극적으
로 정치적 통합을 뜻하는 '정치공동체'의 형성으로 완성된다.[8] 남북한은
모든 방면에서 심각한 이질화를 경험하고 있다. 그러나 이질화와 반목
속에서도 전통문화 요소들은 남북한 사회 내에 여전히 살아 있는 것으로
보인다. 이러한 전통문화의 전승 정도는 향후 남북한 통일시 내부 통합
의 공통분모 확보라는 측면에서 매우 중요하다.[9]
　문화적 동질성은 공통된 가치관과 공통의 이해를 포함하는 개념으
로 분열된 사람들 간의 부단한 접촉과 커뮤니케이션 그리고 인적 교류
를 통해 가능하며, 사회·문화적 교류로 상호 커뮤니케이션의 정도가 증
대되는 것을 통해 공통된 가치관과 세계와 역사에 대한 공통 인식을 향

---

7) 임채욱, 위의 논문집, 25쪽.
8) 박영호, 「민족공동체 형성과 '민족발전공동계획'의 추진방향」,『광복 50주년 기념 국내 학술
　회의 발표논문집』(서울: 민족통일연구원, 1995. 8.11), 18~19쪽 참조.
9) 이인정, 「남북한 사회·문화 통합과 전통 문화의 역할」, 이온죽 편, 위의 책, 175쪽.

유함으로써 확보 가능할 것이다. 남북한 간 상호 불신과 반세기 동안 축적되어온 문화적 이질성 그리고 정치·군사적으로 정면 대치하고있는 현 상황을 고려할 때, 사회·문화적 교류를 통하여 문화적 동질성을 추구하는 일은 지난한 작업이긴 하나 필수적인 것이다. 그러나 기존의 통일문제 연구 및 정책은 군사·정치적 해결을 통한 영토 분단의 극복이라는 외형적 측면에 주안점을 두고 진행되어 왔다. 그리하여 때로는 동서 냉전의 체제 아래에서 형성된 남북한의 대결 구도에 기초한 이데올로기의 편향적 시각과 접근이 이루어지는 경향을 보여왔다. 따라서 남북한의 정치·경제·사회 구조의 틀을 벗어나지 않는 한도 내에서 목적과 내용이 없는 당위론적 차원의 추상적인 현상 통합 방법론이 그 주류를 이루었다.

이제 진정한 통일운동은 통일 이후에 전개될 민족 공동체의 삶에 관한 충분한 문제의식을 전제한 뒤 숙고되어야 한다. 정치·군사적으로 해결된 통일이 곧바로 일상을 살아가는 통일국가의 국민과 시민의 생활이라는 차원에서 발생할 수 있는 모든 문제를 한꺼번에 해결해줄 수 있을 것이라고 기대하기는 어렵기 때문이다. 특히 상이한 문화 구조에서 50년 동안 형성되어온 가치관의 문제는 심각하다.

문화적 측면에서 통일문제에 접근한다는 것은 기본적으로 통일의 외향적 측면보다 실질적 기반이 되는 내면적 측면에 주목함으로써 민족통합을 가능케 하는 사회통합의 차원에서 접근하는 것을 뜻한다. 특별히 독일 통일 후 나타난 사회적 혼란이라는 교훈은 실질적인 민족통합이 문화적 동질성 회복을 통한 내적 통합에 의해서만 가능하다는 인식을 분명하게 심어주었다.

남북한 사회·문화 공동체의 형성 과정은 양 체계간의 동질성을 어떻게 증대시키는가와 관련된 문제라는 점에서 볼 때, 분단 이전까지 전통문화·언어·역사 등을 공유하여온 남북한 사회가 오늘날에도 여전히 이들 요소들을 공유하고 있음을 확인하고 추출함으로써—민족공동체 의식과 연관하여—통일에 대한 당위의 근거로 삼을 수 있을 것이다.[10]

우리의 통일은 단순히 분단 이전의 상태로의 회귀를 의미하는 것이 아니며, 정치·경제 체제와 사회 체제간의 통합일 뿐 아니라 의식과 가치관의 통합이라는 데 그 비중을 두어야 한다. 요컨대 통일 논의는 정치·경제 측면뿐 아니라 내면적 문화적 동질성 회복을 중시하는 새로운 출발점을 모색하는 것이 중요하다.

3. 유교는 몸통이다: 왜 유교인가

1) 서구적 가치는 우리의 몸통이 될 수 없다

지금까지 통일 논의에서 문화적인 내적 동질성을 중시하는 방향으로 인식의 전환이 시급하고 그것을 실행하기 위한 정책과 연구가 필요하다는 점을 살펴보았다. 그러면, 민족동질성 회복에 있어서 통일과정과 이후의 구체적 가치는 각각 무엇이어야 하는가? 여기서는 유교가 민족동질성 회복에 있어서 가장 적극적 기능을 담당할 수 있음에 주목하고자 한다. 우선 20세기 말을 보내고 21세기를 맞은 오늘날의 지성사적·문명사적 반성을 종합해보면, 서구적 가치는 이제 더 이상 통일과정과 통일 후 우리 민족통합의 보편적 가치로 의미를 지닐 수 없기 때문이다.

19세기 말, 파리에서는 "마르크스의 유령이 출몰하고 있다"는 말이 시대의 상징어였다고 한다. 이제 21세기를 맞는 오늘은 "세계에는 포스트모더니즘의 유령이 출몰하고 있다"는 말로 시대의 상징어가 바뀌었다. 여기에서 포스트모더니즘의 복잡한 토론 내용을 일일이 들여다볼 겨를

---

10) 이인정, 위의 논문, 176~177쪽.

은 없다. 그러나 이 문제에 대해 우리의 시각을 정리할 필요는 있다. 우선 이 시대가 직면하고 있는 문화적 위기의 근원에 대한 성찰이 선행되어야 한다. 오늘날 인류가 대면하고 있는 문화·사상적 위기는 그 책임의 근원이 서구에 있고, 서구 문화의 위기에서 비롯되었다는 것에 주목할 필요가 있다. 돌이켜보면 20세기 중반을 넘어 오면서 '문명의 위기'라는 진단은 시대의 유행어가 되었다. 자원의 고갈이나 생존 환경의 파괴 그리고 인성의 타락 등이 그 구체적 예이다. 특히 1980년대 후반 냉전체제의 종식과 함께 도래한 탈냉전의 세계문화의 특징은 '파편화'라고까지 표현된다.

그런데 증폭되어가는 범죄와 마약 남용 그리고 폭력과 정신질환 등과 같은 현상은 한갓 우연적 역사적 사실들의 일회적 표출이라기보다는 오히려 과학과 기술에 바탕을 둔 근대 서구의 문명관에 내포된 근원적 모순에 기인한다는 것이 점차 명백해지고 있다. 이러한 문명의 위기는 철학계와 문화계 전반에 매우 폭넓은 영향을 미치고 있다. 예를 들면 포스트모더니즘은 모더니즘 혹은 현대성을 이탈하거나 비판적으로 뛰어넘어 극복하고자 하는 사조이다. 근대성의 극복을 내세운 이들은 해체주의를 표방하면서 계몽주의시대 이후에 형성된, 그리고 18·9세기에 만개한 모더니즘의 한계성을 극복하려 한다. 즉 서구의 지성사에서 계몽주의시대 이후에 찬양한 인간의 이성중심주의·로고스주의·근본주의·인간중심주의의 허구에 대해 비판하고 해체하는 운동이다.[11]

이런 포스트모던의 이념이 종교적으로 표현된 것이 '세속화'와 '종교다원주의'이다. 사실 현대의 서구 철학자들과 종교 및 신학자들은 이러한 서구문명이 가진 한계에 대해 새로운 패러다임의 모색을 위한 고뇌에 찬 활동으로 분주하다. 결국 동서양을 막론하고 오늘날 현대사회를 '문

---

11) 서광선, 「포스트모더니즘과 신학운동」 『기독교 사상』(제412호, 1993. 4), 35쪽 참조.

명의 위기'로 결론짓는 데는 어느 정도 인식이 같은 것으로 보인다.

그런데 그 새로운 철학과 새로운 패러다임을 창출해야 한다는 당위성에는 누구나 동의를 하면서도 구체적 방향의 제시에 관해서는 암흑 속에서 미로를 더듬는 모습을 반복하고 있다. 예를 들면, 한 서양철학 전공자는 앞으로의 새로운 문화종합의 방향에 대해 다음과 같이 말한 적이 있다.

> 이러한 의미에서 새로이 창출되는 문화종합은 이제 서양적인 것도, 보편적인 것도, 유럽적인 것도, 아시아적인 것도, 미국적인 것도, 한국적인 것도 아닌, 보편적이 것이 되어야 할 것이다.[12]

도대체 그런 작업이 가능할 것인가? 가능하다면 어느 세월에나 가능할까? 그러한 보편성이란 또다시 '문명의 충돌'에서 타문화를 평정한 서구적 형태가 될 가능성이 큰 것 아닐까? 이렇게 새롭기만 하고, 모든 사유형태를 떠난 새로운 철학과 문화의 판짜기만을 고대하느라 그야말로 목만 늘이고 기다리며 허둥대고 있는 것이 오늘날 우리들의 현실이다. 위르겐 하버마스가 내한했을 때, 그는 이들에게 일침을 가하였다. 그는 팔만대장경을 만들어낸 한국문화에 대해 놀라움을 금치 못했다. 그는 한국을 떠나면서 다음과 같이 충고하여 한국의 지성들을 부끄럽게 하였다.

> 유교·불교 등 풍부한 문화적·이론적 전통을 가진 한국이 왜 외국 이론에서 그 해결책을 찾으려 하는가? 더 이상 한국의 미래를 외국에서 찾지 말라.

---

12) 김여수, 「서양문화 종합의 미래」『문화철학』(서울: 철학과현실사, 1995년), 88쪽 참조.

우리가 기억해야 할 것은 오늘날 세계 지성사나 종교사가 도달한 결론은 기존의 지적 풍토가 '서구위주의 시각'이었다는 점을 반성하고 있다는 사실이다. 따라서 통일과제에 대한 문제에서도 19세기 이래 형성된 서구 위주의 문화관에 대한 서술에서 벗어나야 할 것을 분명히 해둘 필요가 있다. 그것을 21세기의 문턱에 막 들어선 지금 우리가 얻은 지성사적 결론은 일제통치 이후 100여 년에 걸친 역사를 통해 우리 사회에 수용되었던 서구의 담론은 우리의 삶을 정합적으로 설명해주는데 실패했다는 점을 확인시켜 주었다.

사실 우리는 지난 한 세기 동안 우리의 정체성을 이루어왔던 모든 전통적 가치들을 포기하고 서구적 가치를 따르고 신봉하는 데 주저하지 않았다. 근대가 창출해낸 서구적 가치를 보편적 가치로 인정하고 실현하는 것이 우리를 유토피아로 안내해줄 것으로 믿고 따라 왔다고 해도 과언이 아닐 것이다. 그러나 20세기 후반에 이르러 이 모든 '서구 닮기'의 꿈이 백일몽에 지나지 않았음을 깨닫게 되었다. 그런데 이를 지성사적 측면에서 요약한다면, 그것은 바로 '서구적 가치는 더 이상 우리의 몸통, 즉 보편적 가치가 될 수 없다'는 것이다. 더 이상 근대 이후 서구가 창출해 놓은 '보편적 가치'는 우리의 몸통이 될 수 없고, 우리의 삶의 정합적 설명을 기대할 수 없다는 결론과 자각에 이르게 된 것이다.

이러한 측면에서 아시아적 가치 논쟁이 일어났는데 이는 동아시아의 정체성 찾기에 대한 자각과 반성에서 출발하였다. 그리고 그 자각과 반성은 현재의 상황이 무엇인가를 상실하고 있다는 위기의식 위에서 그 탈출을 의도하는 내적 작업들로 평가된다. 따라서 동아시아 담론은 우리의 인식의 실체를 객관화하고 재검토하는 행위의 하나로서, 그리고 일률적이고 공식화되어왔던 세계관과 문화 해석의 틀에 대한 문제의식의 발로로서 그 의미가 깊다. 즉 서구적 담론에 의해 은폐되었던, 자연관·인간관·세계관의 또 다른 측면-이질성과 다양성-을 제고하는 운동으로

서 타당성을 인정받기도 한다.[13] 따라서 아시아적 가치론은 비자유주의
적이고 비대서양적(Non-Athlantic)인 민족주의 국가들이 우리도 문화와
전통을 갖고 있기 때문에 어떤 형식의 정치·사회제도를 도입하든 이는
우리의 전통을 존중하면서 조절되어야 한다는 주장을 하면서 얻어진 결
과이다. 자율·자유·개인주의 등 자유주의가 상정하고 있는 핵심가치들
이 다른 문명의 입장에서 볼 때는 결코 인간의 번영과 행복을 가져다 줄
수 있는 것이 아니라는 주장이다. 우리의 서양 닮기와 베끼기는 반세기
에 불과한 서양식 근대화였는데, 그 어느 것 하나 채 완성의 꽃을 피워
보지도 못하고 탈근대가 이야기되고 환경문제 등을 고민하게 되었다는
반성들이다.

그러나 이를 반성의 계기로 삼자는 분위기가 일어나는 것은 어쩌면
다행스럽다. 서구의 굴레에서 벗어나 우리의 입장에서 문명의 구조와 문
화와 본질을 규명하고, 내적 성찰을 통해 우리 문화의 가치를 재확인할
수 있는 기회가 될 수 있을 것이라는 기대가 싹트고 있기 때문이다. 무
조건적 서양 닮기에서 벗어나 주체적 검토와 창조로 이어지기만 하여도
제국주의에 의해 단절되었던 우리의 내적 근대화 과정이 단절을 극복하
고 연결될 수 있을 것으로 전망하기도 한다. 사실 이러한 인식의 전환이
기존의 우리 전통문화와 유교의 의미에 새로운 생명력을 불어넣고 새로
운 후현대를 꾸릴 가치가 우리의 힘으로 점차 모습을 드러내는 계기를
만들어줄 원동력이 될 것이다.

2) 민족 동질성 회복과 유교

서구적 가치가 '보편적 가치'의 의미를 상실했다는 것은 우리의 삶

---

13) 『상상』, 제5권 2호, 통권 16호, 40쪽 참조.

의 정합성을 설명해 줄 새로운 패러다임이 필요하게 되었음을 뜻한다. 여기에 유교가 다시 검토의 대상이 되어야 할 당위성이 내재하고 있다.

유교는 삼국시대 이래로 이미 우리 생활 깊숙이 자리잡고 우리의 삶의 일부가 되었다. 서구화의 물결에 의해 급격히 전통적 가치들이 해체를 당했지만 아직도 우리들의 삶은 많은 부분에서 유교 의례를 따르고 있다. 명절에 귀향을 하고 성묘를 하고, 제사를 모시고, 공손히 절을 하는 모습도 유교의 풍습 그대로이다.

북한에서 유교는 어느 정도 탄압을 받았지만 아직도 생활 속에 반영되어 있는 모습을 찾아볼 수 있다. 한 가지 예를 들어보자.

'북한에서의 주체사상 수령 유일 체제와 유교문화'란 주제로 발표한 김성보 국사편찬위원회 연구원은 유교문화의 그림자가 사회주의 혁명으로도 씻어내기 힘든 '장기 지속'의 성격을 띤 것임을 보여준다. 일반적으로 사회주의는 '전근대적 질서 · 사상과는 조화를 이룰 수 없는' 사상으로 이해된다. 북한에서도 인민민주주의 혁명과 사회주의 혁명의 단계를 거치면서 전근대적 · 식민지적 질서는 해체당했으며 특히 유교전통은 급속히 '단절'당했다. …… 김 연구원에 따르면, 심지어 조선 후기 실학과 같은 '진보적 유학의 전통'을 계승 · 활용하려는 시도조차도 비판당했다. 그는 대표적인 사례로 1967년 5월 4-8일 열린 조선노동당 중앙위원회 제4기 15차 회의에서의 '박금철 비판'을 든다. 박금철은 정약용의 『목민심서』를 필독문헌으로 당 간부들에게 읽게 했다가 '봉건주의 · 가족주의 사상 유포 혐의'로 비판받고 숙청당했다. 1967년 이전에 『목민심서』는 "인민을 사랑하는 저자로 그의 애국주의적 인도주의 사상이 전편을 통해 반영되어 있는 책"이라는 높은 평가를 받았으나, 온 세계가 '주체사상'의 세계로 변하면서부터는 이 책조차 참고서적으로 활용해선 안 되는 '봉건서적'으로 낙인찍혔다.
그러나 김연구원은 이런 표면적인 유교 배척에도 불구하고 북한사회의 이면에는 유교 전통이 연면히 지속해 왔다고 본다. 우선 북한은 사회주의 혁명을 거쳤음에도 물질보다 정신(이념)을 중시하고 개인보다 집단을 존중하는 점에서 유교 전통과 접근할 개연성이 높다는 것이다.

그가 보기에 북한의 세계관을 정교하게 규정한 '사회 정치적 생명체론'은 사회주의와 유교를 통합시킨 절묘한 이론이다. 특히 사회주의권이 무너져내린 1980년대 후반 이후 북한은 본격적으로 '충효'를 중심으로 한 유교전통을 통치 이념으로 동원해왔다. 김연구원은 이 북한사회를 '유기체적 가족국가'라고 규정한다.[14]

이 기사를 본다면, 봉건사상으로서의 유교는 탄압을 많이 받았지만 북한도 유교의 영향을 완전히 제거하지는 못했다는 것을 알 수 있다.

남북한을 막론하고 한국인의 삶에 가장 커다란 영향을 끼친 것을 꼽아보라고 하면 좋건 싫건 유학을 배제하고는 이야기하기가 힘들다. 유학 또는 유교사상이 우리의 삶에 끼친 영향은 생활과 문화·학문에 이르기까지 넓고 깊게 자리하고 있다.

삼국시대 초기 고대국가가 성립되면서 유교문화가 전반적으로 수용되었고 확산되었다는 것은 확실하다. 이후 고려시대를 지나면서 조선시대에는 건국이념으로 자리잡으며 국가적 의례제도 및 사회제도·교육체제가 조직적으로 정비되어 유교사회의 기둥을 이루었다. 이러한 영향으로 일반인의 생활에 이르기까지 사회 전반에 걸쳐 유교사상이 광범위하게 확대된다. 그리하여 유학은 한국인의 삶에 지대한 영향을 미쳤으며, 특히 현실 사회에서 실천 학문으로서 큰 영향을 주었다. 불교와 도교가 심성적 측면에서 끼친 영향이 지대하였다면, 심성적 측면뿐만이 아니라 국가의 문물제도를 비롯한 사회제도라는 외형적 측면과 함께 도덕적 규범에 의한 실천적 삶의 측면에 끼친 유교의 영향은 불교나 도교가 끼친 영향과 비교할 만한 것이 아니다.

그렇다면 통일과정과 통일 후의 민족 동질성 회복에 가장 적합한 사상체계는 무엇일까? 리영희는 한국에서 좌·우를 막론하고 어떤 정치

---

14) 『한겨레21』 1999년 7월 15일자 이상수 기자의 기사 중에서.

이데올로기적 권력이든 진실을 은폐·날조·왜곡하려는 흉계에 대항해서 진실을 찾아내고 그것을 바른 모습대로 세상에 밝혀내는 것을 글쓰는 목적으로 삼은 것으로 유명하다. 그의 글 중에 화제를 일으킨 것이 있다.

> 문제의 그 새에는 두 개의 날개가 있었다. 오른쪽 날개와 왼쪽 날개다. 그리고 그 두 개의 날개는 멀어서 자로 잴 수는 없었지만 나의 눈에는 그 모양의 크기가 꼭 같아 보였다.
> 인간보다 못한 금수의 하나인 새들조차 왼쪽 날개와 오른쪽 날개를 아울러 가지고 시원스럽게 하늘을 날고 있지 않은가? 그것이 우주와 생물의 생존의 원리가 아닐까? …… 8·15 이후 근 반세기 동안 이 나라는 오른쪽은 신성하고 왼쪽은 악하다는 위대한 착각 속에 살아왔다. 이제는 생각이 조금은 진보할 때가 되지 않았을까? 그러지 않고서야 어찌 새보다 낫다고 할 수 있겠는가? …… 새의 좌·우 날개를 비유하여 진실은 균형잡힌 감각과 시각으로만 인식될 수 있다. 균형은 새의 두 날개처럼 좌와 우의 날개가 같은 기능을 다할 때의 상태이다. 그것은 자연의 법칙에 맞는 것이고 인간 사유의 가장 건전한 상태이다. 진보의 날개만으로는 안정이 없고, 보수의 날개만으로는 앞으로 날 수 없다. 좌와 우, 진보와 보수의 균형잡힌 인식으로만 안정과 발전이 가능하다(리영희, 『새는 좌우의 날개로 난다』 서문 중에서).

여기서 리영희는 좌·우의 정치 이데올로기적 권력의 균형을 강조하고 있다. 필자는 이 글을 읽으면서 유교는 어느 쪽에 속하는 것일까, 또 그 새의 몸통은 무엇일까 하고 리영희 교수에게 물어보고 싶은 생각이 든 적이 있다. 이제 이 글의 화두는 다음과 같이 되물어져야 할지도 모른다.

새는 몸통이 없으면 좌·우 날개로도 날 수 없다.

필자의 생각에는, 사회주의(진보)와 자본주의(보수적?)를 새의 좌·

우 날개에 비유한다면 유교는 그 몸통에 해당된다. 우리 민족에게는 유교야말로 몸통에 해당되지 않겠는가? 이제 이 화두는 다음과 같이 바뀔 시점에 온 것이 아닐까?

유교는 우리에게 몸통이다.

이 짧은 화두는 지금까지 우리는 우리의 몸통은 남에게 내맡겨버리고 좌로 우로 더부살이하면서 우리 서로를 해체하고 산 것은 아닌가하는 자괴감을 바탕으로 던지는 말이기도 하다. 이제 이 화두는 우리 전체에게 다시 새로운 의미로 다가와야 한다. 유교는 우리의 민족 정서와 일상의 의례에 이르기까지 가장 중요한 부분을 차지하고 있다는 것을 인정해야 한다. 유교가 우리 민족에게 좌와 우의 균형을 잡아주는 몸통에 해당한다면 좌든 우든 몸통을 인정하지 않고서는 존재의 근거를 상실하게 된다. 사회주의든 신자유주의든 우리의 전통이 되어버린 유교를 거부한다면 이제 아무런 의미가 없는 시절을 맞이하게 될 것이다.

아시아적 가치 논쟁이 시작된 지도 벌써 10여 년이 지나고 있다. 그런데 문제는 이 담론과 논의가 거의 한 발짝도 더 앞으로 나아가지 못하고 있다는 사실이다. 원론과 제안 그리고 선언적 단계에서 벗어나지 못하고 있다는 것은 바로 우리 철학계의 사유의 한계를 말해주는 것임에 틀림없다. 돌이켜보면 동아시아론이나 아시아적 가치의 논의가 거의 선언적 수준과 답보 상태에 맴돌고 있는 것은 순전히 한국 지성인의 '유교 피해가기'에 그 이유가 있는 것으로 판단된다. 정확한 진단도 정확한 평가도 결여한 채 유교에 대한 판에 박힌 평가가 반복되고 있는 것이다. 아시아적 가치 논쟁의 연원이 서구 지성사에 대한 반성과 그 결과 도출된 결론에 기인하는 것임에 유의한다면 동양적 사유나 유가적 사유를 통해 그 해결의 실마리를 찾을 수 있지 않을까? 서구적 세계관과 인식론에 뿌리 박은 주의나 이념은 통일 후의 우리들의 새로운 보편적 가치를 담당하기에는 한계에 부딪친 것으로 판단된다. 삶의 통합과 동질성 회복이란 문제는 여러 측면에서 접근이 가능하겠지만, 그 핵심적 관건은 유교의 재인식에 달려 있다. 상술한 바와 같이 우리 민족, 즉 남북한 주민들의 삶을 가장 정합적으로 설명해줄 공통분모는 역시 유교일 수밖에 없다는 점을 깊이 인식해야 한다.

유교가 민족 동질성의 문제와 깊은 관련을 맺고 있다는 점을 또 다른 측면에서 접근해보자. 남북한 통일 과정에 있어서 중시할 것은 동질성의 발견이라 할 수 있다. 우선 북한 주민들의 생활을 구조적으로 살펴보면, 크게 '주민 생활문화'와 '이념적 관제문화'로 구분할 수 있다. 이를 세 가지 측면으로 구분하여 이념문화·행동문화·용구문화의 영역으로 나누기도 한다. 그런데 사회주의 체제 하의 북한 주민들이 그 이데올로기의 영향 아래 있음은 말할 나위도 없다. 그러나 우리가 시각을 돌려 그들의 삶의 형태를 본다면 상식과는 전혀 다른 측면을 발견할 수 있을 것이다. 그 변형에도 불구하고 북한 주민들의 생활방식에 전통적인 요소가 부분적으로 남아 있다면 그것을 '주민 생활문화'라고 할 수 있을 것이다. 우리가 이렇게 북한 문화를 이루는 하나의 구성 요소로서 주민 생활문화를 상정할 경우, 이것과 대칭 관계에 있는 또 하나의 문화 구성 요소는 주체 사상을 바탕으로 한 '관제적 정치문화'로 이데올로기에 속하는 영역이다. 요컨대, 행동문화는 사람들이 따르고 있는 규범이나 관습의 문화이다. 그리고 생활문화는 생활용품, 시설 등의 생활수단에 관련된 문화이다. 이념문화는 관제적 정치문화라고 볼 수 있으며 나머지 두 개의 하위문화는 주민 생활문화와 동일한 것으로 볼 수 있다.[15]

전술한 바와 같이 문화를 분화적 양식에 따라 3차원적으로 구분하

---

15) 이온죽, 앞의 책, 131쪽.

고, 이를 상호 의존 모델과 관련시켜 보면 문화통합의 계기적 과정은 행동문화와 생활문화 간의 교류와 협력을 통한 절차가 통합을 위해 용이하다고 보인다. 왜냐하면 남북한의 문화를 3차원적 구조로 분류할 경우 남북한간에 비교적 동질성이 강한 부문, 즉 문화통합이 비교적 용이한 부분은 두 개의 하위문화, 즉 행동문화와 생활문화에 그 우선성이 주어진다고 볼 수 있기 때문이다. 따라서 남북한의 문화통합을 준비하는 문화교류의 주요 방향 또한 이 두 개의 하위문화의 교류에 중점을 두어야 한다는 점을 지적할 수 있다. 이것은 남북한간의 통일을 이루기 위한 과정에서 가장 손쉽게 수용할 수 있는 호혜적인 부분으로 작용할 것이며, 정치적 내지 제도적 통일을 위한 가교로 기능할 수도 있다.

유교는 이 행동문화와 생활문화 속에 깊이 작용하여 동질성 형성에 큰 역할을 할 수 있다. 우리 민족의 삶은 분단 이전의 원래 살아왔던 모습, 즉 한민족의 생활세계와 분단 이후의 남북한간의 생활세계로 구분할 수 있다. 분단 이전의 생활세계는 한민족이 개개인의 상호 작용을 통해서 사회제도를 형성했으며, 풍습·관습·전통이 형성되어 있었다. 즉 문화의 3차원적 구조가 동일하였다고 볼 수 있다. 반면 분단 이후의 단절된 생활세계는 양측의 지향 이데올로기와 지배 구성원들에 의해 서로 상이한 사회제도를 형성시켰고 이는 이질화의 양상으로 표출되고 있다. 말하자면 선정된 상위문화(이념 문화)에 의해 하위문화가 채색됨으로써 이질화가 발생한 것이다.

분단 이후 남북한간에는 그 이질화가 아주 심각한 수준에 이르렀다는 것이 사실일지도 모른다. 그러나 앞에서 살펴보았듯이 북한의 문화는 이념문화를 제외하면 그 정도의 차이는 있을지 모르나 행동문화 및 용구문화의 측면이나 비공식적 가치 성향의 측면을 돌이켜볼 때 우리는 남북한 간의 많은 동질성을 발견할 수 있다. 더욱이 장구한 역사를 지닌 민족문화의 측면에서 우리 민족은 민족문화적 배경의 동질성과 민족 구성

원으로서의 일체감을 갖고 있다. 우리 민족에게 있어서 민족문화적 배경
의 동질성은 대체로 민족문화의 하위 체계 속에 잔류되어 여전히 비공식
적인 생화 속에서 상당한 영향력을 발휘하고 있는 것이다. 그리고 우리
민족은 공통의 문화적 배경 속에서 비슷한 사회화 과정을 거쳐왔기 때문
에 공통의 심리적 특성 및 동질적인 의식 구조를 지니고 있다. 이와 더
불어 우리 민족은 민족의 생활 감정을 지속시킬 수 있는 공통의 언어 구
조와 축적된 역사적 전통을 지니고 있기 때문에 민족의 이질화된 생활
공간을 재통합시킬 수 있는 상징적인 메커니즘도 지니고 있다. 그리고
생활문화의 영역에서의 동질성은 유교에 의해 유지되는 경우가 많다.

　요컨대 우리는 유교 문화권에서 살아왔다. 우리 민족의 정체성을
논하기 위하여서는 반드시 유교에 대한 논의를 해야 할 만큼 우리의 전
통적인 가치관 및 문화 의식은 유교와 밀접한 관련성을 가지고 우리의
언어·관습·규범 속에 깊이 녹아 있다. 우리가 유교를 옹호하든 비판하
든 우리 사회와 역사 속에 유교가 흐르고 있음을 부정할 사람은 없을 것
이다. 우리 한국인의 심성 깊숙한 곳에는 유교의 정신이 자리잡고 있다.
특히 한국인의 윤리관과 도덕관에는 이 유교적 정신이 면면히 살아 숨쉬
고 있다고 하여도 과언은 아니다. 한국의 문화와 공동체 그리고 사회 원
동력의 근원을 깊이 추적해 볼 때도 가장 깊은 관련성을 맺고 있는 생활
윤리적인 가치는 바로 유교이다.

　그러므로 유교는 남북한 통일 문화 형성에 있어서 중요한 역할을
할 수 있다. 그 내용은 다음의 몇 가지로 정리해볼 수 있다. 첫째, 남북
한이 공유하는 민족과 전통의 원형을 바탕으로 하여 문화적 동질성과 민
족적 정체성을 회복하는 근간을 삼을 수 있다는 점이다. 둘째, 통일 과
정과 통일 이후 인류 보편적 문화 체계를 추구해 나가는 과정에서 제기
될 수 있는 부정적 측면들을 전통문화의 특수성을 통해 보완하고 구성하
여 토착화할 수 있다는 것이다. 셋째로, 앞에서 강조했듯이 북한사회에

는 우리의 전통문화가 우리 사회보다 더 많이 보존되어 있다는 사실이다. 넷째로, 북한의 주민들이 사회주의적 가치를 충분히 내면화하지 않고 이중적인 인성 구조를 가지고 있다는 점을 지적할 수 있다. 집단주의적 가치를 인정하면서도 개인의 내면에는 유교를 바탕으로 하는 동질성과 정체성을 유지하는 바탕이 있음을 인정해야 할 것이다.

4. 통일한국의 보편 가치 : 유교

앞에서 우리 민족의 동질성과 유학을 떼어서 생각할 수 없음을 살펴보았다. 동아시아 문명의 형성기와 유학사상의 형성에 일정부분 영향을 끼친 것으로 밝혀지고 있는 유교적 사고가 우리 민족의 가치관 형성에 기여해 온 것은 매우 오래 전의 일이다. 삼국시대 이래로도 한자와 함께 한반도에 들어 온 유학은 이후 우리 민족의 사고방식에 엄청 난 영향을 끼친 것은 주지의 일이다.

유학은 최소한의 윤리를 가지고 인간을 주체적인 존재로 보며 인간관계를 중시하는 학문이다. 그리고 '나'로부터 시작하여 차차 넓혀가는 확장의 논리로 국가 더 나아가서는 세계까지 해석하고 있다. 유학은 통일 이후 민족 동질성 회복을 위한 하나의 방안으로 논의될 수 있다. 이제 그 주장의 일단을 제시해 보자.

유학이 아직도 보편윤리로서 기능할 수 있는 근거는 최소한의 윤리를 바탕으로 하며 시의적절성을 그 근간으로 하기 때문이다.[16] 우리 민족에게 있어서 유학의 보편적 가치는 여러 측면에서 살펴볼 수 있다. 한국에서 모든 종교와 가치의 근저에 유교의 의미가 살아 있다는 것을 지

---

16) 이온죽. 위의 책.

적해 보자. 유교는 오늘날에도 그 의미가 살아 있을 뿐만 아니라 한국의 기독교인이라 하더라도 이를 무시하거나 피할 수는 없을 것이다. 이를 줄리아 칭은 한국 기독교인들은 좋든 싫든 "유교적 배경과 가치관을 가진 기독교인으로 자처할 수밖에 없다"[17]라고 한 바 있다. 이것은 한국 기독교인이 기독교인이면서 한국인인 이상 어쩔 수 없이 과거 500년 동안 한국 사회를 지배하며 축적된 유교의 종교 문화적 유산과 무관할 수 없다는 뜻이다.[18]

　다원사회에서 유교에 대한 주목의 필요성은 다른 각도에서도 제출되고 있다. 종교의 다원성은 비등한 세력을 지닌 두 종교가 한 사회 내에 공존한다는 사실 그 자체로도 이미 사회적 갈등을 일으킬 가능성을 안고 있음을 암시하고 있다. 실제로 세계의 종교분쟁은 그 뚜렷한 실례이다. 따라서 한국사회에서 거의 대등한 세력으로 자리 잡고 있는 불교와 기독교의 양대 종교가 사회적 갈등의 소지가 있음은 분명하다. 그럼에도 불구하고 두 종교 사이에 심각한 갈등이 존재하지 않은 이유에 대해 길희성 교수는, 우리사회가 유교적 전통을 바탕으로 하는 동일한 언어를 사용하는 민족으로 구성되어 있다는 점을 우선 지적한다.[19]

　　종교적 다원성이 존재할 수 있는 갈등이 민족적 동일성에 의해 제어되거나 약화된다는 것이다. 다시 말해 우리 사회에 있어서는 동질적 문화 전통에 의해 형성된 민족적 정체성이 그 어느 종교적 정체성보다도 강하다는 말이다. 둘째로 이와 관련해서 우리는 유교라는 종교적 전통이 우리 사회에서 차지하고 있는 위치와 역할에 유의할 필요가 있다. 한국인에 있어서 종교적 정체성과 민족적 정체성이 반드시 같이 가지

---

17) 같은 책, 85쪽.
18) 오강남, 위의 논문, 151쪽 참조.
19) 길희성, 「종교 다원세계 속의 신앙」『포스트 모던 사회와 열린 종교』(서울: 민음사, 1994), 18쪽 참조.

않는 주된 이유는 불교나 그리스도교보다는 유교가 실제상 한국인의 행동 규범과 가치관을 지배하고 있기 때문이다. 한국인의 민족적 정체 성은 불교와 그리스도교보다는 유교적 전통에 깊이 뿌리 박고 있으며 한국 사회의 통합적 기능을 수행하고 있는 것도 사회적으로나 정신적 으로나 유교적 가치체계인 것이다. 그리스도교 신자든 불교 신자이든 한국 사람들은 모두 유교적 전통에 젖어 있으며 어느 정도 유교 신자 라 해도 과언이 아니다. 한국의 그리스도인은 유교적 그리스도인이며 한국의 불교인은 유교적 불교인이라 해도 별로 틀린 말이 아닐 것이 다. 유교는 말하자면 불교와 그리스도교의 종교적 차이를 중화시켜 주 는 공통분모 내지 완충지대의 역할을 한다고 볼 수 있는 것이다.[20]

길희성 교수는 민족적 동일성의 구심점으로서의 유교의 위치와 역 할에 유의함으로써 종교 다원주의 사회에서 유교적 가치체계에 주목할 것을 주장하고 있다.

위의 몇 가지 예에서 통일을 향한 과제와 통일 후 전개될 다원사회 에서 기독교·불교·힌두교 등에 비해서 별관심의 대상이 되지 않았던 유교에 대해 좀더 적극적으로 자기 역할과 시대적 의의에 대한 입장을 표명해야 할 당위성을 부여받게 되는 것이다.

이상에서 우리는 통일 과정과 통일 이후의 한민족이 새로이 찾아야 할 보편적 가치로 유교의 가능성을 탐색해 보았다. 그러나 우리 민족의 통일이후 보편적 가치로서의 유교가 갖는 의미가 결코 폐쇄적이며 자민 족 위주의 보수 회귀 사조에 편승하는 것이어서는 안될 것이다. 오히려 지금 세계적으로 활발히 논의되고 있는 '새로운 보편윤리'의 출현이란 지 성사적 작업과 궤를 함께 하고 있는 것임을 밝혀 놓는다. 지금 세계의 지성계와 종교계는 무너진 서구적 보편성을 대신 할 보편 윤리의 모색에 활발한 움직임을 보이고 있다. 새로운 보편 윤리의 추구는 인류 공동의

---

20) 길희성. 위의 책. 18쪽.

미래에 대한 관심에 기초를 두고 있다. 한스 퀑(Hans Kueng)과 칼 조세
프 쿠셀(Karl-Josef Kuschel)이 쓴 『지구윤리』에서 그 방향의 일단을 가늠
해 볼 수가 있다.

> 첫째, 보편 윤리의 최고의 목적은 인간이며, 신적인 존재가 아니다. 보
> 편 윤리란 윤리적 영역에서 세계인권선언의 업적을 확인하고 심화하는
> 것을 뜻한다. 둘째, 보편 윤리의 인도주의적 이상은 전통 사회나 상업
> 사회에서의 발전 방향을 바로잡을 수 있다. 그 이상은 어떤 의미에서
> 는 모든 사람들에게 삶의 의미를 부여한다. 셋째, 보편 윤리는 종국적
> 으로는, ('~하지마라'는 식으로) 부정의 형태로 표현된 황금률로 이루
> 어진다. 넷째, 보편 윤리의 운영방식은 민주적이다.

유네스코 철학 윤리국에서는 "21세기에 지구촌의 보편윤리는 가능
한가"라는 주제로 학술회의를 개최하였다. 정범모는 여기서 제기된 물음
에 다시 세 가지의 의미가 함축되어 있다고 정리하였다. 그 하나는 여러
다른 문화집단의 가치들 사이에 어떤 보편적인 가치가 있을 수 있느냐라
는 문제고, 또 하나는 그런 보편적 가치 중에서 인구팽창·환경오염·자
원고갈 등 지구촌 공유 문제해결에 도움이 되는 보편적 가치는 어떤 것
이냐라는 문제며, 나머지 하나는 적어도 함축적으로는 21세기 미래를
향해서 어떻게 그런 보편 가치를 조성할 수 있느냐라는 문제이다.[21]

> 1. 지구촌의 보편 윤리에는, 모든 사물에 영혼이 있다는 원시적 물활론,
>   우주 모든 것에 신성이 있다는 범신론 또는 "일체중생 실유불성"을 말
>   하는 불교 교리는 아니더라도 어떤 모양으로든 자연과 인간의 조화론
>   또는 합일론이 짜여져 들어가 있어야 할 것이다.

---

21) 정범모, 「지구촌과 보편가치」, 『보편윤리와 아시아 가치』(유네스코한국위원회·한국미래
학회 공동주최 국제학술회의 논문집, 1999년), 103쪽.

2. 지구촌의 보편 윤리에는 어떤 모양으로든 지나친 인간중심주의적 우
   주관에 대한 경고가 포함되어야 한다는 것을 말한다. 기독교를 포함해
   서 많은 종교에서 신은 어떤 사람의 모습을 가진 '인간형상적'인 신으
   로 묘사되어 있다. 따라서 인간을 닮은 신은 신을 닮은 인간에게 우주
   에서 특별한 자리, 우주 중심의 자리를 준다. 즉, '인간중심적' 우주관
   이다. 그것은 신을 닮은 인간은 우주의 중심에서 다른 모든 자연을
   인간 마음대로 처결·착취·파괴해도 좋다고 '재가'한다.

3. 지구촌의 보편 윤리 속에 절제의 윤리가 포함되어야 한다. 한정된 생
   태계와 한정된 자원을 가진 지구촌에서 최대 욕망과 최대 수단을 추구
   하는 고삐 풀린 생산과 소비의 형태에 문제가 없을 수 없다는 것은
   명백하다.[22]

그는 이어서 세계가 급격하게 한 동네가 되어간다는 사실만으로도
지구촌 구제를 위한 보편적 윤리는 가능하고 또 가능해야 한다고 한다.
그러나 동시에 그런 보편적 윤리가 각 문화집단의 문화적 특수성 그리고
다양성과 공존해야 한다고 믿는다. 지구촌 구제를 위한 그런 보편적 가
치 추구는 전통적인 동양가치의 서양화·근대화·미래화도 포함되어야
할 것이고, 동시에 '전통적'인 서양가치의 동양화·근대화·미래화도 포
함해야 할 것이라고 하였다.[23]
   결론적으로, 이런 논의와 보편 윤리의 추구는 유가 윤리와 상당부
분 궤를 같이하고 있고 『논어』의 황금률 등과 유가사상에 많은 관심을
기울이고 있음을 유의할 필요가 있다. 이 새로운 보편 윤리로서의 유가
사상의 구조에 대해서는 다음 기회에 정리를 하도록 하겠다. 중요한 것
은 유가사상이 통일 이후에도 우리 민족에게 의미 있는 가치체계로 기능

---

22) 정범모, 위의 책, 108~109쪽 참조.
23) 정범모, 위의 책, 109쪽 참조.

하도록 하기 위해서는 유교를 다원화된 사회와 그 이상실현을 위한 동반자로 받아들이고 새로운 문명의 출발점에서 그 적극적 의의를 수용하는 새로운 인식의 전환이 필요하다는 것이다.

5. 결 론

이상에서 유교의 입장에서 본 사회실천의 의미를 통일과제를 중심으로 살펴보았다. 우리는 전통의 주요한 한 부분을 차지한 유교가 통일과제의 수행과 통일 이후의 민족통합에 가장 적합하고도 유효한 의미를 갖고 있음을 알 수 있었다. 이제 우리는 유교를 더 이상 박물관의 유물로 생각하는 우를 범하지 말고 문명사적 대조류에 부응하는 새로운 패러다임을 이끌어가는 주도적 위치에 유교를 놓고 통일과제 운동을 수행하여야 할 것이다. 그리고 민족통일 성공의 관건은 민족 동질성을 회복하여 남북의 이질화된 문화를 절충함으로써 다시 단일민족의 전통을 이어나가는 데 달려 있다는 것을 기억해야 한다. 유교에게 주어진 사명을 분명히 인식하고 이에 기초하여 통일운동을 이끌어 나가야 한다. 이를 위해서는 남과 북 모두에서 삶의 방식으로 존재하는 삶의 유교를 재인식하여야 한다. 이런 인식의 전환을 바탕으로 하여 남북한간의 유교문화 교류를 적극 활성화하여 공통의 공감대를 유교를 중심으로 수렴할 필요가 있다. 북한과 상호 방문·서신 교류·문화유산 교류 등 다양한 교류를 통한 접촉이 서로의 이해를 도와줄 것이며, 간접적으로 분단의 아픔을 상당부분 해소시킬 것으로 기대한다. 한편 다른 종교와 문화와도 활발하게 교류해야 한다는 주문에도 귀 기울일 필요가 있다. 다른 요소들과 함께 어울려 통일을 위한 다양한 노력에 유교가 주도적으로 참여함으로써 통일 대안을 만들어나가야 할 것이다.

통일이 멀지 않은 미래에 이루어질 것으로 예상되는 오늘, 유교는 자기의 역할을 진지하게 생각해야 한다. 정치적인 통일만이 우리가 소원 으로 하는 진정한 민족통일의 길이 아니다. 그 보다 먼저 정신적 통일과 민족의 동질성 회복이 전제되어야 할 것이다. 그 민족 동질성 회복에 있 어서 유교는 가장 중요한 자기 역할을 다해야만 한다. 사람을 사랑하고 공경하는 오륜의 도덕에 기초하여 공동체 세계를 건설해 가정과 국가 그 리고 세계라는 공고한 인간조직을 탄생시켜 인간평등을 구현하고 인간 완성을 실현해야 한다[24]는 지적에도 귀를 기울여야 할 것이다.

이러한 주장에는 한편으로는 유교의 내부 역량이 길러지고 한편으 로는 사회 속의 진정한 희생과 봉사자가 될 수 있는 실천을 위한 출발점 이 되기를 바라는 마음이 전제되어 있다. 무엇보다 이 글이 유교의 사회 적 실천을 위한 인식 전환의 한 예가 되기를 바란다. 그래서 옛 선비의 살신성인의 기개가 다시 한국 땅에 떨쳐지길 간절히 바란다.

---

24) 서정기, 『유교가 나아갈 길』 참조.

춘추사상의 국제평화정신과 민족국가의 자주정신

김문준 金文俊

1. 머리말

현대의 세계질서는 급변하고 있다. 교통과 통신의 발달, 세계단일시장화의 요구로 인한 전세계의 '지구촌화'가 급속히 진행되고 있으며, 한편으로는 냉전 종식과 무한시장경쟁으로 인한 '민족주의·국가주의'가 강화되고 있다.

이러한 세계변화의 흐름 속에서 세계질서는, 각국이 서로 인류 공동의 가치, 공유하는 가치들에 바탕을 둔 공통담론, 정보와 서비스의 긴밀한 교환 등을 통하여 자발적이고 상호적이며 수평적인 구조를 지향해야 한다는 것은 재론할 필요가 없다. 그러나 과연 전지구적 가치가 존재하는가, 그리고 만약 있다고 하더라도 국가간에 상호적이고 수평적인 관계를 유지할 수 있는가 하는 점에 대해서는 깊은 성찰이 필요하다.

세계 단일시장경제체제에 입각한 지구촌화, 이러한 무한 시장경쟁 속에서 자국의 생존과 번영을 도모하려는 민족주의·국가주의의 강화는 상호 양립할 수 없는 이념으로 보인다. 그러나 전세계적인 지구촌화는 거부할 수 없는 요청이며, 아울러 민족과 국가의 발전 번영도 포기할 수 없는 사실이다.

그런데 세계주의나 민족주의는 각기 양면성을 지니고 있다. 세계주의는 전인류의 공존번영을 도모한다고 하지만, 국가간의 경제력과 기술력의 불균등을 해소할 수 없다면 보이지 않는 세계지배의 원리로 작용하게 될 것이다. 또한 민족주의도 강대국의 제국주의 침략성과 팽창, 약소국의 저항정신으로 작용하는 양측면을 보인다.

전세계적인 지구촌화는 평화로운 세계질서를 약속하는 듯하지만 세계경쟁 속에서 뒤처진 국가나 민족들은 여전히 가난과 예속을 벗어날 수 없을 것이다. 그렇다고 민족주의와 국가주의를 강화하는 것은 20세기의 1·2차 세계대전을 통하여 너무도 큰 인류사회의 폐해를 경험한 바 있듯이 침략과 저항이라는 국가간의 갈등을 예기한다.

이러한 인류사회의 경제질서와 정치질서의 변화로 인한 새로운 세계질서와 그에 따른 국제사회의 불안에 대해서는 비판적 검토가 요청되고 있다. 세계주의라는 보편성과 민족주의라는 특수성이 양립할 수 있는 가치관을 모색하여, 지구촌의 평화와 민족의 주체성이 양립하는 국제평화의 기본이념을 정립해야 할 것이다.

본고는 한국전통 정신의 근간을 이루어왔던 춘추정신에 입각하여, 급변하는 현대사회의 바람직한 세계질서를 모색하는 한편, 이를 통하여 근래의 일본교과서 사실 왜곡과 중국의 고구려사 왜곡에 대한 비판을 시도해보고자 한다.

인류애와 세계평화를 저버리고 역사 왜곡까지 서슴지 않으면서 과거의 과오를 정당화하려는 일본 역사교과서 문제나 중국의 고구려사 왜곡에 대해 한국은 강력히 대응해야 한다. 문제는 어떻게 대응할 것인가 하는 문제이다. 일본의 역사 교과서 왜곡과 중국의 고구려사 왜곡 문제에 대한 대응은 강하게 하되 감정적으로 흐르지 않도록 경계해야 한다. 그러자면 비판 논리가 바로 서야 한다.

무비판적인 현실인식도 문제이지만, 섣부른 반일 반중의 민족주의도 위험하다. 어떠한 이유로 그래야 하는지, 먼저 한국의 주체적인 논리와 사관을 정립하고 이에 입각하여 일관된 외교정책과 교육정책을 시행해 나가야 한다. 이러한 문제의식에서 한국인의 전통적인 주체의식과 국제관계의 바탕이었던 춘추사상의 근본정신을 체계적으로 검토해보면서 한국인의 전통적인 지성의 모습을 살펴보고 국제관계에 관한 현대 한국인의 지향할 바를 모색해보고자 한다.

2. 춘추사상의 근본정신과 국제관계

1) 춘추사상의 근본정신

『춘추』는 인류 역사의 흐름 속에서 인간의 생존 및 인간다운 삶이 어떤 조건 속에서 이루어지며 또 현실은 어떤 형태로 전환되어야 하는가를 구체적으로 제시하고 있다. 그러므로 '왕도의 대체大體'¹⁾라고 하거나 '왕도의 법도이며 만세의 준승準繩'²⁾이라고도 하였다. 춘추에 담긴 이러한 근본정신은 예의정신과 인문적 역사발전 정신이라고 정리할 수 있다.

첫째, 『춘추』는 예의정신을 담고 있다. 춘추의 기본 정신은 예의에 입각하여 역사적 사건들을 비판적으로 기술한 데 담겨 있으며, 군사력이나 경제력이 강한 나라에 의한 세계 질서의 재편이 아니라, 인의와 예를 통하여 국제사회를 결속할 수 있는 군자국을 중심으로 하는 세계 질서를 이상으로 삼고 있다.

『춘추』 전편을 통해 나타나는 예의 중시와 예제와 예치의 회복에 대한 염원은 단순히 복고적인 주장을 하는 것이 아니라, 법제에 의한 법

---

1) 司馬遷, 『史記』 권130, 太史公自序, "董生曰……春秋上明先王之道 下辨人事之紀, 別嫌疑 明是非 定猶預 存亡國 繼絶世 補敝起廢 王道之大者也."

2) 胡安國, 『春秋胡氏傳』 序, "春秋見諸行事 非空言此也 百王之法度 萬世之準繩 皆在此書"

치사회로부터 예제에 의한 예치사회로의 이행을 추구한다. 이러한 노력은 상호 갈등의 패도사회로부터 조화와 질서의 왕도사회로의 전환을 위한 준비이며, 나아가 궁극적인 인류문명의 이상을 성취하고자 함이다. 공자가, "제齊가 일변一變하면 노魯에 이르고, 노魯가 일변하면 도道에 이른다"[3]고 한 것은, 바로 이와 같은 바람직한 사회발전의 단계와 문명의 진보 정신을 보여주고 있다.

둘째, 『춘추』는 인문적 역사발전 정신을 담고 있다. 『춘추』는 현실과 미래에 대한 우환의식과 지성구세至誠救世의 위민의식으로 일관되어 있는 공자의 생애가 역사의식으로 구체화된 것이다. 그 의의는 부조리한 난세의 위기에서 현실에 대한 비판과 미래의 치세治世를 성취하기 위한 이상 제시라는 두 가지 측면에서 찾아볼 수 있다.[4] 맹자가 공자의 『춘추』 저술을 우禹의 치수治水와 주공周公의 벌주伐紂와 같은 공적이라고 파악한 것은 그 문화적 가치와 의미를 높이 평가했기 때문이었다. 이러한 문명 정신을 바탕으로 공자는 과거 사실에 대한 포폄을 통하여 현실을 비판하고 미래의 역사와 문화의 방향을 설정하고자 하였다.

공자가 동주東周를 재건하려는 의지[5]나 주周를 계승한다는 정신[6]은 단순한 주의 회복운동이 아니라, 당시까지 성취한 문화의 방향을 계승하여 전통문화에 대한 가감 손익을 통해 발전시킨 문화 실체를 건설하고자 하는 문화적이고 미래지향적인 역사의식이라고 볼 수 있다.[7]

3) 『論語』述而, "子曰 齊一變 至於魯, 魯一變 至於道."
4) 權正顔, 「春秋의 根本理念과 批判精神에 관한 硏究」, 成大博士學位論文, 1989, 12쪽.
5) 『論語』陽貨, "子曰 夫召我者 而豈徒哉, 如有用我者 吾其爲東周乎."
6) 『論語』爲政, "子張問十世可知也, 子曰 殷因於夏禮 所損益可知也, 周因於殷禮 損益可知也, 其或繼周也 雖百世可知也."
7) 柳承國, 「春秋精神과 主體性」『韓國思想과 現代』181쪽.

2) 춘추사상의 국제평화질서

춘추사상은 기본적으로 존주尊周정신, 존왕尊王정신에 기초해 있다. 존주정신은 각국의 제후가 주나라의 천자를 왕으로 하여 하나로 통일되는 것을 존중한다는 세계 대일통사상[8]의 핵심정신이다.[9] 주 왕실의 정통론에 입각하여, 춘추시대 당시의 왕실인 주와 그 왕을 존중한다는 것이다. 그렇다면 주 왕실의 정통을 인정하고 다른 제후보다 앞세우는 '존주 대일통'의 근본 사상은 무엇인가.

이에는 두 가지 큰 의미가 있다. 첫째는 왕자王者는 참다운 왕자의 자격을 지녀야 한다는 것이며, 둘째는 대일통은 전체를 포괄하는 것이므로 이와 대립하거나 병존하는 다른 왕자의 존재를 인정할 수 없다는 것이다. 즉 참다운 인도를 행할 수 있는 왕자의 자격을 갖춘 왕에 의한 대일통만을 인정하며, 그것을 위반하는 자를 물리치고자 하는 정신이다. 도덕정치와 예의 질서로 유지되는 왕도의 질서를 추구하는 것이며, 전제정치와 힘으로 유지되는 패도의 질서를 반대한다. 권세와 무력 등 강제력에 의한 타율적 명령과 통제에 의해서가 아니라, 자발적인 예양禮讓에 의해 자기의 역할과 사명을 자각하여 자신의 역할[分]을 다하는 사회질서를 이룩한다는 것이다.

예와 도덕에 의한 대일통 사회를 지향하고 있는 『춘추』에서의 국가 관계는 두 가지 구조를 지니고 있다. 열국列國과 열국의 대등한 관계와 주나라와 여러 열국의 군신관계이다. 한 국가는 위의 두 구조 속에 어떤 위치에 있는가에 따라 외교적 당위가 결정되며, 이에 따라 행위에 대한 평가의 기준과 정도가 달라진다.[10]

---

8) 公羊學의 중요한 개념으로서, 『公羊傳』 隱公 元年條에 처음으로 등장한다.
9) '大'는 크게 여기다, 중시하다, 존중하다는 의미이고, '一統'은 천하의 諸侯가 周의 天子에 통일됨을 지칭하는 것이다(張岱年 主編, 『中華思想大辭典』, 吉林人民出版社, 1991, 969쪽.).

　왕을 중심으로 세계평화질서의 이념을 제시하려는 것은 『춘추』 이래 동북아 질서 수립의 핵심되는 관점이다. 『공양전』은 왕을 최고 중심에 두고 대일통을 이루어야 한다는 이념을 수립하여 춘추의 질서 이념을 제시하고, 그러한 이념을 바탕으로 귀천존비貴賤尊卑의 분별, 군신상하의 분별, 화이내외華夷內外의 분별을 강조하며 왕을 최고의 위상과 권위로 받드는 입장을 견지한다. 그런데 오늘날 국제관계에 있어서 국가와 국가는 평등하다고 여기어 어느 한 나라가 왕의 지위에 서고 다른 나라는 제후(신하)의 지위를 가진다는 것은 용인할 수 없는 사상이다.

　그런데 춘추사상에서 주목할 것은 왕이란 폭력과 무력에 의한 전제군주가 아니라, 인의와 예치로 정치를 주관하는 자여야 한다는 점이다. 왕 노릇하는 주 왕실은 어느 국가보다도 인의와 예의에 의한 인도적 질서를 옹호하여야 하며 다른 나라의 모범이 되어야 한다. 그렇지 못할 때 주 왕실의 지위는 보장할 수 없다.

　『춘추』는 주 왕실과 제후국과의 관계든 제후국과 제후국과의 관계든 국가와 국가의 관계는 언제나 쌍무적인 것으로 기술하고 있으며 국제관계의 당위성와 부당성의 갈림은 상호 호양互讓의 관계를 유지하는 데 긍정적인 것인가 부정적인 것인가에 의해 결정한다. 또한, 두 국가의 친화관계가 다른 국가관계나 더 넓은 범위의 국제관계를 해롭게 할 때 부정적인 것으로 평가하며, 때로는 두 국가의 관계가 갈등적 관계라고 할지라도 다른 국가관계나 더 넓은 국제관계에 공헌하는 것일 때에는 긍정적인 것으로 평가한다.

　『춘추』에 나타나는 대표적인 선린관계는 수직적인 관계로서 부분과 전체의 관계를 확인하는 '조朝', 국가간의 대등한 관계를 전제로 우호관계를 확인하는 '빙聘', 그리고 패자들이 주도하는 '회맹會盟'의 경우이다.

---

10) 權正顔, 上揭論文, 134쪽.

이러한 정상적인 교린관계에 있어서 가장 중요한 것은 국가간의 상호존중과 신뢰이다. 그 관계를 더욱 돈독히 해주는 것은 구재휼민救災恤民이며, 그것을 저해하는 것은 부당한 요구와 침략이라고 규정하고 있다.

『춘추』는 주 왕실이라도 제후국에게 사적으로 부당한 요구를 한 경우 선린의 도를 어긴 비례非禮라고 여겨 크게 비판하였고,[11] 『좌씨전』에서는 "천자는 사사롭게 재물을 요구해서는 안된다"고 하였다.[12] 그러나 제후국의 요구라 할지라도 전체의 안정과 평화를 위한 요구라면 오히려 그 요구에 부응하지 않는 쪽을 비판했다.[13]

국제관계에 가장 저해되는 행위는 전쟁이다. 『춘추』에서는 군부의 원수에 대해 복수하는 전쟁이나 중국 영토 내의 국가[諸夏]가 무도한 외적을 물리치는 전쟁의 경우[攘夷]와 자국 백성의 삶을 짓밟는 무도한 국가를 징벌하는 전쟁을 제외한 일체의 침략 전쟁을 거부하고 자국의 이익을 위해 전쟁을 일으킨 자들을 통렬히 비판하고 있다. 그러나 당시의 패자들은 이기적인 목적으로 힘에 의한 침략과 지배의 가치관을 노골적으로 드러내어, 힘에 의한 관계 설정과 이에 따라 끊임없이 상호 분쟁이 되풀이하였다. 이러한 상황에 대하여, 춘추정신을 계승한 맹자는 패를 '힘으로 어짐을 가장하는 자[以力假仁]'라고 규정하였다. 인간의 생존과 인간다운 삶을 지향하는 입장에서 이를 비판 극복하고자 하는 것은 당연한 것이었다. 국제관계는 호혜와 신의를 바탕으로 할 때 진정한 평화를 이룰 수 있으며, 『춘추』는 그러한 이상을 제시하고 있다.

---

11) 隱公 3年 "武氏子來求賻"; 桓公 15年, "春二月 天王使家父來求車"; 文公 9年. "毛伯來求金".

12) 『左氏傳』桓公 15年, "天王使家父來求車 非禮也 諸侯不貢車服 天子不私求財."

13) 成公 때에 晉이 楚와 전쟁을 하기 직전 魯에 연합군을 요청하였으나, 魯가 응하지 않은 것에 대하여 『春秋』는 諸夏를 지키는 데 능동적으로 나서지 않은 魯를 비판하였다.

3) 민족국가의 주체성과 자주권

도덕가치와 세계질서의 보편주의를 지향하는 대일통의 질서의식과, 역사와 국익의 이해관계가 갈리는 각 민족과 국가 집단의 주권은 서로 양립하기 쉽다. 대일통 질서가 개인과 국가의 생존과 자주성을 보장하지 않을 때 정의로운 질서라고 할 수는 없을 것이다. 대일통 질서가 진정한 인류공동체를 이루기 위해서는 국제사회 구성원의 생존권과 자주권이 보장되어야 한다.

『춘추』는 각국의 독립성과 자주성을 보장하는 원리를 제시한다. 『춘추』에 있어서 국제관계의 헌장은 힘의 논리가 아니라 인의와 예의의 논리이며, 자발적으로 사회에 참여하여 조화를 이루는 태도를 중히 여긴다. 『춘추』의 국제관계는 예의정신에 입각해 있는 것으로, 제후국은 물론 주나라도 예의를 위배하는 경우는 비판 배척의 대상이 되며, 각국은 부당한 행위나 간섭에 대해서 저항할 수 있는 권리를 가지고 있다.

『춘추』는 주 왕실을 높이어 존주·존왕을 앞세우면서도, 일개의 제후국인 노나라의 주체적인 입장을 소홀히 하지 않고 노나라의 주체성을 중시하고 있다. 공자는 자신의 출신 국가인 노나라 역사를 통하여 천하의 인간사를 포폄하였으며, 이 사실을 통해 볼 때, 공자는 존왕사상에 의한 대일통을 추구하면서도, 각 제후국의 자주권과 균등한 권리를 옹호하였다고 볼 수 있다. 주나라는 봉건제도를 통하여, 각 제후국의 왕위계승이나 영토권을 중앙정부에서 관여할 수 없는 각 제후국의 자주성과 균등한 권리를 옹호하였으며, 이것은 진한대 이후의 군현제에 기초한 강력한 중앙정부를 추구하는 입장과는 다른 것이었다.

『춘추』는 각국의 주체성을 존중하면서, 한 집단이 전체를 위해 공헌하거나 공도公道를 행하는 행위를 높이 평가했다. 패자들도 언제나 부정되는 것이 아니라, 전체를 위하여 공헌한 바가 있을 경우에는 긍정적인 것으로 평가한다. 그 대표적인 경우가 양이攘夷의 공헌이다. '제하와 중국을 안으로 하는[內諸夏 內中國]'의 입장에서 제하를 위협하고 침략하는 야만 집단에 대한 배척이다. 가장 강력한 제후가 일어나 존왕의 구호로서 왕명을 받들어 왕자의 질서를 유지하는 패자의 공업을 높이 평가하기도 하였다. 부분 집단이 자기의 주체성을 지키면서 전체를 위해 공헌하는 정신을 높이 평가하는 것이 『춘추』의 일관된 정신이다.

따라서 『춘추』는 주왕에 대한 맹목적인 추종이나 이적에 대한 무분별한 부정이 아니라, 각 집단의 주권을 인정하고 공도公道의 입장에서 대일통의 평화로운 문명세계를 성취하고자 함이며, 또한 각 집단이 그러한 일에 적극적이며 주체적으로 참여하는 태도를 바람직하다고 본다.

『춘추』의 포폄은 정명正名을 바탕으로 하여 모든 개인과 개별 집단이 그들 스스로의 역량을 자발적으로 발휘하여 자신과 사회 나아가 세계의 질서를 이루고 부조리를 제거하기를 기대하는 것이었다. 개개인은 자기의 부정적인 사욕을 극복하고 자신의 어진 본성을 발휘하여 사회에 참여해야 하듯이, 하나의 집단은 주체적이며 능동적으로 내적 부조리를 해결하며 전인류공동체를 위해 공헌하는 문명집단이 되기를 촉구한다.

'존왕양이尊王攘夷'를 대의로 하여, 포폄褒貶 여탈與奪 방식으로 미언대의微言大義를 담아 사서를 서술하는 정신은 한국 등 동아시아 각국에 큰 영향을 미쳤으며, 각국이 그 역사적 상황에 따라 민족주권을 선양하는 데 지대한 역할을 하였다.

3. 춘추사상의 주권의식과 국제평화정신

1) 중국의 춘추사상과 주권의식

유학이 인간다운 세계를 건설하는 방도를 적극 권장하고 그것에 저해되는 것들을 비판하는 반정反正정신을 가지고 있다고 할 때, 그 근본사상은 인의仁義이며, 그것은 선악善惡 시비是非 의불의義不義의 판단준거가 된다.

맹자는 전국시대 말기의 혼란의 와중에서 인의사상에 기초한 공자의 춘추사상을 적극 계승하면서 왕패론을 피력하고, 인의를 행하여 천하를 안정시키는 자가 왕王이 되어 민생을 도탄에서 구할 것을 주장하였다. 그러기 위해서 무력에 의한 통일이 아니라 왕도에 의한 통일을 주장하였다.

주자는 춘추시대 역사의 사실과 그 사실의 세세한 의미보다는 『춘추』 전체에 담겨진 의리를 주목하면서, 공자孔子가 당시의 사건들을 인간의 본성을 기준으로 저울질하여 포폄한 대의를 파악하고자 하였으며, 결단코 그름을 제거하는[決去其非]하는 격물格物 공부로서 중시하였다.

주자는 『춘추』의 대지大旨를, '난신을 죽이고 적자를 토벌한다'[誅亂臣 討賊子], '중국을 안으로 하고 이적을 밖으로 한다'[內中國 外夷狄], '왕을 귀하게 여기고 패를 천하게 여긴다'[貴王賤霸]라고 정리하고,[14] 난신적자, 이적, 패도를 동일시했다. 그리하여 『춘추』의 존왕양이 정신과 『공양전』의 '주周를 안으로 하고 제하諸夏를 밖으로 하며, 제하를 안으로 하고 이적을 밖으로 한다'[內其國而外諸夏, 內諸夏而外夷狄][15]는 정신을 발양하여, 금나라가 자기의 조국인 송나라를 침략하여 압박하던 시대상황 하

---

14) 『語類』 권83. "春秋大旨其可見者 誅亂臣 討賊子 內中國 內夷狄 貴王賤伯而已."
15) 『公羊傳』 成公. 十五年條.

에서 남송은 정통이고 송을 침략하던 금나라를 이적시함으로서, 민족의
통일된 의지를 집약하여 척화 주전할 것을 주장하였다.

『춘추』의 논리로 주자는 자기 민족의 자주정신을 강렬하게 고취하
였던 것이다. 이러한 민족정신은 자국의 이익을 위하여 타국을 침해할
수도 있다는 패도적 민족주의나 제국주의, 또는 배타적 민족주의나 국수
주의와는 다른 것이다. 자타가 공존할 수 있는 공동 기반으로서의 보편
성을 지향하면서 자국의 생존권과 특수성을 살리는 민족정신이라고 할
수 있다.[16]

주자가 말하는 '중국' 또는 '중화'란 현대의 중국정부(CHINA)를 의
미하는 것이 아니다. 현대의 중국은 1910년 쑨원(孫文)이 청나라를 타도
하고 수립한 국명이며, 그 이전에 사용하던 중국이라는 명칭은 일반적으
로 인의의 도를 행하는 중화의 문명권이라는 뜻이었다. 부당한 폭력과
생명유린이 횡행하는 것을 막고자 한 것이 춘추의 의의라고 할 때, 王이
란 마음에 천리를 보존하고 인욕을 제거하여 도심을 발휘하는 자이고,
'중국' 또는 '중화'란 그 문화를 쓰는 집단이다. 난신적자와 이적이란 인
욕에 쫓아 불의를 행하는 자를 규정하는 말이다. 따라서 도심을 지닌 왕
과 왕도를 행하는 중화 집단이 그것을 어기는 난신적자와 이적을 다스려
야, 당시의 난세를 바로 잡고 국란에 처한 중국 민족을 바로 이끌어 갈
수 있다는 것이 주자의 본의였다.

2) 한국의 춘추사상과 주체의식

한국역사에 있어서도 춘추정신은 민족의 자주와 평화정신의 기반이
었다. 그러나 춘추정신은 존명 사대주의(모화사상)와 밀접한 상관성이

---

16) 李東俊, 「儒學의 義理思想과 現實認識」『韓國哲學入門』, 成大 韓國哲學科.

있으며 이러한 존명尊明 사대주의, 모화慕華사상은 과거 한국의 역사에 대하여 반성할 때마다 나타나는 주요한 항목 가운데 하나로서, 일반적으로 우리 민족의 긍지와 자주 독립과는 상반되는 것으로 인식되었다.

『춘추』에 담겨진 의리사상과 국제관계의 핵심은 '존군부尊君父' 사상으로서, 춘추사상이 담고 있는 국제관계는 평등관계가 아니라 군신관계 등 상하관계로 규정되고 있다. 그것이 어떠한 의미를 내포하고 있는가를 정확히 이해하여야 할 것이다. 그것은 주체의식이 결여된 보편주의에 매몰되어 민족 주체성과 괴리된 사대주의로 여겨질 수 있는 문제이기 때문에 세밀한 고찰이 필요하다.

그러므로 종래의 국제 관계에 있어서 사대事大의 의미를 다시 고찰할 필요가 있다. 조선시대의 사대가 단지 몰주체적인 굴욕적 사상이거나 생존하기 위한 어쩔 수 없는 선택에 불과한 것이었다면, 임·병 양란 때의 청과 왜에 대한 불굴의 저항정신은 설명하기 어려운 점이 있다. 특히 명보다 군사적으로 강한 힘을 가지고 있었던 청에 대한 불굴의 배청자세와 19세기 후반 서구 열강과 일본이 침략해 왔을 때, 그때마다 어떠한 폭력에도 굴하지 않고 '의'자를 내걸면서 맞서 싸운 이유는 쉽사리 해명되지 못한다.

그러한 관점에서 조선의 모화사상慕華思想을 재조명해보면, 그것은 도리어 한국 민족의 우월감을 표현하는 것이었다고 생각된다. 명나라가 망한 17세기를 기점으로 조선의 유학자들이 모화사상을 보다 강화한 것은 단지 중국의 속방임을 재확인하는 것이 아니라, 조선의 문화가 어느 누구에게도 결코 뒤떨어지지 않는다는 자신감의 반영이기도 했다. 선진 문화를 지닌 중국과 친화하여 그 문화를 배우고자 한 조선 전기의 상태에서, 17세기 이후에는 우리 자신이 그 문화의 유일한 담임자라고 인식하고 있었고, 그러한 점에서 독특한 특성을 지니고 있다.

그러한 의식의 바탕이 춘추사상이다. 춘추사상은 과거 동북아시아의 국제사회에 적용되었던 국제헌장國際憲章이라고 할 수 있다. 그것은 국가간의 '계약'에 의한 국제법은 아니었다. 어질고 바른 인간의 보편성에 입각하고 있다. 오늘날의 주 왕실은 UN이며 각종 국제의결기구라고 할 수도 있다. 이러한 국제적 의결기관의 결의는 한 국가에 때한 내정간섭이 아니다. 전체 공동체의 안정과 평화 발전을 위한 인도주의적 약속이며 규범이었다고 볼 수 있다.

역사적으로 한국인은 인의에 의거한 춘추정신에 입각하여 한국 민족의 자주성을 확립하는 한편 국제사회의 공존과 평화의 원리가 실현되어야 한다고 여겼다. 한국인은 춘추사상에 담긴 '존군부'라는 인류질서 이전에 그것에 내재한 더 깊은 보편원리를 이해하고 추구하고 있었다.

『춘추』는 단순한 사서가 아니라 일정한 필법이 내재해 있어서, 은미한 말로서 인간의 행위를 포폄 상벌하였다고 하였다. 율곡 이이는 "『춘추』를 읽어 성인이 선을 상찬賞讚하고 악을 징벌하여 억제하고 선양하며 조종하는 그 은미한 말과 깊은 뜻[微辭奧義]을 일일이 정밀하게 연구하여 마음속으로 깨달아야 한다"[17]고 하였다.

문제는 현실을 판단하는 데에 있어서, 어떤 행위를 표창하거나 폄하하며, 누구를 존경하며 누구를 배척할 것인가, 또한 어느 정도로 그렇게 해야 할 것인가 하는 판단 기준이다. 일반 사람들도 나름대로 자기의 판단 기준을 가지고 있고 그것에 따라 현실 상황과 타인의 행위를 판단 포폄한다. 포폄의 가치 판단은 결국 그것을 시행하는 자의 기준에서 결과하는 것이며, 그것이 편벽되지 않고 정확하고 올바른지의 여부가 관건이 될 것이다.

유학에서는 그 기준을 인간 마음의 외부에서 찾지 않으며, 일차적

---

17) 『栗谷全書』 권27, 「擊蒙要訣」, 9, "次讀春秋, 於聖人賞善罰惡 抑揚操縱之微辭奧義, 一一精研而契悟然".

으로 인간의 마음이 관건이라고 생각한다. 『춘추』의 의의는 그러한 기준을 담고 있다는 데 있으며, 공자가 포폄한 바를 통하여 바른 기준을 파악하고자 하는 것이다. 따라서 『춘추』의 경문經文 안에 담긴 심법이 무엇인가를 파악하는 것이 춘추학의 핵심이라고 할 수 있다.

공자와 맹자가 전수한 도란 다름 아닌 그 정당한 심법이며, 주자는 그것을 형이상학적으로 규명하고 재천명하였다. 한국의 도학자들이 공맹과 주자를 흠모한 바는 바로 그 심법을 배우고 현실의 실천 방도로 삼고자 하였기 때문이었다. 이러한 성인의 심법에 의한 엄정한 자기 동일성은 한국의 역사적 위기마다 주체의식을 가능하게 했다.

3) 조선 후기 '조선중화주의'의 자주정신

성인聖人의 심법心法에 의한 반정反正정신과 인의에 입각한 공동체 건설을 추구한 춘추의리사상은 조선 지성의 핵심을 이루고 있는 것이며, 16세기 말 17세기 초 임진 병자 양란 때의 의병정신과 구한말 항일운동까지 계승되었다.

특히 17세기 이후 한국 지성인이 견지한 춘추사상은 남다른 것이었다. 춘추사상은 성인의 심법인 인의사상과 인의를 행하는 존주尊周사상에 기초하여 인간세계[天下]의 대일통을 지향한다. 이러한 사상은 한편으로는 난세에 처하여 대일통大一統을 담당하는 왕자王者가 없어졌을 때 새로운 왕자가 나타나 대일통의 주체가 되는 가능성을 개방하고 있다. 이 두 가지는 서로 상충되어 서로 양립하기 어려운 것처럼 보이지만, 이론적으로 모순되지 않으며 역사적인 상황에 따라 양상이 달라진다.

『춘추』는 혈연·종교·문화 등의 이질적인 모든 민족과 국가 등의 집단을 하나의 공동체로 통합하기 위하여 제도와 규범을 예의로 구체화시키고, 이를 모든 집단이 받아들이기를 촉구하고 있다. 이때의 예의란 주례周禮를 의미한다. 주례周禮를 보편적인 제도·문화로 삼아 각 제후 국들의 이질적 제요소를 하나의 문화적 통일체 안에 포함하며, 이러한 문화적 공감대를 바탕으로 공동체를 주변 지역으로 확장해 간다. 이 문 화권 안에 포함되는 것이 그 지역의 교화이며 진보이다. 새로이 중원에 편입하는 초楚·오吳·월越 등이 이를 수용하였을 때 문화적으로 진보하 는 것으로 인정되었다. 『춘추』는 정치적 대일통에 앞서, 제도와 윤리의 공통성에 근거한 문화적 대일통을 모색하였던 것이다.

이와 같은 문화적 대일통 사상은 문화적 내용에 따라 화이華夷를 구별한다는 점에서 중대한 의미가 있다. 이 문화적 기준에서 보면 문명 권 안에 포함된 지역[諸夏]이라도 주례周禮의 제도와 규범을 어기면 이 적夷狄이 되며, 이적夷狄이라도 주례周禮의 제도와 규범을 따르면 문명 국[諸夏]이 된다.[18] 그러므로 화이華夷는 예의의 유무有無와 교화의 여 하에 따라 상호변화가 가능하다. 이러한 문화적 선진성과 윤리적 가치기 준에 입각한 화이론은 그 본질 속에 개방성을 내포하게 되었고 주변의 이적을 포함해 나가는 새로운 대일통의 모습으로 확장할 수 있었다.

이러한 춘추사상은 자칫 문화의 우열 가르기로 문화적 다양성을 경 시하거나 해칠 가능성이 있다. 문화적 획일주의나 사상적 독단주의, 강 력한 정치이념을 세우고 국내나 국외의 정치적 패권을 장악·유지하려 는 정치적 전체주의를 초래할 수도 있다. 중심부와 주변부, 서구와 비서 구라는 이분법에 의한 서구우월주의적인 현재의 국가관계처럼 중화-이적 이라는 구분은 중화민족우월주의를 기초로 중국 패권주의를 은연중 용 인하게 하는 이데올로기로 작용할 수도 있다.

---

18) 『昌黎先生文集』原道, "孔子之作春秋也 諸夏用夷禮則夷之 夷狄進於中國則中國之 經曰 夷狄之 有君 不如諸夏之亡."

춘추정신의 대일통 사상과 같은 강력한 보편정신은 가치를 만들어 내는 중심부가 존재하고 그 가치들이 그 주변부로 일방적으로 전파되는 관계가 될 가능성이 크다. 초국가적 중화주의 가치와 원칙의 확대는 인류적인 가치라고 하기보다는 사실상 중국인의 가치와 문화 수용이라고 생각할 수도 있다. 당연히 세계문화, 중화문화에 깃들어 있는 헤게모니를 반대해야 한다. 중화적 가치를 옹호하자면 먼저 중화적 가치라는 전 세계주의, 국제주의에 깃든 패권적 헤게모니 의도를 차단할 수 있는 비판력이 수반되어야 하는 이중성을 숙제로 안게 되는 것이다.

그러자면 한국은 자기 고유의 문화와 역사적 차이성을 인식하고 자기의 정체성을 보다 공고하게 해야 한다. 춘추사상에 담겨진 인도주의의 수준 높은 보편성을 추구하면서, 동시에 그것을 자기 역사 속에 실현시키면서 내재해 가는 역사적 특수성을 견지해야 한다. 중화지역과 비중화지역 사이의 역사적 차이와 자기 지역의 정치문화 및 각 사회의 발전 변화에 상응해온 고유한 문화방식을 인식하면서 어떻게 자기의 정체성을 형성할 것인지, 어떻게 국제사회의 당당한 일원으로 참여하여 활동할 것인지, 언제 어떻게 전체 세계주의에 담겨질지 모르는 헤게모니에 대응하고 교정해나갈 것인지를 문제 삼아야 할 것이다.

중화中華의 화華, 이적夷狄의 이夷는 민족과 지역을 구별하는 것이 아니라, 문화의 우수성과 진리의 근원성에 입각하여 가치를 판단하는 것이다. 그러므로 존주사상이란 단순히 주 왕실에 대한 맹목적 추존이 아니라 주나라의 문화를 찬양하고 따른다는 의미이다.[19] 선진先秦시대의 존주는 구체적으로 주 왕실을 말하지만, 전국시대 이후의 존주는 인의의 왕도정치의 표상을 지칭한다. 그러므로 누구든 인간의 생명과 도덕성을 애호하는 성인의 심법을 시행하는 자라면 왕자가 될 수 있고, 주나라와

---

19) 柳承國, 「春秋精神과 主體性」『韓國思想과 現代』, 182쪽.

마찬가지로 세계의 문명 주도국이 될 수 있다는 사상이다.

　조선 후기 17세기 이후의 '조선중화주의' 혹은 '소중화론'은 이러한 인의仁義의 화이華夷觀에 입각하여, 문명과 야만의 구별은 지역적 구별이 아니므로 조선이 인의의 문화를 일으키면 조선도 중화의 일원이 될 수 있다고 생각했음은 물론, 나아가 중화문명을 선도하는 담당자가 될 수 있다는 문화민족의 긍지였다. 이러한 춘추정신은 우리 한국문화 발전의 기본방향이었으며 국제외교관계를 행하는 기본정신이었다.

4. 맺는말

　인간존중과 평화의 문제는 두 가지 문제가 아니다. "잔혹한 무리를 변화시키고, 무고한 이를 죽이는 일이 없도록 할 것[勝殘去殺]"이라는 인간존엄 사상은 유학의 성경聖經 현전賢傳에 담겨진 가르침이었다. 전국시대의 맹자는 인성이 본래 선함을 주장하면서 패도로서 전쟁과 영토 확장에 전념하는 제후들에게 "사람 죽이기를 즐기지 말 것"을 애써 설득했다. 춘추정신에 담긴 인간생명존중정신, 그리고 국가의 자주정신과 세계평화정신 그리고 이를 위반하는 부당한 행위에 대한 비판정신과 저항정신은 아무리 강조해도 지나침이 없을 것이다.

　춘추정신에 담긴 중화정신은 중국인들의 자존정신에 국한될 가치가 아니다. 자칫 중화정신은 중국인의 우월감과 세계 종주국이라는 제국주의적 가치관으로 전락될 우려가 있다. 그러나 중화주의에 담긴 진정한 의미와 가치는 한 국가가 주관하고 전담할 문제가 아니며 전 인류가 공감하고 대인對人 대국對國의 기본자세가 되어야 할 것이다.

　진정한 반일과 반미 또는 반세계화는 주체적 성찰에서 시작되어야 한다. 주체적 성찰 없이 외치는 반일·반미·반중·반세계화의 구호는 공허한 일회적 감정 표현에 불과하다. 일본의 우경화, 중국과 미국의 패권주의, 신자유주의적 세계화가 한국이 주체적으로 극복해 나가야 할 대상이라면, 먼저 한국내의 균형을 잃은 반일, 반중, 반미, 반세계화 역시 극복되어야 한다. 따라서 한국의 일관된 논리와 주체적 태도를 정립하고 대응해 나가야 한다.

한국은 일본의 역사 왜곡에 대해 일제日帝의 약탈, 고문, 학살의 피해 당사자인 피지배 경험자로서의 굴욕에 대한 울분이나 감정 해소 차원이 아니라 일관된 논리로써 왜곡된 일본 교과서를 시정할 뿐 아니라 나아가 새시대의 진정한 동반자 관계를 주도적으로 만들어 가야 한다. 마찬가지로 중국의 고구려사 왜곡에 대해서도 국제평화와 인도주의에 입각하여 중국의 기만적인 책략에 대해 엄중한 비판과 태도 변화를 촉구해야 한다.

각국은 침략전쟁을 미화하거나 민족대립을 부추켜서는 안되며, 자라나는 다음 세대에게 평화를 가르쳐 줄 의무가 있다. 올바른 한중일 관계 정립과 한국과 일본과 중국의 미래를 위해서도 자라나는 한국과 일본, 중국 청소년들이 자신의 역사에 대해 객관적이고 정당한 역사관을 가져야 한다. '일본 역사 교과서의 개악改惡을 우려한다'는 한국 역사학자들의 성명은 일본 역사 교과서의 기본적인 시각이 역사의 진실을 외면하고 구 제국주의시대의 황국사관皇國史觀으로 회귀하고 있다고 지적하고, 각국은 침략전쟁을 미화하거나 인종대립을 부추기는 표현을 써서는 안되며 기성세대는 자라나는 다음 세대에게 평화를 가르쳐 줄 의무가 있다고 선언하고 있다.

일본이 과거사에 대해 진정한 사과를 도외시한 채 자라나는 학생들에게 과거의 역사를 왜곡하여 가르치는 일이나, 중국이 자기 나라의 이익만을 고려한 책략에 의거하여 고구려사를 왜곡하는 일은 스스로 국제사회의 일원이 되기를 포기한 것이다. 일본 정부는 인간생명 존중과 국제평화 의지에 의거하여 과거의 불행했던 한일관계의 과거사를 정리해야 한다. 이러한 과정을 통해서만이 현재에 이르기까지 양국간에 과제로 남겨져 있는 부조리한 상황을 제대로 인식할 수 있을 것이고, 미래지향적 관점에서 바람직한 한일관계를 이루어 나갈 수 있을 것이다. 중국정부도 한중의 상호존중에 의거한 국제평화정신에 따라 한중 관계의 미래지향적 관점에서 고구려사 왜곡을 중지해야 할 것이다.

일본의 교과서 왜곡 문제는 어제 오늘의 일이 아니며, 중국의 고구려사 왜곡은 체계적인 국가적 프로젝트로 밝혀졌음에도 불구하고 한국이 이에 대응하는 체계적인 대안이 부재한 이유는 인류의 보편적 문명가치에 의한 체계적이고 일관된 대응논리가 부족하기 때문이다. 이에 대한 적실한 대응을 위해서는 일본 정부의 교과서 왜곡과 중국정부의 고구려사 왜곡을 둘러싸고 있는 현대 일본, 중국사회 전반의 정치·경제학적 맥락에 대한 체계적 분석이 중요하다는 것은 두 말할 것도 없지만, 이에 앞서 인류문명의 보편성에 입각한 한국의 기본자세를 확립해야 한다. 이러한 측면에서 한국인의 국수적인 민족주의가 아니라 한국인의 지성사에 담겨 있는 춘추정신을 통하여 수준 높은 주체성을 수립하고 세계평화를 우려하는 문명국가로서의 역사의식과 국가의식을 수립해야 할 것이다. 춘추의리사상은 이러한 노력에 깊이를 더해 줄 것으로 생각된다.

조선 후기 화이론의 변용과 사상사적 의의

김인규 金仁圭

머리말

　중국에서 자기 민족을 이민족과 구별하는 민족 의식을 '중화사상中華思想' 또는 '화이론華夷論'이라 지칭한다. 물론 거기에는 '천하天下에서 문화가 최고로 발달한 중앙의 지역'이라는 자긍심이 기저를 이루고 있다. 이러한 자긍심은 민족의 우월감에서 나온 것이긴 하지만 시대 상황에 따라 국력이 이민족을 능가할 때에는 관용적인 방향으로, 그 반대인 경우에는 배타적인 방향으로 작용하여왔다.

　특히 화이론은 동아시아 국제사회에 있어서 근대적 국가 평등 관념이 형성되기 이전에는 중국과 그 주변 국가와의 관계를 규정한 국제질서 관념이었다. 이러한 관념에 의해 국제질서를 유지시키려는 중화주의는 송대宋代에 이르러 거란契丹·서하西夏·금金 등의 계속되는 침략으로 타격을 받게 되었으며, 17세기 들어 여진족女眞族인 청淸에 의해 한족漢族인 명明이 멸망함으로써 중화주의적 세계질서는 무너지고 만다.

　이러한 와중에서 조선은 문화적으로 열등시되었던 청淸에 의해 1636년 인조仁祖가 삼전도三田渡에서 성하지맹城下之盟을 맺어 청淸에 대한 사대事大의 예禮를 행할 것을 맹세함으로써 조선 내부에서는 심각한 가치관의 혼란을 초래하게 되었다. 즉 그동안 '호로胡虜'로 멸시해온 청淸의 명命을 받들고 군신君臣·부자父子로서 우호한다는 것은 상상할 수 없는 일이었다.

따라서 당시 지식인들은 춘추대의春秋大義에 입각한 북벌론北伐論을 주장하였을 뿐만 아니라, 화華인 명明의 멸망은 곧 명의 문화를 계승한 조선이 중화中華라고 하는 '조선중화주의朝鮮中華主義'를 확립하였던 것이다.

이 글은 17세기 중반 이후까지 조선사회를 지탱해 온 중화주의 세계관과, 이러한 중화주의적 세계관이 실학파들에 의해 어떤 형태로 변용되는지에 대해 살펴보고, 조선 후기 화이론이 갖는 사상사적 의의를 고찰하는 데 목적이 있다.

중화주의 세계관의 확립

중화의 개념

본래 '중화中華'라는 말은 하夏·화華·화하華夏·중하中夏·제하諸夏라는 말과 더불어 한대漢代 이전 중국 민족국가 형성기에 있어서 한민족漢民族이 자신들의 거주하고 있는 지역의 범칭으로 사용한 말이다.[1] 더욱이 한족의 자존 의식은 중화야말로 지리적·문화적으로 세계의 중심을 이룬다는 의식으로 확대되어, 그 결과 중국인의 대외 인식을 규정하는 관념의 핵으로 기능하게 되었다.

고대 중국인에 있어서 세계는 천하와 사방으로 양분되며, 천하는 한민족漢民族의 지배자인 천자의 도덕 정치가 실시되고 있는 지역을 가리키는 것으로, 그곳이 바로 세계의 중심이요, 그 주변은 아직 천자의

---

1) 那波利貞, 『中華思想』(岩波講座 『東洋思想』 제7권) 7~20쪽 및 박충석·유근호 공저, 『조선조의 정치사상』, 평화출판사, 1980, 99쪽 참조.

덕이 미치지 못하는 이민족, 즉 이夷·만蠻·융戎·적狄이 살고 있는 사방이라는 것이다.[2]

이러한 천하관념은 춘추정신으로 드러난다. 공자가 『춘추春秋』를 지은 것은 정명사상正名思想에 입각하여 천자와 제후의 관계를 규정하고, 아울러 중화中華와 사이四夷와의 관계를 계층적 질서로 규정하고자 한 것이다. 이러한 맥락에서 중화사상에는, 그 덕화의 주체가 되고 중심이 되는 것은 어디까지나 화하·중화, 즉 한민족漢民族이라는 관념이 내재하고 있다. 『사기』에서는 다음과 같이 말한다.

> 중국이라는 것은 대개 총명하고 두루 지혜로운 자들이 사는 곳이요, 만물과 재용財用이 모이는 곳이요, 성현이 가르침을 베푸는 곳이요, 인·의가 베풀어지는 곳이요, 시·서·예·악이 쓰이는 곳이다.[3]

즉, 중국이라고 하는 것은 성현의 가르침인 인의仁義와 시詩·서書·예禮·악樂이 실현되는 곳이라는 의미이다. 이러한 맥락에서 '예교문화禮敎文化'의 유무를 기준으로 화이를 구분하고, 화의 이에 대한 지도를 강조하게 되는 것이다. 그리하여 화이사상은 단순한 문화적 우월감뿐만 아니라 예교禮敎 지배체제의 정당성을 주장하는 이론적 근거가 되기도 하였던 것이다.[4] 한민족漢民族이 중화의 중심 또는 주체가 되어야 한다는 생각은 중국인들의 생각이었을 뿐만 아니라, 한국의 유학자(성리학자)들의 생각이기도 하였다. 예를 들어 퇴계 이황李滉은 "하늘에는 두 해가 없고 백성에게는 두 왕이 없다. 춘추의 대일통大一統은 곧 천지의

---

2) 박충석·유근호 공저, 『조선조의 정치사상』, 평화출판사, 1980, 100쪽 참조.
3) 『史記』 卷43, 「趙世家」, "中國者, 蓋聰明徇智之所居也. 萬物財用之所聚也. 聖賢之所敎也. 仁義之所施也. 詩書禮樂之所用也."
4) 李成珪, 「中華思想과 民族主義」 『철학』 제37집, 봄호, 1992. 36~37쪽 참조.

상경常經이요 고금의 통의通義이다. 대명大明은 천하의 종주宗主이니 변방의 모든 나라들이 신복臣服하지 않음이 없다"[5]고 하였다. 또한 조선을 '소중화小中華'라고 여긴 소중화의식은 이미 '대중화大中華'로서의 중국을 전제로 한 개념이었다.[6]

그러나 중국이 천하의 지리적 중심이라는 '지리적 차원의 중화의식'은 중국과 한국에서 모두 차츰 퇴색하고, 인륜과 도덕을 중심으로 하는 '문화적 중화의식'이 그 핵심을 이루게 되었다. 공자는 "주周나라의 문물제도는 하夏·은殷 두 왕조를 본받았으니 빛나고도 찬란하도다! 나는 주나라를 따르리라"[7]고 하여, 하와 은의 문물제도를 계승한 주의 문화를 가장 이상적인 문화라고 인식하는 강렬한 문화의식을 표출하였다. 『논어』에는 다음과 같은 대화가 보인다.

> 자공子貢이 말하기를 "관중管仲은 어진 이가 아닐 것인저." (……) 공자가 말하기를 "관중이 환공桓公을 도와서 제후의 패자가 되어 한 번 천하를 바로 잡았으니, 백성이 오늘날까지 그 은혜를 입고 있다. 관중이 아니었다면 우리는 모두 머리를 풀어헤치고 옷섶을 왼편으로 하는 오랑캐가 되었을 것이다."[8]

공자는 왕도王道를 높이고 패도覇道를 폄하하지만, 오랑캐의 야만적인 문화로부터 중화의 문물을 지켜냈다는 관점에서 불가피하게 패도

---

5) 『退溪全書』卷8, 55ab, 「禮曹答日本左武衛將軍源義淸」, "天無二日, 民無二王. 春秋大一統者, 乃天地之常經, 古今之通義. 大明爲天下宗主, 海隅日出, 罔不臣服."
6) 물론 '소중화'라는 말이 조선시대 성리학자들에만 국한되어 사용된 것은 아니다. 고려시대에도 "遼東別有一乾坤, 斗與中朝區以分. 洪濤萬頃圍三面, 於北有陸連如線. 中方千里是朝鮮, 江山形勝名敷天. 耕田鑿井禮義家, 華人題作小中華(『帝王韻紀』卷下, 「地理紀」)"라고 하여, 중국인들이 조선을 小中華라고 일컬었던 것이다.
7) 『論語』「八佾」, 제14장, "周監於二代, 郁郁乎文哉, 吾從周."
8) 『論語』「憲問」, 제18장, "子貢曰 管仲, 非仁者與, (……) 子曰 管仲相桓公霸諸侯, 一匡天下, 民到于今, 受其賜, 未管仲, 吾其被髮左衽矣."

를 쓴 관중의 공을 인정한 것이다. 공자의 이러한 언설을 통해서 우리는 공자의 강렬한 문화의식을 엿볼 수 있는바, 그것은 결국 화이의 준엄한 구별로 귀착되는 것이다. 이러한 공자의 화이관념은 왕도사상을 핵심으로 한다. 즉 중화의 정치적 지도자인 천자가 그 덕화를 보다 멀리 끼쳐서, 마침내는 세계의 모든 나라가 함께 도덕과 인륜을 실현하도록 하자는 데 그 목적이 있다.

인륜과 도덕의 실현 여부가 화와 이를 분별하는 핵심적 근거가 된다는 인식은 송대宋代에 이르러 확고하게 되었다. 정자程子는 "(사람이) 예禮를 한 번 잃으면 금수가 된다. 성인聖人은 사람이 금수가 되는 것을 두려워하였기 때문에 춘추의 법을 지극히 근엄하게 하였다"[9]고 하여, 예禮의 실현 여부를 사람과 금수의 구분하는 기준으로 제시하였다. 그리고 호안국胡安國(1094~1138)도 "중국이 중국으로 된 것은 부자·군신의 큰 인륜이 있기 때문이니, 이를 한 번 잃는다면 이적이 될 것이다"[10], "중국이 이적보다 귀한 까닭은 부자지친父子之親과 군신지의君臣之義가 있기 때문이다"[11]고 하여, 예와 윤리의 실현 여부가 화와 이를 구별하는 기준임을 확고히 하였다.

또한 주희朱熹(1130~1200)도 "원숭이의 형상이 사람과 비슷하여 다른 동물보다 영특하지만, 단지 말을 하지 못할 뿐이다. 이적은 바로 사람과 금수의 사이에 있기 때문에 끝내 고치기 어렵다"[12]고 하여, 이적을 사람과 금수의 중간 단계로 설정하여 엄격하게 구분하였으며, 이적은 끝내 화하華夏가 될 수 없다고 보았다. 이러한 인식 하에 주희는 남송南

---

9) 『二程全書』卷2 上, 38a 「元豊呂與叔東見二先生語」, "禮一失則爲禽獸, 聖人恐人入於禽獸也. 故於春秋之法, 極謹嚴."
10) 『春秋胡氏傳』卷11, 「僖公上」, "中國之爲中國, 以其有父子, 君臣之大倫也. 一失則爲夷狄矣."
11) 『春秋胡氏傳』卷23, 「襄公下」, "中國之所以貴于夷狄, 以其有父子君臣之義耳."
12) 『朱子語類』卷4, 「性理 一」〈人物之性氣質之性〉, "至於獼猴形狀類人, 便最靈於他物, 只不會說話而已. 到得夷狄便在人與禽獸之間, 所以終難改."

宋 당시 반금적反金的 양이사상攘夷思想을 주장한 대표적인 주전론자主戰論者였다. 그는 "또 들으니 천하 국가를 다스리는 자에게는 반드시 한 번 정하여 바꿀 수 없는 계책이 있는데, 지금의 계책이라는 것은 안으로 정사를 닦고 밖으로 이적을 물리치는 데 불과할 따름이다"[13]라고 하여, 이적을 물리쳐 한족漢族의 생존권과 정통성을 확립하는 것이 당시의 과제라고 여겼다. 이러한 주희의 반금적 양이사상은 뒤에 조선朝鮮의 북벌론자北伐論者에게 지대한 영향을 끼쳤다.

조선중화주의의 확립

17세기 전반 명나라와 조선에 가해진 오랑캐[淸]의 침략은 명明 중심의 중화주의적 세계관을 근본적으로 흔들어 놓았다. 조선이 선진 문화국으로 칭송하였던 명明이 여진족인 청淸에 의해 1644년 멸망하고, 이보다 7년 전인 1637년(인조 15)에 인조가 삼전도에서 성하지맹을 맺어 청에 대해 신하의 예를 행할 것을 맹세한 이후, 조선 내부에서는 임진왜란 때 명明으로부터 입은 재조지은再造之恩에 대한 보은과 삼전도에서의 치욕에 대한 복수설치復讐雪恥를 주장하는 북벌론北伐論이 대세를 이루었다. 이는 주희의 반금적反金的 양이사상攘夷思想과 조선의 반청적反淸的 양이사상攘夷思想이 중첩됨으로써, '춘추대의'에 입각한 존화양이사상이 확고하게 정착된 것이다.[14]

오랑캐 청이 인륜을 짓밟고 중원을 차지한 상황에서, 오직 조선만이 중화 문물을 지키고 있다는 인식은 마침내 '조선중화주의'를 낳게 하

---

13)『朱子大全』卷11,「壬午封事」, "又聞之爲天下國家者, 必有一定不易之計. 而今日之計, 不過乎修政事攘夷狄而已矣."
14) 姜在彦,『韓國의 開化思想』, 比峰出版社, 1981, 79쪽 참조.

였다. 이제 조선은 더 이상 중화의 번방藩邦이 아니라 중화의 중심이라
는 것이다. 그리하여 기존의 '소중화의식'은 '조선중화주의'로 발전하게
된 것이다.[15] 이러한 조선중화주의의 단초를 연 사람은 우암尤庵 송시열
宋時烈(1607~1689)이다. 송시열은 호란 이후 복수설치의 의지가 팽배
한 당시의 상황에서, 춘추대의의 이념으로 북벌北伐의 명분을 확립하였
다. 송시열은 "공자가 『춘추』를 지음에 대의가 수십 가지나 되지만 존주
尊周가 가장 크다"[16]고 하여, 춘추대의를 '존주'로 집약하였다. 이는 바
로 존왕양이정신尊王攘夷精神을 확립한다는 의미이다. 그는 효종孝宗
즉위(1659) 직후, 평소 삼전도三田渡의 치욕을 절치부심切齒腐心하던
효종으로부터 '명천리明天理, 정인심正人心'을 급선무로 하라는 밀유密諭
를 받았다. 그리하여 송시열은 효종에게 「기축봉사己丑封事」를 올려 13
조의 시무책時務策을 개진하였는데, 북벌과 관계된 것은 마지막의 '정사
政事를 닦아서 이적을 물리친다[修政事以攘夷狄]'라는 조목이다.[17] 이는
주희가 「임오봉사壬午封事」에서 "또 들으니 천하국가를 위하는 자는 반
드시 일정한 바뀌지 않는 계책이 있는데, 금일의 계책이라는 것은 정사
를 닦고 이적을 물리치는 것에 불과할 따름이다"[18]라고 한 '내수외양內修
外攘'의 논리와 맥락을 같이 하는 것이다.

송시열은 공자가 『춘추』를 지은 뜻은 대일통大一統의 의리를 천하
후세에 밝혀 사람으로 하여금 화와 이를 준별할 수 있도록 하기 위함이
라고 하였다.[19] 이러한 대일통 의리는 공자의 『춘추』와 주희의 『강목綱

---

15) 鄭玉子, 『조선후기 역사의 이해』, 一志社, 1993, 75쪽 참조.

16) 『宋子大全』, 卷27, 20b 「上安隱峰」, "孔子之作春秋也 大義數十而尊周最大."

17) 『宋子大全』卷5, 26a~27b 「己丑封事」; 崔英成, 『韓國儒學思想史』(III), 아세아문화사, 1995, 82~83쪽.

18) 『朱子大全』卷11, 「壬午封事」, "又聞之爲天下國家者, 必有一定不易之計. 而今日之計, 不過乎修政事攘夷狄而已矣."

19) 『宋子大全』卷5, 26a~27b 「己丑封事」, 〈修政事以攘夷狄〉條, "孔子作春秋 以明大一統之義 於天下後世, 凡有血氣之類 莫不知中國之當尊 夷狄之可醜矣."

目』에서 그 이론적 근거를 찾을 수 있다. 송시열은 다음과 같이 말했다.

> 신이 생각하건대, 공자의 『춘추』로부터 주자의 『강목』에 이르기까지
> 하나 같이 대일통을 주장하였습니다. 대개 대통大統이 다 밝혀지지 않
> 으면 인도人道가 어그러지고 인도가 어지러워지면 나라가 따라서 망합
> 니다.[20]

송시열은 대일통을 '대통을 밝히는 것을 대의로 삼아 인도를 행하는
것'이라고 보았다. 이는 조선이 인도를 행한다는 것은 곧 대통을 밝히는
것이 전제되어야 함을 말한 것이다. 따라서 조선은 인도를 버리고 '야만
野蠻의 힘'에 굴복할 수는 없는 것이었다. 그에 의하면 북벌의 명분은
명明에 대한 신하의 의리를 행하는 것으로, 이렇게 하는 한 조선은 예의
의 국가이며 문명의 국가가 되는 것이다. 결국 북벌은 명을 위한 것뿐이
아니라 조선을 위한 것이 된다는 것이다. 이러한 의식은 힘보다는 예와
의가 인간을 인간답게 하는 것이라는 문화의식의 소산이다. 그러한 문화
의식에는 결코 오랑캐의 힘에 꺾일 수 없다는 강렬한 의지가 담겨 있다.
그렇다면 송시열이 내세운 북벌北伐의 제일의第一義는 무엇인가?
이는 문인인 권상하權尙夏와 윤봉구尹鳳九의 다음과 같은 대화 속에서
그 대의를 짐작해볼 수 있다.

> 윤봉구가 묻기를, '듣건대 청음淸陰·신독재愼獨齋·동춘당同春堂 선
> 생들은 명을 위해 복수하는 것을 대의大義로 삼았으나, 우옹尤翁은 여
> 기에 일절一節을 더하여 춘추대의라고 하였다. 이적이 중국에 들어올
> 수 없고 금수가 인류와 나란히 할 수 없다는 것으로 제일의第一義를
> 삼고, 명을 위한 복수는 제이의第二義로 삼았다 하니 그러하지 않습니

---

20) 『宋子大全』卷5, 44b「丁酉封事」, "臣案春秋以至綱目, 一主於大一統, 蓋大統不明, 則人道乖亂,
人道乖亂, 則國隨以亡."

까?' 하니, 권상하가 말하기를, '노선생老先生의 뜻이 바로 그러하였다'
고 했다.[21]

위에서 송시열이 주장하는 북벌의 본질은 '명明에 대한 신하의 의리
를 행하는 것'에서 한 걸음 더 나아가 '명을 위한 복수보다도 이적이 중
국을 어지럽힐 수 없고, 금수가 인류와 나란히 할 수 없다'고 하는 점에
있는 것이다. 이러한 정신은 진정한 도학적道學的 주체의식의 발로라고
평가할 수 있다.[22]

송시열은 이러한 화이관에 입각하여, 우리 민족이 의와 예를 지닌
문화민족이라는 자부심을 갖고 있었다. 송시열은 다음과 같이 말한다.

> 중원인中原人은 우리 동인東人을 가리켜 동이東夷라 하니, 명칭이 비
> 록 상쾌하지 않으나, 역시 작흥作興이 어떠하냐에 있을 뿐이다. 맹자
> 가 말하기를 순舜은 동이東夷의 사람이라 하고 문왕文王은 서이西夷의
> 사람이라 하였으나, 진실로 성인聖人·현인賢人이 되었으니, 우리나라
> 가 추鄒(맹자가 태어난 나라)·노魯(공자가 태어난 나라)가 되지 못한
> 것을 근심할 필요가 없다. 옛날에 칠민七閩의 땅이 실상은 남이南夷의
> 구역이었으되, 주자가 이 땅에서 우뚝 일어난 뒤에는 중화中華의 예악
> 문물禮樂文物의 땅이 되어 도리어 존중하게 되었다. 옛적에 오랑캐의
> 땅이 지금은 중화가 되었으니, 이것은 오직 변화에 있을 뿐이다.[23]

송시열은 중화 문화가 결코 한족漢族의 전유물이 아니며, 교화敎化

---

21) 『宋子大全』附錄, 卷19, 28a「記述雜錄」,〈尹鳳九錄〉, "鳳九問曰, 聞淸愼春諸先生, 皆以大明復
讐爲大. 而尤翁則又加一節, 以爲春秋大義, 夷狄而不得入於中國, 禽獸而不得倫於人類, 爲第一
義, 爲明復讐, 爲第二義. 然否. 曰老先生之意, 正如是矣."
22) 金文俊,『尤庵 宋時烈의 哲學思想에 關한 硏究』, 성균관대 박사학위논문, 1995. 제2장 참조.
23) 『宋子大全』, 卷131, 24a 雜著,〈看書雜錄〉, "中原人指我東爲東夷. 號名雖不雅, 亦在作興之如
何耳. 孟子曰, 舜東夷之人也, 文王西夷之人也. 苟爲聖人賢人, 則我東不患不爲鄒魯矣. 昔七閩
實南夷區藪, 而自朱子崛起於此地之後, 中華禮樂文物之地, 或反遜焉. 土地之昔夷而今夏, 惟在
變化而已."

를 통해 어떤 민족도 그 문화를 향유할 수 있다고 말한 것이다. 이는 지역적으로 화하華夏가 되지 못한 것을 근심할 것이 아니라, 문화를 일으켜 스스로 중화가 되어야 한다는 것이다. 송시열은 고려 말 이래로 조선이 예의로써 풍속을 변화하여, 주周의 예악문물禮樂文物이 우리나라에 있다는 자부심을 갖고 있었다.

이러한 송시열의 춘추대의에 입각한 주체적 문화의식은 민족사를 통하여 그 정신적 맥락이 조선조 말까지 연면히 계승되었다. 우리나라 의리학파의 시조始祖를 정몽주鄭夢周라 할 때, 송시열宋時烈은 중조中祖에 해당한다고 할 수 있으며, 그 영향이야말로 학파나 당파를 초월한 것이었다. 정조正祖는 주자와 송시열의 글 약간편을 모아 『양현전심록兩賢傳心錄』을 편찬하고, 효종과 송시열의 북벌대의를 칭송하고 선양하는 등 이미 퇴색해버린 춘추대의를 재천명하는 데 힘썼다. 특히 송시열에 대해서는 "우리나라의 송선정宋先正(宋時烈)은 곧 송나라의 주부자朱夫子(朱熹)이다"[24]라고 평하였다.[25]

이러한 춘추대의 정신에 입각한 존왕양이尊王攘夷 사상은 18세기 이후 학계와 정계에 확고하게 자리를 잡게 된다. 강한江漢 황경원黃景源(1709~1787)은 춘추대의 정신에 입각한 대명의리大明義理를 강조하여 다음과 같이 말한다.

> 대저 이른바 중국이라는 것은 무엇인가. 예의禮義일 따름이다. 예의가 밝으면 융적戎狄도 중국이 될 수 있고, 예의가 밝지 않으면 중국도 이적夷狄이 될 수 있다. 한 사람의 몸이 때로는 중국에 있을 수 있고, 때로 이적에 있을 수 있으니, 이는 진실로 예의가 밝고 밝지 않음에 있는 것이다.[26]

---

24) 『弘齋全書』 卷179, 「群書標記」〈兩賢傳心錄〉條, "我東之宋先正, 卽宋之朱夫子也."
25) 崔英成, 앞의 책, 85~86쪽.

즉, 황경원은 '중국이란 무엇인가?'라고 반문하고, '중국은 예의일 따름'이라고 하였다. 따라서 예의의 유무에 의해 중국이 될 수도 이적이 될 수도 있다고 하여 은연중에 조선을 그대로 중화로 보는 조선중화주의를 제창하였던 것이다.[27]

이러한 조선중화주의는 그 당시 조선의 지식인층에서 광범위한 지지를 받고 있었다. 따라서 이제 중화문화의 본류인 명의 멸망으로 중화문화의 유일한 계승자인 조선이 바로 중화라고 하는 조선중화의식朝鮮中華意識이 그 당시 사상계를 지배하였던 것이다. 이러한 조선중화주의는 이제 조선이 변방이 아니라 문화의 중심이라는 자부심의 극치라 하겠다.

화이론 변용의 이론적 기반과 '화이일야'의 세계관

이론적 기반

앞에서 살펴본 바와 같이 화이사상은 한편으로는 인륜과 도덕을 추구하는 문화의식의 발로였지만, 다른 한편으로는 중화中華를 중심으로 하여 중화와 사이四夷를 계층적으로 자리매김하는 것이었다. 이러한 화와 이의 위계적 질서의식은 전통적인 천원지방설天圓地方說에 의존한 것이었다. 이러한 화이사상은 18세기 후반기에 북학파에 의해 변용되는데, 북학파 중에서도 특히 천문학 등 자연과학에 해박하였던 홍대용洪大容(1731~1783)에 의해 주도되었다.[28] 물론 홍대용 이전에 대곡大谷 김

---

26) 『江漢集』 卷5, 「與金元博書」, "夫所謂中國者, 何耶. 禮義而已矣. 禮義明, 則戎狄可以爲中國. 禮義不明, 則中國可以爲夷狄. 一人之身, 有時乎中國, 有時乎戎狄. 固在於禮義之明與不明也."

27) 1826년에 간행된 『尊周彙編』에서는 黃景源을 尤庵 宋時烈과 함께 극렬한 대명의리론·반청론을 피력한 사람으로 열거하고 있다(유봉학, 『燕巖一派 北學思想 硏究』, 일지사, 1995, 61쪽).

28) 姜在彦, 앞의 책, 80쪽 참조.

석문金錫文(1658~1735)이 『역학도해易學圖解』를 저술하여 '지정천동설地靜天動說'을 부정하고 '지동천정설地動天靜說'을 주장한 바 있다.[29]

홍대용은 김석문의 이론에서 한 걸음 더 나아가 전통적인 천원지방설을 부정하고 지구설地球說과 함께 지전설地轉說·무한우주설無限宇宙說 등[30]을 주장하여, 마침내 전통적인 화이론을 변용하게 된다. 홍대용은 우선 지원설·지전설·무한우주설 등 자연과학적 인식을 바탕으로 지구중심설을 부정하고, 전통적인 화이론을 부정하기에 이르렀다. 먼저 홍대용은 지구설에 대해 과학적인 근거를 들어 설명하고 있다.

> 달이 해를 가릴 때 일식이 되는데 반드시 가리워진 체가 둥근 것은 달의 체가 둥글기 때문이다. 땅이 해를 가릴 때 월식이 되는데 가리워진 체가 둥근 것은 땅의 체가 둥글기 때문이다. 그러므로 월식은 땅의 거울이다. 월식을 보고도 땅이 둥근 줄을 모른다면 이것은 거울로 자기의 얼굴을 비추면서 그 얼굴을 분별하지 못하는 것과 같으니 어리석지 않느냐.[31]

홍대용은 일식과 월식 때 비친 그림자로 달이 둥글고 지구가 둥글다고 하는 과학적인 근거를 제시하여 지구설地球說을 설명하였다. 그는 지구설에 머물지 않고 이에 한 걸음 더 나아가 "대저 땅덩어리는 빙빙 돌아 하루에 한 바퀴를 돈다. 지구 둘레는 9만 리이고 하루는 12시간인데 9만 리의 넓은 둘레를 12시간에 도니, 그 운행의 빠름은 천둥보다도 빠르고 포환보다도 빠르다"[32]라고 하여 지전설을 주장하였으며, 아울러

---

29) 閔泳珪, 「17世紀 李朝學人의 地動說-金錫文의 『易學圖解』 3卷과 그 節抄」 『東方學志』 제16집, 1975.
　　李龍範, 「金錫文의 地轉說과 그 思想的 背景」 『震檀學報』 제41집, 1976.
30) 이에 대해서는 본고 제2장 제2절 참조.
31) 『湛軒書』 內集 卷4, 19b 「毉山問答」, "月掩日而蝕於日, 蝕體必圜, 月體之圜也. 地掩日而蝕於月, 蝕體亦圜, 地體之圜也. 然則月蝕者, 地之鑑也. 見月蝕 而不識地圜, 是猶引鑑自照, 而不辨其面目也."

'무한우주설'³³⁾을 주장하였다. 이는 '구중천九重天'이니 '십이중천十二重天' 등의 유한우주설有限宇宙說을 믿고 있던 당시 시대 상황에서 홍대용의 무한우주설無限宇宙說은 진보적인 천문학설임에 틀림없다. 이러한 무한우주설에 근거하여 "하늘에 가득한 별치고 세계로 되지 않는 것이 없으니, 성계星界로부터 본다면 지계地界도 또한 한 개의 별이다. 한량없는 세계가 공계空界에 흩어져 있는데 오직 이 지계地界만이 바로 중심에 있다는 말은 있을 수 없다"³⁴⁾라고 하여, 지구중심설을 부정하였다. 즉 지계地界로부터 본다면 지구가 중심이 될 수 있지만 성계星界로부터 본다면 지계는 단지 하나의 별에 불과하다는 것이다.

　이러한 홍대용의 관점은 그의 인식론을 통해서도 알 수 있다. 그는 일찍이 "사람의 관점에서 물物을 보면 사람이 귀하고 물이 천賤하나, 물의 관점에서 사람을 보면 물이 귀하고 사람이 천하다. 하늘로부터 보면 사람과 물은 균등하다. (……) 지금 그대는 어찌 하늘로부터 물을 보지 않고 사람의 관점에서 물을 보는가?"³⁵⁾라고 한 바 있다. 여기에서 '사람의 관점에서 사물을 본다'는 것은 사람의 가치기준으로 사물의 평가한다는 것이고, '사물의 관점에서 사람을 본다'는 것은 사물의 가치기준으로 사람을 평가하는 것이다. 이처럼 '가치기준'을 어디에 두느냐에 따라 '가치의 판단'이 달라지는 만큼, '사람'이나 '사물'이라는 주관적 가치기준을 떠나 '하늘[自然]'이라고 하는 '제 3의 관점', 즉 '객관적 가치기준'을 마련

---

32) 上同, 20b "夫地塊旋轉, 一日一周, 地周九萬里, 一日十二時. 以九萬之闊, 趍十二之限, 其行之疾, 亟於震電, 急於炮丸."

33) 上同, 23a "銀河者, 叢衆界以爲界, 旋規於空界, 成一大環. 環中多界, 千萬其數. 日地諸界, 居其一爾. 是爲太虛之一大界也. 雖然地觀如是, 地觀之外, 如河界者, 不知爲幾千萬億. 不可憑我渺眼遽, 以河爲第一大界也."

34) 『湛軒書』內集 卷4, 22b「毉山問答」, "滿天星宿, 無非界也. 自星界觀之, 地界亦星也. 無量之界, 散處空界, 惟此地界, 巧居正中, 無有是理."

35) 『湛軒書』內集 卷4, 18b~19a「毉山問答」, "以人視物, 人貴而物賤, 以物視人, 物貴而人賤. 自天而視之, 人與物均也. (……) 今爾曷不以天視物, 而猶以人視物也."

할 것을 주장하였던 것이다. 그리고 이때 '만물이 균등하다'는 것은 만물의 가치론적 무차등성을 의미한다. 따라서 '관점의 상대화'를 통해 가치의 절대성을 부정하고, '관점의 객관화'를 통해 인식 및 가치평가의 객관성을 확보하고자 하였던 것이다.[36]

홍대용의 이러한 이천시물론以天視物論은 "이도관지以道觀之, 물무귀천物無貴賤. 이물관지以物觀之, 자귀이자천自貴而相賤"[37]이라고 하는 장자적莊子的 사유思惟와 매우 유사한 점이 있다.[38] 그는 스스로 유자임을 분명히 하면서도, 한편으로는 사상 전개의 방법론상에서 장자와 접합하고 있는 것이다. 그의 「의산문답」에 보이는 허자의 학문에 대한 실용의 비판이 유가의 학문에 대한 장자의 비판과 유사하고, 허자의 인식지평의 한계를 지적하기 위한 실옹의 비유가 장자가 사용한 비유와 비슷하다. 그리고 이러한 형식적인 면뿐만 아니라, '이천시물以天視物'과 '이도관물以道觀物'이라고 하는 '객관적 관점의 확립'을 주장한 점에서 홍대용과 장자의 유사성을 발견할 수 있다.

따라서 홍대용은 그의 인식론과 자연과학사상을 바탕으로 '상대적相對的 자기중심성自己中心性'을 강조하였던 것이다. 홍대용은 그의 과학사상을 사상적 차원으로 승화시킴으로써 화이지분華夷之分과 내외지분內外之分을 부정하고, 화華와 이夷, 내內와 외外를 상대주의적 관점에서 철저하게 부정하여 종래의 중국 중심적 세계관을 타파하는 데 지대한 역할을 하였던 것이다.

지금 중국에서 배와 수레를 통하는 곳으로 북으로는 악라鄂羅[러시아]

---

36) 金文鎔, 『洪大容의 實學思想에 관한 硏究』, 고려대 박사학위논문, 1995. 33쪽 참조.
37) 『莊子』「秋水」편 참조.
38) 이에 대해서는 이해영, 「洪大容의 批判意識」 『대동문화연구』 제29집, 성균관대 대동문화연구원, 1994; 송영배, 「홍대용의 상대주의적 思惟와 변혁의 논리—특히 『莊子』의 상대주의적 문제의식과의 비교를 중심으로」 『한국학보』 제74집, 일지사, 1994 참조.

가 있고 남으로는 진랍眞臘[캄보디아]이 있다. 악라의 천정天頂은 북으로 북극에서 20리 거리이고, 진랍의 천정은 남으로 남극에서 60리 거리이며 양정兩頂은 90리 거리이고 두 곳 사이의 거리는 22,500리이다. 이로써 악라의 사람은 악라로써 정계正界를 삼고 진랍으로 횡계橫界를 삼는다. 또 중국과 서양은 경도經度의 차가 180도에 이른다. 중국인은 중국으로써 정계를 삼고 서양으로써 도계倒界를 삼는다. 서양은 서양으로써 정계를 삼고 중국으로써 도계를 삼는다. 사실 하늘을 이고 땅을 밟고 계界를 따름이 모두 이와 같다. 횡橫도 없고 도倒도 없으며 다 같이 정계인 것이다.[39]

즉, 홍대용은 둥근 지구에서 보면 다 지구의 중심이며, 모두 자기를 정계로 삼기 때문에 모든 나라는 평등하다는 근대적인 국제질서 개념을 정립하게 된다. 따라서 이러한 과학적 근거에 의거하여 국가의 상대성을 인정하게 되며, 이러한 인식은 바로 '화이일야華夷一也'의 세계관으로 나아가는 이론적 근거가 된다고 할 수 있다.

이러한 화이론의 변용은 이미 성호星湖 이익李瀷(1681~1763)에게서도 볼 수 있다. 이익은 상대주의적 세계관에 입각하여, 조선을 중국과 대등하게 인식하고 있다. 그는 서양의 지리학과 천문학 등 당시까지 축적된 지리적 인식의 확대를 바탕으로 하여 종래의 신비적인 분야설分野說 등을 거부하고, 지구가 둥글다고 하는 과학사상에 입각하여 다음과 같이 주장하였다.

오늘날의 중국은 대지 가운데 한 조각의 땅덩어리에 지나지 않는다. (……) 크게는 구주九州도 하나의 나라요, 작게는 초楚도 하나의 나라

---

39) 『湛軒書』 內集 卷4, 21a~21b 「毉山問答」, "今中國舟車之通, 北有鄂羅, 南有眞臘, 鄂羅之天頂, 北距北極爲二十度, 眞臘之天頂, 南距南極爲六十度, 兩頂相距爲九十度, 兩地相距爲二萬二千五百里. 是以鄂羅之人, 以鄂羅爲正界, 以眞臘爲橫界. 眞臘之人, 以眞臘爲正界, 以鄂羅爲橫界. 且中國之於西洋, 經度之差, 至于一百八十. 中國之人, 以中國爲正界, 以西洋爲倒界. 西洋之人, 以西洋爲正界, 以中國爲倒界. 其實戴天履地, 隨界皆然. 無橫無倒, 均是正界."

이고, 제齊도 하나의 나라이다.[40)]

즉, 대국이나 소국에 관계없이 모든 나라는 독립된 주권국가요, 중심국가와 주변국가가 따로 없음을 갈파한 것이다. 이는 종래의 중국 중심적 '천하사상天下思想'으로부터 탈피하고자 하는 시도임에 분명하다고 하겠다. 이를 바탕으로 이익은 역외성인론域外聖人論을 주장하였다.

> 나는 늘 말하기를, 구주九州(중국) 안에서는 의당 성인이 다시 나타나지 않을 것이요, 기대하는 곳은 구주 밖이라 한다. (……) 지금 만리장성 밖은 그 크기가 중국만할 뿐이 아니니, 그 중에는 성인이 말씀하신 것처럼 '이적夷狄이라는 현실에서 이적의 일을 행하는 사람[君子]'이 어찌 없겠는가?[41)]

즉, 이익은 중국에서만 '성인'이나 '군자'가 나오는 것이 아니라 역외에서도 '성인'이나 '군자'가 나올 수 있다고 하는 이른바 '역외성인론'을 주장하기도 했다. 이는 후일 홍대용에 의해 제기되었던 '역외춘추론域外春秋論'과 그 취지를 같이 하는 것이라 하겠다.[42)]

이러한 국가 상대성의 인정은 다산茶山 정약용丁若鏞(1762~1836)에도 그대로 보인다. 그는 1799년 진하겸사은사進賀兼謝恩使의 서장관으로 가는 한치응韓致應(1760~1824)에게 준 글에서 "장성의 남쪽에 있고 오령의 북쪽에 있는 나라를 중국이라 부르고, 요하의 동쪽에 있는 나

---

40) 『星湖僿說』卷2, 天地門〈分野〉, "今中國者, 不過大地中一片土. (……) 大則九州亦一國也, 小則楚亦一國也, 齊亦一國也."

41) 『星湖文集』卷27, 「答安百順」, "余每謂九州之內, 宜不復生聖人, 所恃者九州之外. (……) 今長城之外, 其大不啻中國, 其中豈無素夷狄行夷狄者, 如聖人所指者也"『中庸章句』제14장에서는 "君子素其位而行, 不願乎其外. 素富貴, 行乎富貴. 素貧賤, 行乎貧賤. 素夷狄, 行乎夷狄"이라 하였다. 따라서 성호가 말한 '素夷狄行夷狄者'란 바로 '君子'를 의미하는 것이다.

42) 崔英成, 「星湖 李瀷의 歷史認識」『星湖思想의 綜合的 檢討』, 한국철학사연구회 창립 10주년 기념 논문집, 1998, 51쪽.

라를 동국이라 부르는데, 동국 사람의 신분으로 중국에 유람 가는 사람을 찬탄하고 부러워하지 않는 사람이 없다. 내가 볼 때 그들이 이른바 중국이라고 부르지만, 나는 그 나라가 중앙이 됨을 알지 못하겠으며, 동국이라고 부르는 것도 나는 그것이 동쪽이 됨을 알지 못한다"[43]고 전제한 다음, 다음과 같이 말한다.

대개 해가 정상에 있을 때를 기준으로 정오를 삼는데 정오의 간격은 날마다 차이가 나서 그 시각이 같다고 한다면, 내가 서 있는 곳이 동쪽과 서쪽의 한 중앙임을 알게 된다. 북극은 지상에서 몇 도 정도 높은 곳에 있고 남극은 지상에서 몇 도 정도 낮은 곳에 있어 오직 그 전체 거리의 반쯤에 위치하고 있다면 내가 남쪽과 북쪽의 중앙에 위치하고 있음을 알게 된다. 대저 이미 동서남북의 안에 있는 지역이라면, 가는 곳마다 중국이 아닌 곳이 없다.[44]

정약용은 "대저 이미 동서남북의 안에 있는 지역이라면, 가는 곳마다 중국이 아닌 곳이 없다"고 하여, 모든 나라가 지구의 중심이 될 수 있다고 보았다. 이는 "자기를 정계正界로 삼기 때문에 모든 나라는 다 중국이 된다"고 하는 홍대용의 주장과 다르지 않다.

'화이일야'의 세계관

앞에서 살펴본 바와 같이 홍대용의 화이론의 이론적 근거는 그의

43) 『與猶堂全書』第1集, 第13卷 「詩文集」, 13ab 〈送韓校理使燕序〉, "國於長城之南, 五嶺之北, 謂之中國. 而國於遼河之東, 謂之東國. 東國之人, 而游乎中國者, 人莫不歡詫歆豔. 以余觀之, 其所謂中國者, 吾不知其爲中."

44) 『與猶堂全書』第1集, 第13卷 「詩文集」, 13ab 〈送韓校理使燕序〉, "夫以日在頂上爲午. 而午之距日, 出入其時刻, 同焉則知吾所立得東西之中矣. 北極出地高若干度, 而南極入地低若干度. 唯得全之半焉, 則知吾所立, 得南北之中矣. 夫旣得東西南北之中, 則無所往非而中國."

과학사상이었다. 이러한 과학사상을 바탕으로 북학파 실학자들은 기존의 화이론을 부정하고 새로운 화이론을 주장하게 되었던 것이다. 홍대용은 일찍이 지구설地球說·지전설地轉說·무한우주설無限宇宙說 등 자연과학의 지식을 바탕으로 사물의 객관적 인식을 통한 가치상대론價値相對論을 확립하여, 만국의 '상대적相對的 자기중심설自己中心說과 '화이일야華夷一也'의 세계관을 확립하였다. 물론 홍대용 자신이 처음부터 화이론을 부정한 것은 아니었다. 당시 조선사회의 지식인이면 누구나 소중화의식小中華意識에 사로잡혀 있었던 것처럼 홍대용도 조선만이 명明의 구제舊制를 지키고 있는데 대한 자부심과 함께, 명明의 '재조지은再造之恩'에 대한 감사와 함께 다른 외이外夷와의 차별성을 강조하여 소중화의식을 은연중 드러내고 있다.

> 우리나라가 명나라를 섬겨 온 지 2백년이 넘었다. 임진년 재조再造의 은공을 입은 후로는 군신의 의에다 부자의 은혜를 겸하게 되었으니, 명나라가 우리나라를 대우함과 우리나라가 명나라에 의뢰함이 안 울타리와 다름이 없으니, 다른 외이外夷와 가히 비교할 수 없다.[45]

이는 우리나라가 다른 외이들과는 비교할 수 없을 만큼 의리를 지킨 숭명崇明의 예禮를 높이 평가하고 있는 것이다. 이러한 논리는 그가 청을 다녀온 이후에 일변하게 되는데, 그는 당시의 지식인이 '소중화의식'에 젖어 있는 것에 대해 다음과 같이 비판하고 있다.

> 세 사람(陸飛·嚴誠·潘庭筠)은 비록 머리를 깎고 오랑캐 옷을 입어 만주 사람과 다른 것은 없었으나, 실은 중화의 내력 있는 집안의 후손들

---

45) 前揭書, 內集 卷3, 8b 「答韓仲由書」, "我國之服事大明, 二百有餘年, 及壬辰再造之後, 則以君臣之義, 兼父子之恩. 大明之所見待, 我國之所依仰, 無異內藩, 而非他外夷之可比也."

이다. 우리들이 비록 넓은 소매의 옷을 입고 큰 갓을 쓰고 자랑이나 되는 듯이 까불며 기뻐하지만, 바닷가의 변방 사람이니 그 귀천의 차이가 어찌 尺寸으로 헤아릴 수 있겠는가.[46]

홍대용은 앞에서 살펴본 바와 같이 조선만이 구제舊制를 고수하고 있는데 대한 자부심에서 벗어나, 비록 우리가 넓은 소매의 옷을 입고 큰 갓을 쓰고 자랑하지만 오랑캐일 수밖에 없다는 것이다. 이는 지계地界 때문에 그런 것이지 문화적 차이에 의한 것은 아니라는 것이다. 따라서 홍대용은 당시 조선사회에 팽배해 있던 소중화의식을 탈피하고 조선도 이夷라는 자각을 통해 새로운 화이론을 제시하고 있다. 그는

> 우리 동방이 오랑캐가 된 것은 지계가 그러한 때문인데, 또한 어찌 숨길 수 있겠는가. 이적夷狄에 나서 이적을 행한다 하더라도 진실로 성인聖人이 될 수 있고 현인賢人이 될 수 있는데, 진실로 큰 일이란 나에게 있는 것이니 무슨 거리낌이 있겠는가.[47]

라고 하여, 조선이 오랑캐가 된 것은 지계地界 때문이지 문화적인 차이 때문이 아니라고 보았다. 그러므로 우리 자신을 낮추어 소중화라고 자처할 필요도 없고 다른 외이와 구별하여 자부심을 가질 필요도 없다는 것이다. 왜냐하면 우주 속에서 보면 지구도 보잘것 없는 행성에 불과하며, 지구 속에서 보면 중국이라는 것도 보잘것 없는 것인데, 다만 중국인이 중화라고 자처하는 것도 자기 스스로를 높여 중화라고 한 것에 불과하다는 것이다. 이러한 국가상대주의 관점에서 홍대용은

---

46) 上揭書, 外集 卷3, 37a「乾淨衕筆譚」, "三人者, 雖斷髮胡服, 與滿洲無別, 乃中華故家之裔也. 吾輩, 雖闊袖大冠, 沾沾然自喜, 乃海上之夷人也. 其貴賤之相距也, 何可以足寸計哉."

47)『湛軒書』內集 卷3, 15a「又答直齋書」, "我東之爲夷, 地界然矣, 亦何必諱哉. 素夷狄, 行乎夷狄, 爲聖爲賢, 固大有事在吾, 何慊乎."

하늘이 내고 땅이 길러주는 무릇 혈기가 있는 자는 모두 이 사람이며, 여럿에 뛰어나 한 나라를 맡아 다스리는 자는 모두 이 임금이며, 문을 거듭 만들고 해자를 깊이 파서 강토를 조심하여 지키는 것은 다 같은 국가요, 장보이건 위모이건 문신이건 조제이건 간에 다 같은 자기들의 습속인 것이다. 하늘에서 보면 어찌 안과 밖의 구별이 있겠는가. 각각 제 나라 사람을 친하고 제 나라 임금을 높이며, 제 나라를 지키고 제 나라 풍속을 좋게 여기는 것은 중국이나 오랑캐나 한가지다.[48]

라고 하여, 화이론을 극복하고 나아가 주체성을 확립하는 역사의식을 보여주고 있다.

따라서 홍대용은 "천지의 변화에 따라 인물이 많아지고, 인물이 많아짐에 따라 물아物我가 나타나고, 물아가 나타남에 따라 내외의 구분이 있게 된다"[49]고 하여, 내외의 구분을 주체와 객체의 관계로 파악하고 있다. 공자가 『춘추』를 지은 뜻도 바로 이와 같기 때문이라는 것이다. 홍대용은 다음과 같이 말한다.

공자는 주周나라 사람이다. 왕실이 날로 낮아지고 제후들이 쇠약해지자 오나라와 초나라가 중국을 어지럽혀 도둑질하고 해치기를 싫어하지 않았다. 『춘추』란 주나라 사기史記인바 안과 바깥에 대해서 엄격히 한 것이 또한 마땅하지 않겠는가. 그러나 가령 공자가 바다에 떠서 구이九夷에 들어와 살았다면, 중국 법을 써서 구이의 풍속을 변화시키고 주나라 도를 역외域外에 일으켰을 것이다. 그런즉 안과 밖이라는 구별과 높이고 물리치는 의리가 스스로 마땅히 역외춘추域外春秋가 있었을 것이다.[50]

---

48) 前揭書, 內集 卷4, 36b「毉山問答」, "天之所生, 地之所養, 凡有血氣, 均是人也. 出類拔萃, 制治一方, 均是君王也. 重門深濠, 謹守封疆, 均是邦國也. 章甫委貌, 文身雕題, 均是習俗也. 自天視之, 豈有內外之分哉. 是以各親其人, 各尊其君, 各守其國, 各安其俗, 華夷一也."

49) 上同, 36b, "夫天地之變, 而人物繁, 人物繁, 而物我形, 物我形, 而內外分."

50) 上同, 37a "孔子周人也. 王室日卑, 諸侯衰弱, 吳楚滑夏, 寇賊無厭. 春秋者, 周書也. 內外之嚴, 不亦宜乎. 雖然使孔子浮于海, 居九夷, 用夏變夷, 興周道於域外, 則內外之分, 尊揚之義, 自當

즉 공자는 주나라 사람이기 때문에 주나라를 높이기 위해『춘추』를
지었던 것이며, 만약 공자가 역외에 살았다면 또한 '역외춘추'를 지었을
것이라는 것이다. 이러한 역외춘추론의 주장을 통해 국가의 상대적 자기
중심성을 인정함으로써 우리 자신의 번방의식藩邦意識을 극복하는 자주
의식의 근거를 제시하였다.[51] 바로 이러한 점에서 홍대용의 철학사상은,
한국사상사에서 과학적 사유에 의해 중세기적 사고의 틀을 벗고 비로소
근대적인 사유의 틀을 제시하였다는 데 그 특징이 있다 하겠다.

이러한 홍대용의 사상을 그대로 계승한 사람이 연암燕巖 박지원朴
趾源(1737~1805)이라고 할 수 있다. 박지원은 홍대용의 화이론을 계승
하여 국가관에 있어서도 중국 중심의 화이론적 세계관을 부정하고 국가
의 상대성을 인정하고 있다. 박지원은 다음과 같이 말한다.

하필 중국에만 임금이 있고, 중국 밖의 땅에는 임금이 없으란 법이 있
는가. 천지는 넓고 커서 한 사람이 주재할 것이 아니오, 우주는 광대하
여 한 사람이 독차지할 바가 아니다. 천하는 천하 사람의 천하요, 한
사람의 천하가 아니다.[52]

이 넓고 넓은 천하는 한 사람이 차지할 수 없으며, 또 중국만이 이
넓은 세계의 중심이 될 수 없다는 것이다. 박지원의 이러한 국가관은 바
로 "땅껍질에 붙어 있는 가지가지의 만물은 어떤 것이고 모양이 모두 둥
글둥글할 뿐, 하나도 네모진 것은 볼 수가 없다. (……) 무엇 때문에 땅
에 대해서만 네모난 물건이라고 하였을까? 만약 땅덩이가 네모졌다고
하면, 저 월식 때 달을 검게 먹어 들어가는 변두리가 왜 활등처럼 둥글

有域外春秋."

51) 琴章泰,「北學派의 實學思想」『精神文化』10, 韓國精神文化硏究院, 1981, 45쪽.
52)『燕巖集』卷14,「熱河日記」〈口外異聞〉, "豈特中華之有主, 而抑亦夷狄之無君乎. 乾坤浩蕩, 非
一人之獨主, 宇宙曠大, 非一人之能專. 天下, 乃天下人之天下, 非一人之天下也."

게 보일까?[53]라고 한 그의 자연과학 지식에서 유래한다고 하겠다. 그러므로 '존주尊周는 그대로 존주일 뿐이며, 이적夷狄은 그대로 이적일 뿐'이라는 논리가 성립된다.

> 우리나라 사대부의 춘추존양春秋尊攘을 논하는 자가 연이어 큰 뜻을 세움으로써 백년을 하루같이 하니 성한 일이라고 하겠다. 그러나 존주는 그대로 존주일 뿐이며, 이적은 그대로 이적일 뿐이다.[54]

이러한 논리는 다분히 '우리 동방이 오랑캐가 된 것은 지계地界가 그러한 때문인데, 또한 어찌 숨길 수 있겠는가'라고 한 홍대용의 논리와 상응한다고 할 수 있다.

이러한 박지원의 인식은 "물에 즉하여 나를 보면 나도 또한 물의 하나"[55]라고 하는 인물균人物均의 논리로 이어지며, '인물균'의 논리는 다시 화이론으로 이어져, "사람이 처한 곳으로부터 볼 것 같으면, 곧 화하와 이적이 진실로 나눔이 있으며, 하늘이 명한 것으로부터 볼 것 같으면, 은의 후관이나 주의 면류관이 각각 당시의 제도를 따른 것인데, 하필 청인의 홍모만 의심하겠는가"[56]라고 하였다. 화와 이의 구분이 지역에 따른 것이지 결코 문화적인 차이에 의한 것이 아니라는 것이다. 이는 당시 도학자들이 '존주대의尊周大義'라는 헛된 명분과 자존심에 사로잡혀, 청나라를 무턱대고 멸시하며 배척하는 교만함에 대하여, "우리를 저

---

53) 前揭書, 卷12, 86b「熱河日記」〈太學留館錄〉, "地膚所傅種種萬物, 形皆團圓無一方者. 獨有方竹及益母草, 雖其四楞方則未乎. 求物之方果無一焉, 何獨於地, 議其方乎. 若謂地方, 彼月蝕時, 闇虛邊影, 胡成弧乎."

54) 上揭書 卷12, 3a「熱河日記」〈馹汛隨筆〉, "我東士大夫之爲春秋尊攘之論者, 磊落相望, 百年如一日, 可謂盛矣. 然而尊周自尊周也, 夷狄自夷狄也."

55) 前揭書, 卷2, 17b「答任亨五論原道書」, "卽物而視我, 則我亦物之一也."

56) 前揭書, 卷12, 45a「熱河日記」〈虎叱〉, "故自人所處而視之, 則華夏夷狄, 誠有分焉. 自天所命而視之, 則殷冔周冕各從時制. 何必獨疑於淸人之紅帽哉."

들에 비교해보면 정말 한 치도 나은 것이 없다. 그런데도 유독 한 줌의
상투 머리를 가지고 스스로 세상에서 제일인 채 뽐내며, '지금의 중국은
옛날의 중국이 아니다'고 한다. (……) 중국 고유의 좋은 법과 훌륭한
제도마저 아울러 배척하니, 그렇다면 장차 어디를 본받아서 행할 것인
가"[57]라고 하여, 야만족인 청이 정치적으로 중원을 지배한 데 분격한 나
머지, 고유한 화하문화華夏文化까지도 청의 문화인 양 혼동하여 무턱대
고 배척하는 어리석음을 비판한 것이다. 따라서 박지원은 공자가『춘추』
를 지은 뜻을 재음미하면서,

> 성인[공자]이『춘추』를 지은 것은 진실로 존화양이를 위한 것임에 틀림
> 없다. 그러나 이적이 중화를 어지럽힌 것에 분개하여 중화의 그 존숭
> 할 만한 내용까지도 한꺼번에 물리쳤다는 사실은 들어보지 못했다. 그
> 러므로 오늘날의 사람들이 진실로 오랑캐를 물리치고자 한다면, 중화
> 의 유법遺法을 남김없이 배워 우선 우리 풍속의 유치함을 변화시키는
> 것이 최상일 것이다.[58]

라고 하면서, 청의 문물을 청의 문물로 보지 않고 중화의 유법으로 파악
하여 '높일 만한 것을 함께 물리칠 수 없으며, 진실로 양이를 하기 위해
서는 중화의 남아 있는 제도를 모두 배워 우리나라의 풍속을 변화시킨
뒤에 해도 늦지 않다'고 하여 맹목적으로 숭명배청崇明排淸의 의리에 사
로잡혀 있는 당시의 풍조를 신랄히 공격하였다. 그리고, 감정적인 배청
의식에서 탈피하여 청의 문물이 곧 중화문화의 유산임을 인식할 것과,

---

57) 上揭書 卷7, 5a~6b「北學議序」, "如將學問, 舍中國而何. 以我較彼, 固無寸長. 而獨以一撮之結,
自賢於天下, 曰今之中國, 非古之中國也. (……) 並與其中國固有之良法美制攘斥之, 則亦將何
所倣而行之耶."

58) 上揭書 卷12, 3a~3b「熱河日記」〈馹汛隨筆〉, "聖人之作春秋, 固爲尊華而攘夷. 然未聞憤夷狄之
猾夏, 並與中華可尊之實, 而攘之也. 故今之人, 誠欲攘夷也, 莫如盡學中華之遺法, 先變我俗之
稚魯."

청조의 우수한 문물을 받아들여 낙후된 조선의 내실을 기할 것을 주장하였던 것이다.[59]

또한 초정楚亭 박제가朴齊家(1750~1815?)도「존주론尊周論」에서, "존귀한 주나라는 스스로 존귀한 주나라며, 이적은 스스로 이적이다. 대저 주나라와 이적은 반드시 구분이 있었다"[60]라고 하여 華와 夷를 분명히 구분할 것을 역설하였다. 그렇지만 우리가 "사대부로서 춘추양이를 말하는 자들은 그 뜻이 허황됨에도 불구하고 맹렬하여 그 유풍이 아직도 남아 있다. 그러나 청이 천하를 차지한 지 이미 백여 년이나 되었다. 그렇지만 그 땅은 옛날 화하의 자녀와 예의가 난 곳이며, 궁실宮室·주거舟車·경종耕種하는 방법과 최崔·노盧·왕王·사謝와 같은 사대부 씨족이 그대로 살고 있다. 그러나 그 사람들마저 이적이라 하여 그 법마저 버림은 아주 옳지 않다. 그리고 진실로 백성에게 이로우면 그 법이 이적으로부터 나왔다 하더라도 성인이 장차 취할 것이다. 하물며 본래부터 중국의 법이야 말해 무엇하랴"[61]라고 하여, 당시의 맹목적인 숭명배청 의식을 통렬히 비판하고, 지금의 청의 문물이 단지 오랑캐인 청의 문물이 아니라, 이는 삼대三代 이래의 화하華夏의 문물임을 강조하고 있으며, 설사 청의 선진 문물이 오랑캐의 문물이라 하더라도 그것이 진실로 백성에게 이로우면 취해야 한다는 이용후생론적 입장에 서 있음을 알 수 있다.[62]

이러한 박지원과 박제가의 입장은 '존왕양이'의 명분론에 출발하여

59) 崔英成, 앞의 책, 130~131쪽 참조.

60) 『北學議』外編,「尊周論」, "尊周自尊周也, 夷狄自夷狄也. 夫周之與夷, 必有分焉."

61) 上同,「尊周論」, "士大夫之爲春秋尊攘之論者, 磊落相望, 其遺風餘烈, 至今猶有存者, 可謂盛矣. 然而淸旣有天下百餘年, 其子女玉帛之所出, 宮室舟車耕種之法, 崔盧王射士大夫之氏族自在也. 人而夷之, 並其法而棄之, 則大不可也. 苟利於民, 雖其法之或出於夷, 聖人將取之, 而況中國之故哉."

62) 南相樂,「楚亭 朴齊家 實學思想의 社會哲學的 意義」『大東文化研究』제27집, 成大 大東文化研究院, 1992, 84~85쪽 참조.

華화와 이夷를 준별하고 있지만 기존의 중화주의자들과는 엄격한 차이를 엿볼 수 있다. 기존의 중화주의자들은 '조선朝鮮＝화華, 청淸＝이夷'라는 문화자존 의식이 강하였던 것에 비하면, 북학론자들은 '조선朝鮮＝이夷'라는 주체의 재인식과 '청문물淸文物＝중화문물中華文物'이라는 선진문물에 대한 재평가 위에 기존의 논리를 수정하였던 것이다.[63] 이처럼 북학파의 실학자들은 한결같이 그 당시 팽배해 있던 화이론을 극복하고 유민익국론裕民益國論에 입각한 부국안민富國安民을 추구하였던 것이다.

화이론 변용의 사상사적 의의

북학파의 실학자들이 활동하였던 18세기 중반 이후는 당시 조선사회의 지식인들이 '천원지방설'에 의한 중국중심의 세계인식을 하였던 데 비해, 홍대용을 비롯한 실학파의 학자들은 과학사상을 바탕으로 세계인식에 있어서 '우리나라가 오랑캐가 된 것은 지계가 그러한 때문이라[我東之爲夷, 地界然矣]'라고 하여 화華와 이夷의 관계를 상대적인 관점에서 보는 '국가상대주의'라고 하는 근대적 국가관을 확립하였다. 특히 홍대용은 그의 과학사상을 바탕으로 국가인식에 있어서 '화이일야'의 세계관을 확립하였으며, 사물인식에 있어서도 "사람으로서 물을 보면 사람이 귀하고 물이 천하지만 물로서 사람을 보면 물이 귀하고 사람은 천하다. 하늘로부터 본다면 사람과 물은 균등하다"[64]고 하는 '인물균人物均'의 가치상대론을 확립하였다. 따라서 홍대용의 과학사상은 과학으로만 머물러 있는 것이 아니라, 이를 통하여 세계에 대한 인식의 지평을 넓힌 것이며,

---

63) 유봉학, 앞의 책, 141쪽 참조.
64) 『湛軒書』內集 卷4, 18b 「毉山問答」, "以人視物, 人貴而物賤, 以物視人, 物貴而人賤, 自天而視之, 人與物均也."

이것은 한국사상사 내지 철학사에 있어서 하나의 획기적인 발전이었다고 할 수 있다.

이러한 홍대용의 과학사상에 영향을 받은 박지원과 박제가 등 북학파의 실학들은 '존주尊周는 그대로 존주일 뿐이며, 이적夷狄은 그대로 이적일 뿐'이라고 하는 상대주의적 관점에서 세계를 인식하였다. 특히 박지원은 사물 인식에 있어서도 "사람이 처한 곳으로부터 볼 것 같으면, 곧 화하와 이적이 진실로 나눔이 있으며, 하늘이 명한 것으로부터 볼 것 같으면, 은의 후관이나 주의 면류관이 각각 당시의 제도를 따른 것인데, 하필 청인의 홍모만 의심하겠는가"라는 '화이일야'의 세계관을 확립하고, 이를 바탕으로 하여 그 당시 중화주의 허구성을 신랄히 비판, 청의 선진 문물을 수용해야 한다는 북학론을 주장하였던 것이다.

특히 『서경書經』, 「대우모大禹謨」에 보이는 정덕正德·이용利用·후생厚生의 관념에 대해 성리학자들이 본말론에 있어서 '본'인 정덕을 강조하여 근본이 서면 말단은 저절로 바로 잡힐 것이라고 하였던 것에 비해, 이들 북학파의 실학자들은 "흉년과 기아로 인하여 백성들이 토지에서 흩어진 지 오래 되었건만, 토지를 나누어주고 생활을 돌보아주는 정책을 실시하지 않으면서 법도와 예의에 관한 교양부터 앞세운다면 이 오활한 조치에 대해 누가 비웃지 않겠는가",[65] "이용을 이룬 뒤라야 후생을 할 수 있고, 후생을 이룬 뒤라야 정덕을 이룰 수 있는 것이다. 기물器物의 사용을 편리하게 하지 않고서도 그 생활을 윤택하게 하는 것은 드물 것이니, 생활이 윤택하지 못하다면 어찌 그 도덕을 바르게 할 수 있겠는가",[66] 대개 이용하고 후생하는 것이 하나라도 빠진 것이 있으면, 위로

---

65) 『湛軒書』內集 卷3, 「鄕約序」, "嗚呼匈年饑歲, 民散久矣. 不能施分田制産之政, 而先之以法度禮義之敎者, 人孰不笑, 其迂哉."
66) 『燕巖集』, 卷11, 12b 「熱河日記」, 〈渡江錄〉, "利用然後, 可以厚生, 厚生然後, 正其德矣. 不能利其用, 而能厚其生鮮矣. 生旣不足以自厚, 則亦惡能正其德乎."

정덕을 해치게 된다"[67]라고 하여, 정덕을 앞세우기 이전에 이용·후생을 강조하고, 이를 바탕으로 '본'의 확립을 주장하고 있다. 이러한 정덕관正德觀의 변화는 이들 북학파의 실학자들이 청의 선진문물을 수용할 수 있는 중요한 단서가 되었던 것이다.[68]

'중국이 지구의 중심이 될 수 없으며', 조선도 하루 빨리 '소중화'라는 헛된 자만심에서 탈피해야 한다는 북학파의 화이론은 '세계의 중심이 따로 없다'는 주체적 세계인식을 하게 된다. 이러한 세계인식은 초기 개화사상가인 환재瓛齋 박규수朴珪壽(1807~1876)에게 이어져, "우리나라를 가리켜 문득 예의지방禮義之邦이라고 하는데, 나는 본래 이 말을 달갑게 여기지 않는다. 천하고금에 어찌 국가로서 예의 없는 나라가 있겠는가. 이는 중국인이 이적 중에 가상할 만한 자가 있으면 이를 가상히 여겨 예의지방이라고 한 것에 불과하다. 이는 본래 수치스러운 말이며, 스스로 천하에 호언하기는 부족하다"[69]라고 하여, 전통적인 개념으로서의 화이론을 부정하였으며, 아울러 중국인에 의한 '예의지방'이라는 말을 수치로 여겨야 한다고 하였다. 이러한 박규수의 세계인식은 그 뒤 개화파에게 지대한 영향을 끼쳐 개국통상의 이론적 근거가 되었던 것이다.

이와 같은 화이관의 극복은 마침내 주체성을 강조하는 역사관의 확립으로 이어졌으며, 북학사상을 형성하는 데 중요한 근거가 되었다. 이는 화와 이를 준별하는 주자학적 가치관에 정면으로 배치되는 것이라 하겠다.[70]

---

67) 『北學議』 內編, 「自序」, "夫利用厚生, 一有不修, 則上侵於正德."

68) 拙稿, 「洪大容 實學思想의 近代志向性」『한국철학논집』 제1집, 한국철학사연구회, 1991, 99쪽.

69) 『瓛齋集』 卷8, 29b「與溫卿書」, "輒稱禮義之邦, 此說吾本陋之.. 天下萬古, 安有爲國, 而無禮義者哉. 是不過中國人, 嘉夷狄之中, 乃有此而嘉賞之曰: 禮義之邦也. 此本可羞可恥之語也, 不足自豪於天下也."

70) 崔英成, 앞의 책, 125쪽 참조.

맺음말

이상에서 살펴본 바와 같이 중화사상은 '천원지방설'에 근거하여 한 민족이 이민족과의 관계에 있어서 지리적으로 중앙이라는 것과 아울러 문화적으로 우수하다는 문화의식이 함께 작용되어 '천하에서 문화가 최고로 발달한 중앙'이라는 민족 우월의식에서 출발하였던 것이다.

이러한 중화사상은 동아시아 국제사회에 있어서 근대국가의식이 형성되기 이전까지 중국과 이민족과의 관계를 규정하는 국제질서 관념으로 확고한 위치를 유지하고 있었다.

이러한 중화주의적 세계관은 송대에 거란·서하·금의 침략으로 심각한 타격을 받게 되었다. 따라서 송대 성리학자들은 춘추정신에 입각한 화이론의 확립이 요청되었으며, 이러한 화이관념이 조선조에 성리학과 함께 수용되어 조선의 대외인식에 있어서 중요한 관념이 되었던 것이다.

그러나 1644년 중화민족인 명明이 '호로'인 청淸에 의해 멸망하자 조선 중화주의자들은 새로운 화이관념을 모색하지 않을 수 없는 상황에 직면하게 되었던 것이다. 이러한 관념이 바로 춘추대의에 의한 북벌론으로 전개되는데, 이러한 북벌론이 현실적으로 불가능하게 되자 조선 내부에서는 '조선=화, 청=이'라고 하는 조선중화사상이 등장하게 되었다. 이러한 조선중화사상은 물론 우리 문화에 대한 자긍심에서 나온 것이기는 하지만, 이는 어디까지나 우리나라가 중화가 될 수 없다는 역사적 한계를 안고 있는 것이다. 이러한 관념을 과감히 떨어버리고 나온 것이 바로 북학파의 화이론이라고 할 수 있다. 북학파는 물론이고 정약용도 지구설에 입각하여 '천지의 변화에 따라 인물이 많아지고, 인물이 많아짐에 따라 물物(객체)·아我(주체)가 나타나고, 물·아가 나타남에 따라 내內·외外의 구분이 있게 된다'고 하는 주체적 세계인식을 통해 '조선=이, 청문물=선진문물'이라는 새로운 인식과 함께 이들 문물을 과감히 수용해야 한다는 북학론을 주장하였던 것이다.

특히 이들의 화이론은 '가치상대론'으로 이어져 사물인식과 세계인 식에 있어서 '가치의 상대성'을 주장하였다는 데 그 특징이 있다고 하겠다. 이들은 모든 사물에 가치의 상대성을 부여함으로써 성리학파들 중 인물성동론자人物性同論者들과는 또 다른 사상적 특징을 지니고 있는 것이다. 낙론洛論의 인물성동론자들은 순수 사유에 의해 인물성을 고찰하고 있는 데 비해 이들 북학파의 동론자들은 이를 사물인식·세계인식으로 인식의 지평을 넓힘으로써 근대적 사유체계를 확립하였던 것이다. 이러한 인식 하에서는 화華와 이夷의 구별이 있을 수 없으며, 신분에 따른 차별성도 인정될 수 없었다.

따라서 이들의 화이론의 변용은 바로 다음과 같은 이유에서 한국철학사에서 중요한 위치를 차지한다고 하겠다. 첫째 이들 북학파 실학자들은 지구설 등 과학사상을 배경으로 전통적인 중국중심의 화이론을 부정하고 '만국의 상대적 자기중심주의'라고 할 수 있는 '화이일야'의 세계관을 확보하였고, 둘째 인물성동론을 통해 '가치상대론'을 확립하여 물성을 이용할 수 있는 이론적 근거를 제시하였으며, 셋째 이러한 가치상대론을 바탕으로 그 당시 호로胡虜로 천시하였던 청의 선진문물을 수용하여 '이용후생'을 통한 '유민익국'을 강조하였던 점을 들 수 있다. 특히 이들 북학파의 화이론이 개화사상으로 연결되어 '개국통상開國通商'할 수 있는 이론적 근거가 되었다는 데 사상사적 연관성과 의의를 지닌다고 하겠다.

유학과 현대 동아시아의 가치관[*]

양한칭(楊翰卿)

1.

　역사적으로 현대에 이르기까지 중국, 조선, 한국, 일본, 베트남, 싱가폴, 홍콩, 대만 지역 등은 유학문화권으로 일컬어져 왔다. 각국 유학의 차이를 차치하면 동아시아 유학이라고 통칭할 수 있을 것이다. 동아시아 유학은 주로 중국의 송명유학이 영향을 준 것이다. 이는 현대 동아시아 가치관의 확립을 검토해볼 때 소홀히 볼 수 없는 중요한 사상 문화적 배경이며 토대이다. 유학문화가 현대 동아시아 사회의 가치에 작용한 것에 관해서는, 부정적 효과를 포함하여, 비록 여전히 같은 것에 대해서도 각자 견해가 다르겠지만, 이러한 현상으로부터 도출한 보편적 사실들은 그 자체로 몇몇 문제들을 설명해낼 수 있다. 현대 동아시아 사회의 가치관념 중에서 최소한 이 몇 가지 점들은 대다수 사람들이 인정하는 것이다. 하나는 유가儒家에서는 전체 관념과 집단의식이 함유하는 천인합일의 이론과 집단적 가치, 헌신 및 협동 정신을 중시하므로, 서양의 주객 이분법, 사람과 자연의 대립과 개인주의를 중심으로 하는 것과 구별된다는 점이다. 서양 공업 문명이 조성한 생태불균형, 환경파괴, 자원위기, 극단적 개인주의 및 인간소외의 폐단에 대하여 유가문화는 천인人

---

[*] 본 논문은 2002.01《中州學刊》에 발표된 "儒學與現代東亞價値觀"을 번역한 것임.

人의 화해를 중시하고 환경보호, 지속적 발전가능성과 공동체와 인간관계를 중시하는 정신 등의 특징을 갖추고 있다. 어떤 사람들은 그런 점을 정체주의 윤리도덕관, 혹은 공동체 지향적 문화라고 부를 것이다. 둘째는 유가문화의 자강불식自强不息의 정신 및 관리의식이 현대사회가 현대화의 실현을 발전, 촉진시키는 것과 일치한다는 점이다. 셋째는 유가 윤리가 공업사회의 각종 인간관계를 조절하는 데 있어서 현대 정신문명을 건설하여 더욱 지대한 역할을 발휘하고 있는 것이다. 현대사회는 공업화와 도시화라는 두 과정의 충돌로 인하여 쉽게 만들어지는 인간관계, 도구적 이성, 도덕적 위기 등등에 직면하게 되었다. 그런데 유가윤리의 가치관, 근검소박, 인내심, 경로효친, 수기애인修己愛人, 자성自省하고 신독愼獨하는 태도, 예禮로 남을 대하는 것, 신용 중시 및 타인 존중과 일을 존중하고 공동체를 위하는 정신이 매우 긍정적인 역할을 하고 있는 것이다. 넷째는 유가가 교육을 중시하는 사상이 동아시아 국가 및 지역의 교육을 발전시켜 경제의 비약과 현대화 실현을 촉진하고 인재의 기반을 다졌으며 지대한 정신적 자원을 제공했다는 것이다.

바로 이러한 유가사상을 핵심으로 하는 현대 동아시아 가치관의 형성과 확립의 객관적 필연성은 어디에 있는가 하는 것은 연구할 만한 가치가 있다. 일반적으로 현대 동아시아 국가와 민족은 낡은 것만을 고집해서 자기의 전통을 고수하거나 개방을 미루지 않으며, 모두 다른 정도로 자각적으로 혹은 무의식적으로 외래문명, 특히 서양문명의 성과를 받아들여 발전하고 있다. 그러나 상술한 정황과 객관적 사실로 증명된바, 만약 자기 나라의 역사를 잊고 완전히 자기 전통을 부정한다면 근본적으로 어떤 동아시아적 가치도 형성하고 확립시킬 수 없다. 문제의 관건은 어떻게 자기 전통과 현대의 관계를 정확히 인식할 것인가이다. 동시에, 역사 문화 전통은 완전히 과거가 되거나 단지 박물관에 들어가는 것일 수 없으며, 반드시 일으켜져야 하고 또한 가능한 각종 영향력을 발휘할 수 있다는 것을 분명히 드러내었다는 점이다. 전통을 부정하려 하는 주관적 생각은 자기의 역사와 철저히 헤어질 것을 요구하여 마침내 형식적으로 자아를 상실했을 뿐만 아니라, 실제로 비자각적으로 자기의 우수한 전통과 헤어지고 오히려 전통 가운데 우수하지 않은 것을 보존하였다. 이러한 결과나 이런 식으로 발전을 추구하는 것이 사실로 증명된다는 것은 매우 안타까운 일이다. 그러나 반대로, 이성적 정신과 분석적 태도로 자기 전통의 찌꺼기를 자각적으로 도태시키고, 우수한 전통의 정수를 가려내어 현시대에 융합시켜 시대정신 가운데 유기적으로 결합시키고, 또한 당면한 풍부하고 생동력 있는 사회 실천 가운데로 부단히 양분을 섭취시킨다면 비로소 찬란한 길로 나아가게 될 것이다. 현대 동아시아 가치관의 형성과 확립은 이러한 이해를 기초로 하여 동아시아 사회 문화 전통이 결정한 것이며, 또한 근현대 동아시아 사회가 자각적 이성적으로 선택한 산물이다. 이 가치체계는 동아시아 문화전통과 시대정신이 서로 결합한 결과이며, 이러한 가치체계에는 여전히 불완전성이 존재한다.

동아시아 역사문화 전통은 유가사상을 주체로 하며, 이러한 유가사상은 또한 주로 중국 송대 유학의 영향을 받은 산물이다. 따라서 중국 송대 유학과 현대 동아시아 문명에는 내재적으로 모종의 필연적 역사적 연관성이 존재한다. 바꾸어 말하면, 현대 동아시아 문명의 정신적 측면은 현대 동아시아 가치를 핵심으로 하며, 현대 동아시아 가치는 또 주로 중국 송대 유학의 영향을 받은 동아시아 유학을 사상적 토대로 한다. 따라서 현대 동아시아 문명−현대 동아시아 가치−동아시아 유학−중국 송대 유학이라는 경로를 따라 거슬러 올라가면 사상적으로 진행된 관념을 반추할 수 있다.

최소한 20세기 80년대 말 이래로 '동양의 가치관념', '아시아 가치관', '아시아 가치', '동아시아 가치', '유가자본주의', '동아시아 모식', '동양 신흥현대화 모식' 등등의 단어가 광범위하게 토론되었다. 이러한 개념은 대부분 각자의 이해 정도에 따라 다양한 해석이 나오기도 했고, 혹은 해석되지 않기도 했다. 여기서 필자는 '현대 동아시아 가치'라는 말로 본인의 관점을 표현하겠다.

대개 이 문제의 서곡은 '동양의 가치관념', '동양의 도덕과 철학' 등으로 아시아 각국의 가치관념 또는 물질세계와 정신세계에 대한 관점으로 많이 표현되었는데, 특히 중국과 일본의 역사와 문화에 관련한 연구에서 그러했다. 이러한 종류의 개념은 비교적 포괄적이고 탄력적이며 나아가 중도적이었다. 그후 '아시아의 가치관', '아시아적 가치'라는 용어의 출현이 점점 빈번해졌다. 그러나 '아시아'는 지리와 문화의 이중적 의미를 포함한다. 지리적으로는 사실 하나의 통일적인 아시아 가치관이 존재하지 않는다. 따라서 마땅히 문화상의 '아시아' 또는 아시아의 일부분에 비교적 영향을 끼치는 가치관을 가리켜 말해야 한다. 그러므로 아시아적 가치 또는 아시아의 가치관이라는 생각은 일련의 불필요한 번거로움을 가지고 올 수 있는 것이다. 예를 들면 서아시아는 문화적으로 동아시아와 매우 큰 차이가 있다. 모두 아시아에 속하기는 하지만, 서아시아인은 아마도 중동이나 북아프리카와의 관계가 더욱 긴밀할 것이다. 게다가 동아시아라고 해도 관점상 차이가 있다. 예를 들면 어떤 한국의 정부나 학자는 동남아의 어떤 국가의 정치지도자의 태도와 일치되지 않으며 심지어 상반되기도 한다. 유학과 공업 동아시아의 흥기는 무슨 관계가 있는가 하는 문제에 대하여, 금융위기를 겪은 후의 한국 학계는 새로운 사고를 가지고 유가의 가치에 대해 말하는데, 혹자는 문제가 되지 않는다면 비평할 것을 바로 비평하고, 혹자는 유가가치의 어떤 것은 유용하고 어떤 것은 유용하지 않으므로 관건은 어떤 유가적 가치가 어떤 사회발전 단계에 서로 맞는가라는 것이라 하고, 혹자는 사실 아시아적 가치는 본래 신속한 변화의 가운데 있으므로 일종의 다원적 가치 구조가 이미 '아시아적'으로 복잡하게 개괄되어 있다고 한다.[1] '동아시아 모식', '동양 신홍현대화 모식' 등에 이르러서는 분명히 그 안에 '가치관'이 일정 정도 포괄되어 있다.

현대 동아시아 가치는 그 시대성과 민족 지역성 및 마땅한 지위와 작용을 체현해야 한다. 문화적 범위와 지리적 요인에서 보면 동양은 고대의 찬란했던 문명 발전의 토대 위에서 지금 크게 중국, 인도, 아랍 이슬람이라는 3대 문화권으로 나뉘어 있다. 중국문화권은 종종 유학문화권이라 불린다. 중국, 일본, 북한, 한국, 베트남, 싱가폴 등의 국가가 모두 이 문화권에 속한다. 이 문화권의 국가는 모두 유학과 중국 전통문화의 깊은 영향을 받았다.[2] 우리는 동아시아로 포괄된다. 동아시아는 유학의 중대한 영향 외에도 불교문화, 도교문화, 이슬람문화 및 동아시아 각 민족의 본토 문화 또한 모두 일정 정도 전파되고 영향을 받아 존속하고 있다. 바로 이러한 제반 문화요소의 종합작용으로, 동아시아 민족은 서양이나 아시아 기타 지역과 구별되는 특수한 가치관 체계를 형성하였다. 물론 이러한 가치관 체계 가운데 유가 가치관이 중요한 지위를 차지한다. 동시에 반드시 지적해야 할 것은, 유학문화권의 가치관 체계, 혹은 동아시아 가치관이라는 것은 역사적으로 변화하고 있다는 것이다. 중국유학, 특히 중국 송대 유학은 동아시아 국가와 지역의 주요한 전통문화로서, 모든 것을 포용하고 덕을 쌓아 만물을 기른다는 정신적 전통을 발휘하여 다른 문화와의 충돌 과정 중에서 새로운 유가문화를 형성하였다. 현대로 말하자면 불교와 도교와 이슬람의 모든 문화요소를 융합하고 흡수하였을 뿐만 아니라, 서양문화와 세계의 모든 우수한 문화정신에 대해서도 '나래주의拿來主義'[3]를 취하였다. 이 때문에 이러한 토대 위에서 형성된 동아시아의

---

1) 짱지엔강(章建剛), 「보편윤리와 아시아적 가치 국제회의 종합 서술」, 『哲學動態』 2000년 제1기.

2) 차이더꾸이(蔡德貴), 「동양문화와 그 발전추세 연구」, 『中山大學學報』, 1998년 제6기와 『중국 송학과 동양문명 국제학술연구토론회 논문전집』.

가치관 체계는 반드시 현대적일 수밖에 없다. 그러나 또한 처음부터 끝까지 자기의 우수한 문화의 근본성과 주체성을 잃지 않으며 자아를 보전하여 지니고 있으므로 이는 여전히 동아시아적인 것이다. 바로 현대 동아시아 가치관이 이미 민족 지역적인 문화 특성을 갖추었는데, 전체적 창조적 성질을 구비하여 스스로 끊임없이 발전한다는 것이다.

현대 동아시아의 가치와 동아시아 경제사회의 발전은 동아시아 모식 혹은 동양 신흥 현대화 모식과 서로 촉진적이며 상호작용의 관계에 있다. 전자는 후자에게 적극적인 촉진과 지도, 정신적 동력을 제공하고 (그러나 결정적인 것은 아니며 유일한 결정적 작용은 더욱 아니다) 후자의 변화 발전도 전자에 반영되고 긍정되거나 비판되고 교정되어야 하는 것이다. 원래 '아시아적 가치관'에 관한 인식은 그 안에 서양의 비판을 포괄하며 종종 정태적이고 전통적인 것으로 보인다. 정지된 시선으로 보면 그 변화 발전과 전체적 창조성을 무시할 수 있으며, 전통적 시각으로는 긍정적이고 우수한 전통과 부정적이고 낙후한 전통을 구분할 수 없다. 당연하게도 '아시아적 가치관'에 대해 긍정하고 칭찬하는 사람과 비판하고 부정하는 사람은 모두 분별력 있는 시각과 입장으로 자기 입장을 고집하며 서로 논쟁한다. 미국의 존 나스빗(John Naibitt)은 이 문제를 보고 말하기를, "아시아는 한편으로 문화전통을 고수할 것을 모색하면서 다른 한편으로는 또 현대사회의 길에 적응할 수 있어야 한다─이러한 모순은 모든 문화가 다 만날 수 있는 도전이다"라고 하였다. 그는 또한 다른 사람의 말을 인용하여, 아시아가 새로운 것을 창조할 때 노동행위나 가정 중심적인 낡은 수법을 초월하고 더욱 기본적인 가치에 관심을 가져야 한다고 하였다. 만약 세계인이 아시아적 가치를 받아들이기를 바

---

3) 역주 : 원래 루쉰(魯迅)의 글 제목으로, 이전의 문화전통을 그대로 계승하지 않고 자기 식으로 고치려는 사고방식을 가리킨다.

란다면 마땅히 전 인류의 사상을 존중해야 한다.[4] 이렇게 볼 때, 유가
가치관으로 말하면 그 우수한 면은 동아시아 경제의 흥기와 사회발전을
촉진하였고 동아시아 모식의 성공을 지지하였으며, 그 부정적 요소는 동
아시아의 위기 혹은 동아시아 모식의 좌절과 함께 확실히 어떤 관계가
있다고 말해야 할 것이다. 그러나 현대 동아시아의 가치관은 분명히 유
가 가치관 중의 긍정적이고 우수한 내용을 보전하고 선양할 뿐이다. 물
론 그 또한 부단하고 완전한 발전과 창조적 변화 가운데에서 동아시아
모식과 더 잘 결합해야 계속 새로운 광채를 낼 수 있을 것이다.

2.

단기적 위기를 겪은 후 동아시아 경제는 다시 발전 궤도로 신속히
들어섰다. 지금 혹시 동아시아 모식이, 발전 중에 있는 국가가 현대화를
실현시키는 특수한 경로이며, 그 실천이 기본적으로 성공적이고 활력 있
는 것이라 말할 수 있을지도 모른다. 금융위기와 경제적 좌절을 겪음으
로써 아시아인이 항상 냉정과 각성을 지키도록 경계하게 되었으며, 성공
적 경험과 좌절의 교훈을 진지하게 결론지었으며, 그것은 특히 경제세계
화에 직면했던 기회와 도전이었고, 좌절 또한 동아시아 모식의 새로운
단계를 향한 전환점을 이룰 수 있었다. 동아시아 모식은 종결이 없으며
그 활력과 생기生氣는 갱신과 완전성에 있고, 심지어 몇몇 학자들이 지
적한 모식의 변형을 포괄한다. 변형은 모식의 철저한 부정이 아니다.

동양 신흥 현대화 모식, 즉 동아시아 모식은 다른 발전 모식과 같
이 입체적 구조로서 경제발전, 제도개선, 사상문화의 진보 등 다른 측면

---

4) 존 나스빗(John Nasbitt), 『아시아의 커다란 추세』, 經濟日報, 上海遠東出版社, 1996년, 48,
50, 52쪽.

들을 포괄하며, 바로 이들 측면들의 삼위일체와 유기성이다. 경제발전은 주로 자원, 자금, 과학기술, 노동력, 인재 등 생산력의 제 요소의 유기적 결합으로부터 형성된다. 동아시아 국가의 경제발전 중에서 주로 노동력의 원가는 충분히 운용되어 제조업을 발전시켰고, 따라서 세계적 분업체계의 배치를 촉진하였으며 자기 시장의 개방을 선도하였다. 과학기술의 측면에서 보면 동아시아 지역의 발전은 곧바로 서양기술을 들여오는 것에 의존하였다. 그러므로 바른 경제성장은 기술의 유입과 노동력 우세의 결합으로 유도된 것이다. 경제발전의 방식에서 동아시아 국가 정부의 관여 방식은 비교적 돌출적이지만 근본적으로 시장의 구조와 시장경제의 규율이 발생시킨 결과이다. 즉 동아시아 국가의 경제발전은 아직도 자본주의 시장경제에 귀속된다.

제도개선은 동아시아 모식의 또 다른 중요한 부분을 형성하는 것으로 경제, 정치, 사상문화 등 각 방면의 제도개선을 포괄한다. 제도개선은 사상문화를 포함하는 동아시아 경제사회가 발전, 변화하는 데 있어서 필연적인 요구이며, 또한 전통사회제도가 스스로를 부정하는 표현이다. 동아시아의 현대적 제도 규범의 건립은 서양 제도문명의 유입과 또 전통 가운데의 어떤 생명력과 적극적 요소의 계승과 보전, 바로 이 두 가지의 결합이다. 예를 들어 정부 주도형의 자본주의 발전 모식이 바로 이와 같은 것이다. 또한 동아시아 모식의 발전과정 중에서 이러한 국가주도의 모식이 효과적인 역할을 발휘하였고 동아시아의 경제 기적을 창조하였으나, 몇몇 문제들을 점점 드러내고 있다. 예를 들면 지역과 부문간의 불평등, 행정 부패, 공영公營 부문의 과다, 사회 개혁 세력과 자주성의 구속 등이다. 그래서 경제발전이 일정한 정도에 다다른 후에 이러한 모식이 드러내는 한계성은 일정한 부정적 영향을 조성하여, 일본과 한국처럼 이후에 극복하고 변화하고자 노력하게 된다. 예를 들면 기업의 평생고용제 폐지, 공영기업의 민영화, 정부의 경제에 대한 관여의 감소 등이다. 즉 동아시아 모식의 발전 변화는 자기의 개혁과 수정을 포괄하는 것이다. 이외에 유럽의 19세기와 20세기 초 상황과는 상대적으로 동아시아는 발전과정 중에서의 분배가 비교적 평등했다. 일본은 20세기 60년대에서부터 일반 민중의 생활 여건이 크게 개선되었고, 한국은 20세기 70년대 공업 집중의 과정에서 여전히 비교적 평등한 수입 분배를 유지했으며, 대만의 수입 분배는 한국보다 더욱 평등했다. 이 때문에 비교적 평등한 수입 분배는 동아시아 발전 모식 중 중요한 특징이라고 말할 수 있다.

　근현대의 동아시아 사회는 문화적 측면에서 두 가지 주목할 만한 현상이 있었다고 할 수 있다. 하나는 전통문화가 비교적 잘 보존되었다는 것이고, 또 하나는 서양의 문화 요소가 대량으로 유입되었다는 것이다. 동서양 두 문화의 차이는 모두 주지하는 바이지만, 그 둘은 동아시아 발전 모식 가운데 공존할 뿐만 아니라, 또한 동양의 전통문화, 특히 유가문화로 말하면 이질적인 문화에 대한 흡수 수용의 정신을 드러내었다. 여기서 지적해야 할 것은, 유가 전통문화의 현대 동아시아 지역에서의 보존과 선양은 이미 자각적 선택이지만, 동시에 현대사회에 부지불식간에 감화된 것이기도 하다. 이는 우수한 요소도 있지만 우수하지 못한 내용 또한 포함한다.

　어떤 학자는 동아시아 모식을 "서양 자본주의 시장경제＋동양의 유가 전통문화"라고 설명하는데, 이것은 단지 형상화하려는 설명 방식일 뿐이다. '유가 자본주의'론은 바로 유가의 사상문화로서의 지위와 작용을 부적절하게 과장하는 것이다. 실제로 동아시아 현대화 모식 가운데 경제발전, 제도개선, 사상문화의 선택과 창도, 이 세 가지는 상호작용과 유기적 결합과 연관성을 지니고 있다. 경제발전이 기층基層을 점하고 있고 제도개선이 중층中層에 있으며 사상문화가 표층表層에 있는 것이다. 사상문화는 사회제도의 중개를 통하여 경제발전에 작용하고 영향을 주며 촉진 혹은 저해한다. 이렇게 보면 유가문화와 동아시아 현대화의 관계

문제에 있어서, 유가문화가 동아시아 현대화에 매우 중요한 정신적 동력을 제공했다고 하는 것은, 유가문화의 복잡성과 이중성을 전제로 할 때 다른 한 면을 보지 못하는 견해이다. 또한, 문화요소의 작용은 하나의 사회제도 체계가 세워질 때, 똑같은 사상문화의 인도가 또한 똑같은 제도규범을 반드시 건립시키는 것은 아니다. 이는 추상에서 구체로의 전화는 반드시 각기 다른 점을 지니고 있다는 것으로 표현할 수 있다. 이밖에 시간적으로 말하자면 동일한 문화요소는 이 때에는 긍정적인 작용을 일으켰다가도 다른 때에는 부정적인 작용을 일으킬 수도 있다. 즉, 문화요소의 작용은 공간과 역사적 조건의 변화에 따라 변화한다. 요컨대 유가문화는 동아시아 모식의 구조적 관계 가운데 처하면서도 또한 동아시아 모식의 역사적 관계 가운데 있기도 하며, 동아시아 모식의 갱신에 따라 완전하게 되고 발전하며 부단히 새로운 모형을 얻어냄으로써 동아시아 모식이 늘 동양적 특색을 지니고 혹은 유가문화적 요소를 포함하도록 만든다. 그러나 그것은 다만 동아시아 모식 혹은 동양의 신흥 현대화 모식일 뿐이며, '유가 자본주의'론은 분명 적절치 못한 것이다.

현대화의 개념은 세계적 범위에서 완전히 공통된 인식이 형성되기는 어려운 것이다. 서양의 대다수 사람들이 알고 있는 현대화는 시장경제, 민주정치, 개인주의이다. 이는 서양인이 그 현대화 실천의 토대에서 형성된 관념이다. 이러한 관념은 또한 동아시아와 중국에 지대한 영향을 끼쳤다. 예를 들면 동양 혹은 중국의 어떤 사람들의 관념에는 현대화라는 것이 바로 서양화라고 생각한다. 그러나 서양 현대화는 이미 '모더니즘', '산업사회'에 대한 비난과 비판, 부정에 의해 '포스트모던[後現代]' 의식과 관념이 출현하였다. 현대 동아시아 현대화의 실천과 신생 관념은 분명 서양에서 단지 시장경제로 개괄하는 것과는 구별되며, 서양의 민주정치나 집단주의와도 차이가 있다. 그 중 분명히 대비되는 것은 개인주의와 집단주의에 관한 가치 관념이다. 서양은 개인주의의 가치를 강조하고 우선시하여 이미 자업자득의 경험과 자아비판을 겪었다. 그리고 동양의 집단주의 또한 아시아 금융위기의 경험을 겪으면서 일련의 문제들이 드러났다. 그러나 여기서 지적해야 할 것은 금융위기를 처리하고 극복하고 벗어나는 어려움에 대한 것들이다. 현대 동아시아의 가치관은 여전히 긍정적인 작용을 발휘하고 있다. 그것은 예를 들어 한국의 "전국적 국난 공동 극복정신"[5]이 한국경제를 마이너스 성장에서 매우 빠르게 정상 고도성장으로 회복시켰다는 것이 증명해준다.

이렇게 보면 동서양의 서로 다른 현대화의 실천은 모두 역사적 사실이고, 두 가지 현대화의 개념은 모두 각자의 현대화 실천에 대한 이론적 결론이며 관념의 반영이다. 그러므로 두 가지 '현대화'는 모두 완전무결하지도 비판할 게 없지도 않은 것이다. 만약 맹목적으로 인정하고 칭찬하고 집착하기만 한다거나, 배척하고 거부하기만 한다면 이론적으로도 정확하지 않고 실천적으로도 무익하다. 동아시아의 공업화 경험으로 보면 그들은 공업화와 현대화의 과정 중에서 민족적 특색을 지닌 전통적 문화와 가치를 완전히 포기하지 않고 주의하여 보존하였다. 특히 유가적 문화와 가치를 현대적 생산과 경제발전과 서로 적응시켰으며 유기적으로 결합시키려고 힘썼다. 이는 현대화가 공동의 규율과 진행 과정을 지니고 있을 뿐만 아니라, 다른 국가와 지역에서는 다른 발전 모식을 취할 수 있음을 설명해준다. 서양과 구별되는 독특한 '동아시아 발전모식'의 출현은 사람들의 문화 다원론에 대한 인식을 심화시켰으며, 후발 국가에게 참고할 만한 경험을 제공하였다. 여기서 지적해야 할 것은 동아시아의 공업화 경험을 긍정하는 것이 곧 '유가 자본주의'의 기본 관념을 긍정하고 받아들이는 것은 아니며, 현대 신유가와 같은 이른바 '내성외왕內

---

5) 뚜웨이밍(杜維明)의 말로, 캐나다 량옌청(梁燕城) 주편, 『文化中國』 1999년 6월호, 總第21期에 보인다.

聖外王'의 사상이론을 승인하고 받아들이는 것과도 같지 않다는 것이다. 현대화가 진행되고 발전하는 과정에서 우수한 전통문화의 자원을 주의 하여 계승하고 전환시켜 이용하려면, 다른 민족적 특색의 현대화가 지닌 유익한 계시를 탐색해야 한다.

　이상 서술한 것은 '현대화'는 절대 통일적인 함의 규정이 있을 수 없거나, 혹은 현대화의 노선이나 모식은 절대로 공통적, 단일적이 될 수 없으며, 단지 다양하고 각각의 특색을 지닌 것일 수밖에 없다는 것이다. 서양은 서양의 현대화의 길과 모식이 있고 동아시아는 동아시아의 현대 화 특징과 과정이 있다. 그렇다면 중국도 반드시 중국이 가야 할 현대화 의 특색과 독창성이 있을 것이다. 서양의 현대화와 동양의 신흥 현대화 에 모두 약점과 역사적 한계가 있기는 하지만, 중국 현대화의 모색에 매 우 가치 있는 참고와 계시를 제공하였다. 차이점으로 말하면 중국 현대 화는 '서양'도 '동양'도 아닌 '중국'적인 것이며, 참고한다는 것으로 말하 면 서양적인 것과 동양적인 것을 지닌 '중국'인 것이다. 후자의 의미에서 일찍이 학자들은 중화민족이 현대화를 실현하는 과정에서, 마땅히 참고 해야 할 것을 좀더 확대하여 서양을 참고하는 것 외에도 동아시아 및 인 도와 이슬람 지역, 더 나아가 미국과 아프리카를 참고해야 한다고 지적 하였다. 짱따이니엔(張岱年)은 "중국은 서양 현대화와 동아시아 주변국 의 현대화 경험을 충실히 배운 토대 위에서 중국 특유의 사회주의 현대 화의 새로운 길과 새로운 모식을 모색하는 데 힘써야 한다"고 하였다.[6] 즉 이러한 새로운 길과 새로운 모식은 실질적으로 계승과 참고와 창조의 유기적 결합이다. 이는 매우 중대한 역사적 과제로서, 동아시아 주변국 의 현대화 경험을 흡수한다는 관점에서 말하면 전통과 현대, 특히 유가

6) 짱따이니엔(張岱年)·왕뚱(王東), 「중화문명의 현대 부흥과 종합적 創新」『敎學과 硏究』 1997년 제5기.

전통문화와 현대화의 관계 문제까지 언급하는 것이며, 중국 특유의 사회
주의 현대화의 모색은 또한 과학적인 해결과 해답을 주려는 것이다.

　동아시아의 공업화 경험은 현대화가 전통과 불가분의 관계임을 드
러낸다. 주로 중국 송명유학의 영향을 받아 발전하여 이루어진 동아시아
유학은 동아시아 현대화 발전의 역사 문화적 배경이며 일종의 전통적 역
량으로서, 발휘해야 하고 또 발휘할 수 있는 각종 작용과 영향을 발휘해
왔다. 일본과 한국, 혹은 중국을 막론하고 근현대화를 지향했던 초기에
'화혼양재和魂洋才'['脫亞入歐'을 포괄하는], '동도서기東道西器', '중체서용
中體西用' 등을 제안하여, 지금의 동아시아 지역의 '아시아적 가치'와 '유
가 자본주의' 등이 전통에서 벗어나지 못하도록 만들었다. 다른 한편으
로는 유가 문화전통의 영향과 인습을 받아들여 동아시아 현대화 사업의
주체로 삼음으로써, 전통을 보존하고 선양하는 주체적 자각과 정감을 이
루었다. 문제는 유가 문화전통은 우수한 것과 우수하지 않은 것, 긍정적
작용을 일으키는 것과 부정적 작용을 일으키는 것 등 다양한 요소가 하
나로 집약되어 있다는 점이다. 만약 마음을 열고 벗어나는 것이 단지 이
전통을 고수하는 것이라면 동아시아 현대화는 있을 수 없다. 그리고 완
전히 철저하게 이 전통을 부정하고 포기하는 것 또한 독특한 동아시아
현대화 발전의 길이 될 수 없다. 우리는 동아시아 현대화의 경험 중에서
과학적인 분석을 소홀히 하는 전통을 반성해 보아야 한다. 최소한 정치
적, 도덕 윤리적 유학을 분석해보면 정치적 유학[禮敎]을 포기하고 도덕
적 유학을 계승하고 선양했다고 할 수 있다. 또한 과학 분석의 이론 무
기로 쓸 때 고려해야 할 것은, 부단히 발전하는 마르크스주의만이 비로
소 진정 과학적 이론이며, 유학은 실천 비판의 무기로서는 긍정적 운용
을 말할 수 없다는 것이다.

　동아시아의 공업화 경험은 사람들에게 많은 계시를 주었다. 즉, 깊
은 유가 문화전통을 지닌 역사적 배경 하에서 현대화 사업을 발전시키려

면, 반드시 과학적, 합리적으로 이러한 유가 문화전통의 자원을 잘 개발하고 이용해야 한다. 유가문화는 일종의 전통문화 자원으로서 공업 동아시아가 보유하고 있는 것이며 중국이 본래부터 지니고 있는 것이다. 일종의 풍부한 전통문화 자원으로서 동아시아 공업화는 이러한 자원의 작용을 발휘하였으므로 중국은 더 이상 그것을 내버려둘 수는 없을 것이다. 수많은 정수精髓와 적지 않은 찌꺼기를 포함하고 있는 자원으로서, 만약 동아시아 공업이 개발하고 이용하는 과정에서 그것을 제련하고 정화하고 순화하는 것에 여전히 힘을 쓴다면, 우리는 이를 더욱 중시해야 한다. 그리고 만약 동아시아 공업이 실천적 검증과 발굴에 치우쳐 과학이론의 시험과 선택에 한계를 둔다면, 중국은 발전하는 마르크스주의 이론의 지도 하에서 더욱 실천 무기의 비판과 과학이론 비판의 무기를 유기적으로 결합시킬 조건을 마련할 것이다. 중국 특유의 사회주의 현대화의 길과 모식의 중대한 창조는 근본적으로나 총체적으로나 중국 특유의 사회주의 시장경제와 중국 특유의 사회주의 정신문명의 유기적 결합을 힘써 모색하여 하나로 융화시키는 데 있다. 중국 특유의 사회주의 정신문명의 건설은 실질적으로 중국문화의 현대화라고 할 수 있으며, 그 목적은 과학적 민족적 대중적 사회주의 문화를 건설하는 것이다. 이 목표를 실현시키려면 항상 중국 사회주의 현대화 건설의 실제적 요구에서 출발하여 부단히 발전하는 마르크스주의 과학이론을 주체로 삼아, 안으로 유가문화를 지닌 민족문화와 외래문화를 신중히 선택하여 역사적 과학적 분석을 통해 비판적으로 계승하고 취사선택함으로써 종합적 창조의 길로 나아가야 한다. 중국의 우수한 문명과 마르크스주의를 포함한 세계 선진문명의 아름다운 결합은, 신세기에 반드시 중화민족에게 새롭게 넘치는 생기와 위대한 부흥을 가져다 줄 것이다.

최복희崔福姬 역(성대 유교문화연구소 연구교수)

[기타]

필자 약력

▌ 김영하金瑛河

성균관대학교 문과대학 사학과 교수로 재직중이며, 주요 전공은 한국 고대의 사회정치사이다. 저서로는 『한국고대사회의 군사와 정치』(고려대학교 민족문화연구원, 2002)가 있고, 논문으로는 「한국 고대사회의 정치구조」(『한국고대사연구』8, 1995), 「고구려 내분의 국제적 배경」(『한국사연구』110, 2000), 「신라 중대왕권의 기반과 지향」(『한국사학보』16, 2004) 등 다수가 있다.

▌ 박진우朴晋雨

계명대학교 사학과를 졸업하고, 일본 쯔쿠바 대학 국제학석사, 히도츠바시 대학 사회학박사 과정을 졸업했다. 현재 영산대학교 국제학부 조교수로 재직중이다. 저서로는 『근대일본 형성기의 국가와 민중』(제이엔씨, 2004), 『일본근현대사』(좋은날, 1999) 등이 있고, 논문으로는 「패전직후의 천황제 존속과 민중」(『대구사학』75, 2004) 등 다수가 있다.

▌ 서중석徐仲錫

서울대학교 국사학과를 졸업하고, 연세대학교에서 석사, 서울대학교에서 박사학위를 취득하였다. 현재 성균관대학교 사학과 교수로 재직중이다. 저서로는 『한국현대민족운동연구』(역사비평사, 1991), 『조봉암과 1950년대(상,하)』(역사비평사, 1999), 『배반당한 한국민족주의』(성균관대학교출판부, 2004) 등 다수가 있다.

▌ 김한규金翰奎

서강대학교 사학과를 졸업하고, 동 대학원 사학과에서 석사, 박사과정을 마쳤다. 현재 서강대학교 사학과 교수로 재직중이다. 주요한 저서로는『고대중국적 세계질서연구』(일조각, 1982),『한중관계사ⅠⅡ』(아르케, 1999),『요동사』(문학과 지성사, 2004) 등이 있다.

▌ 임형택林熒澤

서울대학교 국어국문학과를 졸업하고, 동 대학원 석사과정을 마쳤다. 현재는 성균관대학교 BK21 동아시아 유교문화권 교육·연구단 단장 및 대동문화연구원 원장으로 있다. 주요 저서로는『한국문학사의 논리와 체계』(창작과비평사),『실사구시의 한국학』(창작과비평사),『이조시대 서사시』상·하(창작과비평사) 등이 있으며, 논문으로는「20세기 동아시아의 국학」,「정약용의 경학과 최한기의 기학」등 다수가 있다.

▌ 한기형韓基亨

성균관대학교 국어국문학과에서 박사학위를 받았다. 현재 성균관대학교 동아시아학술원 교수로 재직하고 있다. 저서로『한국근대소설사의 시각』(소명출판, 1999), 최근 발표한 논문으로「최남선의 잡지 발간과 초기 근대문학의 재편」,「근대잡지와 근대문학 형성의 제도적 연관」,「문화정치기 검열체제와 식민지 미디어」등이 있다.

▌ 류준필柳浚弼

서울대학교 국어국문학과를 졸업하고 동대학원에서 석사 및 박사과정을 마쳤다. 현재는 성균관대학교 대동문화연구원 연구교수로 재직하고 있다. 저서로『근대 계몽기 지식 개념의 수용과 그 변용』(2004, 공저)이 있으며, 최근 발표한 논문으로「중국문학사와 일본문학사의 발생 과정 비교」(2005) 등이 있다.

▌ 이연숙李姸淑

전남 순천 출생으로 현재 히토츠바시(一橋) 대학 대학원 언어사회연구과 교수로 재직중이다. 저서로『고쿠고(國語)라는 사상 - 근대 일본의 언어인식』(岩波書店, 1996), 공저로『경계를 넘는 지(知)』4(東京大學出版會, 2000),『언어제국주의란 무엇인가』(藤原書店, 2000),『일본을 다시 묻는다』(岩波書店, 2002) 등이 있으며, 최근 발표한 한국어 논문으로「일본에서의 언문일치」(『역사비평』, 2005년 봄호) 등이 있다.

▌ 김성주金成柱

성균관대 사회과학대학 정치외교학과를 졸업하고 미국 State University of New York at Buffalo에서 석사와 박사학위를 받았다. 현재 성균관대 사회과학부 교수로 재직중이다. 주요 논문으로는「이라크파병과 한미군사관계」,「6.15 남북정상회담이후 남북한 관계와 한반도 평화체제구축의 전제」,「김대중정부의 햇볕정책: 회고와 전망」,「세계화와 정보화시대 국제정치의 패러다임: 국가주권과 시장의 상관성」 등이 있고, 저서로는『동아시아의 도전』,『대외정책론』(공저),『동남아의 정당정치』(공저),『현대한국정치사』(공저) 등이 있다.

▌ 김재철金材澈

한국외국어대학교 중국학과를 졸업하고, 동 대학원에서 석사를 마친 뒤, 미국 워싱턴 대학교(University of Washington)에서 정치학 박사학위를 받았다. 세종연구소 연구위원을 지냈으며, 현재 가톨릭대학교 국제학부 부교수로 재직중이다. 주요 논저로『중국의 정치개혁』(2002), "중국의 '제4세대 지도부': 새로운 정치엘리트?"(2002), "사스의 정치: 외적 압력과 중국의 국내적 변화"(2003) 등이 있다.

▌ 한상일韓相一

고려대학교 행정학과를 졸업하고, 미국 남가주 대학(Univ. of Southern California) 정치학 석사를 마친 뒤, 클레어몬트대(The Claremont Graduate School)에서 정치학 박사학위를 받았다. 일본 동경대학 연구원, 미국 스탠포드 대학교 객원교수를 거쳐 현재 국민대학교 사회과학부 교수로 재직중이다. 주요 논저로 "잃어버린 10년과 방황하는 일본민족주의"(2002), "「新人」을 통해서 본 '朝鮮問題'"(2002), "민족화해의 길을 찾아서"(2001) 등이 있다.

▌ 박인휘朴仁煇

성균관대학교 경제학과를 졸업(1990)하고, 미국 피츠버그 대학교 대학원 국제관계학 석사(1995)를 마친 뒤, 미국 노스웨스턴 대학교 대학원에서 정치학 박사(1999)를 받았다. 고려대학교 아세아문제연구소 연구교수(2001~2002)를 거쳐 현재 이화여자대학교 국제학부 조교수로 재직중이다. 주요 논저로『전환기 미국정치의 변화와 지속성』(2003),『테러와 한국의 국가안보』(2004), "주권과 글로벌 안보"〔한국정치학회보〕(2001), "단극시대 미국 패권전략의 이론적 기초"〔한국과 국제정치〕(2003) 등이 있다.

▌ 김성기金聖基

성균관대학교 유학과를 졸업하고, 동 대학원 동양철학과에서 문학석사, 중국 문화文化대학에서 중국철학으로 박사학위를 받았다. 현재 성균관대학교 유학·동양학부 교수로 재직중이다. 주요 논문으로「左傳의 인문사상 연구」, 「유교 윤리학과 21세기」, 「유가의 禮에 대한 해석학적 접근」 등이 있고, 저서로는『열린 종교와 평화공동체』(공저),『동양철학의 자연과 인간』(공저) 등이 있다.

▌ 김문준金文俊

성균관대학교 철학과를 졸업하고, 한국정신문화연구원 한국학대학원 석사, 성균관대학교 동양철학과에서 철학박사 학위를 받았다. 현재 건양대학교 교양학부 교수로 재직중이다. 주요 논문으로 「동주 성제원의 도학 사상」, 「퇴계학의 현재적 조명」, 「곽종석의 철학 사상」 등이 있고, 저서로 『한국철학사상사』(공저), 『한국실학사상사』가 있다.

▌ 김인규金仁圭

성균관대학교 한국철학과를 졸업하고, 동 대학원 동양철학과에서 철학박사 학위를 받았다. 현재 영산대 법률행정학부 교수로 재직중이다. 주요 논문으로 「북학파의 철학적 기반」, 「기철학의 새로운 전개」 등이 있으며, 저서로는 『북학사상의 철학적 기반과 근대적 성격』, 『한국철학사상사』(공저), 역서로 『역주 근역서화징』(공역) 등이 있다.

▌ 양한칭(楊翰卿)

중국 河南省 民權縣 출생. 철학교수이며 현재 河南行政學院 중국문화연구소 부소장이다. 중국철학과 문화 그리고 유학에 관한 연구를 맡고 있다. 저서로는 『宋學在中國近現代的擅變』이 있으며, 공저로는 『中國宋學與東方文明』과 『宋代儒學與現代東亞文明』 등이 있다.